REGIME JURÍDICO
DAS INCAPACIDADES

Durante o processo de edição desta obra, foram tomados todos os cuidados para assegurar a publicação de informações técnicas, precisas e atualizadas conforme lei, normas e regras de órgãos de classe aplicáveis à matéria, incluindo códigos de ética, bem como sobre práticas geralmente aceitas pela comunidade acadêmica e/ou técnica, segundo a experiência do autor da obra, pesquisa científica e dados existentes até a data da publicação. As linhas de pesquisa ou de argumentação do autor, assim como suas opiniões, não são necessariamente as da Editora, de modo que esta não pode ser responsabilizada por quaisquer erros ou omissões desta obra que sirvam de apoio à prática profissional do leitor.

Do mesmo modo, foram empregados todos os esforços para garantir a proteção dos direitos de autor envolvidos na obra, inclusive quanto às obras de terceiros e imagens e ilustrações aqui reproduzidas. Caso algum autor se sinta prejudicado, favor entrar em contato com a Editora.

Finalmente, cabe orientar o leitor que a citação de passagens da obra com o objetivo de debate ou exemplificação ou ainda a reprodução de pequenos trechos da obra para uso privado, sem intuito comercial e desde que não prejudique a normal exploração da obra, são, por um lado, permitidas pela Lei de Direitos Autorais, art. 46, incisos II e III. Por outro, a mesma Lei de Direitos Autorais, no art. 29, incisos I, VI e VII, proíbe a reprodução parcial ou integral desta obra, sem prévia autorização, para uso coletivo, bem como o compartilhamento indiscriminado de cópias não autorizadas, inclusive em grupos de grande audiência em redes sociais e aplicativos de mensagens instantâneas. Essa prática prejudica a normal exploração da obra pelo seu autor, ameaçando a edição técnica e universitária de livros científicos e didáticos e a produção de novas obras de qualquer autor.

Claudio Luiz
Bueno de Godoy

REGIME JURÍDICO
DAS INCAPACIDADES

manole
editora

Copyright © 2025 Editora Manole Ltda., por meio de contrato com o autor.

PRODUÇÃO EDITORIAL: Sônia Midori Fujiyoshi
CAPA: Ricardo Yoshiaki Nitta Rodrigues
IMAGEM DA CAPA: Freepik
PROJETO GRÁFICO E DIAGRAMAÇÃO: Departamento Editorial da Editora Manole

CIP-BRASIL. CATALOGAÇÃO NA PUBLICAÇÃO
SINDICATO NACIONAL DOS EDITORES DE LIVROS, RJ

G532r

  Godoy, Claudio Luiz Bueno de
    Regime jurídico das incapacidades / Claudio Luiz Bueno de Godoy. - 1. ed. - Barueri [SP] : Manole, 2025.

    Inclui bibliografia e índice
    ISBN 9788520467190

    1. Direito civil - Brasil. 2. Pessoas com deficiência - Estatuto legal, leis, etc. - Brasil. 3. Tutela (Direito) - Brasil. 4. Dignidade da pessoa humana - Brasil. I. Título.

25-97220.1   CDU: 342.7(81)

Gabriela Faray Ferreira Lopes - Bibliotecária - CRB-7/6643

Todos os direitos reservados.
Nenhuma parte deste livro poderá ser reproduzida, por qualquer processo, sem a permissão expressa dos editores.
É proibida a reprodução por xerox.

A Editora Manole é filiada à ABDR – Associação Brasileira de Direitos Reprográficos.

Edição – 2025
Data de fechamento desta edição: 11.04.2025

Editora Manole Ltda.
Alameda Rio Negro, 967 – cj. 717 – Alphaville
06454-000 – Barueri – SP – Brasil
Fone: (11) 4196-6000
www.manole.com.br | https://atendimento.manole.com.br/

Impresso no Brasil
Printed in Brazil

Sobre o autor

Desembargador do Tribunal de Justiça do Estado de São Paulo. Professor Titular de Direito Civil da Faculdade de Direito da Universidade de São Paulo. Membro do Conselho Nacional de Justiça no biênio 2005-2007.

Para Camila.

*Agradecimentos aos Amigos e Colegas
Enéas Costa Garcia, Francisco Eduardo Loureiro,
Hamid Charaf Bdine Junior e Marco Fábio Morsello.*

Sumário

Apresentação XIII
Nota do autor XV
Introdução XVII

CAPÍTULO 1   Capacidade e conceitos conexos 1
Pessoa, sujeito de direito e personalidade jurídica 1
Personalidade e capacidade jurídica 12
Capacidade de direito e capacidade de fato 18

CAPÍTULO 2   Incapacidade 21
Fundamento do regime das incapacidades 22
Estado de incapacidade 30
Incapacidade natural e incapacidade acidental 38
Incapacidades especiais e ilegitimidade 44

**CAPÍTULO 3   A experiência do direito estrangeiro na disciplina
da incapacidade** 47
O sistema francês 49
O sistema italiano 62
O sistema alemão 70
O sistema português 79
O sistema argentino 85
Síntese do capítulo 92

CAPÍTULO 4   A disciplina codificada da incapacidade do direito brasileiro.
E uma proposta interpretativa 97
O Código Civil de 1916. Causas de incapacidade 98
O quadro geral das incapacidades no Código Civil de 2002 108
A superveniência da Lei n. 13.146/2015 – o Estatuto da Pessoa com
   Deficiência 119
   Do modelo médico ao modelo social 121
   A capacidade da pessoa com deficiência 123
   A reorganização pelo Estatuto da Pessoa com Deficiência da disciplina
      geral da capacidade e da curatela no Código Civil de 2002. A tomada
      de decisão apoiada 126
   Reflexão crítica sobre a capacidade da pessoa com deficiência e alguns de
      seus efeitos: domicílio, invalidade e prescrição 137
   Direito intertemporal. O Código de Processo Civil de 2015 159
   O inciso III do art. 4º do Código Civil de 2002 165

CAPÍTULO 5   Hipóteses de mitigação das regras gerais da incapacidade
e de suas consequências 173
Capacidade testamentária ativa 175
Capacidade matrimonial 179
Capacidade delitual 187
Doação a incapaz. O benefício a ele proporcionado 195
Aceitação de mandato 200
O pagamento a incapaz, o mútuo a menor e a dolosa ocultação
   de sua idade 202
A condição de testemunha 209
Reconhecimento de filho 214
Ato jurídico em sentido estrito (ato jurídico lícito, art. 185
   do Código Civil) 218
Intervalos lúcidos 221

CAPÍTULO 6   Propostas para um ainda renovado regime jurídico
das incapacidades 225
A dignidade e autonomia do incapaz 227
A relevância das situações existenciais em que envolvido o incapaz, do
   benefício que se lhe deve preservar e do espaço de liberdade para gestão
   da sua vida cotidiana 235

Um sistema mais flexível e permeável à modulação nas soluções que
 apresenta 242
Tendência de reformas legislativas recentes no Brasil 246
Propostas para a disciplina das incapacidades 251

Conclusão.. 261
Referências... 264
Índice remissivo... 278

Apresentação

O direito, hoje, em alguma medida mais infenso a soluções demasiadamente abstratas e predisposto a disciplinar relações cada vez mais particularizadas, concretamente consideradas, deve ser e estar apto a diferenciar, em especial, situações nas quais envolvidas pessoas vulneráveis, por isso a determinar seja, bem nesse sentido, repensado o regime legal das incapacidades, mesmo que recentemente já (em parte) alterado. Não fossem ajustes pontuais que a disciplina, mesmo tal como atualmente se põe, pensa-se esteja a merecer, compreende-se a necessidade de redesenhar o modelo legal das incapacidades não apenas atentando à sua vocação protetiva, mas ao mesmo tempo de modo a assegurar a expansão possível das virtualidades do indivíduo, diante de sua pessoal condição. Não lhe pode escapar o valor básico da dignidade daquele que se intenta proteger, e a qual impende preservar, mas por isso que conforme sua particular situação e, em especial, de acordo com a natureza do campo de atuação jurídica de que se trate. O imperativo de proteção se há de compatibilizar com um espaço mais aberto de respeito às escolhas pessoais do incapaz ou de quem necessite de apoio à manifestação da vontade, sobretudo no campo dos interesses existenciais, sem contar, ainda, e posto que na esfera dos negócios econômico-patrimoniais, o governo mais cotidiano de sua vida. Trata-se de um figurino permeável a soluções não tão assépticas ou universais, como que indistintamente aplicáveis a quaisquer indivíduos, com mais ou menos discernimento, maior ou menor aptidão à manifestação da vontade, desprezando-se não só sua ocasional intelecção e expressão, nos limites em que se apresentem, como, ainda, as inúmeras ocorrências da vida em que eles se envolvem e que, destarte, estão a reclamar incidência normativa menos genérica. A um ensaio desse redesenho se dedica o presente trabalho. A procura é a de, a partir da análise crítica do sistema atual – e mesmo diante de sua recente alteração –, bem como do exame dos escapes que nele já se supõe sejam encontráveis e da constatação da experiência das legislações mais recentes, pátrias e estrangeiras, sugerir balizas para uma renovada conformação da disciplina.

Nota do autor

  O presente trabalho, que ora se edita e publica, resulta da tese à titularidade da cadeira de Direito Civil na Faculdade do Direito da Universidade de São Paulo. Sua ultimação se deu em novembro e seu depósito, para o concurso respectivo, se deu em dezembro de 2023. Preservado o texto original, as citações e as remissões ao direito estrangeiro correspondem ao quanto se encontrou em vigor até aquela mesma data. De igual modo, os projetos de lei referidos, apresentados no País sobre o tema tratado, correspondem ao conteúdo e ao estado de tramitação até então havidos. Atualização e acréscimo de remissões apenas se fizeram em relação ao Relatório final dos trabalhos da Comissão de Juristas responsável pela revisão e atualização do Código Civil, nomeada por ato do Presidente do Senado (04.09.2023), apresentado o anteprojeto, por isso que já posteriormente ao término da tese, em 17.04.2024 – e já convertido no PL n. 4/2025, de autoria do Sen. Rodrigo Pacheco. Espera-se que a obra, agora publicada, de algum modo possa contribuir para a discussão acerca de uma renovada conformação, que se supõe ainda necessária, do regime jurídico das incapacidades.

Introdução

De se indagar nos dias que correm, e dada uma certa retomada desse movimento, se uma lei civil contendo previsão rígida e fechada, dotada da pretensão de reger uma generalidade maior de situações, menos rente à diversidade dos particulares problemas concretos, é bastante para dar resposta às exigências da vida moderna, à variedade crescente dos conflitos sociais a cuja disciplina se volta. São leis descritivas, de enunciado casuístico, que deixam menor espaço à construção de soluções mais tópicas. Mas, ao mesmo tempo, a muitos angustia a prodigalização de leis editadas com proposições indeterminadas, as chamadas cláusulas gerais, e as quais, se de um lado permitem integração que leva mais longe, que amplia e modela o seu conteúdo, afeiçoado de modo mais particularizado à situação da vida, moldado com maior pertinência ao caso concreto, de outro trazem menor previsibilidade da decisão, sabidamente um imperativo inafastável de racionalidade e de segurança do sistema.

Essa polêmica, que traduz, a rigor, quase que uma aporia, ao menos se tomada como uma alternativa dicotômica, reciprocamente excludente, reflete-se nas searas mais diversificadas, nos mais diferentes campos do direito civil. Ao presente trabalho, porém, importa, especificamente, a conformação da disciplina das incapacidades da pessoa natural, seu regime jurídico e a opção do sistema pela sua organização, antes com previsões mais fechadas, casuísticas, depois com algumas válvulas de escape, alguns fatores de modulação e flexibilização, e hoje com uma redução, ao menos do ponto de vista positivo, estrito, de quem se reputa incapaz, propriamente. Tudo cuja adequação e suficiência entende-se seja preciso avaliar, discutir.

Admitido que o pressuposto histórico das incapacidades, seu fundamento básico, seja a proteção de alguns indivíduos pelo legislador considerados inaptos ao pessoal exercício dos direitos que titulam, pela ausência (total ou parcial) de discernimento, ou ainda mais recentemente pela maior dificuldade da livre e consciente expressão da vontade, a um só tempo erige-se um arcabouço de limitações que lhes são impostas e que, em certa medida, podem mesmo tolher, e tolhem, a sua própria autodeterminação, as escolhas que frequentemente se põem nos lindes de assuntos que são, inclusive, existenciais. Mas, em contrapartida, de acordo com a conformação reservada ao regime das incapacidades, ele pode levar acaso a se considerar plenamente apto quem, todavia, completamente privado de discernimento ou de potencial para manifestação esclarecida de sua vontade. É, destarte, com esse pano de fundo que se há de perquirir qual o formato legislativo eleito e se foi a melhor escolha para proteger quem disso seja merecedor e assegurar a livre expressão da vontade da pessoa. Daí resulta a avaliação nodal sobre se a proteção, dependendo do ponto a que levada, do extremo em que postada, não pode mesmo servir a prejudicar quem se quis proteger ou se, ao contrário, a simples consideração, sem mais, da capacidade de pessoas sem discernimento ou qualquer possibilidade de expressão da vontade não lhe pode significar total desproteção.

A proposta que, nesses termos, constitui o objeto central desse estudo – depois de analisar o regime de incapacidades, desde a anterior normatização civil até o novo Código e sua alteração pelo Estatuto da Pessoa com Deficiência, procurando inclusive dar-lhes um elastério compatível com a lógica que se acredita deva orientar a disciplina da matéria – é a de estabelecer parâmetros a uma renovada compreensão e mesmo a um novo desenho do aparato legal protetivo das pessoas sem completo discernimento ou possibilidade de expressão da vontade. Mas que, a um só instante, preserve raio de ação mais amplo a esses indivíduos, conforme sua particular e concreta condição pessoal, todavia tutelando, também, a confiança que essa prática desperta nos terceiros. E, ainda ao mesmo tempo, mantendo um arco de proteção jurídica e de apoio a quem, posto considerado capaz, disso necessite.

O caminho que para tanto se intenta percorrer terá início com um apanhado conceitual de capacidade jurídica, e em face de outros conceitos correlatos, como os de personalidade jurídica, sujeito de direito e mesmo de pessoa. Malgrado sem o objetivo, porquanto para além dos objetivos do estudo, de aprofundar o exame da natureza ontológica, filosófica e ética da pessoa humana, o propósito é, antes, o de perpassar as diversas concepções que, para fins jurídicos, dela se toma, de sua posição jurídica relacional, de sua aptidão e da extensão de seu potencial envolvimento em relações jurídicas. Importa esse real escorço da doutrina para que se chegue a definir, ao menos de maneira congruente com os objetivos do trabalho, a exata relação entre personalidade, capacidade e, por consequência, as limitações que a ela se imponham, afinal de que se quer tratar. Cuida-se de explicitar já uma posição sobre conceitos não raro conflitantes e, pelo contrário, muito costumeiramente confrontados pelos autores, que lhes dão diversificado matiz. É mesmo um postulado conceitual anteposto ao desenvolvimento da tese que se tenciona sustentar. Nessa linha, o primeiro capítulo se voltará a fixar o conteúdo do que se pretende analisar, que é a capacidade do sujeito e seu exato espaço.

Incumbirá, depois, proceder ao exame das restrições à capacidade, particularmente da capacidade de fato, assim se analisando o chamado regime das incapacidades, definindo seu exato fundamento, o sentido da disciplina e a axiologia que a orienta. A visualização precisa do quanto inspira o tratamento dos incapazes não só será útil a uma adequada compreensão desse regramento normativo, tal como atualmente posto, como servirá a que se ensaie, ao final, uma proposta de renovação da respectiva moldura legislativa.

Ao mesmo tempo – e a tal se volta o capítulo segundo –, será preciso, particularizando a definição de incapacidade, distingui-la de outras situações frequentemente com ela confundidas, como a falta de legitimação, verdadeiramente um impedimento a que pessoas, posto capazes, pratiquem determinados negócios jurídicos. E, se a tônica do capítulo é conceitual, também as noções de incapacidade natural e acidental haverão de ser confrontadas com o que seja um estado em si de incapacidade.

No terceiro capítulo, noticiam-se determinadas escolhas renovadas do direito estrangeiro para disciplina das incapacidades, ou mesmo do que se repute ser a capacidade de pessoas que, porém, para expressão da vontade precisam ser apoiadas. São regimes mais fluidos, de menor abstração e maior consideração ao querer concreto de cada indivíduo, tomado na medida de sua aptidão, própria e particular, a manifestá-lo. Trata-se de referência a estatutos ou modificações legislativas recentes que, passados em revista, crê-se possam auxiliar na reorganização da matéria no direito brasileiro, ou mesmo na sua mais completa compreensão, no estado em que se encontra e fruto de alteração já havida, ao menos em relação às pessoas com deficiência.

Assentados esses pressupostos, o capítulo seguinte (Capítulo 4) se deterá justamente na análise da disciplina normativa codificada do regime das incapacidades no país, desde o Código Civil anterior até o atual, e com a alteração no Código Civil de 2002 introduzida pela edição do Estatuto da Pessoa com Deficiência. Mas não se furtará já à elaboração de uma proposta de interpretação desse regime levado ao Código e da específica norma alusiva – como previsão geral – a uma causa transitória de relativa incapacidade, cujo elastério, conforme seja, pode bem denotar uma escolha própria sobre a matéria, diversa daquela que se continha no Código anterior e que compõe, em geral, os sistemas estrangeiros examinados e relativos ao incapaz. De todo modo, insista-se, sem que para isso se deixe de descrever a organização que cada qual das codificações civis brasileiras legou à matéria, as características dos regimes de incapacidade contidas nos dois Códigos, enfim, a lógica de que se valeram para estabelecer o regime legal das incapacidades.

O quinto capítulo, por sua vez, tenderá a identificar já hipóteses, algumas positivadas, outras construídas, de mitigação da rigidez do tratamento dispensado ao incapaz. São as tais válvulas de descompressão do regime, de toda forma hauridas do próprio sistema atual de regência da matéria. Será mesmo passar em revista situações que já vinham consagradas do Código de 1916 e que foram reproduzidas no novo Código Civil, porém contemplativo de novas hipóteses também a identificar, tanto quanto o ocasional impacto que lhes impôs a edição da Lei n. 13.146/2015 – o Estatuto da Pessoa com Deficiência. A par disso, casos específicos de flexibilização das regras de incapacidade que foram sendo erigidas pelo trabalho da doutrina e da jurisprudência serão, identicamente, referidos, sempre no intuito de demonstrar que, mesmo à luz de um sistema mais rigoroso e fechado de tratamento dos incapazes, e ainda que a pretexto de protegê-los, não se desconheciam situações de concreta e particular mitigação, sendo-lhes dado algum espaço de pessoal atuação jurídica, portanto mesmo de autodeterminação juridicamente apreciável.

Finalmente, no sexto e último capítulo, à luz dos pressupostos a tanto estabelecidos, de todo o percurso antes traçado e cumprido, o objetivo será o de ensaiar algum redesenho geral do regime legal das incapacidades e, ainda, que tome em conta a distinção do campo de atuação do indivíduo, um espaço de liberdade para as decisões sobre a sua vida pessoal e os assuntos cotidianos, bem assim a modulação, ponderada a confiança do declaratário, de soluções invalidantes a atos por ele praticados, de resto seguindo tendência que se assume exposta não apenas no exame do direito estrangeiro, como haurida das mais recentes alterações no próprio ordenamento brasileiro. Tudo de maneira a procurar encontrar as bases para um sistema mais rente à realidade e ao concreto alcance de pessoas que precisam ser protegidas, mas acima de tudo apoiadas para fortalecimento da expressão de suas particulares virtualidades. Um sistema, então, menos rígido, mais flexível, cujas regras sejam moduláveis, sem maior perda de segurança, conforme a pessoa natural concretamente sujeita à incidência da disciplina que, afinal, lhe deve ser emancipatória, na medida do quanto compatível com sua concreta condição.

A tentativa, portanto longe de qualquer pretensão exauriente ou definitiva do quanto se propõe, será ao menos a de pôr à prova e discutir alternativas ao sistema das incapacidades, tal como hoje erigido no ordenamento civil brasileiro, fomentando debate que se tenciona possa contribuir para chegar a alcançar o que se supõe seja algum aperfeiçoamento do regime jurídico das incapacidades, que o torne mais próximo de suas próprias finalidades e, em última análise, do equilíbrio entre a necessidade de garantia da autonomia de todas as pessoas, mas sem abandonar a ideia de que nos limites de suas possibilidades.

Capítulo **1**

Capacidade e conceitos conexos

Como se vem de afirmar na introdução, e com as ressalvas que lá se explicitaram, a ideia subjacente ao presente capítulo é a de fixar postulados conceituais que permitam o desenvolvimento de uma renovada compreensão da noção de capacidade, conformada às exigências valorativas e mesmo pragmáticas, crê-se, que a ela se impõem.

A tal desiderato é que impende definir um campo de significação próprio não só para a capacidade, mas, antes, também para a personalidade, e relacionada com a acepção de pessoa e de sujeito, de novo reiterando-se a nenhuma pretensão de aprofundar mais o tema, inclusive do ponto de vista ético e filosófico, tão denso, mas sim de analisá-lo nos limites do quanto necessário a identificar sua interligação com o objeto central do trabalho, vale dizer, a capacidade da pessoa natural.

PESSOA, SUJEITO DE DIREITO E PERSONALIDADE JURÍDICA

Algumas oposições se vêm evidenciando ao longo do tempo na tarefa de definir e caracterizar a pessoa. A primeira delas reside na dicotomia que não raro se estabelece entre o que seja um conceito ético, filosófico e ontológico, outro de natureza jurídica da pessoa, e com aquele nem sempre coincidente. E desde logo se assenta, como se se pudesse admitir uma separação assim tão rígida dessas realidades.

De todo modo, muito frequente tomar a pessoa, do ponto de vista jurídico, como o ente capaz de titular direitos e de contrair obrigações. Comum que o direito tome a pessoa como o *sujeito de direito*, o elemento subjetivo integrante da relação jurídica. Ou seja, tem-se, na relação jurídica, o centro de imputação de direitos e deveres. Em esquema que se pode dizer tradicional, o ser pessoa no direito equivale a ser sujeito de direito, significa ter a possibilidade de titular direitos e contrair obrigações; é, enfim, estar na posição de titular de direitos[1]. Haveria, destarte, uma perfeita simetria entre os conceitos de pessoa, do ponto de vista jurídico, e sujeito de direito, de tal modo que à caracterização jurídica de pessoa importaria aferir sua aptidão para ocupar um dos polos das relações jurídicas.

Verdadeiramente, para essa concepção, a figura jurídica da pessoa seria mesmo um expediente técnico funcionalizado à disciplina normativa das relações e ações humanas; ou, como já se via em Kelsen e em sua teoria pura, nada mais senão – recorra-se às suas palavras – uma expressão unitária personificadora para um complexo de normas, a rigor recurso para o erigir de um centro de imputação de deveres e faculdades jurídicos, permitindo ao ordenamento a regulação da conduta humana[2]. É o que Lorenzetti chama de um conceito normativo de pessoa, haurido e firmado a partir do acúmulo de normas que dela tratam, posto reconheça que também para estatuir em seu favor e garantia um regime de proteção especial[3].

A *personalidade jurídica*, nessa conformação, estaria na justa aptidão atribuída ao sujeito de direito para ocupar um dos polos da relação jurídica, assim para contrair obrigações e para adquirir direitos. Pois bem reconhecido que em elevado nível de abstração, observa Capelo de Sousa que o sujeito de direito é justamente aquele portador de personalidade jurídica, de seu turno a suscetibilidade de ser titular de direitos e obrigações, portanto a qualidade em si mesma determinante do ser sujeito de direito. Nas suas palavras, "é a aptidão para ser um centro independe de imputação e irradiação de efeitos jurídicos materiais e processuais"[4]. Acrescenta Francisco Amaral, a personalidade é mesmo um valor jurídico que se reconhece à pessoa, mas não, como adverte, que o direito concede à pessoa[5].

---

1 PONTES DE MIRANDA, Francisco Cavalcanti. *Tratado de direito privado*, 1954, t. I, p. 153.
2 KELSEN, Hans. *Teoria pura del derecho*: introducción a la problemática científica del derecho, 1941, p. 83 e 86.
3 LORENZETTI, Ricardo. *Fundamentos do direito privado*, 1998, p. 466.
4 CAPELO DE SOUSA, Rabindranath. *Teoria geral do direito civil*, 2003, v. 1, p. 250.
5 AMARAL, Francisco. *Direito civil*: introdução, 2018, p. 322.

Essa a questão a realçar. Parece artificial pensar hoje em um corte definitivo entre o que se passa no campo pré-legal, ético e filosófico, e aquilo que o direito recebe. A excessiva formalização dos conceitos de pessoa, sujeito de direito e personalidade tende a desconhecer um dado de realidade que necessariamente se deve impor. Nesse sentido, pondera Oliveira Ascensão que "a realidade é contínua e o direito integra-se nela. A ordem jurídica faz parte da ordem global, e são prévias à intervenção do legislador. Podemos justificadamente dizer que a pessoa é uma realidade pré-legal, embora não seja pré-jurídica"[6]. Quer o autor dizer que o objeto da disciplina jurídica não é criado pelo direito. É prévio, põe-se nos lindes das relações sociais e uma dissociação entre o dado pré-legal e o que o direito toma dimana de uma opção excessivamente abstrata. Por isso que, a seu ver, pessoa enquanto sujeito de direito resulta do que chama de uma categórica imposição de ordem natural, ainda que releve à sua efetividade o reconhecimento e regramento pelo direito, sob pena, inclusive, de se ter uma realidade juridicamente vazia. Do mesmo modo, a personalidade jurídica não pode ser uma categoria meramente formal, dispensando um substrato ontológico que, de seu turno, pressupõe a apreciação da realidade concreta que é o seu suporte[7].

É por isso que não caberia pensar em o direito recusar a existência ontológica da pessoa para lhe retirar a condição de potencial sujeito de direito. Se se imagina o direito em sua tônica relacional, vocacionado à disciplina da convivência, soaria estranho imaginar uma tal dissociação entre a realidade ontológica e o conceito jurídico de pessoa. Dito de outra maneira, e tal como observa Simone Eberle, no caso da pessoa natural a sua substância ontológica anda *pari passu* com a opção legislativa de personificação, desde que

> [...] o ser homem, o partilhar da condição humana restringe sensivelmente o arbítrio do legislador. Se o querer legislativo atua sobremaneira no que concerne à personificação dos entes coletivos, autorizando, indiretamente, até mesmo a desconsideração dessa mesma personalidade, o mesmo não sucede em relação à pessoa natural. O homem, por sua substancialidade e por sua

---

6   OLIVEIRA ASCENSÃO, José de. *Direito civil*: teoria geral, 2000, v. I, p. 36.
7   OLIVEIRA ASCENSÃO, José de. *Direito civil*, cit., p. 71 e 134-135.

dignidade imanente, impõe-se ao legislador como uma realidade irrefutável, que demanda reconhecimento e não admite negação[8].

Na mesma direção, sustenta Enrique Chaparro que é impossível construir uma noção estritamente jurídica de pessoa, ou que seja unicamente científica, desprezando essência que, antes de jurídica, é filosófica. Na sua visão, distinguir os conceitos assim ditos filosófico e jurídico de pessoa somente serve a uma construção de escassa dignidade teórica, até mesmo por desconsiderar uma necessária interdisciplinaridade que deve preencher o que seja um conceito concreto de pessoa. Sem aquilo que considera ser um *prius* antropológico, esvazia-se o conceito de pessoa pela incompreensão de seu valor inerente, que está em sua dignidade[9].

É certo que o direito, de modo instrumental, a serviço do interesse das pessoas naturais, pode expandir a ideia de personificação, como sucede com as pessoas morais ou ideais. Mesmo um patrimônio pode receber personalidade jurídica e integrar relações jurídicas em um de seus polos, configurando, assim, um de seus elementos subjetivos. É, na lembrança de Antônio Junqueira de Azevedo, o fenômeno da *refração*, isto é, realidades com uma essência e que o direito recebe com diverso matiz[10]. Revela-se mesmo uma incoincidência entre o que se dá no mundo do direito e a realidade que lhe é precedente. Porém, vale não olvidar que esse expediente de que se pode utilizar – e efetivamente se utiliza – o legislador obedece a um fim serviente à pessoa natural, atende inclusive a um seu instinto gregário e à constatação de que, de maneira coletiva, pode melhor alcançar seus objetivos e desejos[11].

---

8   EBERLE, Simone. *A capacidade entre o fato e o direito*, 2006, p. 37.
9   RAMOS CHAPARRO, Enrique. *La persona y su capacidad civil*, 1995, p. 115-118.
10   AZEVEDO, Antônio Junqueira de. Caracterização jurídica da dignidade da pessoa humana, 2004, p. 15.
11   Nesse sentido a observação de Simone Eberle, para quem "a personificação de entes que não os próprios homens pode conduzir à satisfação das necessidades humanas. O atribuir-se a condição de pessoa a outras realidades preenche, indiretamente, as expectativas do homem, viabiliza seus projetos e permite a concretização de seus ideais. Quer pela fragilidade humana, quer pelo sentimento gregário que sempre povoou os relacionamentos sociais, o fato é que nem sempre os projetos e ideais humanos foram exclusivamente individuais. Movidos pelo afeto, ou pela necessidade de apoio e de segurança, ou mesmo pela avidez por lucro, os homens sempre ensaiaram formas de convivência comunitária, conjugando esforços e recursos, na busca de objetivos comuns" (*A capacidade entre o fato e o direito*, cit., p. 32).

Tal contingência, porém, não pode ser levada ao ponto de se admitir venha o direito a recusar a essência humana para retirar de quem a ostenta a condição de pessoa. Ou seja, tem-se algo muito diferente de o ordenamento, por exemplo, simplesmente assentar que o nascituro não é pessoa; ou que o é do ponto de vista ontológico, mas não jurídico. A refração aí, segundo se entende, não se autoriza, somente se justificando à luz de uma concepção excessivamente formal, abstrata e generalizante de pessoa, que verdadeiramente cria um corte artificial entre o direito e a realidade que lhe é imanente.

Aliás, já Clóvis Bevilaqua admitia, em seus comentários[12], que a absorção da tese natalista pelo Código de 1916, para justificar o início da personalidade jurídica, atendeu muito mais a um imperativo pragmático – "pareceu mais prático", em suas palavras –, mesmo assim reconhecendo ao nascituro a condição de pessoa, e do ponto de vista jurídico, em inúmeras passagens, como no art. 359 (legitimação do filho concebido), art. 363 (reconhecimento de filho), art. 372 (adoção de nascituro), art. 462 (curatela ao nascituro) e art. 1.718 (capacidade para adquirir por testamento). Da mesma forma, analisado o Código Civil de 2002 – que é costume dizer ter seguido a tese natalista, ao menos no art. 2º –, pense-se nas hipóteses do art. 542 (doação ao nascituro), art. 1.609, parágrafo único (reconhecimento do nascituro), art. 1.779 (curatela ao nascituro), art. 1.798 (sucessão testamentária pelo nascituro), bem a denotar, conforme é também comum defender, e desde o Código anterior, a admissão da personalidade do nascituro[13].

Mesmo Antônio Junqueira de Azevedo, que reconhece e aceita o fenômeno da refração quando se trata do nascituro, o atribui também a um expediente técnico ditado por razões práticas, que estão na necessidade de o legislador estabelecer um momento definido de início da personalidade. Mas aponta que, mesmo sem ser pessoa, no campo do Direito, possível admitir que o nascituro já seja sujeito de direito[14].

---

12   BEVILAQUA, Clóvis. *Código Civil dos Estados Unidos do Brasil comentado*, 1936, v. I, p. 173.
13   Nesse sentido e, de modo geral, para um estudo da tese desenvolvida em torno da personalidade do nascituro, ver: CHINELLATO, Silmara Juny. *Tutela civil do nascituro*, 2000. *passim.*
14   AZEVEDO, Antônio Junqueira de. *Negócio jurídico e declaração negocial*: noções gerais e formação da declaração negocial, 1986, p. 142-143 e nota 11. O autor chega mesmo a sugerir, para evitar confusão, que o Código deveria estabelecer uma ressalva, preceituando que, *para efeitos jurídicos,* a personalidade começa do nascimento com vida. Depois, em diverso estudo, sustentou que o nascituro, e mesmo o embrião, embora sem personalidade,

Procurando justificar a escolha do Código Civil de 2002, e especialmente diante de emenda, a de n. 7, então apresentada ao projeto, quando entregue à Câmara, no sentido de reconhecer a personalidade civil do nascituro desde a concepção, a Comissão Revisora, pela pena de Moreira Alves, ponderou, a tanto se opondo, que a situação de quem já concebido, mas ainda não nascido, é a de um sujeito à espera de seus direitos, acrescentando que se colocar de modo diverso é dissociar a personalidade da capacidade de agir juridicamente[15].

Mais recentemente, julgando a constitucionalidade do dispositivo do art. 5º da chamada Lei de Biossegurança (Lei n. 11.105/2005), que permitia a utilização de células-tronco embrionárias para fins de pesquisa e terapia, assentou a Suprema Corte, pelo voto do relator, Min. Ayres Britto, ser "preciso vida pós-parto para ganho de uma personalidade perante o Direito", mais adiante arrematando que somente a partir do nascimento há sujeito de direito, alguém que "não precisa mais do que sua própria faticidade como nativivo para instantaneamente se tornar um rematado centro de imputação jurídica". Malgrado identificando, na vida pré-natal – e, o que é sintomático –, uma dignidade que importa reconhecer e proteger, nas condições e nos limites da legislação, a síntese dessa parte do julgado está em que "vida humana já revestida do atributo da personalidade civil é o fenômeno que transcorre entre o nascimento com vida e a morte"[16]. Bem se vê então que, explicando a situação jurídica do nascituro, retoma-se a tese tradicional de abstração e simetria entre os conceitos jurídicos de pessoa, sujeito de direito e personalidade.

Todas essas dissensões, crê-se, se reconduzem a um conceito jurídico exclusivo de pessoa que, por demasiado abstrato, desprende-se da realidade que o direito toma para regrar. Mais, que se liga muito a uma racionalidade própria do liberalismo econômico, consoante aponta Orlando de Carvalho ao mesmo tempo que defende, justamente, a tomada de posição por um conceito concreto e contemporâneo de pessoa, na complexidade das relações jurídicas

---

são sujeitos de direito em face da parte final do art. 2º do Código Civil. No seu dizer, "filosoficamente, ou eticamente, é, pois, pessoa humana. Do ponto de vista civil, pode não ter personalidade civil (art. 4º do Código Civil e art. 2º do novo Código), mas já é sujeito de direito (art. 4º, última parte, do Código Civil e art. 2º, última parte, do novo Código" (AZEVEDO, Antônio Junqueira de. Caracterização jurídica da dignidade da pessoa humana, cit., p. 15).
15   MOREIRA ALVES, José Carlos. *A parte geral do projeto de Código Civil brasileiro*, 2003, p. 133-134.
16   STF, ADI n. 3.510-0/DF, Tribunal Pleno, rel. Min. Ayres Britto, j. 29.05.2008.

em que se envolve e dos interesses variados a que se funcionalizam[17]. É a observação precisa, ainda, de Luiz Edson Fachin, que exemplifica, justamente, com a situação do nascituro. A seu ver, é preciso abandonar o conceito categorizado de pessoa e de sujeito, de maneira a se lhes reconhecer um conteúdo pleno de valor, e posto diante de relações concretas[18]. Na crítica do autor, a ideia tradicional de pessoa, tal como construída do ponto de vista jurídico, e associada à condição de sujeito, elemento abstrato da relação jurídica,

> [...] não recolhe uma informação a partir de um sujeito concreto, ou seja, a partir das considerações concretas desse ou daquele sujeito, pois a relação jurídica, classicamente moldada, leva em conta uma noção abstrata e genérica das pessoas. A própria pessoa é que se coloca *in abstrato*, perfil jurídico não definido a partir de suas condições concretas. Compreende imensa gama, independente de sua condição econômica, social ou histórica, noção que tem a pretensão de inscrever a todos ao mesmo tempo[19].

Nessa mesma senda, critica-se o que se considera ser uma pretensão de neutralidade do conceito jurídico de pessoa[20], um conceito, enfim, puramente científico, abstrato, como abstrata, destarte, se toma a noção de relação jurídica, tudo a se cotejar com o que seja, conforme se defende – e ao mesmo tempo –, uma concepção preenchida, em seu conteúdo, pela dimensão do homem de "carne e osso", afinal a cujo desenvolvimento, em todas as suas potencialidades, se volta o direito[21].

Pois assim se retrata importante oposição que vem marcando a discussão sobre o conceito jurídico de pessoa e de sujeito de direito. É a superação de uma concepção jurídica estática de pessoa, como que uma moldura uniforme ser-

---

17 CARVALHO, Orlando de. *Para uma teoria da relação jurídica civil*. I. A teoria da relação jurídica. Seu sentido e limites, 1981, p. 90-98.
18 FACHIN, Luiz Edson. *Teoria crítica do direito civil*, 2012, p. 38-40.
19 FACHIN, Luiz Edson. *Teoria crítica do direito civil*, cit., p. 101.
20 Para Stefano Rodotà, mais que neutralidade, tem-se aí uma noção de sujeito que, a seu ver, predicava verdadeira indiferença em relação a dado de realidade em meio à qual a pessoa se coloca (RODOTÀ, Stefano. Dal soggetto alla persona: transformazioni di una categoria giuridica, 2007, p. 365-377, em especial, 377).
21 RODRIGUES, Rafael Garcia. A pessoa e o ser humano no Código Civil. *In*: TEPEDINO, Gustavo (coord.). *A parte geral do novo Código Civil*: estudos na perspectiva civil-constitucional, 2007, p. 29-30.

vindo ao desenho teórico da relação jurídica, um instrumento científico, apenas, para a disciplina ordenadora do direito, por uma diferente noção dinâmica que tome a pessoa em sua dimensão real, repleta de valor, de acordo com a essência ontológica que lhe é inerente[22]. É a construção de um conceito "densificado" de pessoa, que não seja oco e infenso a uma modelagem que o torne rente à realidade, às situações diferentes com que a pessoa se apresenta no mundo do Direito. E o que, especialmente, deve levar a algumas consequências relevantes.

Primeiro que, mais não fosse, ter-se-ia ultrapassado a histórica dificuldade de a doutrina explicar a situação jurídica do nascituro, ora se pretendendo que, sem ser pessoa, possua apenas expectativa de direito, ora se pretendendo titular já de direito condicional, ora de direito em formação, ou mesmo se admitindo que sujeito à espera de seus direitos, como se viu. É mesmo aceitar no campo jurídico o que o nascituro é na realidade. Isso ainda que se reconheça ao Direito a prerrogativa de regrar de modo especial a gama de faculdades que, pela sua situação particular, o nascituro titula.

Em segundo lugar, impor-se-iam ao legislador escolhas normativas concretas, não divorciadas da realidade em que se põem as situações que se dá a disciplinar. Ter-se-ia caminho aberto para outras personificações e para a expansão da configuração de sujeito de direito. Seria a admissão de que não reduzida tal configuração à pessoa natural e, por extensão, às pessoas jurídicas, ademais de, quanto a estas, favorecer o maior alargamento de seu espectro, inclusive de sorte a solver a questão que, por exemplo, no direito brasileiro exsurge com a prática de inúmeros atos jurídicos pelos chamados *entes despersonalizados*[23]. Ricardo Luis Lorenzetti lembra, ainda, dos grupos que não

---

22 RODOTÀ, Stefano. Dal soggetto alla persona, cit., p. 377. Para o autor, e ainda que com ressalva por ele laborada e referida mais adiante, neste mesmo item, trata-se da transição da noção exclusiva de sujeito de direito como mero centro de imputação de situações jurídicas, ou de um sujeito "desarticulado", para a noção de pessoa em sua individualidade, reconhecível pelo modo como se coloca concretamente e como é considerada.
23 Basta pensar, a respeito, nas alienações consumadas pelo espólio, nem só em cumprimento a alienações prometidas, em vida, pelo *de cujus*; na aquisição imobiliária que já se admitiu ao condomínio especial, inclusive na esteira analógica da previsão do art. 63, § 3º, da Lei n. 4.591/64 (*v.g.*, TJSP, CSM, Ap. Cív. n. 469-6/1, rel. Des. José Cardinale, j. 06.12.2005; Ap. Cív. n. 795-6/9, rel. Des. Passos de Freitas, *DJE* 26.02.2008), chegando-se mesmo a defender a personalidade própria da massa condominial nas relações jurídicas de seu peculiar interesse (cf. Enunciado 90 da I Jornada de Direito Civil – CEJ). Tudo sem contar a chamada *personalidade judiciária* dos entes, porém, ditos despersonalizados (art. 75, V, VII e XI, do CPC).

formam pessoa jurídica, mas que possuem uma subjetividade única e com direitos fundamentais a tutelar, tanto que potencialmente atingidos em uma sua honra coletiva. Do mesmo modo lembra da evolução da ideia de proteção aos animais não como corolário de sua utilidade para os homens, senão que por si próprios[24].

Tomando o exemplo dos animais, parece costumeiro recusar, no campo pré-legal, a sua condição pura de coisa, que o Direito historicamente resolveu adotar para disciplinar ocorrências que os envolvessem. Não se há de admitir que o sentimento comum que se tem pelos animais seja assim jurídica e diversamente moldado. Ao Direito, e mesmo não como pessoa, seria de pensar se possível dedicar-lhes aquela natureza de *res*, tão dissociada, ainda uma vez, da realidade que lhes subjaz[25].

Na verdade, o assunto se coloca em meio ao que Antônio Junqueira de Azevedo considera a superação do modelo jurídico antropocentrista por uma ética biocêntrica, que valorize qualquer forma de vida, que reconheça a emergência de uma solidariedade universal à qual não escapam outros seres integrantes do fluxo vital. É a consideração, na visão do autor, da vida como um movimento contínuo que passa de um ser a outro desde antes do homem; uma necessária interdisciplinaridade do direito, já antes mencionada, com a antropologia, a paleontologia e a biologia que acaba vencendo a rígida separação entre o homem e o resto da natureza. Tem-se o que chama de um biocentrismo

---

24 LORENZETTI, Ricardo Luis. *Teoria da decisão judicial*: fundamentos de direito, 2008, p. 110-113.

25 De lembrar, a respeito, do acréscimo do Subtítulo I-A ao Título II do Livro I do Código Civil português, bem entre a disciplina das pessoas e das coisas, para dispor sobre os animais, prevendo-se no art. 201.º-B que "[O]s animais são seres vivos dotados de sensibilidade e objeto de proteção jurídica em virtude da sua natureza" (Lei n. 8/2017). No mesmo sentido o § 90a, acrescido ao BGB, dispondo expressamente que os animais não são coisa, dando-se a sua proteção conforme leis especiais. No Brasil, mais recentemente, o Relatório final dos trabalhos da Comissão de Juristas responsável pela revisão e atualização do Código Civil, nomeada por ato do Presidente do Senado (04.09.2023) – apresentado o anteprojeto ao Congresso em 17.04.2024 (https://www12.senado.leg.br/assessoria-de-imprensa/arquivos/anteprojeto-codigo-civil-comissao-de-juristas-2023_2024.pdf), e já convertido no PL n. 4/2025, de autoria do Sen. Rodrigo Pacheco –, previu seção própria, no Capítulo dos bens considerados em si mesmos, mas referindo de modo autônomo os animais, dispondo que "são seres vivos sencientes e passíveis de proteção jurídica própria, em virtude de sua natureza especial" (Seção VI, art. 91-A); e ainda prevendo lei especial que particularize o regramento a eles aplicáveis.

impondo-se ao personalismo ético kantiano que tem marcado o sistema jurídico contemporâneo[26].

Com efeito, desprende-se o ordenamento da ideia personalista de que a dignidade enquanto valor deva ser reconhecida exclusivamente na racionalidade do homem (substância individual racional e livre). Examinando o caminhar do antropocentrismo ao biocentrismo (holismo ou ecocentrismo), pondera Antônio Herman Benjamin que o ser humano que vegeta nem por isso perde sua intrínseca dignidade, sendo, mais, de admitir um valor intrínseco também aos demais seres da natureza, portanto não só pela sua necessidade ao homem[27].

Enfim, conforme acentua Francisco Amaral, questiona-se a essencial consideração do ser humano como sujeito atuante único, particular, livre e, note-se, nas suas palavras, "impulsionado para a abstração", apanágio de um programa ou projeto político-filosófico que marca o direito moderno, mas não, na sua advertência, o pós-moderno, dominado pela evolução da ciência, pela riqueza das informações, pela hipercomplexidade, por isso caracterizado pela superação de um conceito de sujeito abstrato e formal, personificado em normas que não obedeçam à individualidade e concretude dos aspectos particulares das diversas situações da vida[28].

Dito ainda de outro modo, ao Direito se impõe tomar a realidade como ela é na tarefa de personificação, cedendo a uma necessária interdisciplinaridade com outras ciências, por isso não lhe sendo dado desconhecer a substância ontológica da pessoa para, aqui em indevida refração, negar-lhe essa condição do ponto de vista jurídico. Mais, ao Direito se impõe ampliar o conceito de sujeito de direito, como de resto já faz para grupamentos institucionalizados, às vezes até mesmo para patrimônios, a fim de reconhecer outros centros de interesse que merecem tutela pelo seu valor intrínseco, destarte não tão somente em função de sua utilidade ao ser humano.

É, portanto, a construção de um conceito menos formal de pessoa e de sujeito de direito, que recusa um corte vertical com a realidade que o ordenamento tende a disciplinar. Abandona-se a pretensão que, quando única, se

---

26 AZEVEDO, Antônio Junqueira de. Crítica ao personalismo ético na Constituição da República e no Código Civil: em favor de uma ética biocêntrica. *In*: AZEVEDO, Antônio Junqueira de; CARBONE, Paolo; TORRES, Heleno Taveira (coord.). *Princípios do novo Código Civil e outros temas*: homenagem a Tullio Ascarelli, 2008, p. 20-31.
27 BENJAMIN, Antônio Herman. A natureza no direito brasileiro: coisa, sujeito ou nada disso, 2001, p. 159-170.
28 AMARAL, Francisco. O direito civil na pós-modernidade, 2003, p. 61-77.

acredita voltada a um resultado de todo artificial, de erigir um conceito exclusivo e puramente científico de pessoa, inclusive desprezando a constatação fundamental de superação da rígida divisão kelseniana entre o ser e o dever-ser[29], ainda entre a norma e a ciência jurídica, entendida esta então não apenas a partir de uma perspectiva lógica e racional, mas acima de tudo tisnada por uma adequação valorativa[30] e que se reconduz necessariamente a outras ciências, marcando uma recursividade inafastável, recíproca, entre o sistema jurídico e outros metajurídicos[31].

Mesmo quanto à pessoa natural, tomada então numa visão dinâmica, concreta, ela é recebida pelo sistema como uma unidade repleta de valor, densa desse ponto de vista axiológico, portanto principalmente, e como lembra Fachin, a quem se deve agregar uma necessária noção de cidadania e de garantia de direitos básicos[32], ademais conformados à sua especial condição, moldados de acordo com a situação da vida em que inserida, de fato sem o que restará um conceito de pessoa estático e puramente formal, assim substancialmente vazio em seu conteúdo.

E isso tudo ainda que não se desconsidere, de um lado, o papel histórico importante desempenhado pelo conceito universalizante e formal de sujeito de direito, em si. Como acentua Stefano Rodotà, a construção de um conceito de sujeito abstrato permitiu a libertação da pessoa de uma real servitude, de uma estrutura hierárquica que a desigualava[33]. O desafio, porém, ainda para o autor, está na constatação de que essa mesma noção formal acabou levando a uma subjetividade de persistente desigualdade, porque em desconsideração às vulnerabilidades e à diversidade que marcam as pessoas e suas relações concretas, assim afinal beneficiando o homem, e econômico, é dizer, o comerciante, o proprietário[34], de tal modo a exigir, atualmente, uma verdadeira compatibilização entre a ideia de sujeito de direito e o reconhecimento das diferenças entre as pessoas concretas; a compatibilização entre igualdade e diversidade[35].

---

29 V., a respeito, e mesmo retratando a revisão crítica, de Norberto Bobbio, do positivismo jurídico: LOSANO, Mario. Prefácio à edição brasileira, 2007, p. XXXVI
30 CANARIS, Claus-Wilhelm. *Pensamento sistemático e conceito de sistema na ciência do direito*, 1996, p. 10 e 66-102.
31 JEAN-ARNAUD, André. *Direito natural e direitos humanos*, 2008, p. 37-52.
32 FACHIN, Luiz Edson. *Teoria crítica do direito civil*, cit., p. 206-207.
33 RODOTÁ, Stefano. *Il diritto di avere diritti*, 2015, p. 144.
34 RODOTÁ, Stefano. *Il diritto di avere diritti*, cit., p. 146.
35 RODOTÁ, Stefano. *Il diritto di avere diritti*, cit., p. 147 e 15 e 153.

E posto então que não se abandone completamente, por se predicar ainda necessária, do ponto de vista sistemático, a figura objetiva e de categorização geral, pela lei, da pessoa e de sua subjetividade[36], porém convivente com abertura do sistema que consinta, simultaneamente, com previsão, assim subjetiva, voltada à concretização da sua particular realidade – e ao que se tornará no Capítulo 6, na questão em si da disciplina da capacidade.

PERSONALIDADE E CAPACIDADE JURÍDICA

Pontes de Miranda é textual quando defende que personalidade jurídica e capacidade de direito sejam o mesmo. A seu ver, a diferença se estabelece com a capacidade que chama de ação. Mas não aceita qualquer campo conceitual próprio e diverso quando se cuida da personalidade e da capacidade de titular direitos e contrair obrigações[37].

Na mesma esteira, Carlos Maluquer de Motes identifica uma real sinonímia entre as noções de personalidade jurídica e capacidade jurídica ou de direito. O autor considera que o conceito de capacidade jurídica se identifica com o de personalidade, por isso que caracterizado pela generalidade, isto é, pela afetação à universalidade dos indivíduos, independentemente de sua condição[38].

E, de fato, assim será se se conceber capacidade jurídica tal qual a define Jan Schapp, ou seja, a aptidão genérica e abstrata a titular direitos e contrair obrigações que, portanto, toda pessoa possui, na sua ótica até mesmo como uma afirmação da evolução histórico-jurídica que assentou a contraposição entre pessoa e coisa[39].

Mas uma conceituação com essa maior amplitude efetivamente pode levar, e de ordinário leva, à corrente unificação e por que não a uma corrente confusão que a noção de capacidade acaba induzindo com a de personalidade jurídica. Aliás, não por outro motivo separa Massimo Bianca o que reputa ser uma acepção genérica e outra especial ou específica de capacidade, àquela reservando um conteúdo abstrato de idoneidade a que qualquer indivíduo titule todas as posições jurídicas conexas aos seus interesses e à sua atividade, mas depois

---

36 É ainda a posição de: RODOTÁ, Stefano. *Il diritto di avere diritti*, cit., p. 165.
37 PONTES DE MIRANDA, Francisco Cavalcanti. *Tratado de direito privado*, cit., t. I, p. 155.
38 MOTES, Carlos Maluquer de. *Derecho de la persona y negocio jurídico*, 1993, p. 2-3.
39 SCHAPP, Jan. *Introdução ao direito civil*, 2006, p. 287.

particularizando, em concreto, essa aptidão nos campos próprios de atuação de cada qual, por exemplo na matéria laboral, matrimonial, processual e assim por diante[40], portanto concebendo restrição conforme a área própria do Direito em que a aptidão se revela ou, em outros termos, admitindo que o indivíduo possa não ter capacidade jurídica consoante a seara jurídica em que tencione atuar.

Na mesma linha, e posto que defendendo a ideia de que personalidade e capacidade de gozo sejam "mesmo conceitos idênticos", não deixa Manuel A. Domingues de Andrade de reconhecer que, ainda que não se possa

> [...] ter personalidade e ser-se inteiramente desprovido de capacidade. Nem o contrário. O que pode é ser mais ou menos circunscrita a capacidade jurídica de uma pessoa; e quando se alude à possibilidade desse fenômeno e aos termos em que ele se verifica, usa falar-se antes de capacidade que de personalidade[41].

Com efeito, quer-se crer de rigor reconhecer uma esfera própria e específica de significação para a capacidade, que a faça ocupar um espaço conceitual particularizado, tanto quanto à personalidade se há de emprestar elastério que não baralhe duas realidades jurídicas distintas, ainda que interligadas. Quando mais não fosse – e como já se disse, com a mesma remissão, no item anterior –, calha a observação de Oliveira Ascensão de que a personalidade jurídica, antes que a capacidade, longe de ser categoria meramente formal, tem um substrato ontológico, pressupõe uma realidade irrecusável ao legislador, que é mesmo o seu suporte.[42] A distinção, pois, e desde logo se adianta, põe-se na senda da separação entre o antecedente valorativo uno e seu consequente modelável; entre valor, atributo, qualidade da pessoa e seu recorte nos diversos campos de atuação jurídica do indivíduo.

Certo que a própria ideia de personalidade jurídica se possa apreciar sob uma dupla vertente. Como acentua Gustavo Tepedino, personalidade é termo que pode ser visto e definido de um ponto de vista subjetivo e outro objetivo. Pelo primeiro, atributo da pessoa humana, tem-se o que a habilita a ser sujeito de direito; a personalidade indicando a titularidade das relações jurídicas. É a vertente estrutural, a composição da estrutura das situações jurídicas subjetivas, das relações jurídicas e de seu respectivo elemento subjetivo. Pelo segundo,

---

40 BIANCA, Massimo. *Diritto civile*, 2002, v. 1, p. 213-214.
41 ANDRADE, Manuel A. Domingues de. *Teoria geral da relação jurídica*, 1983, v. I, p. 31.
42 OLIVEIRA ASCENSÃO, José de. *Direito civil*, cit., p. 71.

"tem-se a personalidade como conjunto de características e atributos da pessoa humana, considerada como objeto de proteção por parte do ordenamento jurídico". É a personalidade considerada como bem jurídico em si próprio, merecedora de tutela privilegiada[43].

Porém, ainda que à luz de uma análise subjetiva, a personalidade é um atributo, é uma qualidade inerente à pessoa humana, na exata medida em que o próprio direito serve a disciplinar as relações em que ela, a pessoa, se envolve. Na imagem de Adriano de Cupis, é uma *ossatura* destinada a ser revestida de direitos[44]. Ou, no retrato de Cunha Gonçalves, é um pressuposto de todos os direitos, uma real *investidura*[45].

Se a finalidade do sistema jurídico se volta a ordenar as relações sociais, faz-se corolário lógico a admissão de que a personalidade, vista como a aptidão para se envolver nessas relações, constitua um predicado, um atributo, uma qualidade da pessoa humana que ao Direito somente resta reconhecer. É o substrato ontológico que dá conteúdo à personalidade, conforme acima se referiu.

Personalidade, de acordo com a constatação de Chaparro, enquanto qualidade jurídica da pessoa, induz uma subjetividade que torna o indivíduo apto a estar presente no âmbito das relações jurídicas, a ocupar um de seus polos, mas, frise-se, de modo concretamente delimitado – e, justamente, aí o traço distintivo – pelo conceito de capacidade jurídica. Nas suas palavras, a capacidade delimita concretamente a subjetividade em cada suposto individual humano, tomada a pessoa como *suposto* da relação jurídica. Tem, portanto, o condão de limitar, nem propriamente a personalidade, em todas as suas virtualidades ou significações, mas uma de suas vertentes, a subjetividade em que ela também se traduz; é uma limitação ao caráter jurídico de ser sujeito, marcando fronteiras de atuação da pessoa[46].

Carlos Alberto da Mota Pinto, a esse propósito, lembra que a capacidade marca círculos maiores ou menores em que o indivíduo pode atuar juridica-

---

43   TEPEDINO, Gustavo. A tutela da personalidade no ordenamento civil-constitucional brasileiro, 2008. p. 29. De igual sentir: DANTAS, San Tiago. *Programa de direito civil*, 1979, p. 192. Na sua lição, deve-se distinguir personalidade enquanto aptidão a titular direito e obrigações, de um lado, e, de outro, o conjunto de atributos inerentes à condição humana que merece ser objeto de proteção especial.
44   DE CUPIS, Adriano. *Os direitos da personalidade*, 1961, p. 15.
45   GONÇALVES, Luiz da Cunha. *Tratado de direito civil em comentário ao Código Civil português*, 1955, v. I, t. I, p. 189-191.
46   RAMOS CHAPARRO, Enrique, *La persona y su capacidad civil*, cit., p. 178-180.

mente. Por isso que, a seu ver, alguém pode ter maior ou menor capacidade, ao contrário da personalidade jurídica, que, por ser qualidade jurídica do ser humano, existe ou não, tem-se ou não, do mesmo modo que se é ou não uma pessoa[47].

Exatamente na mesma esteira, Capelo de Sousa acentua a um só tempo a vinculação e a distinção entre os dois conceitos. Pondera que a capacidade é mesmo complementar à noção de personalidade, a qualidade em si mesma determinante do ser sujeito de direito, mas dela se distingue porque se trata da aptidão, não para ser titular, somente, e sim para ser titular de um círculo maior ou menor de direitos[48].

Tal como preleciona Francisco Amaral, a distinção se reconduz quer a um aspecto técnico, porém igualmente a uma questão etimológica, léxica. Do primeiro ângulo de análise, tem-se na personalidade jurídica um valor inerente ao ser humano que, por isso, o direito reconhece, tão somente, diferente da capacidade, uma sua projeção quantitativa que o direito concede. Daí se dizer que o indivíduo pode ter mais ou menos capacidade, ser mais ou menos capaz, todavia não ter mais ou menos personalidade, o que equivaleria a reconhecer ser mais ou menos pessoa. Sob a perspectiva da origem do termo, lembra o autor que capacidade vem de *"capax"* (que contém), assim a indicar uma medida, um *quantum*, a graduação do âmbito de atuação do sujeito[49].

Em termos semelhantes, posto assentando que personalidade e capacidade são conceitos indissociáveis, expressa Moreira Alves que, enquanto aquela constitui um *quid*, vale dizer, a aptidão, em sentido absoluto, para ter direitos e contrair obrigações, esta encerra um *quantum*, isto é, a aptidão para ter mais ou menos direitos, para contrair mais ou menos obrigações[50]. Conforme assevera, ainda, Simone Eberle, a personalidade, em si não um direito, é um predicado essencial que torna possível ao indivíduo figurar nas relações jurídicas, enquanto a capacidade de gozo representa uma perspectiva quantitativa da propensão à aquisição de direitos e deveres; ou, na conclusão de seu pensamento,

> [...] a personalidade revela-se, em sua genuinidade, de forma singela e concisa, como a potencialidade de adquirir direitos e contrair obrigações. A capa-

---

47 MOTA PINTO, Carlos Alberto da. *Teoria geral do direito civil*, 2005, p. 220.
48 CAPELO DE SOUSA, Rabindranath. *Teoria geral do direito civil*, cit., p. 250.
49 AMARAL, Francisco. *Direito civil*, cit., p. 322.
50 MOREIRA ALVES, José Carlos. *A parte geral do projeto de Código Civil*, cit., p. 133-134.

cidade, a seu turno, gozando de autonomia conceitual, passa a consubstanciar meramente a medida da personalidade em concreto[51].

Verdade porém que, mesmo na doutrina mais atual, a essa diferenciação nem sempre se acede, retomando-se a ideia, inicialmente exposta, de uma indistinção conceitual entre personalidade e capacidade jurídica, embora com renovado argumento que tangencia a questão da garantia da dignidade igual que a todos se reconhece. Na tentativa de estabelecer uma conceituação que reputa menos categorizada e abstrata, Luiz Edson Fachin sustenta não se poder tomar a capacidade jurídica como um conceito fracionável, da mesma maneira que não se pode fracionar o conceito de sujeito, inclusive de sorte a admitir – também aqui – que alguém fosse mais ou menos pessoa, na sua densidade axiológica. Em suas textuais palavras,

> [...] a capacidade, como medida jurídica da personalidade, é apenas um mero abalançamento que considera aptos os já capazes, insuficiente para emancipar, além da abstração, a realização completa dos sentidos da dignidade humana para todos. Tem integral procedência, então, a defesa da atribuição da capacidade de direito a todos os seres humanos, sob pena de ofensa aos direitos da personalidade. Nela, limite de atribuição não há nem pode haver. Restrição confere o sistema ao exercício, estatuindo os incapazes absolutos (NCC, artigo 3º), e os relativos (NCC, artigo 4º), daí extraindo sequelas[52].

Diogo Costa Gonçalves, no que considera ser um ensaio de retorno ao monismo conceitual, aponta para a constatação, a seu ver, de que

> a distinção entre personalidade e capacidade apenas é concebível no puro plano abstrato. A personalidade jurídica, enquanto suscetibilidade abstrata e conceito estritamente qualitativo, apenas "existe" por si e desligada da capacidade quando pensada independentemente de um sujeito. No momento em que, no discurso jurídico, é predicada quanto a um concreto titular – *i.e.*,

---

51 EBERLE, Simone. *A capacidade entre o fato e o direito*, cit., p. 50. Ainda no sentido de que personalidade jurídica e capacidade jurídica se diferenciariam por naquela se entrever um conceito qualitativo e nessa uma natureza quantitativa, ver: VASCONCELOS, Pedro Pais de; VASCONCELOS, Pedro Leitão Pais de. *Teoria geral do direito civil*, 2022, p. 94.
52 FACHIN, Luiz Edson. *Teoria crítica do direito civil*, cit., p. 112-113.

quando o conceito é utilizado no processo aplicativo do direito – a personalidade confunde-se com a noção de capacidade e perde autonomia[53].

Ainda para o autor, se se quantifica na capacidade jurídica a qualidade em que se traduz a personalidade, afinal de todo modo o conceito qualitativo se quantifica e assim se compromete a própria possibilidade de distinção[54].

Mas interessante notar que, com a mesma preocupação de erigir um conceito concreto, não estático, de personalidade e de capacidade, por vezes se chega à conclusão oposta, em que até mesmo a noção de personalidade jurídica se reduz. Assim que, para Antônio Junqueira de Azevedo, todavia porquanto distingue, como se viu no item anterior, o conceito ético ou filosófico do conceito jurídico de pessoa, personalidade jurídica não pode ser, por demais ampla, a aptidão para adquirir direitos e obrigações, como se qualquer pessoa a ostentasse, senão a qualidade apenas de quem possa agir juridicamente[55]. Ou seja, no pensamento do autor, porque o conceito jurídico de pessoa é próprio, também assim a personalidade se evidencia, e de modo restrito, na medida em que, do ponto de vista jurídico, ser pessoa não equivale a ser sujeito de direito, a titular direitos, apenas se admitindo a sua configuração quando possua a possibilidade de agir juridicamente. Na síntese de seu raciocínio, pessoa é o "ser capaz de agir juridicamente e personalidade a qualidade de quem pode agir juridicamente"[56]. E a capacidade jurídica surge, ainda na sua lição, "como uma fração da personalidade ou como exercício desta em determinado território do mundo jurídico"[57].

Tem-se, contudo, em meio a essas posições, que a personalidade induza, pela sua essência, um valor, uma qualidade própria do sujeito que, porém, concretamente se delimita ou materializa pela sua capacidade jurídica, definindo a potencialidade de sua atuação jurídica em cada campo próprio do direito, por isso que não necessariamente igual para todas as pessoas.

Enfim, a personalidade, enquanto valor, qualidade da pessoa, é uma suscetibilidade – talvez nem mesmo genérica ou geral, como se costuma dizer,

---

53 GONÇALVES, Diogo Costa. Personalidade *vs.* capacidade jurídica: um regresso ao monismo conceptual?, 2020, p. 81.
54 GONÇALVES, Diogo Costa. Personalidade *vs.* capacidade jurídica, cit., p. 82.
55 AZEVEDO, Antônio Junqueira de. *Negócio jurídico*: existência, validade e eficácia, 2007, p. 34.
56 AZEVEDO, Antônio Junqueira de. *Negócio jurídico e declaração negocial*, cit., p. 143.
57 AZEVEDO, Antônio Junqueira de. *Negócio jurídico e declaração negocial*, cit., p. 145-146.

porquanto subjacente aos termos a ideia de extensão (o que abrange várias coisas) –, mas abstrata, e assim de que excluída qualquer perspectiva quantitativa, de se envolver em relações jurídicas. A capacidade jurídica, de direito ou de gozo é a afirmação concreta dessa suscetibilidade, que delimita, nas situações jurídicas particulares, a real possibilidade de o sujeito agir em cada específico campo do direito, seja negocial, matrimonial, testamentário, processual ou mesmo delitual.

CAPACIDADE DE DIREITO E CAPACIDADE DE FATO

Fixado um campo conceitual próprio e autônomo para a capacidade de direito, inter-relacionado com a personalidade jurídica, mas diferenciado dela, agora cabe distingui-la da noção comum de capacidade de fato. Ou seja, duas manifestações, com significações próprias, da capacidade da pessoa natural.

Comum a consideração de que, enquanto a capacidade de direito, também dita jurídica, de aquisição ou de gozo[58], representa a aptidão a titular direitos e a contrair obrigações, malgrado, numa sua acepção específica, consoante se viu no item anterior, em cada campo de atuação jurídica do indivíduo, a capacidade de fato, também chamada de exercício ou de agir, denota a aptidão que o sujeito tem para adquirir direitos ou contrair obrigações pessoalmente[59]. Quer dizer, pela primeira se reconhece ao sujeito a idoneidade de se envolver em relações jurídicas ubicadas em cada campo próprio de manifestação da personalidade jurídica; pela segunda se admite que o sujeito possua idoneidade para fazê-lo por si. É, de um lado, a possibilidade de adquirir direitos e contrair obrigações nas mais diversas searas de atuação jurídica e, de outro, a possibi-

---

58 Acerca dessa questão terminológica, Luiz da Cunha Gonçalves critica as expressões *capacidade de gozo*, para designar a capacidade que chama de *civil*, a de direito ou jurídica, e *capacidade de exercício*, para designar a de fato, no primeiro caso porque o gozo não exprime sua antítese e só se refere aos direitos, e não às obrigações, que podem ser contraídas; no segundo caso, por não haver diferença essencial entre gozo e exercício, que, ademais, a seu ver, revelam um fato concreto, mas não uma potencialidade que a capacidade envolve (GONÇALVES, Luiz da Cunha. *Tratado de direito civil em comentário ao Código Civil português*, cit., v. I, t. I, p. 190).
59 Por todos: PEREIRA, Caio Mário da Silva. *Instituições de direito civil*, 2004. v. I, p. 263. Para o autor, enquanto a capacidade de direito, que prefere chamar de aquisição, é a aptidão, oriunda da personalidade, para adquirir direitos, a capacidade de fato, que prefere chamar de ação, é a aptidão para utilizá-los e exercê-los por si mesmo.

lidade de que essa mesma atuação se dê pessoalmente, sem necessidade de o indivíduo, para tanto, ser representado por outrem.

Na capacidade de fato ou de exercício, o sujeito, a despeito da titularidade dos direitos que eventualmente ostente, pode ou não os exercitar pessoalmente, pode ou não, conforme detenha essa capacidade, "falar" por si, do ponto de vista jurídico. Despido de capacidade de fato, embora a ausência nada afete a titularidade dos direitos, a capacidade de direito, alguém deve "falar" juridicamente pelo (ou com) incapaz no exercício dos direitos que titule.

Massimo Bianca observa, a propósito, que a capacidade jurídica há de ser tomada como a idoneidade do sujeito para ser titular de posições jurídicas e a capacidade de agir como a idoneidade do sujeito para exercer diretamente a própria autonomia[60]. Bem verdade que autonomia é conceito mais amplo, que traduz escolhas mais extensas e variáveis, porém, de toda sorte, estratificado a partir de uma opção dogmática que, no mundo jurídico, impõe habilidades, competências ao indivíduo para o exercício de seus direitos. Tem-se na capacidade de fato, destarte, um limite afinal anteposto às escolhas ditadas pela sua autonomia[61].

Noutros termos, e nas palavras de Capelo de Sousa, a capacidade que ele prefere chamar de exercício é a aptidão de um sujeito jurídico para produzir efeitos de direito por sua mera atuação pessoal ou, então, se vedada essa atuação pessoal, por meio de um representante[62].

Do ponto de vista negativo, da falta de capacidade, ela é de fato quando, na antiga lição de Beudant, haja uma privação imposta ao sujeito para exercício, por si, dos seus direitos, diferente da privação a que titule alguns direitos, concretamente, conforme o campo de atuação jurídica, quando então se erige incapacidade de direito[63].

Mais, a incapacidade chamada de fato pode e no nosso sistema efetivamente sofre uma graduação. Ela pode impedir por completo que o indivíduo participe, ele próprio, dos atos da vida civil ou exigir que, para tanto, se faça

---

60   BIANCA, Massimo. *Diritto civile*, cit., p. 213-214.
61   A esse respeito, ver: EBERLE, Simone. Mais capacidade, menos autonomia: o estatuto da menoridade no Novo Código Civil, 2004, p. 25-26.
62   CAPELO DE SOUSA, Rabindranath. *Teoria geral do direito civil*, cit., p. 252.
63   BEUDANT, Charles. *Cours de droit civil français*, 1936, t. II, p. 121-122. No mesmo sentido, diferenciando a privação da titularidade de direitos e do exercício desses mesmos direitos: BULHÕES CARVALHO, Francisco Pereira de. *Incapacidade civil e restrições de direito*, 1957, t. I, p. 150.

assistir. Dito de outro modo, o sujeito, conforme o grau de sua incapacidade de fato, pode ser desprovido da aptidão para falar por si juridicamente ou apenas impedido de fazê-lo sozinho, necessitando da concorrência da vontade de um assistente. No primeiro caso, alguém "fala" por ele (representação); no segundo, alguém "fala" com ele (assistência).

Na justa lembrança de Antônio Junqueira de Azevedo, enquanto a capacidade jurídica se fraciona, diante dos diversos campos de atuação do sujeito, a capacidade de fato se gradua, dividindo-se pela intensidade[64].

Exatamente por essa sua variabilidade, pela sua elasticidade, é que, para Francisco Amaral, a capacidade de fato traduz uma atuação dinâmica do sujeito, mais ou menos intensa consoante o grau em que se revela numa dada situação jurídica, revestindo o indivíduo[65]. O sujeito poderá atuar por si, praticar pessoalmente negócios jurídicos ou outros atos da vida civil, corolário de sua capacidade de direito, de cunho mais estático, em razão de sua capacidade de fato, mesmo motivo pelo qual, ocasionalmente, na sua falta, terá de se socorrer de um representante. Todavia, em função do grau de incapacidade de fato, possível seja-lhe imposta a assistência para a prática dos mesmos atos e negócios.

E não é só desde que, como se verá, posto desprovido de plena capacidade de fato, alguns atos ou negócios ao incapaz se permite praticar pessoalmente, reforçando a ideia de uma dimensão dinâmica de atuação do indivíduo, conforme sua particular situação.

De todo modo, a distinção básica que se põe entre os conceitos de capacidade jurídica e capacidade de fato está na exata afirmação da distinção entre titularidade e exercício de um direito, ainda que, como observa Guido Alpa, que bem assenta o traço diferencial, essa capacidade, de maneira geral, deva ter sua noção revisitada para adequá-la ao específico pertencimento do sujeito, isto é, a concreta compreensão do indivíduo inserido nas mais diversas formações sociais[66].

---

64 AZEVEDO, Antônio Junqueira de. *Negócio jurídico e declaração negocial*, cit., p. 145.
65 AMARAL, Francisco. *Direito civil*, cit., p. 332.
66 ALPA, Guido. *Status e capacità*: la costruzione giuridica delle differenze individuali, 1993, p. 143-145.

Capítulo **2**
Incapacidade

No presente capítulo, já fixados os parâmetros conceituais da capacidade, a de direito e a de fato, estreita-se o exame para delimitá-lo à situação da falta da capacidade dita de fato, de exercício ou de ação. Por outra, o objeto agora é a identificação dos contornos de modelagem das chamadas incapacidades em geral, portanto ainda do ponto de vista conceitual, identificando seu fundamento e o modo como normalmente se revelam seus requisitos básicos de configuração.

Dá-se a tarefa de definir o conteúdo próprio das incapacidades, o espírito que historicamente anima a sua previsão, e também sua revisão, em termos mais atuais, bem como a exata distinção entre o que se reputa ser um estado de falta de discernimento – hoje igualmente discutido como e enquanto critério, ao menos único, de incapacidade –, a determinar a incidência de disciplina protetiva; ou a ocasional privação de consciência, da possibilidade episódica de expressão da vontade, que induz a verificação pontual da regularidade dos atos que assim se pratiquem.

Mencionam-se, igualmente, situações de impedimentos a que pessoas, posto capazes, pratiquem certos atos da vida civil, justamente na tentativa de consumar, ainda, o desenho de um significado próprio ao conceito de incapacidade, à demonstração do quadro essencial do instituto.

Tudo, nada obstante, se volta ao propósito último de, compreendendo o exato conteúdo, fundamento e finalidade do regime das incapacidades, se poder afinal, e de um lado, refletir sobre o estado atual da arte na matéria; de outro, repensar ainda um modelo que seja mais flexível para a sua disciplina, que não só preserve e atenda, de modo mais amplo, à finalidade que se queira protetiva do instituto como, também, que possibilite o reconhecimento de um espaço de real autonomia ao indivíduo, embora não além dos limites de seu concreto entendimento – o que ganha especial relevância a partir da superveniência do Estatuto da Pessoa com Deficiência (Lei n. 13.146/2015). E, ao mesmo tempo, sem maior perda de segurança jurídica, de previsibilidade dos efeitos jurídicos dos atos praticados, e em alguma medida diferenciados, conforme sejam ou não de natureza existencial.

FUNDAMENTO DO REGIME DAS INCAPACIDADES

De há muito assentado o pressuposto de que o regime das incapacidades se apoia na consideração de que determinadas pessoas ostentam privação, total ou parcial, de discernimento, por isso se impondo sejam protegidas na prática dos atos da vida civil. As incapacidades fundam-se historicamente em diminuições naturais das faculdades de algumas pessoas, assim compondo sistema que, segundo costumeiramente justificado, visa protegê-las, mesmo que de si próprias, como, por exemplo, lembra Oliveira Ascensão, nas suas palavras constituindo o conteúdo de um regime que atua, normalmente, pelo erigir de restrições tabeladas que atingem a universalidade de aspectos da vida civil dos incapazes[1].

Ainda em diversos termos, o sistema das incapacidades sempre se voltou, alegadamente, à tutela de indivíduos que, em maior ou menor grau, porquanto despidos de discernimento, tivessem – e tenham – comprometida sua autonomia, sua aptidão a consumar escolhas de modo responsável. É mesmo, consoante aponta Ana Carolina Brochado Teixeira, uma liberdade responsável que pode faltar a algumas pessoas, sempre porque lhes falta, antes, discernimento[2].

Discernir, lembra Renan Lotufo, deve ser compreendido, na matéria, como a condição que tenha a pessoa de conhecer, avaliar, medir, apreciar[3]. Decerto que, desprovida dessa qualidade, obscurecem-se a compreensão da pessoa, a

---

1 OLIVEIRA ASCENSÃO, José de. *Direito civil*, 2000, p. 173.
2 TEIXEIRA, Ana Carolina Brochado. Integridade psíquica e capacidade de exercício, 2008, p. 17.
3 LOTUFO, Renan. *Código Civil comentado*, 2003, v. 1, p. 18.

plenitude de sua liberdade consciente de escolha e de sua capacidade de entendimento das consequências de seus atos, pelos quais responde. Consoante acentua Judith Martins-Costa, discernir significa "a possibilidade conferida – ou não – a cada pessoa para decidir com base em distinções, em avaliação de consequências, em ponderação de fatos, circunstâncias e valores"[4]. Daí, a seu ver, que "do discernimento nasce a compreensão, a imputabilidade (pressuposto à atribuição de responsabilidade) e, por consequência, a responsabilidade, motivo pelo qual o sujeito autônomo é o *sujeito responsável*"[5].

Certo que, de acordo com o que se ressalvará adiante, hoje nem apenas esse "juízo de razoabilidade sobre as consequências dos atos a serem praticados" há de conformar o fundamento e a disciplina geral das incapacidades, e em relação, indistintamente, a quaisquer manifestações jurígenas do indivíduo[6]. Todavia, é também por isso a ocupação legal de proteção mediante a moldura do regime das incapacidades. Trata-se ainda, embora não só, de tutelar alguém dotado de particulares necessidades, segundo Capelo de Sousa, ao nível da vontade e da inteligência[7], desde que a falta de discernimento compromete a manifestação da vontade – e esse hoje o ponto central a examinar – enquanto suporte hábil das consequências jurídicas reconhecidas aos atos praticados, quando assim o seja[8].

Na síntese de Simone Eberle, ao instituir o sistema das incapacidades, "a lei apenas atesta que certas limitações fáticas podem efetivamente comprometer o livre exercício dos direitos, de modo que o cerceamento à atuação dessas pessoas se impõe como medida à proteção dos seus próprios interesses". Ou, ainda nas palavras da autora, a capacidade de fato, "justamente por ser noção afeta ao plano da efetivação dos direitos, pode ser negada àquelas pessoas em

---

[4] MARTINS-COSTA, Judith. Capacidade para consentir e esterilização de mulheres tornadas incapazes pelo uso de drogas: notas para uma aproximação entre a técnica jurídica e a reflexão bioética, 2009, p. 320.
[5] MARTINS-COSTA, Judith. Capacidade para consentir e esterilização de mulheres tornadas incapazes pelo uso de drogas, cit., p. 320.
[6] Refere-se neste ponto o histórico da incapacidade especialmente intelectual e se remete ao modelo de determinação de restrições a quem, do ponto de vista médico, não pudesse tomar decisões razoáveis do ponto de vista mesmo dos resultados das ações (*outcome approach*). Ver, por todos: ALMEIDA, Vitor. *A capacidade civil das pessoas com deficiência e os perfis da curatela*, 2021, p. 204.
[7] CAPELO DE SOUSA, Rabindranath. *Teoria geral do direito civil*, 2003, v. 1, p. 254.
[8] RODRIGUES, Rafael Garcia. A pessoa e o ser humano no Código Civil, 2007, p. 2.

quem o legislador não vislumbre a maturidade ou o discernimento necessários à realização de escolhas autônomas"[9].

Verdade porém, e de um lado – iniciando com as ressalvas logo antes mencionadas –, que muito ligado esse sistema, do ponto de vista positivo, tomados em especial os ordenamentos forjados no modelo de Estado Liberal, à disciplina da capacidade negocial da pessoa, assim na perspectiva da prática dos atos dessa natureza e da responsabilidade patrimonial deles decorrentes. Conforme, ainda aqui, a ponderação de Judith Martins-Costa, "o que se requeria era um instrumental apto a conferir segurança às transações, afastando os riscos do mercado, da assunção de dívidas e da disposição sobre patrimônios as pessoas inaptas para assumir *responsabilidade patrimonial*"[10]. E é preciso ter em conta, afinal, não apenas já em si a diversidade dos negócios efetuados, mesmo do ponto de vista econômico, mas sobretudo o espectro dos atos existenciais que a pessoa pratica. E inclusive ao que o próprio nível ou conteúdo do discernimento se diferenciam, para os atos negociais, como se adverte[11], envolvendo-se dados mais técnicos de conhecimento e avaliação, assim menos subjetivos, ao revés do que se dá quando em vista um ato existencial, de resto mesmo com reflexos na própria questão da assistência à sua prática.

Por outro lado, e especialmente em relação às pessoas com deficiência psíquica ou intelectual, tanto quanto físicas, não pode passar ao largo a consideração (bem aquela que se tencionou superar, no direito brasileiro, sobretudo com a internalização da Convenção sobre os Direitos das Pessoas com Deficiência e, na sua esteira, com a edição do Estatuto da Pessoa com Deficiência, como se verá[12]) de que essa racionalidade do regime instituído para a incapacidade e o fundamento protetivo de que se pretendeu revestido não disfarçaram, ao longo da história, e em momentos diferentes de seu percurso, real propósito segregacionista[13], seja pela menor valia que àqueles indivíduos, em geral, se

---

9   EBERLE, Simone. *A capacidade entre o fato e o direito*, 2006, p. 138.
10 MARTINS-COSTA, Judith. Capacidade para consentir e esterilização de mulheres tornadas incapazes pelo uso de drogas, cit., p. 313.
11 Nesse sentido: MENEZES, Joyceane Bezerra de. O direito protetivo após a Convenção sobre a Proteção da Pessoa com Deficiência, o novo CPC e o Estatuto da Pessoa com Deficiência: da substituição da vontade ao modelo de apoios, 2020, p. 582.
12 Cf. o tópico A superveniência da Lei n. 13.146/2015 – o Estatuto da Pessoa com Deficiência, no capítulo 4.
13 V. o apanhado crítico, nessa linha, de: REQUIÃO, Maurício. *Estatuto da Pessoa com Deficiência, incapacidades e interdição*, 2018, p. 82-93.

atribuía na vida social, seja mesmo pela ideia de que a deficiência marcava uma "anormalidade" (não uma *diferença*), a estigmatizar a pessoa. Ou ainda, mais uma vez aqui, pela entrevisão de uma sua improdutividade econômica, propriamente[14]. Identifica-se, nesse contexto, um período histórico mais antigo até mesmo de *prescindibilidade* das pessoas com deficiência[15].

Depois, ainda isso passado, refutada a prática da "exposição" pela superveniência da influência religiosa do Medievo, mesmo assim as pessoas com deficiência eram encaradas e cuidadas de forma a que pudessem ser "curadas" de seus "males", e não raro associadas até à punição de seus pecados[16]. De toda sorte, em cuja senda sobrevinda, mesmo que e por conta do avanço da ciência médica, já em tempos modernos, ainda uma tendência de separá-las e, note-se, "tratá-las", com vistas a trazê-las para a "normalidade", a "reabilitá-las", primeiro em processo dito de *institucionalização*[17] e, após – dando-se contornos integrais ao chamado *modelo médico* de enfrentamento da questão da pessoa com deficiência –, na perspectiva de uma patologia a ser, de novo, "tratada", a fim de que o indivíduo pudesse ser *integrado* à sociedade. Portanto, tudo isso antes e diferentemente de se pensar – como atualmente se pensa e se impõe – na sua *inclusão* social e jurídica, respeitada sua diferença.

Hoje, com efeito, tem-se é de considerar a real e concreta situação da pessoa e do apoio necessário para superação das barreiras socialmente estabelecidas à manifestação de sua autonomia, de sua vontade, voltadas à prática dos atos da vida civil, na medida de sua particular possibilidade. Ou seja, o para-

---

14   Michel Foucault relembra nesse ponto de uma própria abordagem de matiz policial para a questão da deficiência, combatendo-se a "ociosidade", dando-se cabo do propósito de, mesmo com a institucionalização, se pôr fim ao desemprego (FOUCAULT, Michel. *História da loucura na Idade Clássica*, 2020, p. 63).
15   Luís Fernando Nigro Corrêa salienta, a respeito, o exemplo histórico da eliminação de crianças com deficiência, ou seu abandono, em prática dita de *exposição*, comum na Antiguidade grega e romana (CORRÊA, Luís Fernando Nigro. *A Convenção sobre os Direitos da Pessoa com Deficiência*, 2021, p. 16-17).
16   Por todos: ALMEIDA, Vitor. *A capacidade civil das pessoas com deficiência e os perfis da curatela*, cit., p. 52.
17   V., a respeito: ALMEIDA, Vitor. *A capacidade civil das pessoas com deficiência e os perfis da curatela*, cit., p. 40. Ali o autor identifica – antes de se chegar aos movimentos de integração e inclusão – as fases anteriores e sucessivas, com que se encarava a deficiência, como sendo as do *extermínio*, da *caridade* e da *institucionalização*. Para Luís Fernando Nigro Corrêa, a fase ou modelo da *caridade*, por isso mesmo um submodelo, diz mais com a ideia de reabilitação do modelo *médico* (CORRÊA, Luís Fernando Nigro. *A Convenção sobre os Direitos da Pessoa com Deficiência*, cit., p. 46-47).

digma do *modelo social* a que, reitera-se, se tornará no item próprio de exame do Estatuto da Pessoa com Deficiência[18].

Mas, seja como for, de ordinário e em geral o legislador historicamente reconduziu e (em certa medida) ainda reconduz a falta de discernimento que reconhece em alguns indivíduos ora a uma causa etária, ora a uma característica psíquica de que acometido. Considera que algumas pessoas, em virtude da idade, não apresentam maturidade suficiente que lhes permita discernir e, assim, fazer escolhas responsáveis, com esse qualificativo manifestando vontade, razão de sua tutela. Outras vezes, relaciona igual privação à existência de uma condição que obstrui a capacidade de plena compreensão de quem, por isso, se reputa não totalmente livre para a prática dos atos da vida civil. Ou ainda, como se dá no Código Civil de 2022, consideram-se mais amplamente causas que de algum modo impedem o indivíduo de exprimir conscientemente a sua vontade, para qualificá-lo como relativamente incapaz.

Um primeiro ponto a realçar, porém, para o enfrentamento da matéria está na demonstração de uma (necessária) superação do viés predominantemente patrimonialista que, consoante se vem de observar, sempre animou o sistema das incapacidades. Como se disse, muito costumeiramente associado o regime das incapacidades à prática de negócios jurídicos de cunho econômico-patrimonial, que se veda aos incapazes, sem o suprimento do representante ou a concorrência da vontade do assistente[19], olvidando-se o potencial envolvimento dessas pessoas – seja dado reiterar – em relações de cunho existencial. Tudo como se um único e uniforme conjunto de regras fosse bastante para dar cabo da disciplina de tantas diferentes situações. E, como se verá, o que no direito brasileiro se procurou superar, em especial a partir da edição da Lei n. 13.146/2015, o Estatuto da Pessoa com Deficiência, ainda que não sem problemas, tal qual também se examinará[20].

Em segundo lugar, é preciso não olvidar também que o regime das incapacidades atua por meio do estabelecimento de uma série de restrições à pessoa, da mais diversa ordem, posto que a pretexto de protegê-la, tutelá-la. São mesmo

---

18   Capítulo 4, tópico Do modelo médico ao modelo social.
19   Por exemplo, reconhece Arnaldo Rizzardo que "a incapacidade absoluta ou relativa é estabelecida para proteger a pessoa. Em vista de suas condições pessoais, a lei procura munir de precaução seus atos, especialmente os que conduzem a celebrar negócios comerciais" (RIZZARDO, Arnaldo. *Parte geral do Código Civil*, 2008, p. 199).
20   Capítulo 4, tópico Reflexão crítica sobre a capacidade da pessoa com deficiência e alguns de seus efeitos: domicílio, invalidade e prescrição.

apriorísticas limitações à liberdade e autonomia do sujeito, à prática de atos da vida civil da pessoa, nos seus mais diferentes campos de atuação.

Se é assim, tem-se forçosa a conclusão de que, de um lado, somente se podem conceber tais restrições na exata medida do quanto seja necessário, realmente, à proteção da pessoa; de outro, é preciso que as mesmas limitações se estabeleçam, tanto quanto possível, de maneira conformada à condição particular do indivíduo, na justa medida de seu discernimento, portanto mesmo que não completo. Eis a importância, crê-se, de ter presente o fundamento do regime, de sorte que sua configuração se faça a tanto conformada.

Ainda mais, e de novo: é preciso recompreender o conceito de discernimento e mesmo associá-lo, especialmente – mas não só – em relação às pessoas com deficiência, a outros critérios de definição da extensão do que deve ser o apoio de que precisam para, preservada sua autonomia, na medida em que se revele, se verem *incluídas* na teia das relações jurídicas que em sociedade se desenvolvem, sem as barreiras a que a tanto normalmente se lhes impõem.

Nesse sentido, supera-se um padrão abstrato de aferição do discernimento, que passa a ser tomado em concreto, de modo circunstanciado, diante da condição própria da pessoa cuja manifestação de vontade, cuja atuação jurídica, se afere[21]. A ideia básica há de ser aquela de respeitar ao máximo a autonomia da pessoa, enquanto condição particular que ostenta de gerir e conduzir sua própria existência, de maneira íntegra e autêntica, conforme suas próprias convicções; e tudo menos ligado, então, ao que abstratamente se considere ser seu bem-estar[22]. Cede-se à constatação de que não há necessariamente uma

---

21 A propósito, por todos: TEPEDINO, Gustavo; OLIVA, Milena Donato. Personalidade e capacidade na legalidade constitucional, 2020, p. 303. No mesmo sentido: MARTINS-COSTA, Judith. Capacidade para consentir e esterilização de mulheres tornadas incapazes pelo uso de drogas, cit., p. 326. A autora reforça a ideia de que a noção do discernimento é por si mesma, e nas suas palavras, *nuançada*, pelo que "deve o intérprete operar um raciocínio *atento às singularidades* da pessoa ('raciocínio por concreção')". Mais, e mesmo já antes da reforma que o Estatuto da Pessoa com Deficiência impôs ao Código Civil de 2002 na matéria, propugnava a autora pelo imperativo de "reconstrução conceitual da teoria das incapacidades centrada na noção de *discernimento* e aplicável a partir de um raciocínio concreto e específico, e não apenas geral-abstrato, acolhendo o desenvolvimento e a reconstrução doutrinária para albergar *formas intermediárias de capacidades*" (p. 319), isso no propósito de se admitir inclusive uma especial "capacidade de consentir".
22 A propósito a observação que faz Joyceane Bezerra de Menezes, lembrando que o controle da própria vida pode bem alcançar escolhas aprioristicamente desinteressantes ao bem-estar da pessoa, nem por isso menos reveladoras de sua autonomia, em função das próprias percepções que tem sobre o que entenda relevante para si (cf. MENEZES,

extensão única da aptidão a entender, por isso que absoluta, destarte ao que não se conforma a apreensão jurídica dessa realidade de modo uniforme e geral[23].

Ademais disso, ao lado do discernimento, já em acepção renovada, para além de *standard* comum, patrimonialista e associado a um pretenso modelo de *normalidade*, tomado do ponto de vista médico e mesmo cultural, por isso que real fator de segregação, antes que de compreensão da diferença, defende--se devam ser analisados outros fatores aptos a interferir na avaliação sobre se a pessoa necessita ou não de algum apoio para a prática de atos jurídicos, assim seu grau de *dependência* e sua *funcionalidade*, "que engloba todas as funções do corpo, atividades e participação"[24]. Ou seja, sem que tudo se reduza a uma opção binária e rígida entre capacidade e incapacidade e, para as pessoas com deficiência psíquica ou intelectual, a partir de um critério médico ou diagnóstico psíquico do indivíduo. Impõe-se uma

> avaliação global do seu déficit cognitivo em relação às circunstâncias objetivas que impedem de forma significativa e efetiva, seja de maneira permanente ou transitória (o que se verá logo abaixo, no item seguinte) a expressão de sua vontade, que leva em conta a posição da pessoa concretamente considerada em seu contexto social[25].

É ter em vista, destarte, a exata identificação da concreta e particular *vulnerabilidade*[26] da pessoa, por isso a apoiar (e cuidar[27]) para que exerça sua autonomia, conforme ela especificamente se revele.

Joyceane Bezerra de. O direito protetivo após a Convenção sobre a Proteção da Pessoa com Deficiência, o novo CPC e o Estatuto da Pessoa com Deficiência, cit., p. 589).
23 PERLINGIERI, Pietro. *Perfis do direito civil*: introdução ao direito civil constitucional, 1999, p. 163.
24 BARBOZA, Heloisa Helena; ALMEIDA, Vitor (coord.). *Comentários ao Estatuto da Pessoa com Deficiência à luz da Constituição da República*, 2018, p. 294.
25 ALMEIDA, Vitor. A capacidade civil da pessoa com deficiência em perspectiva emancipatória, 2019, p. 116.
26 V., a propósito: VOLPINI, Sílvia Pires. A vulnerabilidade da pessoa com deficiência como fundamento para uma tutela jurídica diferenciada: análise de dispositivos da Lei Brasileira de Inclusão, 2022, p. 87-103.
27 Heloisa Helena Barboza e Vitor Almeida apontam, a respeito, o estrito vínculo entre o conceito de vulnerabilidade e de cuidado, enquanto dever jurídico e entendido como contemplativo do conjunto de atos que devem ser praticados para proteção de pessoas

Com efeito, não se pode afastar a consideração objetiva de que regras limitativas de capacidade de fato, mesmo se queiram protetivas, afinal envolvem restrição à liberdade individual e devem, por isso, ser sopesadas na precisa dimensão da proteção – e da inclusão – que se faça necessária. Tal a advertência de Castelnau, já no século retrasado[28]. Ou, no Brasil, o alerta de Caio Mário, para quem a proteção de pessoas com alguma deficiência juridicamente apreciável foi sempre o fundamento do instituto das incapacidades, porém impondo-se acentuá-lo porque ele deve definir e conformar a aplicação das regras respectivas, mesmo levando a uma ponderação do exame da regularidade dos atos que os incapazes venham a praticar[29].

Relevante a observação, a propósito, de Simone Eberle, no sentido de que, até mesmo no campo econômico-patrimonial, as restrições aos incapazes devem ser entendidas como um meio não de alheá-los, mas de incluí-los no mundo negocial[30]. Porém, mais ainda, particularmente no campo extrapatrimonial, existencial, acode a observação de Ana Carolina Brochado Teixeira no sentido de que a desproporção da proteção pode levar à supressão do exercício de direitos personalíssimos e, com isso, impossibilitar mesmo o livre desenvolvimento da pessoa humana enquanto tal, em todas as suas virtualidades[31]. Mas – anote-se desde logo – ao mesmo tempo que, contrariamente, a maior (ou completa) supressão das restrições, conforme o nível de compreensão do sujeito, pode significar a desproteção de quem o sistema quer proteger.

De qualquer maneira, sobressai a especial preocupação de assegurar à pessoa a máxima autonomia – possível –, em especial no campo dos chamados *atos existenciais*. Não foi por outro motivo, inclusive, que a Lei n. 13.146/2015, a qual instituiu o Estatuto da Pessoa com Deficiência, em seu art. 6º cuidou de especificar atos dessa natureza cuja prática se garante ao indivíduo. E nem o que se há de limitar à situação dessas pessoas com deficiência. Deve-se ter em

---

com maior sujeição a serem *vulneradas*, como crianças, adolescentes, idosos e pessoas com deficiência, de tal modo que a particular situação de vulnerabilidade do indivíduo baliza a aferição do cuidado exigido em cada caso (BARBOZA, Heloisa Helena; ALMEIDA, Vitor (coord.). *Comentários ao Estatuto da Pessoa com Deficiência à luz da Constituição da República*, cit., p. 66).
28 CASTELNAU, H. de. *De l'interdiction des aliénes*, 1860, p. 53-55.
29 PEREIRA, Caio Mário da Silva. *Instituições de direito civil*, 2004, v. I, p. 272.
30 EBERLE, Simone. *A capacidade entre o fato e o direito*, cit., p. 139.
31 TEIXEIRA, Ana Carolina Brochado. Integridade psíquica e capacidade de exercício, cit., p. 21.

conta a mesma distinção em geral quando se trate de estabelecer um regime jurídico para as incapacidades, desde que se cuida de garantir escolhas essenciais da pessoa, é dizer, a "autorrealização existencial de cada indivíduo dentro de suas singularidades e vulnerabilidades"[32].

Fixam-se, nesse ponto, portanto, já duas ressalvas importantes. Uma, a de que, se o fundamento das incapacidades é a tutela de quem se veja privado de discernimento suficiente a permitir escolhas conscientes, então o regime a tanto estabelecido, conforme seja, não pode chegar a prejudicar (de um modo ou de outro) aquele que, justamente, se tenciona proteger. Outra, a de que o sistema legal voltado a essa disciplina não pode ser demasiado abstrato, como que asséptico, equiparando ou pouco diferenciando os níveis de comprometimento do discernimento; ou que genericamente o desconsidere, ademais se ostentando impermeável à distinção dos atos que se ponham diante do indivíduo, deixando cobertos pela incidência das mesmas regras interesses existenciais e patrimoniais que lhe estejam afetos.

Claro que se impõe ponderar, num desenho normativo que atenda a esses postulados, a vocação relacional do ordenamento, afinal tendente a disciplinar situações que são interpessoais, por isso que nunca olvidadas a segurança e a preservação da confiança de quem de qualquer modo se relacione com o (in)capaz. De toda forma, problema ao qual se retornará no capítulo derradeiro, porém desde logo manifestada a importância de ter presente o que anima, no fundo, qualquer regime de incapacidade, algo tão conhecido quanto, não raro, esquecido.

ESTADO DE INCAPACIDADE

Como se vem de afirmar no item anterior, historicamente o regime das incapacidades se funda na consideração, pelo legislador, de que determinadas

---

[32] ALMEIDA, Vitor. *A capacidade civil das pessoas com deficiência e os perfis da curatela*, cit., p. 182. Ainda sobre o tema, sugere Carlos Nelson Konder a própria entrevisão de uma necessária separação, e diferenciada consideração, do que chama de *vulnerabilidade patrimonial* e *vulnerabilidade existencial* (KONDER, Carlos Nelson. Vulnerabilidade patrimonial e vulnerabilidade existencial: por um sistema diferenciador, 2015, p. 101-123). V. também a distinção entre o que chama de situações subjetivas existenciais e situações subjetivas patrimoniais que faz: PERLINGIERI, Pietro. *Il diritto civile nella legalità costituzionale*, 1984, p. 347.

pessoas não possuem total ou apenas possuem parcial discernimento – posto que hoje recompreendido em seu conceito, também como se viu, e ademais sem cumprir o papel de critério isolado de fundamentação da disciplina – e, por isso, devem ser tuteladas. Porém, disse-se mais, normalmente esse comprometimento do discernir se reconduz a uma causa etária ou outra causa que de qualquer modo as impeça de exprimir conscientemente a sua vontade.

É dizer que, em regra, são considerados incapazes – por isso sujeitos a representação ou assistência – aqueles que não atingiram determinada idade estabelecida pelo legislador como sendo, portanto a seu ver, um limite até o qual merecem proteção, pela ausência de completo discernimento, ou outros que, por causa congênita ou adquirida, igualmente veem comprometida sua capacidade de escolha livre e consciente, de modo a assim manifestar vontade.

Claro que isso tudo envolve uma opção do legislador. Ou seja, determinado o fundamento a animar o regime das incapacidades, que é a necessidade de tutelar pessoas cuja intelecção e aptidão à expressão da vontade de algum modo não se apresentem íntegras, o exato desenho que se dá à disciplina dos incapazes varia conforme a escolha do legislador. Pode, bem por isso, em vez de, por exemplo em relação à menoridade, valer-se de um critério biológico, pender para outro psicológico, destarte prestigiando a verificação concreta do discernimento de cada indivíduo, independentemente de sua idade. Ou, mesmo atendendo ao critério biológico, pode estabelecer diversas faixas diferentes de idade.

Toma-se, porém, a opção comum dos sistemas (evidente que com nuanças próprias), quer o brasileiro, como se verá no Capítulo 4, quer o das legislações estrangeiras mais próximas, da família romano-germânica do direito, que serão passadas em revista no Capítulo 3. Pois a ideia comum, com as críticas e objeções que a seu tempo se farão, é a de que certas pessoas, por idade, por comprometimento da higidez psíquica ou comprometimento, de qualquer forma, da aptidão à expressão consciente da vontade, são pelo legislador submetidas a um regime protetivo e de apoio. Apenas que, malgrado sem diferença ontológica, no primeiro caso o critério é objetivo, enquanto no outro impende apurar o particular déficit volitivo e de expressão de vontade de que acometido o indivíduo.

Contudo, de uma maneira ou de outra – tema ao qual se tornará, ainda, no tópico O inciso III do art. 4º do Código Civil de 2002 do Capítulo 4, quando examinada a questão, lá suscitada, sobre o "estar incapaz" –, são pessoas que, como observa Antônio Junqueira de Azevedo, e na sua ênfase, *ordinaria-*

mente não possuem discernimento para a prática dos atos civis[33]. Mesmo no caso de deficiência psíquica, sempre se teve, como salienta Sandrine Godelain, remetendo a Demogue e, assim, à redação originária do art. 489 do Código francês (atual art. 414-1, no ponto de interesse com mesmo teor[34]), histórica a consideração de que a incapacidade jurídica ou legal pressuponha, antes de tudo, um estado contínuo de diminuição das faculdades cognitivas e volitivas[35]. Ou ainda, conforme acentua Carlos Alberto da Mota Pinto, as condições pessoais que são – e quando são – fundamento da incapacidade devem ser *habituais* e *duradouras*[36].

Todavia, ainda conforme a lição de Carlos Alberto da Mota Pinto, nesses casos não basta a diminuição natural habitual das faculdades ou funcionalidades do indivíduo. É preciso que isso se apure em ação própria, na qual se profira uma sentença que reconheça o estado de incapacidade[37]. Cuida-se, vale anotar, de público assentamento do que é um real *estado* de incapacidade, aprioristicamente conhecível por consulta ao registro civil, a que se leva a sentença proferida, de nomeação de curador – historicamente a sentença de interdição, mas de cuja terminologia e de sua persistência no sistema se tratará no Capítulo 4 no tópico Direito intertemporal. O Código de Processo Civil de 2015[38] –, de resto tal qual se dá com a idade, identicamente consultável naquele mesmo repositório público.

Conforme já observavam Gustavo Tepedino, Heloisa Helena Barboza e Maria Celina Bodin de Moraes, antes da edição do Estatuto da Pessoa com Deficiência, "para que seja estabelecida a incapacidade destes sujeitos, eles

---

33   AZEVEDO, Antônio Junqueira de. *Negócio jurídico e declaração negocial*: noções gerais e formação da declaração negocial, 1986, p. 146.
34   "*Pour faire un acte valable, il faut être sain d'esprit. C'est à ceux qui agissent en nullité pour cette cause de prouver l'existence d'un trouble mental au moment de l'acte.*" (Tradução livre: "Para praticar um ato válido, é preciso estar lúcido. Cabe a quem argui a nulidade por essa causa comprovar a existência de transtorno mental no momento do ato.") Redação dada pela Lei n. 2007-308, de 5 de março de 2007, o chamado *Código da Ação Social das Famílias*. A respeito, ver, adiante, o Capítulo 3.
35   GODELAIN, Sandrine. *La capacité dans les contrats*, 2007, p. 91.
36   MOTA PINTO, Carlos Alberto da. *Teoria geral do direito civil*, 2005, p. 235.
37   MOTA PINTO, Carlos Alberto da. *Teoria geral do direito civil*, cit., p. 235.
38   A questão, como se verá, envolve a supressão a essa designação pelo Estatuto da Pessoa com Deficiência, quando deu redação à curatela disciplinada no Código Civil, e a referência a ela pelo Código de Processo Civil atual, portanto matéria de conflito de leis a examinar no Capítulo 4 no tópico citado, Direito intertemporal. O Código de Processo Civil de 2015, a que ora se remete.

devem ser interditados, o que gera, automaticamente, a invalidade dos atos posteriores"[39]. A sentença proferida, embora reconhecendo e declarando uma deficiência ou enfermidade já existente, ou qualquer causa de inviabilização de expressão livre da vontade, sempre constituiu estado próprio que, inclusive, atendia – e em si quanto às hipóteses do art. 4º do Código Civil de 2002, para o direito brasileiro, ainda atende, valendo aqui reiterar a remissão ao tópico O inciso III do art. 4º do Código Civil de 2002 do Capítulo 4, no qual em particular a previsão do inciso III do mesmo artigo se examinará – a um imperativo de segurança jurídica, na medida em que permite o prévio conhecimento, mercê de assentamento público, como se viu, da restrição que ao sujeito incapaz se impõe.

Sem a sentença, ressalva Massimo Bianca, a pessoa conserva, em tese, sua capacidade de agir. A causa do déficit do indivíduo, nesses casos, implica simples incapacidade natural, acaso acidental (v. item seguinte), e, embora possa suscitar invalidade dos atos então praticados, para gerar anulação reclama prova da falta de entendimento no momento de sua prática[40]. Em outros termos e, insiste-se, consoante se apreciará logo no item abaixo, alguém pode apresentar incapacidade natural e não jurídica, legal, justamente pela falta de ação própria que o reconheça e constitua. Ou, ao revés, alguém pode ainda estar interditado, ou sujeito a curatela, porém sem mais estar acometido de uma incapacidade natural. A sentença, portanto, torna jurídica uma incapacidade que, embora já existente, é ainda apenas natural. Por isso é que se reconhece natureza e eficácia constitutiva à sentença.

Bem verdade que a tese não é pacífica. Ao contrário, muitos preferem sustentar que a sentença seja declaratória. Mas a defesa de semelhante posição funda-se na constatação de que a sentença apenas declara a causa ou condição especial do indivíduo já antes existente[41]. Se se preferir, apenas declara a inca-

---

39 TEPEDINO, Gustavo; BARBOZA, Heloisa Helena; MORAES, Maria Celina Bodin de. *Código Civil interpretado*, 2007, v. I, p. 12-13.
40 BIANCA, Massimo, 2002, v. 1, p. 250. Na jurisprudência, tranquilo o entendimento de que, mesmo sem e antes da interdição, podem ser anulados os atos praticados por quem, comprovadamente, então se mostre despido de seu completo discernimento: STF, RE 106.731-PR, 1ª T., rel. Min. Rafael Mayer, j. 18.10.1985; STJ, REsp 296.895/PR, 3ª T., rel. Min. Menezes Cordeiro, j. 06.05.2005; TJSP, Ap. Cív. 747.981-0/0, 29ª Câm., rel. Des. Ferraz Felisardo, j. 06.12.2006; Ap. Cív. 734.685-2/3, 13ª Câm., rel. Des. Luiz Sabbato, j. 19.08.2009.
41 Nesse sentido, ver, entre outros: VIANA, Marco Aurélio S. *Curso de direito civil*: parte geral, 2004. p. 148; RODRIGUES, Rafael Garcia. A pessoa e o ser humano no Código Civil,

pacidade já existente, a chamada incapacidade natural. Contudo, parece importante observar que esse não é o objeto primordial, o dispositivo da sentença, senão o seu pressuposto. A decisão do juiz se volta, isso sim, a estabelecer a incidência de um regime tutelar, assim constituindo um estado especial do sujeito.

Nas palavras de Oliveira Ascensão, "a interdição é um estado: tem caráter permanente"[42]. Pietro Rescigno é igualmente expresso ao sustentar que a sentença que pronuncia a interdição – de novo feita a ressalva ao problema da terminologia, a apreciar no Capítulo 4 no tópico Direito intertemporal. O Código de Processo Civil de 2015 – seja constitutiva de um estado, a partir de quando são inválidos os atos praticados pelo interdito[43]. De idêntico sentir, no direito brasileiro, a lição de Pontes de Miranda, que já distinguia a declaração da enfermidade ou doença (ou causa de comprometimento da livre expressão da vontade) e, destarte, a declaração da própria incapacidade, de um lado, e, de outro, a constituição do que chamou de *regime interdicional*[44]. Para o autor, aí reside a diferença entre a decisão proferida na ação própria e aquela que, de modo incidental, reconheça incapacidade natural ou acidental de alguém não interditado no momento da prática de um ato ou negócio cuja validade se esteja, particularmente, a discutir[45].

Aliás, tanto assim parece ser que, mais uma vez gravada a divergência, a sentença de interdição – ou de curatela – não produz efeitos retroativos, como é próprio da sentença declaratória, e de sorte a invalidar, automaticamente, os atos que tenham sido antes praticados, embora possam ser discutidos, mas de

---

cit., p. 16; MELLO, Marcos Bernardes de. *Teoria do fato jurídico*: plano da validade, 2006. p. 84 e nota 131, malgrado reconhecendo uma "carga eficacial constitutiva". Na jurisprudência, sintomático aresto do então 1º Tribunal de Alçada Civil do Estado de São Paulo, de cujo teor consta a expressa asserção de que a sentença de interdição "não tem natureza constitutiva, mas meramente declaratória da existência de fato comprometedor da higidez metal da pessoa doente" (1º TAC-SP, Ap. Cív. 919.264-1, 9ª Câm., rel. Juiz João Carlos Garcia, j. 07.10.2003).

42   OLIVEIRA ASCENSÃO, José de. *Direito civil*: teoria geral, 2000, v. I, p. 191.
43   RESCIGNO, Pietro. *Incapacità naturale e adempimento*, 1950, p. 72.
44   PONTES DE MIRANDA, Francisco Cavalcanti, 1954, t. IV, p. 114. Bem verdade que, em outra passagem, ressalva o autor que a sentença de interdição possui caráter *constitutivo-declarativo*, mas com maior carga declarativa quando se trata de incapacidade absoluta e maior carga constitutiva quando se trata de incapacidade relativa (PONTES DE MIRANDA, Francisco Cavalcanti. *Tratado de direito privado*, 1954, t. I, p. 208 e 213-215).
45   PONTES DE MIRANDA, Francisco Cavalcanti. *Tratado de direito privado*, cit., t. IV, p. 114.

modo individual[46]. Nem mesmo precisa o juiz fixar, para decidir a interdição (ou a curatela), desde quando a pessoa se encontra de algum modo afetada na possibilidade de expressão do querer, seja por doença, enfermidade ou qualquer causa indicativa de que esteja com o discernimento comprometido. E, ainda que por hipótese o faça – mesmo que sob o pálio da regra do art. 749, parte final, do CPC/2015, porém requisito da inicial, de particularização da causa de pedir, e ainda assim nem sempre o que será possível atender, de todo modo não propriamente requisito da sentença, tal qual disposto no art. 755 do mesmo Código –, incogitável automática invalidação que prescinda da participação no processo de quem por ela se veja afetado. É preciso apenas que esse estado se demonstre, com isso se impondo ao indivíduo o estatuto jurídico da incapacidade[47] e acima de tudo, hoje, do apoio de que necessite. Mesmo determinado o momento da incapacidade, os atos então consumados deverão ser discutidos individualmente e, seja dado repetir, diante do declaratário. Não se considera concebível que a natureza e efeitos da sentença se possam determinar de acordo com um fator que não é lhe essencial, que é acidental, casuístico, assim tomada a fixação do início da incapacidade natural. Algo a que se voltará no item seguinte.

Certo que esse regime jurídico incidente com a sentença possa ser mais ou menos amplo, de novo conforme a escolha do legislador e a condição par-

---

46 A propósito, conferir vetusta lição de: LASTRA, Antonio Montarcé. *La incapacidad civil de los alienados*, 1929, p. 127 e 199-200. No direito pátrio, e de modo mais recente, pontua Zeno Veloso que a sentença de interdição não tem efeito *ex tunc*, "não opera retroativamente, não tem eficácia quanto ao passado, não tem o poder de invalidar e desconstituir, por sua própria existência, todos os atos jurídicos praticados, antes, pelo interdito" (VELOSO, Zeno. *Código Civil comentado*, 2003, v. XVII, p. 212). Em sentido contrário, reconhecendo efeitos *ex tunc*, mas desde que a sentença fixe o momento certo em que manifestado o (então) estado psicopatológico, o que admite, porém, ser ocasional: MELLO, Marcos Bernardes de. *Teoria do fato jurídico*: plano da validade, cit., p. 87. Do mesmo sentir: DINIZ, Maria Helena. *Curso de direito civil brasileiro*, 2007, v. 1, p. 184-186. Na jurisprudência, já se admitiu, igualmente, que a sentença de interdição possa ter efeito retroativo, desde que provada a data desde quando acometido o sujeito de causa incapacitante: TJSP, Ap. Cív. 734.685-2/3, 13ª Câm. de Dir. Priv., rel. Des. Luiz Sabbato, j. 19.08.2009. No mesmo sentido, mesmo assentando o caráter constitutivo da sentença de interdição, mas no caso admitindo seu efeito retroativo porque provada a data da causa incapacitante: TJRS, Ap. Cív. 70017779083, 17ª Câm., rel. Des. Elaine Macedo, j. 29.03.2007.
47 Nesse sentido de imposição ao incapaz, com a sentença de interdição, do regime próprio de restrições tutelares, ver: TJSP, Ap. Cív. 885.600-0/0, 29ª Câm., rel. Des. Sebastião Feltrin, j. 23.11.2005.

ticular da pessoa. Ver-se-á inclusive, nos capítulos subsequentes, que a tendência das legislações civis modernas – no Brasil reforçada pela edição do Estatuto da Pessoa com Deficiência e a redação que deu ao art. 1.772 do Código Civil – é a de estabelecer, não um regime único de proteção, mas medidas de apoio e acompanhamento adequadas às mais diversas situações concretas, em função dos graus de comprometimento do discernimento que atinja a pessoa e, ocasionalmente, diante de impedimentos também físicos de que acometida.

A bem dizer, já no começo do século passado – a primeira edição da obra do autor é de 1901 –, Nina Rodrigues criticava a rigidez dos modelos de interdição e mesmo o modelo do que então era ainda o projeto de Código Civil que viria a ser editado em 1916 para vigorar a partir de janeiro de 1917[48]. Passados mais de setenta anos, a mesma crítica ainda vinha sendo feita, na França, por Claire Geffroy, que apregoava a necessidade de a disciplina da interdição se adequar mais de perto à situação de particular incapacidade natural[49].

Mas não há negar que, malgrado sempre modulável o regime imposto pela sentença proferida em ação específica, sua própria existência obedece a uma exigência de segurança que não pode ser desconsiderada. De se reiterar, permite não só a apuração da real incapacidade natural que ostente o indivíduo, estabelecendo, então, uma série de medidas que tendem a protegê-lo e apoiá-lo, de modo prospectivo, como, simultaneamente, atende a uma exigência de previsibilidade e segurança das relações que o envolvam.

Por isso mesmo é que se defende – não sem discussão e críticas, que se detalharão e examinarão em item específico, no Capítulo 5[50] – que, ainda quando em meio a surtos de lucidez, os chamados "intervalos lúcidos", os atos assim praticados, isto é, praticados durante o estado de incapacidade, enquanto não levantada a interdição ou a curatela, se invalidam. Desde Castelnau[51], no século retrasado, até a lição mais recente de Caio Mário[52], sustenta-se que a consequência de invalidação impede soluções arbitrárias, resultantes de discussão nem sempre fácil sobre se havida remissão da causa de comprometimento do discernimento ou da livre expressão da vontade, além de se impor como corolário de um princípio de segurança jurídica, inclusive considerada

---

48 RODRIGUES, Raimundo Nina. *O alienado no direito civil brasileiro*, 1939, p. 119.
49 GEFFROY, Claire. *La condition civile du malade mental e de l'inadapté*, 1974, p. 11.
50 Capítulo 5, tópico Intervalos lúcidos.
51 CASTELNAU, H. de. *De l'interdiction des aliénés*, cit., p. 155.
52 PEREIRA, Caio Mário da Silva. *Instituições de direito civil*, cit., v. I, p. 278-279.

a posição de terceiros. Porém, como aqui há ressalvas a fazer, sobretudo tendentes à demonstração da mitigação que o sistema das incapacidades pode sofrer e historicamente vem sofrendo, reitera-se legar o exame da matéria ao desenvolvimento do Capítulo 5, tópico Intervalos lúcidos, conforme já se anotou, a que então ora se remete.

Mas, insista-se – e mais uma vez com remessa ao Capítulo 4, tópico O inciso III do art. 4º do Código Civil de 2002, em que a matéria sobre o "ser" e "estar incapaz" se retomará, dada a análise da previsão do art. 4º, III, do CC/2002 –, ainda se reconheça que a incapacidade jurídica seja mesmo um estado, decorrente da idade ou da sentença que impõe a interdição (ou curatela), ambas, repita-se, conhecíveis de modo apriorístico, por mera pesquisa ao registro, tal o que não leva a aceitar a validade automática do ato praticado por quem, maior e não interditado (ou curatelado), apresente, no momento dessa prática, qualquer causa de comprometimento de seu discernimento ou aptidão à expressão da vontade. A incapacidade natural, mesmo que transitória, acidental, não afasta a possibilidade de se invalidar o ato, ainda que mediante a discussão específica e individualizada, como já se disse, do caso concreto. Ou seja, um exame para o passado, bem ao revés da decretação da interdição ou da curatela, que se volta para o futuro[53].

---

53   Anote-se que toda essa discussão e distinção se levou, por exemplo, ao texto expresso do atual Código Civil e Comercial argentino (*Ley* 26.994, de outubro de 2014), que disciplinou separadamente os atos praticados pelos incapazes antes e depois do registro da sentença que o reconhece, no art. 44 dispondo que "[S]*on nulos los actos de la persona incapaz y con capacidad restringida que contraríen lo dispuesto en la sentencia realizados con posterioridad a su inscripción en el Registro de Estado Civil y Capacidad de las Personas*", enquanto o art. 45 prevê que "[L]*os actos anteriores a la inscripción de la sentencia pueden ser declarados nulos, si perjudican a la persona incapaz o con capacidad restringida, y se cumple alguno de los siguientes extremos: a. la enfermedad mental era ostensible a la época de la celebración del acto; b. quien contrató con él era de mala fe; el acto es a titulo gratuito*", aqui ainda valendo chamar a atenção para as ressalvas à invalidação, a que se tornará no capítulo seguinte e no último capítulo. E, antes do preceito, análoga previsão já se encontrava, como se encontra, no Código Civil italiano, de 1942, tal qual se verá no item seguinte. Do mesmo modo, no Brasil o Relatório final dos trabalhos da Comissão de Juristas responsável pela revisão e atualização do Código Civil, nomeada por ato do Presidente do Senado (04.09.2023) – apresentado o anteprojeto ao Congresso em 17.04.2024 (https://www12.senado.leg.br/assessoria-de-imprensa/arquivos/anteprojeto-codigo-civil-comissao-de-juristas-2023_2024.pdf), e já convertido no PL n. 4/2025 do Sen. Rodrigo Pacheco – sugere o acréscimo de parágrafos ao art. 171 do CC, bem para dispor sobre a discussão particularizada do ato praticado pelo relativamente incapaz antes da interdição, e ainda que ressalvada a situação de terceiros de boa-fé ("§ 1º Ressalvados os direitos de terceiros

E é justamente à incapacidade natural e transitória que se dedica o item seguinte.

INCAPACIDADE NATURAL E INCAPACIDADE ACIDENTAL

Para submeter alguém a sentença que decretasse a interdição, sempre se impôs reconhecer fosse afeta à pessoa alguma condição própria, no modelo anterior via de regra uma moléstia ou deficiência, que lhe prejudicasse o discernimento, no todo ou em parte. E o que em geral se mantém atualmente no sistema brasileiro, ante a redação do art. 4º, II e IV, do Código Civil, com as causas específicas ali dispostas, e mesmo no inciso III, mesmo que não especial ou necessariamente por causa psíquica, mas ainda aqui em face da curatela judicialmente decretada, dos arts. 84 e 85 da Lei n. 13.146/2015. É dizer, em outras palavras, que à incapacidade como estado, constituído juridicamente pela sentença de interdição, ou de curatela, historicamente se exigiu, como ainda se exige, nas hipóteses legais, deva corresponder uma incapacidade real, no plano fático. Esta a então chamada *incapacidade natural*.

Ela própria é que, com a sentença, se transforma em um estado, do ponto de vista jurídico. Fato, porém, que – e ainda hoje – nem sempre a pessoa naturalmente incapaz vem a ser interditada, ou posta sob curatela. Ou seja, remanesce apriorística capacidade jurídica, apto o sujeito, em tese, à prática de atos e negócios da vida civil, passíveis, embora, de discussão de validade, mas, como se viu no item anterior, de modo particularizado, devida a prova de que, no momento em que consumados, privado o agente de discernimento ou aptidão à expressão consciente da vontade. E, mais, isso ainda que se reconheçam à incapacidade natural outras consequências jurídicas, de natureza igualmente protetiva, por exemplo, como se vem entendendo, a vedação do curso de prazo prescricional, desde que o indivíduo contra quem correria o lapso esteja completamente privado de discernimento, na forma do art. 198, I, do Código Civil[54].

---

de boa-fé, caso demonstrada a preexistência de incapacidade relativa, a anulabilidade pode ser arguida, mesmo que o ato tenha sido realizado antes da sentença de interdição ou da instituição de curatela parcial. § 2º Subsiste o negócio jurídico, se ficar demonstrado que não era razoável exigir que a outra parte soubesse do estado de incapacidade relativa daquele com quem contratava.").

54   Mais adiante se examinará a questão em relação às pessoas com deficiência, no Capítulo 4, tópico Reflexão crítica sobre a capacidade da pessoa com deficiência e alguns de seus efeitos:

De qualquer maneira, com a sentença é que o regime tutelar, ou de apoio, em sua inteireza, incide, tornando jurídica uma incapacidade até então de fato. Assim mesmo na hipótese hoje geral, contida no inciso II do art. 4º, a que dedicado o tópico O inciso III do art. 4º do Código Civil de 2002 do Capítulo 4, adiante.

Como ainda se verá nos capítulos seguintes, o estado público decorrente da sentença de curatela, mesmo no campo da validade dos atos praticados, e fora dos seus limites, importa desde que, a todos oponível, por efeito do registro da sentença, impede a discussão sobre a boa-fé do terceiro, diferentemente do que se dá se a incapacidade é apenas de fato. De igual forma, no que toca ao curso da prescrição, exemplo que se vem de citar, assenta-se *a priori* um momento a partir do qual o curso está indiscutivelmente suspenso.

Mas, ao contrário, também possível que, superada a causa que a determinou, mesmo assim persista ainda a curatela, porquanto não levantada. Por outra, é aqui a incapacidade jurídica não mais correspondendo à incapacidade natural. E, de novo, a suscitar problema atinente à verificação da regularidade dos atos então praticados.

Na definição de Massimo Bianca, a incapacidade natural é, justamente, a incapacidade de fato, um *estado de fato*, nas suas textuais palavras[55]. É o estado de fato da pessoa que não está em condições de entender ou de querer, sem por isso se traduzir em uma incapacidade legal ou em uma legal e apriorística redução ou restrição à capacidade de agir, de que é pressuposto a sentença de interdição. Tem-se, ainda segundo o mesmo autor, um estado de fato que assume relevância jurídica desde que no seu transcurso se pratique ato ou negócio jurídico assim a ser examinado em concreto, de maneira individualizada[56].

René Fusier, na mesma esteira, já desde há muito considerava incapacidade natural aquela, de fato, caracterizada precisamente pela ausência de medidas judicial e de acompanhamento a que se sujeite a pessoa[57], a despeito do comprometimento existente à livre manifestação da vontade.

---

domicílio, invalidade e prescrição. De todo modo, no âmbito do Superior Tribunal de Justiça já se decidiu, antes da edição do Estatuto da Pessoa com Deficiência, que: "conquanto a sentença de interdição tenha sido proferida em data posterior ao decurso do prazo prescricional, a suspensão deste prazo ocorre no momento em que se manifestou a incapacidade mental do indivíduo" (REsp 652.837-RJ, 5ª T., rel. Min. Laurita Vaz, j. 22.05.2007).
55 BIANCA, Massimo. *Diritto civile*, cit., p. 266-267.
56 BIANCA, Massimo. *Diritto civile*, cit., p. 266-267.
57 FUSIER, René. *Les aliénés*: capacité juridique et liberté individuelle, 1886, p. 128.

Igualmente antiga a distinção, que se encontra em Giuseppe Boggio, entre a incapacidade legal e a natural, bem se podendo dar de não coincidirem, como quando, na sua exemplificação, alguém menor demonstra plena capacidade de entender e querer; ou quando, ao contrário, alguém maior se vê despido dessa capacidade, porém sem ter sido interditado[58]. Ainda no direito italiano, Pietro Rescigno seguiu essa orientação, diferenciando incapacidade legal e natural, sustentando que a última se define pela ausência de pleno discernimento, mas sendo invocável justo por quem seja legalmente capaz[59]. É, a rigor, a previsão do art. 428 do Código peninsular de 1942[60], que permite à pessoa não interditada provar que os atos por ela praticados o foram quando estava, por qualquer causa, mesmo transitória – salienta o preceito –, incapacitada de entender ou de querer, por isso obtendo a sua anulação se dele lhe advier prejuízo, ressalva ainda o dispositivo, no caso dos contratos provando-se, ademais, a má-fé da outra parte[61].

Pois exatamente nesse ponto se demonstra a necessidade de relevante diferenciação, a que cabe agora proceder, nem sempre posta às claras pela doutrina, particularmente conforme o sistema que se estuda. Trata-se da distinção entre incapacidade natural e incapacidade acidental. E que terá relevância para o estudo, mais adiante, da regra do art. 4º, III, do Código Civil brasileiro[62].

A incapacidade acidental, salienta Carlos Alberto da Mota Pinto, é aquela, justamente, transitória ou ocasional[63]. No direito português, como se verá no capítulo seguinte, está incluída não na seção das incapacidades, mas na que regula os vícios de vontade no negócio jurídico. Segundo o preceito do art. 257.º, n. 1, "a declaração negocial feita por quem, devido a qualquer causa, se encontra acidentalmente incapacitado de entender o sentido dela ou não tinha

---

58   BOGGIO, Giuseppe. *Persone fisiche incapaci agli atti civili e di commercio*, 1888, v. I, p. 4 e 6-12.
59   RESCIGNO, Pietro. *Incapacità naturale e adempimento*, cit., p. 71-72.
60   V. Capítulo 3, tópico O sistema italiano.
61   Em análogo sentido, ainda, referindo os atos praticados antes do registro da sentença, o art. 45 do Código Civil argentino, que se vem de referir – e transcrever no item anterior (v. nota 53), juntamente com anteprojeto de revisão e atualização do CC brasileiro, e já convertido no PL n. 4/2025, de autoria do Sen. Rodrigo Pacheco – e a que se tornará no capítulo seguinte (em O sistema argentino).
62   Cf. o Capítulo 4, tópico O inciso III do art. 4º do Código Civil de 2002.
63   MOTA PINTO, Carlos Alberto da. *Teoria geral do direito civil*, cit., p. 248-249.

o livre exercício da sua vontade é anulável, desde que o facto seja notório ou conhecido do declaratário". E arremata o item 2 do mesmo artigo (art. 257.º, n. 2) que "o facto é notório quando uma pessoa de normal diligência o teria podido notar".

Veja-se, então, que no sistema português a incapacidade acidental pode decorrer de qualquer causa. Também no capítulo reservado à disciplina do testamento o Código lusitano faz alusão à incapacidade acidental, ligando-a a uma causa transitória quando dispõe que "é anulável o testamento feito por quem se encontrava incapacitado de entender o sentido de sua declaração ou não tinha o livre exercício da sua vontade por qualquer causa, ainda que transitória" (art. 2199.º).

O atual Código Civil brasileiro, no art. 1.860, inovando em relação ao que se continha no art. 1.627 do Código anterior e diferenciando a situação quando confrontada com o tratamento geral da incapacidade, propriamente, vedou o testamento também a quem, no ato de testar, não tiver pleno discernimento. Segundo seu texto, "além dos incapazes, não podem testar os que, no ato de fazê-lo, não tiverem pleno discernimento". Mesmo antes dele, o art. 405, agora do Código de Processo Civil de 1973, cuidando da chamada capacidade testemunhal judiciária, já distinguia – o que permanece no art. 447 do Código de Processo Civil de 2015 (no inciso I substituindo a referência à *demência* por *enfermidade* ou *deficiência mental*) – o incapaz de depor porquanto interdito (inciso I) e aqueles que, mesmo sem interdição, estivessem acometidos de enfermidade ou debilidade ao tempo em que ocorreram os fatos controversos ou ao tempo do depoimento a ser sobre eles prestado (inciso II). De todo modo, ambas as hipóteses – da capacidade testamentária e testemunhal – a cujo exame que se tornará, mais detidamente, no Capítulo 5[64], já à luz do Código de Processo Civil atual, de 2015, e da Lei n. 13.146, o Estatuto da Pessoa com Deficiência.

E isso tudo, ainda mais, sem contar especialmente a questão – envolvida nessa distinção feita – da problemática redação do inciso III do art. 4º do Código Civil atual, como já se adiantou matéria objeto de item adiante (no tópico O inciso III do art. 4º do Código Civil de 2002 do Capítulo 4) e que poderia levar – ao que desde logo se ressalva não se aceder – à crença da consagração

---

64 Capítulo 5, tópicos Capacidade testamentária ativa e A condição de testemunha.

genérica da incapacidade acidental (como já o fazia o inciso III do art. 3º, anteriormente à revogação pelo EPD).

Verdade todavia que, já bem antes da edição do Código Civil de 2002, Nina Rodrigues diferenciava, no direito brasileiro – remetendo, inclusive, ao Esboço de Teixeira de Freitas e criticando a ausência de igual previsão do Código de 1916 –, a incapacidade acidental, expressamente ressalvando que, porquanto transitória, não suscitava interdição. Era o que chamava de *inconsciência mórbida*, tal como levada ao art. 509 do Esboço, que, por sua vez, aludia à ação ou exceção de nulidade para atos praticados por pessoas privadas da razão em virtude de delírio febril, sonambulismo natural ou provocado, ou pessoas tomadas por fortes emoções de medo ou terror, cólera ou vingança (§ 3º). Ainda lembrava da embriaguez completa a autorizar a ação ou exceção de nulidade (§ 4º). Para o autor, mesmo que discordando do elenco descritivo do art. 509 do Esboço, era elogiável a distinção e categorização da incapacidade acidental, de sentido oposto à incapacidade permanente e a reclamar interdição[65].

Bulhões Carvalho endereçava ao Código Bevilaqua a mesma crítica, consistente na omissão em tratar da situação transitória de inconsciência, por qualquer causa, muito embora a chamasse de incapacidade natural[66].

Bem de ver, porém, que incapacidade natural e incapacidade acidental guardam significação própria. A primeira se opõe à incapacidade jurídica, enquanto a segunda à incapacidade permanente. A incapacidade natural se toma como elemento de fato, relevante quando durante seu transcurso se pratica um negócio jurídico, podendo converter-se em incapacidade jurídica se e quando houver sentença que a assente. E, exatamente porque ela pode não sobrevir, não se entende colher crítica segundo a qual o reconhecimento da categoria da incapacidade natural não teria utilidade desde que a interdição ou a curatela, uma vez decretada, opera efeito retroativo e alcança negócios anteriores[67], ademais o que, como se defendeu no item anterior, igualmente não se considera sustentável, mercê do efeito constitutivo que à sentença se confere.

---

65   RODRIGUES, Raimundo Nina. *O alienado no direito civil brasileiro*, cit., p. 83-84 e 114.
66   BULHÕES CARVALHO, Francisco Pereira de. *Incapacidade civil e restrições de direito*, 1957, t. I, p. 261.
67   V. MELLO, Marcos Bernardes de. *Teoria do fato jurídico*: plano da validade, cit., p. 84, nota 131.

Já a incapacidade acidental é aquela, nas palavras de Claire Geffroy, virtual, transitória, efêmera, não estrutural da pessoa[68], ainda que também possa gerar consequências jurídicas atinentes à regularidade dos negócios que durante sua manifestação se pratiquem. Com efeito, perfeitamente possível invalidar-se o negócio praticado por quem, no exato momento da manifestação da vontade, tinha comprometido o seu discernimento. Porém, impende a prova dessa incapacidade acidental e, mais, consoante acima já se aludiu, insta avaliar a exata situação do declaratário da vontade.

Viu-se que, no direito italiano, a anulação depende da demonstração de prejuízo ao declarante e, tratando-se de contratos, da má-fé do declaratário (art. 428). Tal como no argentino (art. 45). No direito português, igualmente, o comprometimento intelectivo ou volitivo deve ser conhecido ou conhecível pelo declaratário (art. 257.º). No Brasil, em antiga lição, Carvalho Santos realçava que, para a anulação, "a boa-fé do outro contratante não pode ser posta à margem"[69]. Tanto mais hoje em dia, quando se erige, forte, o princípio da boa-fé objetiva como imperativo de solidarismo (art. 3º, I, da CF/88) e, assim, de preservação da confiança despertada pela declaração de vontade, bastando a respeito lembrar, a título exemplificativo, do requisito de cognoscibilidade do erro invalidante, que se levou ao art. 138 do Código Civil de 2002. Quer dizer, a incapacidade natural e mesmo ocasionalmente acidental deve ser conhecida ou deveria ser conhecida do declaratário.

Bastante diferente, convenha-se, a situação da sentença de interdição ou curatela, examinada no item anterior, levada a registro público e, portanto, com direta afetação da situação de pretensa boa-fé do declaratário. Aliás, para Simone Eberle, a diferença da interdição ou da curatela está, justamente, em que, uma vez decretada e registrada a sentença, ao terceiro não será dado alegar boa-fé, ao contrário do que se dá nas hipóteses de incapacidade natural[70]. O mesmo do quanto disposto, também tal qual já referido, nos arts. 44 e 45 do Código Civil argentino.

---

68   GEFFROY, Claire. *La condition civile du malade et de l'inadapté*, cit., p. 194.
69   CARVALHO SANTOS, J. M. de. *Código Civil brasileiro interpretado*, 1953, v. I, p. 263. Nesta mesma linha a proposta, contida no Relatório final dos trabalhos da Comissão de Juristas responsável pela revisão e atualização do Código Civil, nomeada por ato do Presidente do Senado (04.09.2023) – apresentado o anteprojeto em 17.04.2024, e já convertido no PL n. 4/2025, de autoria do Sen. Rodrigo Pacheco –, de redação a parágrafos acrescidos ao art. 171 do CC/2002, conforme transcrita na nota 53, a que se remete.
70   EBERLE, Simone. *A capacidade entre o fato e o direito*, cit., p. 151.

A rigor, consoante se disse no item anterior, traço distintivo vital da disciplina da incapacidade jurídica é seu pendor prospectivo, ao contrário da incapacidade acidental, que se reconduz a um momento passado, de avaliação de determinado ato ou negócio já praticado. Conforme acentua Sandrine Godelain, há na incapacidade acidental uma *vocação curativa* de fatos passados, assim uma finalidade protetiva retrospectiva, atuando *a posteriori* diante de situação subjetiva pretérita de falta de lucidez[71].

INCAPACIDADES ESPECIAIS E ILEGITIMIDADE

Algumas incapacidades, por isso chamadas *especiais*, não pressupõem falta ou insuficiência de discernimento para os atos e negócios da vida civil, indistintamente considerados. São restrições que a pessoa pode sofrer tão somente em alguns campos de atuação ou relativamente a alguns atos ou negócios, em virtude de sua própria e particular condição, destarte sem atingir sua genérica aptidão para se relacionar, juridicamente.

Pense-se, em exemplificação de Antônio Junqueira de Azevedo[72], na capacidade testamentária e, a respeito, na impossibilidade que tem o analfabeto, mesmo capaz, de fazer testamento cerrado (art. 1.872), dada a aptidão da leitura e escrita a tanto necessária, mas que lhe falta; ou na vedação de escolha do regime de bens do casamento (e da união estável[73]) conforme a idade (art. 1.641, II, do CC/2002).

Simone Eberle, já no campo da capacidade matrimonial, lembra de quem, já casado, por isso está incapacitado ao casamento, ou do estrangeiro a quem se veda aquisição de imóvel rural, conforme a sua extensão. A seu ver, tais incapacidades são uma limitação expressa que se impõe à pessoa, decorrente de seu estado ou de outras condições individuais, particulares[74].

São casos, como salienta Bulhões Carvalho, de limitações próprias da pessoa, mas que se ostentam de maneira absoluta, ou seja, de per si e não rela-

---

71 GODELAIN, Sandrine. *La capacité dans les contrats*, cit., p. 111.
72 Por todos: AZEVEDO, Antônio Junqueira de. *Negócio jurídico e declaração negocial*, cit., p. 147-148.
73 Nesse sentido, editou-se a Súmula 655 do STJ: "Aplica-se à união estável contraída por septuagenário o regime da separação obrigatória de bens, comunicando-se os adquiridos na constância, quando comprovado o esforço comum".
74 EBERLE, Simone. *A capacidade entre o fato e o direito*, cit., p. 94.

cionadas a nenhum outro indivíduo, concretamente tomado[75]. Em diversos termos, são restrições dimanadas do próprio modo de ser da pessoa.

Diferente, contudo, a situação de ocasional restrição ou limitação que se põe ao sujeito, porém já em sua dimensão relacional. Quer dizer, a inaptidão que tenha o indivíduo, mesmo capaz, de estabelecer determinadas relações jurídicas com específicas pessoas. Tal a questão que se convencionou chamar ora de *legitimidade*, ora de *legitimação* – equivocidade terminológica a que se tornará –, mas de pronto se identificando uma realidade jurídica que não deve ser confundida com a noção de incapacidade, em geral, ou mesmo com o significado, que se vem de enfrentar, de incapacidade especial.

Alguém plenamente capaz, e sem qualquer condição específica no seu modo próprio de ser, a despeito de poder se casar, não o pode fazer com quem seja seu irmão, por exemplo. É a falta de legitimidade ou de legitimação, comumente reconhecida como *impedimento*, tal qual acentua Antônio Junqueira de Azevedo, ligando-o à ideia de um obstáculo que o ordenamento cria para a realização de um determinado negócio jurídico entre pessoas determinadas[76]. Imagine-se, ainda, alguém que, exercitando a tutela ou curatela, o que exige, afinal, plena capacidade, se veja impedido de adquirir bens do pupilo ou do curatelado, mesmo que em hasta pública, como está no art. 497 do Código Civil e, aliás, em conjunto com o qual se deve compreender o preceito do art. 1.749, I, quando alude apenas à aquisição por instrumento particular.

Note-se, já não são hipóteses em que o sujeito, por condição pessoal, por seu modo próprio de ser, encontra restrição para a prática apenas de alguns atos ou negócios. São, antes, proibições ditadas pela posição jurídica que o indivíduo ostenta quando posto diante de outras pessoas. Para Francisco Amaral, a questão se coloca quando examinada a "aptidão para a prática de determinado ato, ou para exercício de certo direito, resultante, não da qualidade da pessoa, mas de sua posição jurídica em face de outras pessoas"; ou, ainda nas suas palavras, "a específica posição de um sujeito em relação a certos bens ou interesses"[77].

Carlos Alberto da Mota Pinto, de seu turno, define-a como a proibição que não resulta do modo de ser do sujeito, em si, mas da consideração de um

---

[75] BULHÕES CARVALHO, Francisco Pereira de. *Incapacidade civil e restrição de direito*, cit., t. I, p. 150-151.
[76] AZEVEDO, Antônio Junqueira de. *Negócio jurídico e declaração negocial*, cit., p. 154.
[77] AMARAL, Francisco. *Direito civil*: introdução, 2018, p. 332.

modo de ser do sujeito para com os outros. Ou seja, pessoas que têm plena capacidade para a prática de quaisquer atos, sendo-lhes vedada, simplesmente, a prática de certos negócios, tomados, não pela categoria genérica, mas "em razão de uma certa relação com o objecto do negócio ou com a outra parte"[78].

A distinção é feita, com tintas claras, também no direito italiano. Para Massimo Bianca, as incapacidades especiais não devem ser confundidas com os impedimentos, posto que subjetivos, porquanto induzem uma inidoneidade do indivíduo, mas não uma proibição reconduzida a juízo de oportunidade e conveniência do legislador[79].

Costumeiro que essa proibição relacional, por assim dizer, se conceitue como falta de legitimação, e não legitimidade[80]. Porém, a terminologia enfrenta críticas. Para Bianca, que se vem de citar, legitimação (*legittimazione*) refere-se à titularidade de um direito cuja disponibilidade está na competência do sujeito[81]. Igualmente, no direito brasileiro, assenta Antônio Junqueira de Azevedo que "legitimação é o poder de dispor de determinada *res*"[82]. Vai mais longe Marcos Bernardes de Mello e defende que legitimação seja, além do poder de dispor, também o poder de adquirir (poder passivo de disposição) e o poder de se endividar[83]. Daí preferir-se o uso da expressão legitimidade.

Nada obstante, o que, enfim, não se há de negar é a substancial especificidade das situações que a envolvam, tanto quanto envolvem, outras vezes, as chamadas incapacidades especiais, cujos conceitos – esse o ponto – não se devem baralhar com a disciplina das incapacidades em geral, próprias das pessoas com total ou parcial privação de discernimento ou aptidão à expressão livre da vontade, que, por isso, precisam ser protegidas e apoiadas, no tocante à prática dos negócios jurídicos, genericamente considerados.

---

78   MOTA PINTO, Carlos Alberto da. *Teoria geral do direito civil*, cit., p. 225.
79   BIANCA, Massimo. *Diritto civile*, cit., p. 216.
80   Ver, por todos, no direito brasileiro: MONTEIRO, Washington de Barros. *Curso de direito civil*: parte geral, 2003. p. 66.
81   MONTEIRO, Washington de Barros. *Curso de direito civil*: parte geral, cit., p. 66.
82   AZEVEDO, Antônio Junqueira de. *Negócio jurídico e declaração negocial*, cit., p. 147-148.
83   MELLO, Marcos Bernardes de. *Teoria do fato jurídico*: plano da validade, cit., p. 33.

Capítulo **3**

A experiência do direito estrangeiro na disciplina da incapacidade

Tal como se supõe ainda necessário ao direito brasileiro, mesmo que em seu âmbito já se tenha caminhado, em especial com a edição do Estatuto da Pessoa com Deficiência – e embora a esse âmbito não se restrinja a disciplina a cujo exame se procede, tudo como se verá no capítulo seguinte –, constata-se no direito positivo estrangeiro o reforço de uma tendência de redesenho do regime das incapacidades e das medidas de proteção e apoio a quem delas necessite. Recentes alterações legislativas em ordenamentos próximos ou de mesma origem do brasileiro o confirmam.

A esse recorte, pois, se presta o capítulo agora iniciado. Seu propósito é o de colacionar exemplos de legislações estrangeiras que dedicam às incapacidades um tratamento mais conformado ao pressuposto valorativo de respeito à concreta condição de cada sujeito dotado de alguma deficiência ou dificuldade maior de discernimento ou de expressão da vontade. Dito de outro modo, uma modelagem do regramento da incapacidade de matiz menos generalizante e, ao mesmo tempo, mais ocupado em preservar o grau de aptidão à pessoal expressão dos direitos básicos de quem, afinal, precisa ser protegido, mas não tolhido em suas inatas virtualidades.

Claro que o recurso ao direito positivo de fora da terra não se faz com qualquer pretensão totalizante, de completude, ou mesmo de análise mais verticalizada. Bem menos ambiciosa, a remissão se efetiva, na realidade, muito mais como uma notícia do estado da arte em sistemas próximos do brasileiro e, especialmente, que tenham sido alvo de alterações recentes das quais, então, se tenciona extrair o que se entende ser não apenas o retrato de uma reconfiguração do regime das incapacidades como, ainda, um repositório de soluções que se podem tomar de empréstimo, quando pertinentes, à compreensão dos problemas suscitados pela nossa disciplina sobre o tema; e, ao mesmo tempo, para sugerir – *de lege constituenda* – novas alternativas no ordenamento pátrio, tanto quanto para construir interpretações que auxiliem na compreensão da (já em boa medida alterada) disciplina brasileira da matéria.

Assim se mencionam, de maneira condensada e com tônica nas disposições relevantes ao estudo presente, o ordenamento francês, o italiano, o alemão, o português e o argentino. Veja-se, não porque exclusivamente neles se concentrem atualizações mais hodiernas em relação ao tema da capacidade[1]. Mas é

---

[1] A propósito, cite-se exemplificativamente recente lei espanhola também alterando o regime jurídico relativo às pessoas com deficiência, exatamente de modo a conformá-lo à Convenção sobre o Direito das Pessoas com Deficiência. Trata-se da *Ley 8/2021, de 2 de junho*, já de cujo preâmbulo se extrai que "[L]*a presente reforma de la legislación civil y procesal pretende dar un paso decisivo en la adecuación de nuestro ordenamiento jurídico a la Convención internacional sobre los derechos de las personas con discapacidad, hecha en Nueva York el 13 de diciembre de 2006, tratado internacional que en su artículo 12 proclama que las personas con discapacidad tienen capacidad jurídica en igualdad de condiciones con las demás en todos los aspectos de la vida, y obliga a los Estados Partes a adoptar las medidas pertinentes para proporcionar a las personas con discapacidad acceso al apoyo que puedan necesitar en el ejercicio de su capacidad jurídica. El propósito de la convención es promover, proteger y asegurar el goce pleno y en condiciones de igualdad de todos los derechos humanos y libertades fundamentales por todas las personas con discapacidad, así como promover el respeto de su dignidad inherente*". Ainda depois de identificar outras leis anteriores igualmente editadas sobre a matéria, e desde 2011, uma vez ratificada a Convenção, aponta-se no preâmbulo que era mesmo imperativa uma mudança "*de un sistema como el hasta ahora vigente en nuestro ordenamiento jurídico, en el que predomina la sustitución en la toma de las decisiones que afectan a las personas con discapacidad, por otro basado en el respeto a la voluntad y las preferencias de la persona quien, como regla general, será la encargada de tomar sus propias decisiones*". Tudo para enfim assentar que a nova lei "*supone un hito fundamental en el trabajo de adaptación de nuestro ordenamiento a la Convención de Nueva York, así como en la puesta al día de nuestro Derecho interno en un tema, como es el del respeto al derecho de igualdad de todas las personas en el ejercicio de su capacidad jurídica, que viene siendo objeto de atención constante en los últimos años, tanto por parte de las Naciones Unidas, como por el Consejo de Europa o por el propio Parlamento Europeo y, como lógica consecuencia, también por los ordenamientos estatales de nuestro entorno. La nueva regulación está inspirada, como nuestra Constitución en su artículo 10 exige, en el respeto a la dignidad de la persona, en la tutela de sus derechos fundamentales y en el respeto a la libre voluntad de la persona con discapacidad, así como en los principios de necesidad y proporcionalidad de las medidas de apoyo que, en su caso, pueda necesitar esa persona para el ejercicio de su capacidad jurídica en igualdad de condiciones con los demás*". Previram-se, de um lado, medidas voluntárias de apoio, como o mandato preventivo (arts. 250 a 252 do CC/2002), além de, outro, da guarda

fato que eles foram objeto de modificações recentes – no caso do direito argentino o próprio Código é de edição bem próxima –, como igualmente porquanto ou influenciaram a elaboração em si do Código Civil brasileiro de 2022, caso em particular dos Códigos italiano e português, ou porque contemplam medidas que se supõem reveladoras, não apenas acerca de tratamento reputado mais adequado da menoridade como de medidas de apoio que servem bem a demonstrar a racionalidade própria de regramento da situação jurídica das pessoas com deficiência. Nesse sentido o sistema de salvaguarda da justiça do direito francês, de administração de sustento do direito italiano e o acompanhamento do direito alemão, bem conformados e influenciadores da ideia de particularização e menor interferência no auxílio a que pessoas com deficiência expressem o máximo de sua autonomia, com superação das barreiras sociais que a tanto se lhes impõem. E tal qual no direito português e argentino, ainda mais recentemente (em 2018 e 2015, respectivamente), se dispôs para um regime de apoio, antes que *a priori* de substituição da vontade do deficiente.

E tudo de que, ao final, se fará uma síntese voltada a compor um quadro de características ou mesmo de pressupostos do regime jurídico das incapacidades que pode tanto servir para repensar, ainda, o nosso quanto, simultaneamente, a interpretá-lo no que já alterado.

O SISTEMA FRANCÊS

No direito civil positivo francês, a disciplina geral relativa às pessoas se encontra no Livro Primeiro do Código Civil. Os Títulos VII a X tratam dos

---

de fato (arts. 263 a 267), quando a pessoa já se encontre adequadamente sob essa condição e não existam medidas voluntárias ou judiciais que estejam sendo efetivamente aplicadas; da curatela (arts. 268 a 294); e da nomeação de defensor judicial (arts. 295 a 298), aqui quando a necessidade de apoio for ocasional, mesmo que seja recorrente. Antes disso, até, o Código Civil da Catalunha, em 2010, pela *Ley* 25, de 29 de julho, já havia estabelecido o mecanismo da assistência em superação ao mecanismo da incapacitação da pessoa, conforme acentua Maria del Carmen Núñez Zorrila de modo a que lhe fosse garantida na maior extensão sua liberdade de autodeterminação, a exemplo de outras reformas que identifica no direito europeu, mesmo no inglês, ao que refere o *Mental Capacity Act* (de 2005, alterado em 2007), e no qual aponta sobrelevar a consideração do discernimento do indivíduo, antes que genérica e apriorística, mas concreta e específica para o ato praticado, ademais de sempre se procurar adotar medida de apoio, no lugar da substituição da vontade (NÚÑEZ ZORRILLA, M. del Carmen. *La asistencia*: la medida de protección de la persona con discapacidad psíquica alternativa al procedimiento judicial de incapacitación, 2014, p. 18-19 e 97-98).

filhos menores, da autoridade parental, das medidas de proteção e da emancipação. O Título XI cuida dos maiores a quem também a lei defere proteção.

Especialmente relevante ao presente trabalho a constatação de que, em toda esta matéria e, em particular, no que concerne à proteção das pessoas maiores de idade, expressivas modificações vieram a ser introduzidas no *Code*, primeiro, pela Lei n. 2007-308 (o chamado Código da Ação Social e das Famílias), datada de 5 de março de 2007 e em vigor a partir de 1º de janeiro de 2009. Introduziram-se medidas muito claramente funcionalizadas à adequação da proteção da pessoa à extensão de sua necessidade, por isso que graduada, e já anotado ainda o propósito inclusivo de que também se revestiu[2]. Aliás, e a rigor, mesmo antes dela igualmente a Lei n. 93-22, de 8 de janeiro de 1993, e a Lei n. 2007-293, de 5 de março de 2007, já haviam trazido sensíveis alterações ao capítulo, no idêntico sentido de procurar maior conformação da tutela da pessoa à sua particular situação de necessidade. E, depois da Lei n. 2007-308, ainda sobrevieram – dando redação ou alterando dispositivos do *Code* – novas normatizações, como a Lei n. 2015-166, de 16 de fevereiro de 2015, modernizando e simplificando a legislação e os procedimentos judiciais, impondo modificações ao processamento de medidas de proteção, incorporadas ao Código, tanto quanto, e, igualmente acerca do tratamento dos menores de idade e da autoridade parental, editaram-se as Lei n. 2016-297, de 4 de março de 2016, e 2022-140, de 7 de fevereiro de 2022, ambas de proteção ao infante, bem como a *Ordonnance* 2015-1.288, de 15 de outubro de 2015, modificando e simplificando o direito de família.

De toda sorte, a legislação codificada francesa, em primeiro lugar, por uma presumida vulnerabilidade[3] (originariamente, até os vinte e um anos), distingue a incapacidade por idade. Estabelece, nos arts. 388 e 414, que a maioridade, hoje, se adquire aos dezoito anos, portanto numa única faixa, embora com ressalvas[4], mas de todo modo o que justamente já levou a doutrina a criticar a

---

2   TERRÉ, François; FENOUILLET, Dominique. *Droit civil*: les personnes. Personnalité – incapacité – protection, 2012, p. 885-885.
3   AUBRY & RAU. *Droit civil français*, 1964, t. I, p. 612.
4   É o que já se chamou de "maioridade global", ao lado de hipóteses de uma "maioridade diferenciada", para situações específicas e conforme a gravidade do ato que se tem em vista: MALAURIE, Philippe; AYNÈS, Laurent. *Les personnes*: la protection des mineurs et des majeurs, 2014, p. 261.

passagem brusca, sem graduação, da incapacidade à capacidade[5]. De qualquer sorte, abaixo dos dezoito anos os menores se sujeitam à autoridade parental, exercida pelos genitores (art. 371-1[6]), ou, na sua falta, à tutela (art. 390).

Porém, a despeito de sua condição de incapaz, ao menor se garantiu, por alteração legislativa posterior, e na exata esteira do quanto, no ordenamento brasileiro, a Lei n. 12.010/2009 levou ao texto do art. 28 do Estatuto da Criança e do Adolescente (Lei n. 8.069/90), tal qual se verá, o direito de ser ouvido em todo e qualquer procedimento que lhe diga respeito. Com efeito, o art. 388-1, cuja redação foi dada pela Lei n. 93-22, de 8 de janeiro de 1993, e ainda ampliada pela Lei n. 2007-293, de 5 de março de 2007, previu que, em todos os procedimentos que lhe digam respeito, o menor deve ser informado de seu direito a ser ouvido na presença de um advogado, de outra pessoa à sua escolha – mesmo que a escolha esteja sob avaliação do juiz –, ou sozinho. Do mesmo modo, uma vez informado, cabe-lhe o direito de recusar a oitiva. A única exigência legal a que seja ouvido é a de que, note-se, conforme o caso concreto, o menor tenha capacidade suficiente de discernir[7].

Antes, até, na própria disciplina do exercício da autoridade parental, prevê-se no art. 371-1 que os pais envolvam o menor nas decisões que lhe digam

---

5   Por todos: GODELAIN, Sandrine. *La capacité dans le contrats*, 2007, p. 77-78; VOIRIN, Pierre; GOUBEAUX, Gilles. *Droit civil*: manuel, 2001, p. 201.

6   A redação foi dada pela Lei n. 2019-721, de 10 de julho de 2019, para acrescentar que a autoridade parental se exerce sem violência física ou psicológica (parágrafo 3º).

7   Art. 388-1: "*Dans toute procédure le concernant, le mineur capable de discernement peut, sans préjudice des dispositions prévoyant son intervention ou son consentement, être entendu par le juge ou, lorsque son intérêt le commande, par la personne désignée par le juge à cet effet. Cette audition est de droit lorsque le mineur en fait la demande. Lorsque le mineur refuse d'être entendu, le juge apprécie le bien-fondé de ce refus. Il peut être entendu seul, avec un avocat ou une personne de son choix. Si le choix n'apparaît pas conforme à l'intérêt du mineur, le juge peut procéder à la désignation d'une autre personne. L'audition du mineur ne lui confère pas la qualité de partie à la procédure. Le juge s'assure que le mineur a été informé de son droit à être entendu et à être assisté par un avocat*". Em tradução livre: "Em todos os procedimentos que lhe concernem, o menor capaz de discernir pode, sem prejuízo das disposições prevendo sua intervenção ou seu consentimento, ser ouvido pelo juiz ou, sempre que seu interesse recomende, pela pessoa designada pelo juiz para esse efeito. Essa oitiva é de rigor quando o menor a requeira. Quando o menor recuse a sua oitiva, o juiz aprecia a conformidade dessa sua recusa. Ele pode ser ouvido só, com um advogado ou uma pessoa de sua escolha. Se a escolha não se apresenta conforme o interesse do menor, o juiz pode proceder à designação de outra pessoa. A oitiva do menor não lhe confere a qualidade de parte no procedimento. O juiz assegura que o menor foi informado do seu direito a ser ouvido e assistido por um advogado".

respeito, de acordo – frise-se, de novo – com sua idade e seu grau de maturidade. Portanto, dado subjetivo atento à situação particular daquele infante que não passou ao largo da consideração da lei[8].

Na mesma linha de flexibilizar, em alguma medida, a estratificação rígida da incapacidade por idade, o art. 388-1-1, com redação dada pela *Ordonnance* 2015-1.288, estabeleceu que, muito embora representado pelos pais em todos os atos da vida civil, excepcionam-se os casos em que a lei ou o costume autorizem os menores a agir por si próprios[9]. E o que se repete no primeiro parágrafo do art. 408, quando se trata de tutela. Pois, no primeiro caso, tem-se a própria disposição do art. 388-1-2, em que se permite ao menor, com dezesseis anos completos e autorizado pelos pais, praticar sozinho os atos de administração necessários à criação e gestão de sociedade individual de responsabilidade limitada ou de sociedade unipessoal, assim não os atos de disposição, como também se expressa no preceito[10]. Pode-se ainda exemplificar com a hipótese da capacidade testamentária ativa, a partir dos dezesseis anos, posto que a deixa se limite à metade do que disponível ao testador maior, e a não ser que não haja parentes até o sexto grau, inclusive, quando possível a disposição tal como a do adulto (art. 904); ou da possibilidade de aceitação do mandato pelo menor, ainda que se restrinjam as ações do mandante contra ele, apenas admissíveis conforme o regramento próprio de disciplina das obrigações dos menores (art. 1990). No segundo caso, pode-se citar a prática dos atos da vida

---

8   Segundo o último parágrafo do art. 371-1, no original: "*Les parents associent l'enfant aux décisions qui le concernent, selon son âge et son degré de maturité*". Em tradução livre: "Os pais envolvem a criança nas decisões que lhes dizem respeito, de acordo com a sua idade e grau de maturidade".

9   No original: "*L'administrateur légal représente le mineur dans tous les actes de la vie civile, sauf les cas dans lesquels la loi ou l'usage autorise les mineurs à agir eux-mêmes*". Em tradução livre: "O administrador legal representa o menor em todos os atos da vida civil, salvo nos casos em que a lei ou o costume autorizem os menores a agir por si próprios".

10   No original: "*Un mineur âgé de seize ans révolus peut être autorisé, par son ou ses administrateurs légaux, à accomplir seul les actes d'administration nécessaires à la création et à la gestion d'une entreprise individuelle à responsabilité limitée ou d'une société unipersonnelle. Les actes de disposition ne peuvent être effectués que par son ou ses administrateurs légaux*". Em tradução livre: "O menor de pelo menos dezesseis anos pode ser autorizado, por seu ou seus administradores legais, a praticar sozinho os atos administrativos necessários à criação e gestão de empresa individual de responsabilidade limitada ou de sociedade unipessoal. Os atos de disposição só poderão ser praticados por seu ou seus administradores legais".

corrente, costumeiramente admitida com base nos usos, assim exatamente de acordo com a remissão do art. 388-1-1[11].

Para Sandrine Godelain – viu-se que uma crítica da opção de disciplinar a incapacidade do menor a partir de uma faixa etária rígida, defensora, ainda, como se analisará no capítulo último, da capacidade para a prática de atos pessoais conforme o grau de discernimento de cada indivíduo abaixo dos dezoito anos –, os atos da vida corrente são aqueles autorizados por cláusula aberta de modo justamente a possibilitar sua adaptação, consoante a situação do menor e a ocasional capacidade contratual, ao imperativo de respeito à evolução do espaço que a este deve estar reservado na sociedade de consumo[12].

Também segundo a mesma autora[13], para exame de quais, concretamente, os atos da vida corrente cuja prática se autoriza ao menor, de início o critério utilizado estava na verificação de sua gravidade, porém a conceber-se e analisar-se quer sob um aspecto jurídico, tão somente, e em que se poriam, por exemplo, os atos de administração ou conservação, ou sob um aspecto apenas econômico. E, mesmo cogitável, prossegue, a concorrência desses dois matizes, na sua ótica não se pode olvidar um ponto de vista sociológico, segundo o qual seriam atos da vida corrente aqueles normalmente praticados por menores daquela geração e idade. Por isso que, na sua conclusão, atos da vida corrente encerram conceito que deve variar conforme a idade e o grau de discernimento do menor.

Já quanto aos maiores, segundo o art. 425, em sua atual redação, dada pela Lei n. 308-2007, sujeitam-se a medidas de proteção – no âmbito dos direitos pessoais e/ou patrimoniais – sempre que acometidos por qualquer afecção mental que os impossibilite de prover, sozinhos, a seus próprios interesses, mas também quando afetados em suas faculdades corporais, de sorte a impedi-los de expressar sua vontade[14]. A propósito, as alterações legislativas foram ainda

---

11 VOIRIN, Pierre; GOUBEAUX, Gilles. *Droit civil*, cit., p. 218.
12 GODELAIN, Sandrine. *La capacité dans le contrats*, cit., p. 216.
13 GODELAIN, Sandrine. *La capacité dans le contrats*, cit., p. 217-219.
14 Art. 425: *"Toute personne dans l'impossibilité de pourvoir seule à ses intérêts en raison d'une altération, médicalement constatée, soit de ses facultés mentales, soit de ses facultés corporelles de nature à empêcher l'expression de sa volonté peut bénéficier d'une mesure de protection juridique prévue au présent chapitre. S'il n'en est disposé autrement, la mesure est destinée à la protection tant de la personne que des intérêts patrimoniaux de celle-ci. Elle peut toutefois être limitée expressément à l'une de ces deux missions"*. Em tradução livre: "Qualquer pessoa que não possa cuidar sozinha de seus interesses em razão de uma alteração, medicamente comprovada, seja de suas faculdades mentais, seja de suas faculdades corporais de modo a

mais profundas, e não só com a sobrevinda da Lei n. 2007-308. Afinal, originariamente binário o sistema protetivo codificado, conforme a incapacidade da pessoa fosse total ou parcial, já antes do assim denominado Código da Ação Social e das Famílias, de 2007, uma importante modificação havia vindo a lume com a edição da Lei n. 68-5, de 3 de janeiro de 1968, que estabeleceu regime contemplativo de três medidas protetivas, a de salvaguarda da justiça, curatela e tutela. E, note-se, o que, mesmo logo depois de sua edição, já se reputava insuficiente. Claire Geffroy, por exemplo, em obra monográfica sobre o assunto, logo na década de 1970 já apontava a necessidade de um regime que preservasse maior liberdade individual à pessoa com deficiência, conforme seu grau de discernimento e a gravidade do ato praticado[15].

Pois foi esse o ponto nuclear da reforma ditada pela Lei n. 2007-308, de 5 de março de 2007 (no mesmo mês e ano, dias antes, da Convenção sobre os Direitos da Pessoa com Deficiência, assinada no dia 30), o Código da Ação Social e das Famílias. Mesmo mantendo as três medidas protetivas citadas, e malgrado com redação renovada, além ainda do mandato de proteção futura e das medidas de acompanhamento judicial, depois a cujo rol a *Ordonnance* 2015-1.288, de 15 de outubro de 2015, em seu art. 10 (já objeto de alterações posteriores, em especial pela Lei n. 2019-222, de 23 de março de 2019), acrescentou a *"habilitation familiale"*, a ideia foi, acima de tudo, e como se explicitou na exposição de motivos, *personalizar o conteúdo* das medidas tutelares, de proteção daqueles que a mereçam e na medida em que dela necessitem. Ou seja, tal qual se levou ao texto do art. 415, que inaugura a seção destinada a estabelecer disposições comuns aos chamados maiores protegidos, erigindo mesmo princípios acerca da disciplina,

> [...] as pessoas maiores recebem a proteção de sua pessoa e de seus bens que seu estado ou sua situação torne necessária conforme as modalidades previstas no presente título. Esta proteção é instaurada e assegurada mediante o respeito das liberdades individuais, dos direitos fundamentais e da dignidade da pessoa. Ela tem por finalidade o interesse da pessoa protegida. Ela

---

impedir a expressão de sua vontade pode se beneficiar de uma medida de proteção jurídica prevista neste capítulo. Salvo disposição em contrário, a medida é destinada à proteção tanto da pessoa quanto de seus interesses patrimoniais. Ela pode, no entanto, ser expressamente limitada a uma dessas duas missões".

15   GEFFROY, Claire. *La condition civile du malade mental e de l'inadapté*, 1974, p. 185.

favorece, na medida do possível, a sua autonomia. Ele é um dever das famílias e da coletividade pública[16].

Atentando a esses pressupostos valorativos, determinou-se uma noção de proteção ao maior de idade com a menor interferência possível em sua liberdade, em sua autonomia. Determinou-se ainda uma proteção que não se reconduz, unicamente, e como na origem do sistema[17], ao expediente da incapacidade, e ligada a uma afecção mental, separadas as medidas de assistência social, a quem, mesmo capaz, delas necessite. Nesse sentido, o Código da Ação Social e das Famílias (Lei n. 2007-308, arts. 271-1 a 271-5, com modificações introduzidas pelas Leis 2009-526, 2013-403 e 2023-668) previu medida de proteção a quem percebe prestações sociais previdenciárias e cuja saúde ou, note-se, segurança se encontrem ameaçadas por dificuldades de gestão dos próprios recursos. Essas pessoas podem ser beneficiadas por medida de acompanhamento social personalizado, um auxílio prestado por contrato com o órgão do departamento estatal próprio (serviço social).

Mais, desde a reforma de 2007 previu-se que, se essa gestão não for suficiente e, frise-se, desde que a pessoa já não esteja sujeita, justamente, a uma das originárias medidas de proteção jurídica, que foram referidas e ainda se examinarão, pode-se estabelecer o que se passou a chamar de *medida de acompanhamento judicial*, tendente a restabelecer a autonomia do interessado na condução de seus interesses (arts. 495 a 495-9). Importante notar e reiterar, todavia, que essa medida não conduz a qualquer incapacidade (art. 495-3[18]), efetivando-se por escolhas do juiz que podem envolver a nomeação de um mandatário judicial e que terão a duração máxima de dois anos, permitida

---

16   No original: "*Les personnes majeures reçoivent la protection de leur personne et de leurs biens que leur état ou leur situation rend nécessaire selon les modalités prévues au présént titre. Cette protection est instaurée et assurée dans le respect des libertés individuelles, des droits fondamentaux et de la dignité de la personne. Elle a pour finalité l'intérêt de la personne protégée. Elle favorise, dans la mesure du possible, l'autonomie de celle-ci. Elle est un devoir des familles et de la collectivité publique*".
17   Sobre a ideia originária do *Code*, ligando a incapacidade, necessariamente, a uma alienação mental, ver, por todos: BAUDRY-LACANTINERIE, G. *Précis de droit civil*, 1926, p. 93.
18   Art. 495-3: "*Sous réserve des dispositions de l'article 495-7, la mesure d'accom-pagnement judiciaire n'entraine aucune incapacité*". Em tradução livre: "Com a ressalva às disposições do art. 495-7, a medida de acompanhamento judiciário não induz qualquer incapacidade". A ressalva feita ao art. 495-7 está na previsão, nele contida, da gestão, pelo mandatário judicial, dos fundos recebidos em favor do maior protegido.

renovação, por causa justificada, mas desde que não as eleve a um total superior a quatro anos (art. 495-8[19]).

Por fim, e já agora do ponto de vista das medidas aplicáveis a quem, tal qual atrás se viu (art. 425), esteja impossibilitado, por afecção, medicamente constatada, repita-se, mental ou física, impeditiva – e aí o ponto – da expressão da vontade, de prover, por si, a seus próprios interesses, a lei francesa previu providências que, porém, logo no art. 428 estabeleceu – o que é particularmente importante realçar aos fins deste trabalho – imponíveis somente em casos excepcionais, quando não forem suficientes as regras comuns de representação, aquelas relativas aos deveres matrimoniais e ao regime de bens; e, mais, sempre que impostas, devendo sê-lo de modo proporcional e individualizado em função do grau de alteração das faculdades da pessoa[20].

Pois a Lei n. 2007-308 manteve, quanto a essas providências, a salvaguarda de justiça, a curatela e a tutela, ainda que com regramento conformado ao pressuposto valorativo que norteou a sua edição, acima referido. Todavia, acrescentou ao rol o chamado *mandato de proteção futura* (art. 477 e s.), bem afeiçoado à ideia de autonomia da pessoa, mesmo quando se cuide de protegê--la, assim permitindo que ela, desde que não sujeita a tutela ou habilitação familiar – e, se sujeita a curatela, podendo fazê-lo apenas com autorização do

---

19   Art. 495-8: "*Le juge fixe la durée de la mesure qui ne peut excéder deux ans. Il peut, à la demande de la personne protégée, du mandataire ou du procureur de la République, la renouveler par décision spécialement motivée sans que la durée totale puisse excéder quatre ans*". Em tradução livre: "O juiz fixa a duração da medida que não pode ultrapassar dois anos. Ele pode, a pedido da pessoa protegida, do mandatário ou do Ministério Público, renová-lo por decisão especialmente motivada sem que a duração total exceda quatro anos".
20   Art. 428: "*La mesure de protection judiciaire ne peut être ordonnée par le juge qu'en cas de nécessité et lorsqu'il ne peut être suffisamment pourvu aux intérêts de la personne par la mise en œuvre du mandat de protection future conclu par l'intéressé, par l'application des règles du droit commun de la représentation, de celles relatives aux droits et devoirs respectifs des époux et des règles des régimes matrimoniaux, en particulier celles prévues aux articles 217, 219, 1426 et 1429 ou, par une autre mesure de protection moins contraignante. La mesure est proportionnée et individualisée en fonction du degré d'altération des facultés personnelles de l'intéressé*". Em tradução livre: "A medida de proteção judicial só pode ser ordenada pelo juiz em caso de necessidade e quando os interesses da pessoa não possam ser suficientemente cuidados pela execução do futuro mandato de proteção concluído pelo interessado, pela aplicação das regras do direito comum de representação, daquelas relativas aos respectivos direitos e deveres dos cônjuges e das regras dos regimes matrimoniais, em particular as previstas nos arts. 217, 219, 1426 e 1429, ou por outra medida de proteção menos restritiva. A medida é proporcional e individualizada em função do grau de alteração das faculdades pessoais do interessado".

curador –, outorgue poderes de representação para o caso de eventual necessidade futura, ditada por uma das causas do art. 425, que a impeça de cuidar, pessoalmente, de seus interesses[21]. Ainda que com remissão às regras do capítulo do mandato, no que não for incompatível, previu-se a possibilidade de qualquer interessado, e a qualquer tempo, recorrer ao juiz para controle do mandato de proteção futura ou de atos praticados pelo mandatário[22].

Quanto à salvaguarda da justiça (art. 433), a ela se sujeitam as pessoas que, por uma das causas do art. 425, precisam de uma proteção jurídica temporária ou ser – note-se – representadas mesmo para a prática de certos e determinados atos. Veja-se, são características, então, a temporariedade e a incidência para a prática de certos atos, apenas. Já a curatela (art. 440) se aplica, quando insuficiente a salvaguarda, a pessoas que, também por uma das causas do art. 425, precisem ser assistidas ou acompanhadas de maneira contínua nos atos importantes de sua vida civil. Ainda insuficiente, tem-se a tutela (art. 473), para as pessoas que, mais que assistidas, e sem que de modo temporário, hão de ser representadas de maneira contínua nos atos da vida civil.

No entanto, como antes se disse, há regras de calibração, de modulação dessas medidas protetivas, que as fazem conformadas muito particularmente ao concreto grau de incapacidade da pessoa protegida. Na salvaguarda, por exemplo, em que a pessoa conserva o exercício de seus direitos, contudo praticando os atos determinados da vida civil por meio de mandatário a tanto especialmente nomeado pelo juiz, pena de invalidade, a reconhecer-se em até cinco anos, prevê a lei que, a essa apreciação invalidante, sejam tomadas em consideração a utilidade acaso resultante do ato praticado, sua importância ou

---

21   Art. 477, parágrafos 1º e 2º: "*Toute personne majeure ou mineure émancipée ne faisant pas l'objet d'une mesure de tutelle ou d'une habilitation familiale peut charger une ou plusieurs personnes, par un même mandat, de la représenter pour le cas où, pour l'une des causes prévues à l'article 425, elle ne pourrait plus pourvoir seule à ses intérêts. La personne en curatelle ne peut conclure un mandat de protection future qu'avec l'assistance de son curateur*". Em tradução livre: "Qualquer pessoa maior ou menor emancipada não sujeita a uma medida de tutela ou de habilitação familiar pode nomear uma ou mais pessoas, por um mesmo mandato, para representá-la quando, por uma das causas previstas no art. 425, ela não puder cuidar sozinha de seus interesses. A pessoa sob curatela somente poderá concluir um mandato de proteção futura com assistência de seu curador".
22   Art. 484: "*Tout intéressé peut saisir le juge des tutelles aux fins de contester la mise en oeuvre du mandat ou de voir statuer sur les conditions et modalités de son exécution*". Em tradução livre: "Qualquer interessado pode dirigir-se ao juiz de tutelas a fim de contestar a execução do mandato ou de ver estatuírem-se as condições e modalidades de sua execução".

a consistência do patrimônio da pessoa protegida, além da boa ou má-fé do declaratário (art. 435, segundo parágrafo)[23]. Frise-se, uma clara mitigação e graduação da regra de incapacidade à consideração da exata noção de proteção efetiva que se quer garantir, evitando-se, ao contrário, que a intenção de proteger acabe por prejudicar a pessoa protegida.

Na tutela e na curatela, a pessoa protegida, conforme adaptação ao seu estado, deve receber informes sobre sua situação pessoal e sobre os atos que lhe sejam concernentes, sua utilidade, grau de urgência e seus efeitos (art. 457-1[24]). Atos cuja prática implique a necessidade de consentimento pessoal (reconhecimento ou declaração de nascimento de uma criança, atos de autoridade parental, escolha do nome de uma criança, consentimento à adoção) não podem jamais dar lugar à assistência e à representação (art. 458). E, fora desses casos, o indivíduo protegido toma, sozinho, as decisões relativas à sua pessoa na medida em que sua condição permita, se necessário podendo haver autorização judicial – ou do Conselho de Família, se constituído[25] – até para ato de repre-

---

23   Art. 435, parágrafo 2º: "*Les actes qu'elle a passés et les engagements qu'elle a contractés pendant la durée de la mesure peuvent être rescindés pour simple lésion ou réduits en cas d'excès alors même qu'ils pourraient être annulés en vertu de l'article 414-1. Les tribunaux prennent notamment en consideration l'utilité ou l'inutilité de l'opération, l'importance ou la consistence du patrimoine de la personne protégée et la bonne ou mauvaise foi de ceux avec qui elle a contracté*". Em tradução livre: "Os atos que ela praticou e os compromissos que contratou durante a medida podem ser rescindidos por simples lesão ou reduzidos em caso de excesso, mesmo que possam ser anulados nos termos do art. 414-1. Os tribunais tomarão especialmente em consideração a utilidade ou inutilidade da operação, a importância ou consistência do patrimônio da pessoa protegida e a boa ou má-fé daqueles com quem contratou".
24   Art. 457-1: "*La personne protégée reçoit de la personne chargée de sa protection, selon des modalités adaptées à son état et sans préjudice des informations que les tiers sont tenus de lui dispenser en vertu de la loi, toutes informations sur sa situation personnelle, les actes concernés, leur utilité, leur degré d'urgence, leurs effets et les conséquences d'un refus de sa part*". Em tradução livre: "A pessoa protegida recebe do responsável pela sua proteção, de acordo com as modalidades adaptadas a seu estado e sem prejuízo das informações que terceiros são obrigados a fornecer-lhe em virtude da lei, todas as informações sobre a sua situação pessoal, os atos concernentes, sua utilidade, seu grau de urgência, seus efeitos e as consequências de uma recusa de sua parte".
25   Sobre o Conselho de Família, e suas atribuições, havido para o maior protegido sob tutela, ver arts. 456 e 457, que o elencam entre os órgãos de proteção, com o qual o juiz organiza a tutela sempre que considere necessário à maior garantia da pessoa protegida ou quando seu patrimônio o justifique, desde que a composição da família e de quem a rodeie o permita.

sentação, a seu benefício, os de urgência devendo ser praticados e imediatamente comunicados (art. 459).

Os arts. 464 e 465 constituem seção que trata da regularidade dos atos praticados pela pessoa protegida. Estabelece-se no primeiro que as obrigações resultantes de atos praticados menos de dois anos antes da publicidade do julgamento de abertura da medida de proteção podem ser revistas mediante a prova de que a inaptidão a defender seus interesses, por conta da alteração das faculdades pessoais do indivíduo protegido, era notória ou conhecida do contratante à época em que os atos foram praticados. Mas esses mesmos atos podem ser anulados se se demonstrar sofrido prejuízo pela pessoa protegida. Tudo em demanda a ser ajuizada no prazo de cinco anos contados da abertura da medida de proteção[26].

Já a partir da publicidade do julgamento da abertura da medida de proteção, agora segundo o art. 465, os atos praticados pela pessoa protegida, que ela precisaria de assistência para praticar (curatela), só poderão ser anulados se provado prejuízo (parágrafo 2º[27]); se o caso é de tutela, e o ato reclamava representação, uma vez praticado ele é nulo independentemente da verificação de prejuízo (parágrafo 3º[28]).

---

26   Art. 464: "*Les obligations résultant des actes accomplis par la personne protégée moins de deux ans avant la publicité du jugement d'ouverture de la mesure de protection peuvent être réduites sur la seule preuve que son inaptitude à défendre ses intérêts, par suite de l'altération de ses facultés personnelles, était notoire ou connue du cocontractant à l'époque où les actes ont été passés. Ces actes peuvent, dans les mêmes conditions, être annulés s'il est justifié d'un préjudice subi par la personne protégée. Par dérogation à l'article 2252, l'action doit être introduite dans les cinq ans de la date du jugement d'ouverture de la mesure*". Em tradução livre: "As obrigações resultantes de atos praticados pela pessoa protegida menos de dois anos antes da publicação do julgamento de abertura da medida de proteção poderão ser reduzidas pela única prova de que sua inaptidão para defender os seus interesses, na sequência da alteração das suas faculdades pessoais, era notória ou conhecida do cocontratante no momento na época em que os atos forma praticados. Esses atos podem, nas mesmas condições, ser anulados justificativos de um prejuízo sofrido pela pessoa protegida. Por derrogação do art. 2252, a ação deve ser ajuizada nos cinco anos da data do julgamento da abertura da medida".
27   Art. 465, parágrafo 2º: "*Si la personne protégée a accompli seule un acte pour lequel elle aurait dû être assistée, l'acte ne peut être annulé que s'il est établi que la personne protégée a subi un préjudice*". Em tradução livre: "Se a pessoa protegida praticar só um ato para o qual ela deveria ter sido assistida, o ato somente poderá ser anulado se estabelecido que a pessoa protegida sofreu um prejuízo".
28   Art. 465, parágrafo 3º: "*Si la personne protégée a accompli seule un acte pour lequel elle aurait dû être représentée, l'acte est nul de plein droit sans qu'il soit nécessaire de justifier d'un préjudice*". Em tradução livre: "Se a pessoa protegida praticar só um ato para o qual ela

Ainda prevê a lei que a pessoa sob curatela possa testar, sozinha, sob as condições gerais do art. 901 (sanidade e liberdade, sem vícios), ou doar, mas então com assistência, ambas as hipóteses regradas no art. 470[29].

Depois, mesmo na tutela, ao juiz se faculta enumerar determinados atos que a pessoa protegida pode praticar sozinha ou com assistência, em vez da representação (art. 473). O que, com maior razão, se admite na curatela (art. 471). Não pode o tutelado fazer testamento senão com autorização do juiz ou do Conselho de Família, se instituído. De todo modo, tutor não participa do ato (art. 476).

Tanto no caso de curatela quanto no de tutela, a pessoa protegida pode escolher o local de sua residência, tem o direito de ver preservadas suas relações com os outros, mesmo terceiros, de ser visitada e hospedada, em caso de dificuldade legando-se a decisão ao juiz ou ao Conselho de Família, se instituído (art. 459-2)[30].

Tal qual se viu acima, ainda em 2019 se dispôs também sobre outra medida de proteção, consistente na "*habilitation familiale*", levada ao texto dos arts. 494-1 a 494-12 do *Code* pela *Ordonnance* 2015-1.288, posteriormente modificada pela Lei n. 2016-1.547 e pela Lei n. 2019-222. Trata-se de o juiz autorizar (habilitar) algum familiar, dentre aqueles referidos na lei, a assistir ou representar pessoa de qualquer modo afetada em suas faculdades mentais ou corporais e, por isso, impedida de manifestar vontade (art. 494-1), sempre na medida do quanto necessário e quando não seja o caso já de solução pela

---

deveria ter sido representada, o ato é nulo de pleno direito sem que seja necessário justificar que por um prejuízo".

29   Art. 470: "*La personne en curatelle peut librement tester sous réserve des dispositions de l'article 901. Elle ne peut faire de donation qu'avec l'assistance du curateur. Le curateur est réputé en opposition d'intérêts avec la personne protégée lorsqu'il est bénéficiaire de la donation*". Em tradução livre: "A pessoa sob curatela pode livremente testar sob as reservas do art. 901. Ela somente poderá doar com assistência do curador. O curador é reputado em conflito de interesses com a pessoa protegida se ele é beneficiário da doação".

30   Art. 459-2: "*La personne protégée choisit le lieu de sa résidence. Elle entretient librement des relations personnelles avec tout tiers, parent ou non. Elle a le droit d'être visitée et, le cas échéant, hébergée par ceux-ci. En cas de difficulté, le juge ou le conseil de famille s'il a été constitué statue*". Em tradução livre: "A pessoa protegida escolhe o local de sua residência. Ela mantém livremente relações pessoais com terceiros, pais ou não. Ela tem o direito de ser visitada e, quando aplicável, de ser hospedada por eles. Em caso de dificuldade, o juiz ou o conselho de família, se constituído, toma a decisão".

previsão comum de deveres a tanto funcionalizados, como os conjugais, por exemplo; ou quando já não houver mandato de proteção futura (art. 494-2).

A autorização judicial define a extensão da atuação de quem, dentro da família, habilitado a assim agir, sempre no interesse da pessoa protegida. Pode dizer respeito a um ou mais atos relacionados aos bens ou, do mesmo modo, a atos pessoais. Como se pode igualmente conceder autorização geral, abrangendo ambas as categorias de atos, se o exigir o melhor interesse da pessoa protegida, necessariamente, aqui, estabelecendo-se prazo de duração, não superior a dez anos, malgrado de renovação possível (art. 494-6).

A pessoa protegida, em relação à qual se concedeu a autorização, como regra, conserva o exercício de seus direitos, ressalvados os atos confiados pelo juiz à prática do familiar autorizado a representá-la (art. 494-8).

Tem-se nessa medida proteção, a rigor, uma extensão ou ampliação do quanto se considerava, originariamente, e em certa medida, contido no quadro dos deveres matrimoniais[31], porém agora expandido para o espectro mais amplo da família, pressuposto o seu consenso, de sorte a que pelos interesses da pessoa a proteger, conforme a sua necessidade, se possa zelar por familiar habilitado pelo juízo, em real mandato familiar, ressalvados apenas os casos de autorização judicial para determinados atos, como os de disposição gratuita.

Finalmente, agora acerca dos atos por ela praticados, dispõe-se no art. 494-9 que aqueles que o foram pela própria pessoa protegida, quando confiados ao exercício do familiar representante, são nulos, independentemente de prejuízo; se, porém, se trata de atos aos quais devida assistência, a anulação depende, ao contrário, da prova de prejuízo. Para as obrigações assumidas até dois anos antes da autorização judicial, preveem-se as mesmas medidas do art. 464, acima referidas, relativas à tutela e à curatela. Serão nulos, sem necessidade de provar prejuízo, agora os atos praticados pelo familiar habilitado quando fora ou além dos limites da autorização concedida, bem como quando dependam de autorização judicial (por exemplo, os atos de alienação gratuita, cf. art. 496-6).

Por último, afora esses casos todos, das medidas de proteção, justamente em meio a dispositivos contidos em seção dita independente dessas mesmas

---

31 ISERN-RÉAL, M-H. La protection juridique des majeurs: la nouvelle protection issue de la loi de programmation 2019-2020. p. 14. Disponível em: https://www.avocatparis.org/system/files/worksandcommissions/2019_la_protection_juridique_des_majeurs_efb_1_.pdf. Acesso em: 24 set. 2023.

medidas, o art. 414-1 figura típico caso de incapacidade acidental. Estabelece que para praticar um ato válido é preciso o agente estar *são de espírito*, dando-se a nulidade uma vez provado que no momento da prática ele estava acometido por uma *perturbação mental*[32]. Verdade que o antigo art. 489, antes da reforma de 2007, já previa a incapacidade acidental como causa de nulidade do ato assim praticado. Mas o preceito se punha entre as disposições gerais da incapacidade, agora se integrando a seção própria (Seção Primeira do Capítulo Primeiro do Título XI do Livro I), particularmente atinente às *Disposições Independentes das Medidas de Proteção*, destarte bem diferenciando a situação da chamada incapacidade acidental.

De todo modo, trata-se de causa de nulidade, todavia sujeita à alegação no prazo de cinco anos, se em vida pelo próprio interessado ou, se falecido, pelos herdeiros, nesse caso se o próprio ato traz prova de perturbação mental, se ele é praticado quando a pessoa estava sob salvaguarda, se já havia ação de tutela ou curatela ou, ainda, se outorgado e eficaz mandato de proteção futura (art. 414-2). E, note-se, o que não afasta a responsabilidade civil por danos provocados (art. 414-3).

O SISTEMA ITALIANO

Definindo causa etária de incapacidade, o sistema italiano, em primeiro lugar, seguiu a tendência de reduzir a idade de implemento da maioridade. Dos vinte e um anos originalmente previstos no art. 2º do Código Civil, de 16 de março de 1942, a partir da Lei n. 39, de 8 de março de 1975, determinou-se nova redação ao preceito estatuindo a maioridade aos dezoito anos. Até lá, complementa o dispositivo, não se adquire capacidade para a prática dos atos da vida civil, mas ressalvando aqueles previstos em lei especial concernente à prestação do trabalho.

Nesse sentido, o preceito legou à legislação própria a regulação da idade para exercício do trabalho, mas já realçando que, nessa situação, o menor fica

---

32 Art. 414-1: "*Pour faire um acte valable, il faut être sain d'esprit. C'est à ceux qui agissent en nullité pour cette cause de prouver d'un trouble mental au moment de l'acte*". Em tradução livre: "Para praticar um ato válido, é preciso estar lúcido. Cabe a quem argui a nulidade por esta causa comprovar a existência de transtorno mental no momento do ato".

habilitado ao exercício dos direitos e ações dependentes do contrato de trabalho[33].

No âmbito da legislação codificada, inúmeras são as hipóteses em que, para situações especiais, se reservam previsões etárias próprias e diversas. Tome-se a idade núbil, em que há mesmo modificação quando confrontado o tratamento atual da matéria com o qual, no Código, o precedia. De início admitido o casamento do homem aos dezesseis e da mulher aos quatorze anos e, desde que autorizados, respectivamente contando quatorze e doze anos, com a reforma introduzida em 1975, reduzindo-se a maioridade, estabeleceu-se que, de maneira geral, os menores de idade não se podem casar (art. 84). Porém, a alínea segunda do mesmo preceito, com redação dada pela Lei n. 151, de 19 de maio de 1975, ressalvou que o tribunal, a requerimento do interessado, verificada a sua maturidade físico-psíquica e o fundamento das razões expostas, ouvido o Ministério Público, os genitores ou o tutor, pode admitir por motivos graves o casamento de quem tenha completado dezesseis anos. E, se necessário, pode-se nomear ao menor que se casa nessas condições um curador especial que o assistirá na estipulação das convenções matrimoniais (art. 90).

Do mesmo modo, o art. 250, segunda e quinta alíneas, facultou o reconhecimento de filho havido fora do casamento a quem tenha completado dezesseis anos e o condicionou ao consentimento do reconhecido, se já tiver completado quatorze anos[34].

À semelhança do Código Civil brasileiro, o italiano, no art. 1.426, impede que o negócio jurídico praticado por menor seja anulado quando ele, median-

---

33   Art. 2: "*La maggiore età è fissata al compimento del diciottesimo anno. Con la maggiore età si acquista la capacità di compiere tutti gli atti per i quali non sia stabilita una età diversa. Sono salve le leggi speciali che stabiliscono un'età inferiore in materia di capacità a prestare il proprio lavoro. In tal caso il minore è abilitato all'esercizio dei diritti e delle azioni che dipendono dal contratto di lavoro*". Tradução livre: "A maioridade é fixada com o implemento do décimo oitavo ano. Com a maioridade se adquire a capacidade de praticar todos os atos para os quais não seja estabelecida idade diversa. Ficam ressalvadas leis especiais que estabelecem uma idade inferior em matéria de capacidade de prestar o próprio trabalho. Em tal caso o menor está habilitado ao exercício dos direitos e das ações que dependem do contrato de trabalho".
34   De acentuar a supressão de qualquer discriminação de filhos que se assentou pelo *Dec. Leg.* de 28 de dezembro de 2013, n. 154 (publicado em 8 de janeiro de 2014 – "*modifica della normativa vigente al fine di eliminare ogni residua discriminazione rimasta nel nostro ordinamento fra i figli nati nel e fuori del matrimonio, così garantendo la completa eguaglianza giuridica degli stessi*)", assim de modo a eliminar do texto do *Codice* referência à filiação legítima ou natural.

te artifício, tenha ocultado sua idade. Ou seja, equipara-se ao maior o menor que tenha, dolosamente, ocultado sua menoridade, ao mesmo pressuposto de que a malícia supre a idade (*malitia supplet aetatem*). Apenas que, no preceito peninsular, de um lado não se condiciona sua aplicação ao implemento de certa idade mínima, como no art. 180 do Código Civil de 2002 – e sobre o que se remete ao Capítulo 5 no tópico O pagamento a incapaz, o mútuo a menor e a dolosa ocultação de sua idade, adiante –, de outro lado ressalvando-se que a simples declaração de maioridade não induz, de per si, artifício de ocultação[35].

Igualmente tal qual se levou ao texto do art. 928 do Código Civil brasileiro (também analisado adiante, no Capítulo 5, tópico Capacidade delitual), concebe o direito italiano a capacidade delitual especial do incapaz, aqui não apenas do menor. Isto é, admite-se a eventualidade da responsabilidade ressarcitória, ainda que residual, do incapaz, portanto desde que a vítima do ato danoso não tenha logrado obter indenização dos responsáveis indiretos. E, mesmo nesse caso, a indenização que se venha a arbitrar para pagamento do incapaz deve ser equitativa, arbitrada uma vez consideradas as condições econômicas das partes (art. 2.047, II)[36].

De qualquer maneira, muito especialmente interessa aos propósitos do presente trabalho a verificação do sistema protetivo dos maiores no sistema italiano. Isso em particular porque objeto de alteração bem no sentido da tendência, que se vem procurando demonstrar, e até mesmo desde antes da Convenção sobre os Direitos da Pessoa com Deficiência, de preservar a autonomia possível de quem se quer proteger, assim sem que as medidas a tanto instituídas sirvam, diversamente, a prejudicá-lo. Destarte, um sistema mais flexível e amoldado à concreta situação de necessidade do maior a ser tutelado.

---

35   Art. 1426: "*Il contratto non è annullabili, se il minore ha com raggiri occultato la sua minore età; ma la semplice dichiarazione da lui fatta di essere maggiorenne non è di ostacolo all'impugnazione del contratto*". Tradução livre: "O contrato não é anulável se o menor, por artifício, ocultou a sua menoridade; mas a simples declaração por ele feita de ser maior não é obstáculo à impugnação do contrato".
36   Art. 2.047, II: "*Nel caso in cui il danneggiato non abbia potuto ottenere il risarcimento da chi è tenuto alla sorveglianza, il giudice, in considerazione delle condizioni economiche delle parti, può condannare l'autore del danno a uma equa indenittà*". Tradução livre: "No caso em que o prejudicado não tenha podido obter indenização daquele obrigado à vigilância, o juiz, em consideração às condições econômicas das partes, pode condenar o autor do dano a uma indenização equitativa".

Tal modificação se deu em 2004 (Lei n. 6, de 9 de janeiro de 2004). O Título XII do Livro I, antes intitulado "Da enfermidade mental, da interdição e da inabilitação", hoje está sob a rubrica "Das medidas de proteção das pessoas privadas total ou parcialmente de autonomia" (*"Delle misure di protezione delle persone prive in tutto od in parte di autonomia"*). O título se divide em dois capítulos. O primeiro: "Da administração de suporte – ou apoio" (*"Dell'amministrazione di sostegno"*); o segundo: "Da interdição, da inabilitação e da incapacidade natural" (*"Della interdizione, della inabilitazione e della incapacità naturale"*).

Logo se vê que o objetivo foi o de criar mais uma medida de amparo, apoio, suporte, esteio (*sostegno*) a beneficiar quem não se sujeite, propriamente, às medidas comuns, e mais rígidas, de interdição ou inabilitação. Da mesma forma que se viu nos sistemas positivos anteriores, amplia-se o regime comum, ainda que com nuanças próprias, da incapacidade assentada judicialmente, por meio da interdição, no caso do direito italiano ainda a inabilitação, dando-se, então, a assistência a pessoas, posto que temporária ou parcialmente, impossibilitadas de prover seus próprios interesses, mas sem perda maior de sua autonomia. Tal, de resto, o reclamo que, antes de 2004, já ecoava na doutrina peninsular.

Em 2002, na segunda edição de seu manual, apontava Massimo Bianca para a insuficiência do regime da interdição e inabilitação, que considerava obsoleto, dado que, nas suas palavras, a rigidez e a gravidade das consequências decorrentes da aplicação de tais institutos revelavam-se de fato "mortificantes para a pessoa"[37]. Mais, acrescentava o autor que os institutos deixavam sem resposta todas aquelas situações em que a pessoa se via em dificuldade de cuidar dos próprios interesses por causas psicofísicas transitórias ou inaptas a privar totalmente o indivíduo da capacidade de entender e de querer. Por isso, alertava, a doutrina já vinha então amadurecendo a ideia de oferecer à pessoa que a requeresse, quando disso necessitasse, uma espécie de mandatário judicial para a prática de determinados atos. Era justamente o *"amministratore di sustegno"*, cuja função seria a de representar ou assistir a pessoa que, por causa de uma redução psíquica, mas também física, estivesse impossibilitada, mesmo parcial ou temporariamente, de prover adequadamente às suas necessidades, seus interesses. Tratar-se-ia de nomeação pelo juiz de alguém com

---

37 BIANCA, Massimo. *Diritto civile*, 2002. v. 1, p. 265.

competência delimitada, por tempo certo ou indeterminado, mais ou menos como, ainda no seu dizer, a *"sauvegarde de justice"* do direito francês[38].

Para Cosimo Marco Mazzoni, a Lei n. 6/2004 foi introduzida no sentido do que considera ser mesmo uma tendência europeia, mas com especial influência da reforma havida na França, criando-se a figura da *"amministrazione di sostegno"*, não como medida intermediária entre a tutela e curatela, mas à consideração de que algumas pessoas, mesmo diante de uma enfermidade, não se veem sem condições de agir, de entender e querer, dando-se, no caso, uma proteção que não tolhe a capacidade do sujeito para todos os atos[39].

Na síntese de Pietro Trimarchi, a administração de suporte se distingue da interdição e da inabilitação primeiro pela sua natureza mais limitada, porquanto só incide sobre determinados atos ou categorias de atos, para cuja prática se exige ou a representação ou mesmo simples assistência. Ademais, pode ser estabelecida por tempo determinado. Em suma, cuida-se de medida não genérica mas, justamente, construída segundo a concreta e acaso temporária necessidade do beneficiário, ao qual se reconhece em cada situação a capacidade de exprimir aspirações e interesses que o administrador deve ter em conta[40].

De fato, mercê da reforma e da instituição do capítulo da *"amministrazione di sostegno"*, estabeleceu-se, no art. 404:

> a pessoa que, por efeito de uma enfermidade ou de uma deficiência física ou psíquica, se encontra impossibilitada, mesmo de modo parcial ou temporário, de prover aos próprios interesses, pode ser assistida por um administrador de suporte, nomeado pelo juiz tutelar do lugar em que esta tem residência ou domicílio[41].

A medida tem duração que pode ser determinada ou indeterminada, conforme a decisão do juiz. E, mesmo se determinada, pode haver prorrogação (art. 405). O próprio beneficiário pode requerê-la, e pode se aplicar mesmo ao

---

38   BIANCA, Massimo. *Diritto civile*, cit., p. 266.
39   MAZZONI, Cosimo Marco. I soggetti: persona fisica. Diritti della personalità, 2004, p. 63.
40   TRIMARCHI, Pietro. *Istituzioni di diritto privato*, 2007, p. 60.
41   Art. 404: *"La persona che, per effetto di una infermità ovvero di una menomuzione fisica o psichica, si trova nella impossibilità, anche parziale o temporanea, di provvedere ai propri interessi, può essere assistita da un amministratore di sostegno, nominato dal giudice tutelare del luogo in cui questa ha la residenza o il domicilio"*.

interditado ou inabilitado, desde que, ao mesmo tempo, se delibere a revogação da interdição ou inabilitação (art. 406), porque, afinal, são providências alternativas de acordo com a necessidade do maior protegido. Mais importante é que o beneficiário da medida "conserva a capacidade de agir para todos os atos que não reclamem a representação exclusiva ou a assistência necessária do administrador" (art. 409, I), e "pode, em qualquer caso, praticar os atos necessários a satisfazer as exigências de sua vida cotidiana" (art. 409, II)[42]. O administrador tem o dever de atentar às necessidades e aspirações do beneficiário e informá-lo dos atos praticados, como também ao juiz, quando houver dissenso com o beneficiário (art. 410, I e II).

Diversamente, o Capítulo II do mesmo Título XII, voltado às medidas de proteção das pessoas privadas de autonomia, cuida da interdição, inabilitação e incapacidade natural. Na primeira hipótese, prevê o art. 414 (já previa antes da reforma) que o maior ou menor emancipado que se encontrem em condição, frise-se, de *habitual* enfermidade mental que os torne incapazes de prover, de cuidar de seus próprios interesses, são interditados quando, de novo cabe frisar, e agora por redação acrescentada pela Lei n. 6, de janeiro de 2004, isso seja necessário para sua adequada proteção[43]. Já o art. 415, igualmente desde antes da reforma, estabelece que os maiores que padecem de enfermidade mental, mas em estado cuja gravidade não justifique a interdição, podem ser inabilitados[44]. Do mesmo modo, como está no inciso II, os pródigos ou os que fazem uso habitual de bebidas alcoólicas ou substâncias entorpecentes, com isso expondo a si próprios ou à família a graves prejuízos econômicos, podem ser inabilitados. E, enfim, dispõe o inciso III que podem também sê-lo os cegos ou surdos (antes da reforma eram os surdos-mudos) de nascença ou primeira infância, desde que não tenham recebido educação suficiente, res-

---

42   Art. 409: "*I. Il beneficiario conserva la capacità di agire per tutti gli atti che non richiedono la rappresentanza esclusiva o l'assistenza necessaria dell'amministratore di sostegno; II. Il beneficiario dell'amministrazione di sostegno può in ogni caso compiere gli atti necessari a soddisfare le esigenze della vita quotidiana*".
43   Art. 414: "*Il maggiore di età e il minore emancipato, i quali si trovano in condizioni di abituale infermità di mente che li rende incapaci di provvedere ai proprio interessi, sono interdetti quando ciò è necessario per assicurare la loro adeguata protezione*". Tradução livre: "O maior de idade e o menor emancipado, os quais se encontrem em condições de habitual enfermidade mental que os torna incapazes de prover a seus próprios interesses, são interditados quando isto seja necessário para assegurar a sua adequada proteção".
44   Sobre a inabilitação: NAPOLI, Emilio Vito. *L'inabilitazione*, 1985, *passim*.

salvada a necessidade de interdição, se são de todo incapazes de prover os próprios interesses[45]. O interdito se sujeita a tutela e o inabilitado a curatela (art. 424). Ou seja, em certa medida se definem maiores sujeitos a diferentes graus de apoio conforme a extensão do comprometimento de seu discernimento, sujeitando-os a representação ou assistência, sejam interditados ou sejam inabilitados. E ainda que, todavia, referindo-se a causa específica ligada à deficiência, antes que à expressão da vontade, mesmo quando afetada de modo não transitório.

Quer a interdição, quer a inabilitação, pressupõem exame pessoal do indivíduo (art. 419) e produzem efeito com a publicação da sentença (art. 421), portanto a denotar o efeito constitutivo de um estado que é dela decorrente. O que se reforça pela determinação de registro (art. 423) e pela determinação de que os atos praticados antes da interdição se sujeitem às regras da incapacidade natural (art. 427, parte final).

Mas, a rigor, importante alteração se introduziu, pela lei de 2004, no art. 427, primeira alínea. Ele, com efeito, já previa que os atos praticados pelo interdito depois da sentença pudessem ser anulados a pedido do tutor, do próprio interdito, de seus herdeiros ou sucessores. De igual maneira, já permitia a anulação dos atos praticados pelo inabilitado, mas em excesso à administração ordinária que, portanto, lhe cabia. Porém, acrescentou-se ao preceito (primeira alínea) a faculdade de o juiz, na sentença que pronuncia a interdição ou a inabilitação, estabelecer que determinados atos de administração ordinária possam ser praticados pelo interdito, sozinho ou com assistência do tutor, ou

---

[45] Art. 415: "*Il maggiore di età infermo di mente, lo stato del quale non é talmente grave de far luogo all'interdizione, può essere inabilitato. II. Possono anche essere inabilitati coloro che, per prodigalità o per abuso abituale di bevande alcooliche o di stupefacenti, espongono sé o la loro famiglia a gravi pregiudizi economici. III. Possono infine essere inabilitati il sordo e il cieco dalla nascita o dalla prima infanzia, se non hanno ricevuto un'educazione sufficiente, salva l'applicazione dell'articolo 414 quando risulta che essi sono del tuto incapaci di provvedere ai propri interessi*". Tradução livre: "O maior de idade enfermo mental, em estado não de tal modo grave para dar lugar à interdição, pode ser inabilitado. II. Podem também ser inabilitados aqueles que, por prodigalidade ou por abuso de bebidas alcoólicas ou estupefacientes, expõem a si e à sua família a graves prejuízos econômicos. III. Podem enfim ser inabilitados o surdo e o cego de nascença ou primeira infância, se não receberam educação suficiente, salvo a aplicação do artigo 414 quando resulte que eles sejam de todo incapazes de prover a seus próprios interesses".

ainda que outros determinados atos que excedem a administração ordinária possam ser praticados pelo inabilitado, sozinho, sem a assistência do curador[46].

Finalmente, manteve o Código peninsular o tratamento da incapacidade natural, mas desde 2004 assim legalmente chamada e levada ao título do capítulo, o que antes não ocorria. Trata-se do art. 428, segundo o qual:

> os atos praticados pela pessoa que, embora não interditada, se prove estar, por qualquer causa, *mesmo transitória*, incapaz de entender ou de querer no momento em que foram os atos realizados podem ser anulados a pedido da própria pessoa ou dos seus herdeiros ou sucessores, se disso resultar um grave prejuízo para o autor [destaque acrescido].

Mais,

> a anulação dos contratos não pode ser pronunciada senão quando, pelo prejuízo que ocasionou ou possa ocasionar à pessoa incapaz de entender ou de querer, ou pela natureza do contrato, ou por qualquer outro modo, se patenteie a má-fé do outro contratante[47].

Ou seja, exige-se, de um lado, o prejuízo ao incapaz, dado que o ato que o beneficia não há de ser anulado, e a boa-fé de quem com ele contrata, que impede a anulação.

---

46   Art. 427, I: "*Nella sentenza che pronuncia l'interdizione o l'inabilitazione, o in successivi provvedimenti dell'autorità giudiziaria, può stabilirsi che taluni atti di ordinaria amministrazione possano essere compiuti dall'interdetto senza l'intervento ovvero con l'assistenza del tutore, o che taluni atti eccedenti l'ordinaria amministrazione possano essere compiuti dall'inabilitato senza l'assistenza del curatore*". Tradução livre: "Na sentença que pronuncia a interdição ou a inabilitação, ou em providências sucessivas da autoridade judiciária, pode estabelecer-se que certos atos de administração ordinária possam ser praticados pelo interdito sem intervenção ou com assistência do tutor, ou que certos atos que excedem a administração ordinária possam ser praticados pelo inabilitado sem assistência do curador".

47   Art. 428: "*I. Gli atti compiuti da persona che, sebbene non interdetta, si provi essere stata per qualsiasi causa, anche transitoria, incapace d'intendere o di volere al momento in cui gli atti sono stati compiuti, possono essere annullati su istanza della persona medesima, o dei suoi eredi o aventi causa, se ne resulta um grave prejudizio all'autore. II. L'anullamento dei contratti non può essere pronunziato se non quando, per il prejudizio che sia derivato o possa derivare alla persona incapace d'intendere o di volere o per la qualità del contratto o altrimenti, risulta la malafede dell'altro contraente*".

O SISTEMA ALEMÃO

No Código Civil alemão[48], o Título I da Seção III do Livro I (Parte Geral), em meio ao regramento do negócio jurídico, disciplina a capacidade de agir da pessoa, isto é, "a capacidade de realizar negócios jurídicos com validade"[49]. E, em primeiro lugar, assenta incapaz aquele que não tenha completado, ainda, sete anos de idade (§ 104.1). Ou seja, filiando-se à tendência das legislações examinadas, bem assim da brasileira, erigiu causa etária de incapacidade, porém fixada em uma faixa que se reconduz, muito claramente, ao direito romano e a quem lá era chamado de *infante*, quer dizer, e como lembra Moreira Alves, aquele que não falava ou não compreendia o sentido das palavras[50]. Aliás, na doutrina tedesca não faltam os que se referem a esses incapazes como *infantes*, literalmente[51], ou como os que se encontram em *idade infantil*[52], remetendo ainda à tradição do direito romano e do direito costumeiro a fixação da faixa etária citada, de toda sorte sempre a atender a um imperativo de segurança[53].

A partir dos sete anos de idade, o Código, no § 106, reconhece ao menor uma capacidade limitada de agir, assim uma incapacidade negocial relativa[54], nos moldes dos dispositivos seguintes (§§ 107 a 113), até o implemento da maioridade, que se dá aos dezoito anos (§ 2º). Mais, isso afora casos especiais

---

48 A consulta e a referência, além de transcrição, quando havida, de dispositivos atualizados da legislação alemã, se fizeram conforme o disponível em: https://www.gesetze-im-internet.de/; especialmente para o BGB: https://www.gesetze-im-internet.de/bgb/index.html; e conforme a tradução inglesa em: https://www.gesetze-im-internet.de/englisch_bgb/index.html.
49 SCHAPP, Jan. *Introdução ao direito civil*, 2006, p. 285.
50 MOREIRA ALVES, José Carlos. *Direito romano*, 2007, p. 132. Conforme a lição do autor, no direito pré-clássico e clássico os infantes eram os que não falavam (*in + fans*, o que não fala). Depois, no direito justinianeu, infante era o que não falava ou, embora falasse, não compreendia o sentido das palavras, o que se dava até os sete anos. E, ainda quanto aos impúberes, distinguiam-se os *infantiae proximi*, que estavam mais próximos da *infantiae* do que da puberdade, dos *pubertati proximi*, mais próximos da puberdade que da *infantiae*. E um do outro não eram separados por idade, mas por avaliação casuística do juiz.
51 Por todos: ENNECCERUS, Ludwig; KIPP, Theodor; WOLFF, Martin. *Tratado de derecho civil*, 1934, t. I, p. 364.
52 LEHMANN, Heinrich. *Tratado de derecho civil*, 1956, v. 1: Parte general, p. 598.
53 ENNECCERUS, Ludwig; KIPP, Theodor; WOLFF, Martin. *Tratado de derecho civil*, cit., t. I, p. 364-365; LEHMANN, Heinrich. *Tratado de derecho civil*, cit., p. 597.
54 SCHAPP, Jan. *Introdução ao direito civil*, cit., p. 287.

em que o limite etário é outro. Por exemplo, no campo do testamento, a capacidade ativa que se reconhece a quem já tenha completado, identicamente, dezesseis anos (§ 2229.1), independentemente do assentimento do representante (§ 2229.2). Para o reconhecimento de filho, refere-se a manifestação de vontade do menor a partir dos quatorze anos, ainda que também exigido o assentimento do representante (§ 1596.2). Em matéria de capacidade matrimonial, na redação anterior, embora se exigisse, em regra, a maioridade, permitia o § 1303.2 que o juiz pudesse autorizar o casamento de um menor já com dezesseis anos completos, que pretendesse unir-se a alguém maior de idade, mesmo diante da oposição do representante, mas então se verificando a justa causa para a resistência (§ 1303.3). Lei de 17 de julho de 2017 (Lei de combate ao casamento infantil) alterou o § 1303 para continuar exigindo a maioridade, dispondo que não pode ser celebrado casamento antes dela e que o casamento acima dos dezesseis anos não é válido, no § 1314.1.1 prevendo-se que ele pode ser anulado.

No último título, o vigésimo sétimo, do livro segundo, consagrado à disciplina das relações obrigacionais, o Código estabelece a responsabilidade decorrente da prática de ato ilícito (capacidade delitual). Pois no § 828 afasta da obrigação ressarcitória quem não tenha completado sete anos; do mesmo modo, dos sete aos dez, quem tenha causado acidente automobilístico, ferroviário ou semelhante, mas ressalvando, portanto quando então haverá a responsabilidade, os casos de dolo. De maneira geral, até os dezoito anos, e ressalvadas as hipóteses acima citadas, que estão nas alíneas primeira e segunda, o mesmo dispositivo, agora na alínea terceira, prevê, a contrário senso, a responsabilidade do incapaz se, quando da prática do ato danoso, ele possuía o necessário discernimento para compreender a sua responsabilidade. Bem se vê, um espaço à consideração da capacidade pela via do critério psicológico, não objetivo, ainda que com parâmetros ou limitação etária. Finalmente, e à semelhança do art. 928 do Código Civil brasileiro, prevê o § 829 que, desde que o ressarcimento do dano não possa ser reclamado de terceiro incumbido do dever de vigilância, o incapaz pode ser obrigado a ressarcir o dano causado se a equidade, segundo as circunstâncias, especialmente a relação entre as partes, exigir a indenização, sempre que esta não o prive dos meios necessários a seu razoável sustento ou do quanto devido para cumprir suas obrigações alimentares.

Todavia, além dessas situações específicas, e volvendo à capacidade de agir genérica, mas limitada, prevista no § 106, remissivo, como se viu, ao preceito dos parágrafos seguintes, o § 107, malgrado como regra impondo o consentimento do representante, excepcionalmente o dispensa e concede a pessoal prerrogativa de agir ao menor com mais de sete anos desde que daí lhe resulte unicamente um benefício jurídico. Na lição de Jan Schapp,

> deve-se depreender do § 107 que o negócio jurídico de um menor relativamente incapaz tem validade mesmo sem o consentimento de seu representante legal quando o negócio jurídico for vantajoso unicamente para ele próprio. A lei destaca apenas ("unicamente") a vantagem jurídica, e não a econômica, para evitar as incertezas a que uma avaliação do negócio jurídico do menor necessariamente levaria, ao serem considerados critérios econômicos. Todo negócio deve ser verificado à parte, sob o ponto de vista de suas vantagens jurídicas[55].

O autor exemplifica com toda e qualquer aquisição gratuita de propriedade ou de um direito em geral, como a cessão de crédito, sempre desde que ela não traga responsabilidade pessoal ao incapaz; e sustenta, ainda, que o preceito há de permitir interpretação extensiva para alcançar também os chamados negócios neutros, isto é, aqueles que, mesmo não apresentando vantagem jurídica ao menor, não lhe trazem desvantagem[56].

Já pelo § 108.1, admite-se contrato feito pelo menor relativamente incapaz sem o representante contanto que depois este o ratifique ou que o ratifique o próprio declarante, tornando-se maior e capaz (§ 108.3). Até então se possibilita a dissolução por ambas as partes. Ao declaratário, se sabia da menoridade, a faculdade se abre apenas se o menor tiver assegurado de modo inveraz o consentimento do representante, e mesmo assim somente se o declaratário não o soubesse (§ 109).

O § 110 dispõe que um contrato concluído pelo menor sem aprovação de seu representante se mantém eficaz desde o início se o menor executa a prestação com os meios que lhe foram colocados à livre disposição ou cedidos para esse fim pelo representante ou, com a autorização deste, por um terceiro. Para Jan Schapp, o fundamento da regra está no consentimento prévio do representante, manifestado de modo tácito, em real comportamento concludente, consistente na disposição dos meios ou autorização a que terceiro o faça, sempre com a ressalva de que, à incidência da norma, o menor realmente deve ter

---

55   SCHAPP, Jan. *Introdução ao direito civil*, cit., p. 293.
56   SCHAPP, Jan. *Introdução ao direito civil*, cit., p. 293-297.

realizado a prestação de acordo com o contrato e com os meios que lhe foram disponibilizados[57].

Concebe-se, por fim, no § 112, uma ilimitada capacidade do menor autorizado a exercer atividade lucrativa, empresarial, de praticar os negócios jurídicos que a ela se refiram, ressalvados casos em que exigida autorização judicial.

Assim posto, em síntese, o quadro da incapacidade etária no Código Civil alemão, mais releva realçar, dada a importante modificação a respeito vinda a lume, a disciplina, que nele se contém, de proteção dos maiores incapazes. Não sem antes acentuar assim se considerarem, nos termos do § 104.2, aqueles que se encontram em um estado de perturbação do intelecto que exclui a livre determinação da sua vontade, sempre quando esse estado não seja provisório. Isso porque, no § 105.2, aí sim, regula-se a declaração de vontade externada em estado de falta de consciência ou de transtorno mental transitório, que se afirma então nula.

Na explicação de João Baptista Villela, o § 105, n. 2, do BGB nem propriamente cuida da incapacidade, quer geral, mas mesmo a transitória, porque está a cuidar, antes, da validade da declaração de vontade. Para o autor, o ponto de partida do BGB não é a expressão da vontade, mas a sua determinação; independentemente da comunicação, até mesmo a impossibilidade de formação saudável da vontade, se for apenas transitória, não determina a incapacidade. O direito alemão só vê incapacidade, na observação do autor, onde haja estado duradouro, e a insubsistência da vontade, sendo transitória, faz nula a declaração, mas não incapaz o sujeito[58].

De igual sentir a posição de Jan Schapp, para quem,

> [...] enquanto no par. 104 é descrito um status de incapacidade negocial, que tem como consequência a nulidade das declarações de vontade entregues pela pessoa absolutamente incapaz, conforme o par. 105.1, o par. 105.2 define, diretamente, para determinados casos, a nulidade de uma declaração de vontade de pessoas que, por um certo período de tempo, não dispõem do necessário discernimento, sem declarar estas pessoas como absolutamente incapazes por esse período de tempo[59].

---

57 SCHAPP, Jan. *Introdução ao direito civil*, cit., p. 293 e 303.
58 VILLELA, João Baptista. Incapacidade transitória de expressão, 2008, p. 352-353.
59 SCHAPP, Jan. *Introdução ao direito civil*, cit., p. 291.

Bem se vê, destarte, que, no Código alemão, os casos de pessoas com perturbação temporária da atividade mental não se reconduzem ao § 104, mas ao § 105. Não se baralham os conceitos de incapacidade e de invalidade da declaração de vontade manifestada por alguém transitoriamente privado de discernimento.

Mas, a rigor, novidade relevante se pôs na forma de proteção aos maiores que, de modo geral – e em primeiro lugar, visto que ainda sobrevindas outras alterações, como se verá –, a partir de 1º de janeiro de 1992 (data da vigência) se estabeleceu no Código alemão, pela chamada *Bertreuungsgesetz – BtG*, datada de 12 de setembro de 1990 (de maneira completa, a *Gesetz zur Reform des Rechts der Vormundschaft und Pflegschaft für Volljährige* – Lei para reforma do direito da tutela e da curatela para maiores). Com efeito, erigiu-se um sistema assistencial de acompanhamento (*Bertreuung-*) que substituiu a interdição judiciária e se ocupou dos maiores que, por qualquer motivo, estivessem impedidos de cuidar, total ou parcialmente, de seus interesses. Segundo João Baptista Villela, trata-se de lei "inspirada na crescente sensibilidade à proteção constitucional dos direitos da personalidade"[60]. E mesmo que, além disso, no sistema alemão, tal qual adiante se verá – de interesse ao tema –, se tenha erigido modificação igualmente na chamada Lei sobre o processo em questões de família e em causas de jurisdição voluntária (*Gesetz über das Verfahren in Familiensachen und in den Angelegenheiten der freiwilligen Gerichtsbarkeit – FamFG*).

Para Menezes Cordeiro, a reforma foi orientada pelos seguintes objetivos:

> (1) realização e consideração do direito de autodeterminação do visado; (2) acompanhamento personalizado em vez de administração anônima; (3) integração das pessoas deficientes físicas ou mentais na sociedade; (4) limitação da assistência estadual ao cuidado requerido no caso concreto; (5) princípio da prevalência da assistência privada relativamente à pública; (6) reforço da assistência pessoal através das regras sobre tratamentos curatórios, alojamentos, de medidas similares a alojamentos habitacionais[61].

---

60   VILLELA, João Baptista. Incapacidade transitória de expressão, cit., p. 356.
61   MENEZES CORDEIRO, António. *Tratado de direito civil*, 2019, t. IV: Parte Geral. Pessoas, p. 507.

Com efeito, com a reforma passou a prever-se, então no § 1896, a nomeação de um assistente legal a todos os maiores que, seja por enfermidade mental, mas seja ainda por qualquer restrição, que, além de mental, podia ser física ou emocional, não estivessem em condições, total ou parcialmente, de cuidar seus interesses, e desde que a tanto não fosse suficiente um mandatário ou procurador, salvo se a função estivesse cometida a alguém que mantivesse com o representado uma relação de dependência (§ 1896 c/c § 1897.3). Aliás, havendo procurador, bem se podia fazer necessária a assistência para atuação que diante dele houvesse de fazer o assistido (§ 1896.3).

O âmbito de atuação do assistente de orientação veio marcado, antes de tudo, pelo propósito de atender ao bem-estar do assistido e de sorte a que sua vida transcorresse segundo suas próprias capacidades, de acordo com seus desejos e aspirações (§ 1901.2). Dentro de suas particulares condições, o maior assistido devia ser ouvido (§ 1901.3) e o assistente devia agir voltado à tentativa, sempre, de contribuir para a redução ou melhora da enfermidade ou restrição do assistido (§ 1901.4).

Mais, o § 1901a, que veio a ser acrescido por Lei de 17 de dezembro de 2008, com vigência a partir de 1º de setembro de 2009, estabeleceu ainda que a manifestação de alguém sobre a escolha de assistente de orientação que se viesse a evidenciar necessária havia de ser levada ao juiz, para consideração na fixação da forma de exercício do acompanhamento e, também, se o caso, de representação do assistido (§ 1902).

Nesse sentido, coube ao juiz determinar, senão a representação, e no interesse do assistido, quais atos eventualmente este podia praticar, sozinho ou somente com o consentimento do assistente (reserva de consentimento), conforme se estatuiu no § 1903.1. Porém, com a ressalva de que essa reserva não se podia estender a declarações de vontade tendentes ao casamento ou união de fato, bem assim à deixa de bens *mortis causa* (§ 1903.2). Igualmente possível, em casos de reserva de consentimento, quando se a tivesse estabelecido, a prática, tão só pelo assistido, de atos que apenas lhe trouxessem benefícios ou que se referissem à sua vida cotidiana, sem grande comprometimento (§ 1903.3).

E, a esse mesmo respeito, mas volvendo à previsão da parte geral, quando cuida da validade das declarações de vontade, dispôs-se – como nesse caso ainda se dispõe – no vigente § 105a, ainda ali, sobre a prática dos negócios da vida cotidiana. De maneira genérica, estabeleceu-se que, se um incapaz maior de idade pratica um ato da vida cotidiana que pode ser executado com meios de pequeno valor, consideradas prestação e contraprestação no instante de sua execução, o contrato que para tanto haja concluído é válido, ressalvado caso de perigo notório à pessoa ou ao patrimônio do incapaz.

Para Jan Schapp, em razão da norma introduzida, do § 105a, negócio concluído pelo incapaz maior de idade pode ter validade, cumpridas prestação e contraprestação, contanto que seja da vida cotidiana, ou seja, negócios, no exemplo do autor, de aquisição de objetos de necessidade ordinária, como mantimentos ou periódicos, ou prestações de serviços mais simples, e sempre que não haja considerável risco para a pessoa ou patrimônio do incapaz[62].

Na síntese de Menezes Cordeiro, erigiu-se no sistema alemão, já com a reforma de 1990/1992, uma disciplina para os maiores de qualquer modo impossibilitados de zelar pelos seus interesses que se revelou mais flexível e de melhor adequação à particularidade da situação de deficiência, inclusive ao contrário da interdição, que, na sua visão, acabava impondo, pela generalidade, indevidas discriminações[63].

Porém, o fato é que, desde a reforma de 1990/1992, outras alterações a seu próprio texto, e levadas ao BGB, ainda foram introduzidas no sistema do acompanhamento do maior dele necessitado. O mesmo Menezes Cordeiro descreve essa sucessão de normas, desde a Lei de 1998 (vigência em 1º de janeiro de 1999), estabelecendo a possibilidade de uma procuração de assistência como alternativa ao acompanhamento, além de regras sobre o apoiador, a preferência pelo desempenho gratuito, mas com regras sobre a remuneração, quando oneroso; Lei de vigência em 1º de julho de 2005, que reforçou a previsão da procuração para assistência e deu redação ao § 1896.1a, segundo o qual contra a vontade livre da pessoa não se pode nomear um apoiador; Lei de 17 de dezembro de 2008, com vigência em 1º de setembro de 2009, que acrescentou o já acima citado § 1901a ao BGB, bem como modificou a *FamFG* para assegurar a oitiva de quem se pretenda sujeitar ao acompanhamento[64].

Todavia, mais recente, e ampla, foi a alteração sobrevinda com a Lei de 4 de maio de 2021, com vigência a partir de 1º de janeiro de 2023, a Lei de reforma do Direito Tutelar e Assistencial (*Gesetz zur Reform des Vormundschafts- und Betreuungsrechts*), especialmente conformada à Convenção sobre os Direitos

---

62 SCHAPP, Jan. *Introdução ao direito civil*, cit., p. 290-291.
63 MENEZES CORDEIRO, António. *Tratado de direito civil português*, 2004, v. I, t. III, p. 413-414.
64 MENEZES CORDEIRO, António. *Tratado de direito civil*, cit., p. 508-509.

da Pessoa com Deficiência. Decisão do Ministério da Justiça alemão, de 2015, deliberou sobre a necessidade dessa conformação da legislação interna à Convenção, recebida no País em 2009, donde então editada a normatização em questão[65], que preserva o regime do apoio – jurídico, legal (*rechtlich Betreuung*) – pelo apoiador (*Betreuer*), baseado na ideia fundamental de preservação da máxima autonomia e inclusão da pessoa apoiada, com intervenção no limite da necessidade, além de erigir um direito de representação conjugal para situações urgentes de saúde (§ 1358).

De acordo com a disciplina da nova lei, toda a matéria relativa ao apoio passou a ser disciplinada a partir do § 1814, abrindo o Título 3 da Seção 3 do Livro 4, revogados (inclusive) os §§ 1896 a 1921, embora mantidas e renumeradas algumas de suas disposições.

E assim que, no § 1814, se renova a previsão de que se uma pessoa maior não se puder ocupar juridicamente de seus interesses, total ou parcialmente, em razão de uma enfermidade ou incapacidade, o juiz poderá designar-lhe um apoiador. Preserva-se a vedação da nomeação contra a "vontade livre" da pessoa com deficiência ou enfermidade, que requer o apoio – tanto quanto pode indicar o apoiador (§ 1816.2) –, a não ser que justamente não reúna condição de expressão da vontade. E nisso a *FamFG* impõe a oitiva da pessoa pelo juiz (§ 278), além de parecer médico (§ 280). Ainda no § 1814 se reforça que o apoio só terá cabimento se for necessário e se já não for provido por outras medidas ou direitos assistenciais próprios. Ou seja, bem os pressupostos mencionados, e a reiterar, de necessariedade e subsidiariedade do apoio, de modo a prestigiar ao máximo a autonomia do indivíduo, a ele se assegurando a maior inclusão possível e o exercício pessoal de seus direitos.

A tanto conectada a disposição do § 1821, que impõe ao apoiador atuar de tal modo que a pessoa apoiada, no âmbito de suas possibilidades, possa guiar sua vida de acordo com seus desejos e preferências. Depois, mesmo inviabilizada a determinação dos desejos e preferências da pessoa apoiada, pela sua condição, ainda assim o apoiador deve procurar o que seria a vontade do apoiado, por exemplo com base em declarações anteriores, crenças, valores, e apuráveis inclusive junto a familiares ou quem das relações do indivíduo. O mesmo preceito, em sua terceira alínea, só ressalva atuação fora desses ditames,

---

65   A respeito: BUCHHALTER-MONTERO, Brian. La nueva legislación alemana de apoyo a las personas con discapacidad intelectual: aspectos sustantivos, procesales y administrativos, 2022, p. 155.

mesmo então que da vontade do apoiado, em situações nas quais há risco pessoal ou patrimonial para a pessoa.

Na mesma esteira, o § 1821 ainda prevê que, mesmo admitidos ao apoiador poderes de representação (§ 1823), e já com a restrição legal do § 1824, eles só devem ser exercidos na exata medida do quanto necessário à gestão dos interesses do apoiado.

O âmbito de atuação do apoiador, ademais, fixa-se em decisão de designação, e, para alguns atos, por exemplo, para determinação de telecomunicações ou correspondência, requer-se expressa previsão judicial (§ 1815). Ainda dependem de aprovação pelo juiz intervenções médicas de risco, salvo urgência (§ 1829), tanto quanto internação (§ 1830). Medidas médicas coercitivas o apoiador, com autorização judicial, pode deliberar, posto que contra a *vontade natural* da pessoa apoiada, nas hipóteses excepcionais do § 1832 (basicamente, em caso de perigo se ausente sua implementação e sem que haja alternativa terapêutica menos grave, ou ainda quando a pessoa apoiada não consiga compreender a necessidade da medida), e com as críticas que ao preceito se levantam[66]. A respeito dessas questões de saúde ainda se permitem as diretivas antecipadas de vontade (§ 1827), tanto quanto, em geral, se manteve a reserva de consentimento, que antes se referiu, agora conforme a previsão do § 1825 e com a mesma ressalva acerca dos atos benéficos à pessoa apoiada ou de sua vida cotidiana, sem maior comprometimento.

Embora não o ressalve o Código Civil, na *FamFG* se estabelece prazo certo para duração do apoio (e da reserva de consentimento), de sete anos, em geral, ou dois se não se decretou ou se não se obteve, para tanto, o consentimento do apoiado (§ 295.2), malgrado possível a prorrogação conforme se apurem, e o determinem, as condições da pessoa apoiada.

Finalmente, em relação aos efeitos dos atos praticados em desacordo com os limites do apoio, importante notar que desde a reforma de 1990/1992 superada a ideia de uma nulidade decorrente em si de doença mental e da interdição dela decorrente, tal como constante do revogado § 104, n. 3, muito embora se ressalve – o que releva à compreensão do direito brasileiro atual – a possibilidade de que isso se dê, aí sim, pela causa geral, no direito alemão, do § 104.2, ou seja, pelo estado permanente de perturbação da atividade mental que im-

---

66 Aludindo às críticas da doutrina sobre a questão do que seria a *vontade natural* da pessoa, vide: BUCHHALTER-MONTERO, Brian. La nueva legislación alemana de apoyo a las personas con discapacidad intelectual, cit., p. 161.

peça a livre determinação da vontade. Conforme salienta Jan Schapp, a partir do *BtG* "a assistência deixa intacta a capacidade negocial da pessoa assistida. A pessoa assistida pode, naturalmente, continuar a ser absolutamente incapaz, no sentido do par. 104 cif. 2".

Outra alteração da reforma de 2021/2023, e por derradeiro, foi, consoante já se adiantou, o estabelecimento de um direito de automática representação conjugal, embora apenas para situações urgentes de saúde. Tal a redação dada ao § 1358, e a pressupor que um dos cônjuges esteja impossibilitado de cuidar de seus interesses de saúde devido a estado de inconsciência ou de enfermidade; que não haja separação com o cônjuge representante; que não haja nomeação anterior de terceiro para a mesma situação ou apoiador designado nas mesmas condições; que não se saiba ou seja dado assumir que o representado recusa a representação; que haja confirmação dos requisitos pelo médico a quem se apresenta o representante e desde que não se tenham passado seis meses desde então.

Trata-se de instituto que não se forra a críticas, como a de que palco acaso mais fértil para abusos pelo cônjuge representante e de modo a obviar medidas de suporte que fossem de maior cuidado com a integridade do representado, mesmo por motivos sucessórios, malgrado a que se opõe o âmbito mais restrito de ocorrência, ligado a casos restritos que são afinal de saúde, e de tempo circunscrito de vigência[67].

O SISTEMA PORTUGUÊS

As incapacidades, no Código Civil português, vêm tratadas na Parte Geral (Livro I), no Título II, voltado à disciplina das relações jurídicas e, no quanto aqui importa, das pessoas (Subtítulo I), afinal um de seus elementos, o subjetivo, em primeiro lugar por meio do regramento da *condição jurídica dos menores* (Subseção I da Seção V). Pois, com redação do Decreto-Lei n. 496, de 25 de novembro de 1977, previu-se a menoridade civil até que completados dezoito anos (art. 122.º). E complementa o art. 123.º dispondo que esses menores carecem de capacidade para o exercício pessoal de seus direitos.

---

67 A propósito conferir as remissões a que procede: BUCHHALTER-MONTERO, Brian. La nueva legislación alemana de apoyo a las personas con discapacidad intelectual, cit., p. 163.

As ressalvas, todavia, não são poucas e se inferem, antes de mais nada, da mesma redação do próprio art. 123.º. A começar pela consequência reservada ao descumprimento da regra, que é a anulabilidade, e em condições bastante específicas, previstas no art. 125.º. Dá-se a requerimento do representante, desde que no prazo de um ano a contar da ciência do negócio e desde que o menor ainda não tenha atingido a maioridade; a requerimento dele próprio, até um ano a partir da maioridade ou emancipação; ou a requerimento de seus herdeiros, em um ano a contar da sua morte, desde que ocorrida em um ano da maioridade ou emancipação. Mais, a anulabilidade, segundo o n. 2 do mesmo artigo, é sanável mediante confirmação pelo menor, já maior ou emancipado ou, ainda, nos casos em que a lei o admita, pelo seu representante.

Porém, especialmente importa a regra do art. 127.º, com redação dada pelo Decreto-Lei n. 496/77, que consagra genéricas exceções à incapacidade dos menores. Pela sua previsão, são excepcionalmente válidos os

> (a) actos de administração ou disposição de bens que o maior de dezesseis anos haja adquirido por seu trabalho; (b) os negócios jurídicos próprios da vida corrente do menor que, estando ao alcance de sua capacidade natural, só impliquem despesas, ou disposição de bens, de pequena importância; (c) os negócios jurídicos relativos à profissão, arte ou ofício que o menor tenha sido autorizado a exercer, ou os praticados no exercício dessa profissão, arte ou ofício.

Na doutrina, defende-se que os atos da vida corrente que o menor pode praticar são aqueles "cuja celebração lhe é habitual ou familiar, aqueles que a generalidade das pessoas normalmente celebra, para satisfação das exigências normais (do dia a dia) da vida em sociedade"[68].

Note-se, tudo isso sem contar a previsão de reais capacidades especiais, do ponto de vista etário, ligadas a certos campos de atuação jurídica do indivíduo, o que, inclusive, na visão de Oliveira Ascensão, afasta – como no direito brasileiro, ao que se verá no Capítulo 5 – uma fratura mais rígida entre a menoridade e a maioridade[69]. Assim, por exemplo, a capacidade matrimonial ou para perfilhar, estabelecida aos dezesseis anos, no primeiro caso mediante

---

68 MARTINS, Rosa. *Menoridade, (in)capacidade e cuidado parental*, 2008, p. 108.
69 OLIVEIRA ASCENSÃO, José de. *Direito civil*: teoria geral, 2000, v. I, p. 183-184.

autorização dos pais ou tutor (arts. 1612.º e 1850.º, n. 1). No campo da capacidade chamada delitual, o requisito para que haja responsabilização é a condição de entender e de querer no momento em que havido o fato danoso, frise-se, cuja ausência se presume aos menores de sete anos (art. 488.º). Bem a inserção de um critério psicológico ao exame do que, na espécie, é uma imputabilidade para fins de responsabilidade civil. Nada muito diverso do quanto se previu, no art. 263.º, para a representação voluntária, dispondo-se que "o procurador não necessita de ter mais do que a capacidade de entender e de querer exigida pela natureza do negócio que haja de efectuar".

No que se refere aos maiores de idade, o sistema português foi objeto de relevante reforma em 2018, por força da edição da chamada "Lei do Maior Acompanhado" – Lei n. 49/2018, de 14 de agosto –, que substituiu os mecanismos da interdição e da inabilitação pelo regime jurídico do acompanhamento, aplicável, segundo a redação atual – dada pela novel normatização – do art. 138.º, ao "maior impossibilitado, por razões de saúde, deficiência, ou pelo seu comportamento, de exercer, plena, pessoal e conscientemente, os seus direitos ou de, nos mesmos termos, cumprir os seus deveres".

Na sua conformação anterior, a lei portuguesa diferenciava, a rigor, aqueles que se sujeitavam a interdição e os que se sujeitavam a inabilitação. No primeiro caso estavam os que "por anomalia psíquica, surdez-mudez ou cegueira se mostrem incapazes de governar suas pessoas e bens" (art. 138.º, n. 1, com redação dada pelo Decreto-Lei n. 496/77). No segundo,

> [...] os indivíduos cuja anomalia psíquica, surdez-mudez ou cegueira, embora de caráter permanente, não seja de tal modo grave que justifique a sua interdição, assim como aqueles que, pela sua habitual prodigalidade ou pelo uso de bebidas alcoólicas ou de estupefacientes, se mostrem incapazes de reger convenientemente o seu patrimônio (art. 152.º).

As pessoas interditadas eram equiparadas aos menores (art. 139.º) e se submetiam a tutela (art. 143.º). Os atos praticados pelo interdito depois do registro da sentença de interdição eram anuláveis (art. 148.º). Se praticados no seu curso, eram também anuláveis, mas – veja-se, desde então – apenas se, depois havida a interdição, se demonstrasse prejuízo ao incapaz (art. 149.º). Os inabilitados eram assistidos por um curador (art. 153.º), sujeitando-se à sua autorização os atos de disposição de bens entre vivos e os demais especificados na sentença de inabilitação (art. 153.º). O regime da interdição lhe era supletivo (art. 156.º).

De realçar, contudo, que, fora do capítulo da incapacidade, o Código português, no art. 257.º, a exemplo do alemão, já tratava – e ainda trata – da validade da declaração negocial de quem, ao emiti-la, "devido a qualquer causa, se encontrava acidentalmente incapacitado de entender o sentido dela ou não tinha o livre exercício de sua vontade". A declaração assim externada, prossegue o preceito, é anulável, mas desde que o "facto seja notório ou conhecido do declaratário". E arremata que "o facto é notório, quando uma pessoa de normal diligência o teria podido notar". É dizer, e como o acentua Paulo Mota Pinto, assegura-se ao mesmo tempo a confiança do declaratário na aparência da declaração, desde "que a recebeu e entendeu, em conformidade com o sentido que, nas circunstâncias do caso, razoavelmente podia retirar dela (ou do comportamento do declarante), como uma declaração de vontade a ele dirigida"[70]. Igual exigência, aliás, o autor aponta no anteprojeto de Código Europeu dos Contratos, mas ainda acrescida de outra, a da desvantagem trazida ao incapaz, sem o que não se anularia o negócio[71].

É a exata distinção, de que se tratou no capítulo anterior, entre o estado, propriamente, de incapacidade, por natureza duradouro e objeto de providência judicial de proteção, e o ato praticado quando, naquele instante, mesmo inocorrida incapacidade judicialmente assentada, o indivíduo se encontre privado de seu discernimento, posto que por causa passageira (incapacidade acidental).

Bem se explica que, no Código português, o art. 257.º não esteja contido no capítulo relativo à incapacidade, mas sim inserido em meio aos dispositivos concernentes à falta e vícios da vontade na declaração negocial (Subseção V do Capítulo I, reservado ao ordenamento dos negócios jurídicos). Trata-se de matéria que, na Parte Geral, está entre as disposições sobre os fatos jurídicos (Subtítulo III), depois das pessoas e das coisas.

Porém, sobrevinda a Lei n. 49/2018, alterou-se profundamente o sistema português no tratamento da situação de pessoas, como se viu, maiores de idade, todavia impossibilitadas, seja por motivo de saúde, de deficiência ou de comportamento, de exercer com autonomia, consciência e de modo pessoal seus direitos, tanto quanto de cumprir seus deveres. A ideia central da reforma

---

70   MOTA PINTO, Paulo. *Direito civil*: estudos, 2018, p. 84.
71   MOTA PINTO, Paulo. *Direito civil*, cit., p. 83.

foi justamente a de alterar o modelo de apoio – não pela substituição de vontade, como regra – a esses indivíduos, afastando a rigidez do esquema interdição/inabilitação para erigir um regime de primazia da sua autonomia, respeitando sua vontade nos limites do quanto possível e flexibilizando soluções que tomem exatamente em conta a sua condição particular, não mais apenas do ponto de vista dos interesses patrimoniais, senão antes ou também os pessoais[72]. Ampara-se a atual disciplina, ditada pela nova lei, no que se consideram ser os princípios da judicialidade (imposição por decisão judicial, cumprido amplo contraditório); da primazia do acompanhado ("prevalecem sempre o interesse do acompanhado e os valores a eles associados"); da supletividade (assim a primazia da assistência e da cooperação em âmbito familiar ou de providências outras solicitadas pelo próprio indivíduo, até de internação); da necessidade (apenas se impõe o acompanhamento se houver impossibilidade – continuada – de o indivíduo "agir plena, pessoal e conscientemente"); do minimalismo (intervenção mínima na esfera de autonomia do indivíduo, periodicamente revista); da flexibilidade (acompanhamento "personalizado, devendo moldar-se a cada situação")[73].

Do conjunto das regras dos arts. 138.º a 156.º do Código Civil português, em que se contém em geral a modificação introduzida pela Lei do Maior Acompanhado, colhe-se de um lado a definição das medidas de acompanhamento, se bem que elencadas de modo exemplificativo, mesmo como decorre do item *e* do art. 145.º, quando se refere a "intervenções de outro tipo, devidamente explicitadas"[74]. E note-se que entre elas pode estar a "representação geral ou representação especial com indicação expressa, neste caso, das categorias de atos para que seja necessária" (mesmo art. 145.º, n. 2, *b*), nesses casos remetendo o mesmo texto legal à disciplina da tutela, "com as adaptações necessárias". Portanto, não se afasta a consideração de que se possa dar, mas excepcionalmente, a substituição da vontade do acompanhado conforme seja sua particular situação. De qualquer maneira, as medidas de acompanhamento devem tender sempre a assegurar o bem-estar do acompanhado e lhe possibilitar o pleno exercício de seus direitos, embora apenas quando já não se atenda a esses objetivos mercê do exercício outro de deveres de cooperação e assistência à sua pessoa (art. 140.º – e aí a supletividade acima referida).

---

72 MENEZES CORDEIRO, António. *Tratado de direito civil*, cit., p. 548.
73 MENEZES CORDEIRO, António. *Tratado de direito civil*, cit., p. 559.
74 Ainda nesse sentido: MENEZES CORDEIRO, António. *Tratado de direito civil*, cit., p. 561.

De outra parte, reforça-se no art. 139.º a característica da judicialidade, desde que ao juiz compete deliberar sobre o acompanhamento, sempre procedida a prévia ouvida do indivíduo, que é quem o requer, ele próprio ou, com sua autorização, cônjuge, companheiro ou parente sucessível. O Ministério Público também pode requerer o acompanhamento, e aí independentemente de autorização. E, veja-se, o juiz pode suprir a autorização do beneficiário, nas hipóteses em que devida, "quando, em face das circunstâncias, este não a possa livre e conscientemente dar, ou quando para tal considere existir um fundamento atendível" (art. 141.º, n. 2).

Sobre os atos praticados pelo acompanhado, sem observância das medidas de acompanhamento, o art. 154.º, em boa medida, condensa a previsão anterior dos revogados arts. 148.º a 150.º, conforme acima se mencionou. Os atos são anuláveis quando praticados posteriormente ao registro do acompanhamento ou no curso do processo respectivo, mas aqui tão somente após a decisão final do feito, isto é, se contrariarem o que se vier a decidir[75]; e, mais, desde que prejudiciais ao acompanhado. Portanto, nessa hipótese, em que ainda não se registrou o acompanhamento, atos praticados no curso do processo a tanto instaurado, e contra o quanto se vier afinal a decidir, mantêm-se mesmo assim se benéficos ao acompanhado. Já para os atos anteriores ao processo de acompanhamento, o dispositivo em comento remete à previsão do art. 257.º, em que se disciplina a questão da incapacidade acidental e o que logo antes já se referiu e examinou.

Já para o exercício de direitos pessoais e para a celebração de atos da vida corrente – acerca desses últimos cabendo remissão ao quanto se viu acerca de igual previsão, e de seu significado, destinada à situação dos menores (art. 127.º) –, o art. 147.º previu iniciativa livre ao acompanhado, "salvo disposição da lei ou decisão judicial em contrário". E ainda no mesmo preceito se elencaram, com a ressalva de que "entre outros", portanto alguns direitos pessoais, como o de casar ou constituir união estável, procriar, perfilhar ou adotar, criar e educar os filhos, escolher profissão, descolar-se, fixar domicílio e residência, testar e se relacionar.

---

[75] Para Pedro Pais de Vasconcelos e Pedro Leitão Pais de Vasconcelos, há nessa passagem do art. 154.º (assim no n. 1, *b*) defeito redacional, pelo que sugerem se retome, para interpretação, a redação no precedente art. 149.º, atinente à prática dos atos no curso do processo, até a data do registro da sentença, desde que contrários ao quanto se veio a decidir e desde que causa de prejuízo à pessoa (VASCONCELOS, Pedro Pais de; VASCONCELOS, Pedro Leitão Pais de. *Teoria geral do direito civil*, 2022. p. 132).

Finalmente, a Lei n. 49/2018 trouxe ao texto do art. 156.º do Código, na redação que então se lhe conferiu, a figura – também levada ao texto do *Code*, como se examinou acima – do mandato com vista a acompanhamento. Previu-se que "o maior pode, prevenindo uma eventual necessidade de acompanhamento, celebrar um mandato para gestão dos seus interesses, com ou sem poderes de representação". A ideia, igualmente consoante se expressa no preceito, é a de que, "no momento em que decretado o acompanhamento, o tribunal aproveita o mandato, no todo ou em parte, e tem-no em conta na definição do âmbito de proteção e na designação de acompanhante". Ou seja, conforme a especificação que o outorgante tenha efetuado quando da outorga. E isso mesmo seja a vontade externada revogável, pela própria pessoa, a qualquer tempo ou, ainda, pelo tribunal, "quando seja razoável presumir que a vontade do mandante seria a de o revogar".

O SISTEMA ARGENTINO

De mais recente edição (*Ley* 26.994, de outubro de 2014, com vigência a partir de 1º de agosto de 2015), o *Código Civil y Comercial de la Nación* dedica, na parte geral, o Capítulo 2 do Título I (*Persona Humana*) para dispor sobre a capacidade. Fá-lo, primeiro, distinguindo a capacidade de direito, que estabelece como a aptidão da pessoa para ser titular de direitos e deveres, ressalvada privação ou limitação imposta pela lei acerca de alguns fatos, "simples atos" ou atos jurídicos determinados (art. 22)[76], da capacidade de exercício, concebida como a possibilidade de exercer por si própria os direitos que titula, de novo, ressalvadas limitações expressamente previstas em seu texto ou em sentença judicial.

Depois, no art. 24, elencam-se aqueles "*incapaces de ejercicio*". São a pessoa por nascer – aqui considerando a previsão do art. 19, no sentido de que "*la existencia de la persona humana comienza con la concepción*"; a pessoa que não conta com idade e grau de maturidade suficientes, no alcance disposto na seção

---

76 Referem-se aqui situações como as dos impedimentos ou falta de legitimação, exemplificando-se com a inabilitação a contratar (arts. 1001 e 1002) ou ainda com a inabilitação para suceder (art. 2482). *Vide*, a respeito: LORENZETTI, Ricardo Luis. *Código Civil y Comercial de la Nación comentado*, 2014, t. I, p. 107. O autor foi, inclusive, o Presidente da Comissão elaboradora (criada pelo Decreto n. 191/2011) do projeto de Código.

seguinte do capítulo; e a pessoa declarada incapaz por sentença judicial, na extensão que nela se fixar.

Quanto aos menores de idade, são assim considerados aqueles que não completaram dezoito anos. A partir dos treze são considerados adolescentes (art. 25). No art. 26, o Código impõe a regra geral de que o exercício dos direitos dos menores de idade se dá por meio de seus representantes legais. Mas impõe uma série de ressalvas.

A primeira delas está em que, a despeito da menoridade, a pessoa tem o direito de ser ouvida em todo o processo judicial que lhe seja concernente, bem como de participar das decisões que lhe digam respeito (parágrafo 2º do art. 26)[77]. Depois, tem-se a própria remessa que no mesmo art. 26 se faz às previsões do ordenamento nas quais, conforme a idade e o grau de maturidade do indivíduo, se lhe reconheça a possibilidade de agir pessoalmente (parágrafo 1º). E ao que ocasionalmente são inclusive exigidas idades próprias e distintas. Por exemplo, é o que dispõe o art. 1922, *a*, contido no Livro IV do Código, dedicado à disciplina dos direitos reais, e, em especial, no Título II, que trata da posse. O preceito dispõe sobre a aquisição desse poder sobre a coisa por meio de relação estabelecida voluntariamente, no caso, por sujeito capaz, *"excepto las personas menores de edad, para quienes es suficiente que tengan diez años"*.

Outro exemplo é o dos *"contratos de escasa cuantía"*, cuja referência se contém na disciplina da representação, disposição e administração dos bens dos filhos menores pelos pais. No art. 684, prevê-se que "[L]*os contratos de escasa cuantía de la vida cotidiana celebrados por el hijo, se presumen realizados con la conformidad de los progenitores"*.

Ainda se prevê, agora no art. 1323, que o menor possa aceitar mandato, facultando-se-lhe, porém, requerer sua anulação se demandado por inexecução ou prestação de contas, ressalvada a restituição de valores de que se tenha aproveitado[78].

Tratando-se especificamente de adolescente, o art. 677 estabelece a possibilidade de estar em juízo de maneira autônoma, sem a representação dos ge-

---

[77] Art. 26, parágrafo 2º: *"La persona menor de edad tiene derecho a ser oída en todo proceso judicial que le concierne así como a participar en las decisiones sobre su persona"*.
[78] Art. 1323: *"El mandato puede ser conferido a una persona incapaz, pero ésta puede oponer la nulidad del contrato si es demandado por inejección de las obligaciones o por rendición de cuentas, excepto la acción de restitución de lo que se ha convertido en provecho suyo"*.

nitores, mediante assistência própria no processo[79]. A ele já se aplicam as medidas de apoio, como aos maiores – e tal qual se verá adiante –, na hipótese do art. 32. Também ao adolescente, mas que agora tenha completado dezesseis anos e que trabalhe, se assegura a prática de atos e contratos ligados ao emprego[80]. Nesses casos, inclusive, os genitores deixam de responder pelos atos praticados pelos filhos no exercício de tarefas ligadas à profissão, tanto quanto, ademais, por danos resultantes do inadimplemento de obrigações contratuais validamente contraídas por eles[81].

De resto, ainda sobre o adolescente – aqui de treze a dezesseis anos –, o art. 26, no seu parágrafo 3º, versando sobre o direito ao próprio corpo e saúde, estatui que

> [S]e presume que el adolescente entre trece y dieciséis años tiene aptitud para decidir por sí respecto de aquellos tratamientos que no resultan invasivos, ni comprometen su estado de salud o provocan un riesgo grave en su vida o integridad física.

A distinção a propósito está na natureza e na importância médica dos tratamentos[82]. Daí referir-se a lei a tratamentos não invasivos ou de risco à saúde, vida ou integridade do menor.

Se, ao contrário, se tem tratamento invasivo e arriscado, então estabelece o parágrafo 4º que o consentimento do adolescente deva vir acompanhado da assistência dos genitores, em caso de conflito decidindo-se em função do su-

---

79   Art. 677: "*Se presume que el hijo adolescente cuenta con suficiente autonomía para intervenir en un proceso conjuntamente con los progenitores, o de manera autónoma con asistencia letrada*".
80   Art. 683: "*Se presume que el hijo mayor de dieciséis años que ejerce algún empleo, profesión o industria, está autorizado por sus progenitores para todos los actos y contratos concernientes al empleo, profesión o industria. En todo caso debe cumplirse con las disposiciones de este Código y con la normativa especial referida al trabajo infantil*".
81   Art. 1755, parágrafo 2º: "*Los padres no responden por los daños causados por sus hijos en tareas inherentes al ejercicio de su profesión o de funciones subordinadas encomendadas por terceros. Tampoco responden por el incumplimiento de obligaciones contractuales válidamente contraídas por sus hijos*".
82   LORENZETTI, Ricardo Luis, *Código Civil y Comercial de la Nación comentado*, cit., p. 116-117.

perior interesse do menor, com base em parecer médico sobre as consequências da realização ou não da intervenção[83].

Finalmente, dispõe o último parágrafo do art. 26 que "[A] *partir de los dieciséis años el adolescente es considerado como un adulto para las decisiones atinentes al cuidado de su propio cuerpo*".

Pois se considera relevante realçar, até este ponto, a menos rígida estratificação dos menores, pelo CCyCN, segundo faixas etárias inflexíveis e para a generalidade dos atos ou negócios. Mas o fato é que, além disso, o Código também não se restringiu, na disciplina da menoridade, a esse critério objetivo, cedendo espaço à análise do grau de maturidade do menor de dezoito anos, inclusive quando, ao mesmo tempo, logo no parágrafo 1º do art. 26, menciona a idade e o grau de maturidade da pessoa.

Na observação de Ricardo Lorenzetti – como se disse em nota acima o Presidente da Comissão elaboradora do projeto de CCyCN –, comentando o art. 26, a

> [...] *norma evolucionó desde las rígidas disposiciones del Código derrogado en materia de incapacidad de hecho, hasta la presente admisión de una capacidad progresiva, que se ajusta precisamente a la edad y al grado de madurez suficiente del menor y a su inserción en la sociedad, para ejercer los actos que le sean permitidos por el ordenamiento jurídico*[84].

Foi exatamente nessa linha de consideração também de um critério psicológico, ligado ao grau de maturidade do menor, que, por exemplo, o art. 690 do Código assegurou ao filho o direito de ser informado pelos progenitores sobre os contratos entabulados em seu nome, veja-se, conforme sua idade e grau de maturidade, justamente[85]. Na mesma senda, quando o art. 639 elencou

---

83 Art. 26, parágrafo 4º: "*Si se trata de tratamientos invasivos que comprometen su estado de salud o está en riesgo la integridad o la vida, el adolescente debe prestar su consentimiento con la asistencia de sus progenitores; el conflicto entre ambos se resuelve teniendo en cuenta su interés superior, sobre la base de la opinión médica respecto a las consecuencias de la realización o no del acto médico*".
84 LORENZETTI, Ricardo Luis, *Código Civil y Comercial de la Nación comentado*, cit., p. 115.
85 Art. 690: "*Los progenitores pueden celebrar contratos con terceros en nombre de su hijo en los límites de su administración. Deben informar al hijo que cuenta con la edad y grado de madurez suficiente*".

os princípios da responsabilidade parental, na alínea *b* consignou "*la autonomía progresiva del hijo conforme a sus características psicofísicas, aptitudes y desarrollo. A mayor autonomía, disminuye la representación de los progenitores en el ejercicio de los derechos de los hijos*", e na alínea *c* "*el derecho del niño a ser oído y a que su opinión sea tenida en cuenta según su edad y grado de madurez*".

Já às pessoas que, como visto, desde os treze anos de idade, podem se submeter a restrições na capacidade de agir dedica-se a Seção 3 ("*Restricciones a la capacidad*") do Capítulo 2, Título I, que se vem examinando, voltado à disciplina da capacidade da pessoa humana. E, na organização da matéria, pretendeu-se distinguir a situação de pessoas com deficiência que, por isso, mesmo capazes, necessitam do apoio devido, a cuja atuação se funcionalizam restrições particulares à sua capacidade de fato[86], de quem, note-se, sem qualquer vinculação à deficiência, se encontra absolutamente impossibilitado de interagir e manifestar vontade, por qualquer modo, mesmo por meio de medidas de apoio, por isso considerado incapaz e a quem, excepcionalmente, se nomeia curador, com poderes de representação conforme estabelecidos em sentença.

Com efeito, segundo a regra geral do art. 32, o juiz restringe a capacidade de fato de alguém que padece de algum vício ou alteração mental permanente ou prolongada, graves, impondo apoios conforme o ato a ser praticado e sempre que considere que o exercício da plena capacidade pode trazer danos à sua pessoa ou bens[87]. E a junção de elemento biológico com o jurídico na determinação da necessidade de restrição[88]. Os sistemas de apoios se referem no art. 43 e se voltam necessariamente a promover a autonomia e facilitar a comunicação, compreensão e manifestação de vontade da pessoa, para exercício de seus direitos. E podem envolver a designação de uma ou mais pessoas para apoiá-la, tudo conforme a sentença (art. 37) – levada a registro (art. 39) –, e que pode ainda estabelecer a assistência para a prática de atos. Já no parágrafo 3º, o mesmo art. 32 trata das pessoas incapacitadas, ao dispor que

---

86   OLMO, Juan Pablo. Impacto de la Convención sobre los Derechos de las Personas con Discapacidad en el derecho civil argentino, 2021, p. 8.
87   Art. 32: "*El juez puede restringir la capacidad para determinados actos de una persona mayor de trece años que padece una adicción o una alteración mental permanente o prolongada, de suficiente gravedad, siempre que estime que del ejercicio de su plena capacidad puede resultar un daño a su persona o a sus bienes*".
88   OLMO, Juan Pablo. Impacto de la Convención sobre los Derechos de las Personas con Discapacidad en el derecho civil argentino, cit., p. 6-7.

> [P]or excepción, cuando la persona se encuentre absolutamente imposibilitada de interaccionar con su entorno y expresar su voluntad por cualquier modo, medio o formato adecuado y el sistema de apoyos resulte ineficaz, el juez puede declarar la incapacidad y designar un curador.

E, para o curador, opera o regime de real – e excepcional – substituição de vontade do curatelado[89].

Nessa esteira, o art. 38, expressamente e complementando a disposição anterior, prevê que a sentença

> [...] debe determinar la extensión y alcance de la restricción y especificar las funciones y actos que se limitan, procurando que la afectación de la autonomía personal sea la menor posible. Asimismo, debe designar una o más personas de apoyo o curadores de acuerdo a lo establecido en el artículo 32 de este Código y señalar las condiciones de validez de los actos específicos sujetos a la restricción con indicación de la o las personas intervinientes y la modalidad de su actuación.

Depois, exatamente no que toca à validade dos atos praticados pelas pessoas com capacidade restringida ou incapacitadas, estabelece-se regime próprio nos arts. 44 e 45, que leva em conta, de um lado, a prática de atos em desacordo com a sentença respectiva e posteriormente ao seu registro, a que se comina então a consequência de nulidade; de outro, a prática dos mesmos atos, mas antes do registro da sentença, quando a nulidade para ser decretada depende da verificação sobre se a enfermidade mental era ostensiva na época da prática do ato, se o declaratário estava de má-fé ou se o ato era gratuito[90]. E isso mesmo sem prejuízo de que, para os com capacidade restringida, e porque ainda ca-

---

89 BARIFFI, Francisco J. El modelo de toma de decisiones con apoyos en la legislación civil argentina y su incidencia en la validez del acto jurídico, 2021, p. 102.

90 Art. 44: "*Son nulos los actos de la persona incapaz y con capacidad restringida que contrarían lo dispuesto en la sentencia realizados con posterioridad a su inscripción en el Registro de Estado Civil y Capacidad de las Personas*".
Art. 45: "*Los actos anteriores a la inscripción de la sentencia pueden ser declarados nulos, si perjudican a la persona incapaz o con capacidad restringida, y se cumple alguno de los siguientes extremos: a. la enfermedad mental era ostensible a la época de la celebración del acto; b. quien contrató con él era de mala fe; c. el acto es a título gratuito*".

pazes, se discuta a validade dos atos praticados livremente, não restringidos pela sentença, à luz dos vícios comuns dos negócios jurídicos[91].

Por fim, há no CCyCN o regime da inabilitação, mantida no art. 49, mas apenas para os pródigos. Segundo o referido preceito,

> [P]ueden ser inhabilitados quienes por la prodigalidad en la gestión de sus bienes expongan a su cónyuge, conviviente o a sus hijos menores de edad o con discapacidad a la pérdida del patrimonio. A estos fines, se considera persona con discapacidad, a toda persona que padece una alteración funcional permanente o prolongada, física o mental, que en relación a su edad y medio social implica desventajas considerables para su integración familiar, social, educacional o laboral. La acción sólo corresponde al cónyuge, conviviente y a los ascendientes y descendientes.

Trata-se, como acentua Ricardo Lorenzetti, da constatação objetiva, independente da causa, da habitualidade de uma conduta que, na gestão dos seus bens, exponha o cônjuge, convivente ou filhos dependentes da pessoa a risco patrimonial, portanto assim se pretendendo de forma direta proteger a segurança patrimonial da família e, de forma indireta, o próprio pródigo, ainda que isso não se explicite[92].

Uma vez declarada a inabilitação, seus efeitos se expressam no art. 49, cabendo a designação de medida de apoio, que deve se voltar à assistência da pessoa para a prática de atos de disposição *inter vivos*, além dos demais que se tenham assim estabelecido em sentença[93].

Enfim, tem-se sistema forjado à luz da Convenção dos Direitos sobre a Pessoa com Deficiência[94], ratificada e recebida no ordenamento argentino, tal como no brasileiro, com *status* constitucional[95], por isso que então fundado na

---

91 BARIFFI, Francisco José. El modelo de toma de decisiones con apoyos en la legislación civil argentina y su incidencia en la validez del acto jurídico, cit., p. 103.
92 LORENZETTI, Ricardo Luis. *Código Civil y Comercial de la Nación comentado*, cit., p. 271.
93 Art. 49: "*La declaración de inhabilitación importa la designación de un apoyo, que debe asistir al inhabilitado en el otorgamiento de actos de disposición entre vivos y en los demás actos que el juez fije en la sentencia*".
94 LORENZETTI, Ricardo Luis. *Código Civil y Comercial de la Nación comentado*, cit., p. 126-127.
95 V., a respeito, o histórico a que procede: BARIFFI, Francisco José. El modelo de toma de decisiones con apoyos en la legislación civil argentina y su incidencia en la validez del acto jurídico, cit., p. 85.

consideração da capacidade em geral da pessoa natural, com restrições excepcionais, específicas e medidas de apoio que se destinam, em seu benefício, ao pleno acesso e exercício a seus direitos, conservando-se ao máximo sua autonomia, de resto como soa explícito na redação dos princípios estabelecidos no art. 31 do CCyCN[96]. Quando ainda mais excepcionalmente se recorre à substituição- da vontade do indivíduo, pelo mecanismo da representação, a tanto se nomeando curador, tal o que se associa, não à deficiência, mas, independentemente da causa, como se viu no exame do art. 32, parágrafo 3º, à absoluta impossibilidade de expressão da vontade, por qualquer modo.

Em geral, prestigia-se o vetor básico da Convenção, de assunção da capacidade de todas as pessoas em igualdade de condições com as demais e a quem se asseguram medidas de apoio – antes que o modelo de substituição de sua vontade – para que possam exercer seus direitos, sejam eles de natureza patrimonial ou pessoal[97], portanto, como acentua Ricardo Lorenzetti, deixando-se de indagar *se*, mas sim *como* e de *que necessita* o indivíduo para exercitar sua capacidade jurídica[98].

SÍNTESE DO CAPÍTULO

Pelo quanto se pode inferir, crê-se, da menção feita ao que de estrutural há nos sistemas codificados que foram elencados, comum reconduzir a incapacidade, primeiramente, a uma causa etária. Ou seja, concebe-se uma determinada idade, ainda que variada, mas em regra hoje mais reduzida, até cujo implemento a pessoa é protegida por meio de institutos como a representação ou a assistência.

---

96   Art. 31: "*La restricción al ejercicio de la capacidad jurídica se rige por las siguientes reglas generales: a. la capacidad general de ejercicio de la persona humana se presume, aun cuando se encuentre internada en un establecimiento asistencial; b. las limitaciones a la capacidad son de carácter excepcional y se imponen siempre en beneficio de la persona; c. la intervención estatal tiene siempre carácter interdisciplinario, tanto en el tratamiento como en el proceso judicial; d. la persona tiene derecho a recibir información a través de medios y tecnologías adecuadas para su comprensión; e. la persona tiene derecho a participar en el proceso judicial con asistencia letrada, que debe ser proporcionada por el Estado si carece de medios; f. deben priorizarse las alternativas terapéuticas menos restrictivas de los derechos y libertades*".
97   BARIFFI, Francisco José. El modelo de toma de decisiones con apoyos en la legislación civil argentina y su incidencia en la validez del acto jurídico, cit., p. 87.
98   LORENZETTI, Ricardo Luis. *Código Civil y Comercial de la Nación comentado*, cit., p. 139.

Também é comum que essa faixa ou faixas de idade se alterem em determinados campos de atuação jurídica específica do indivíduo, como na seara matrimonial, testamentária ou delitual. Porém, a tendência importante a remarcar está na preservação da autonomia que o menor, conforme sua concreta e particular condição, venha a ostentar, em especial no tocante às situações existenciais que lhe sejam afetas. Sua obrigatória oitiva em procedimentos a ele concernentes (art. 388-1 do CC francês e art. 26, parágrafo 2º, do CC argentino) ou a prerrogativa de ajuizar, sozinho, ações relativas a seu estado (art. 677 do CC argentino) são exemplos evidentes a indicá-lo. Igualmente a previsão de que os pais devam envolver os filhos nas decisões que lhes digam respeito, conforme seu grau de maturidade (*v. g.*, art. 371-1 do CC francês, arts. 639 e 690 do CC argentino). Anote-se aqui a abertura dos ordenamentos a critério não apenas objetivo, etário, senão de consideração do grau de maturidade, portanto critério psicológico de aferição da capacidade de agir do menor de idade (v. ainda art. 84 do CC italiano, § 828 do CC alemão, art. 127.º do CC português).

Mas se observa ainda que, para além de idades próprias que são ressalvadas a fins específicos, em institutos próprios, algumas outras ressalvas às faixas etárias comuns se fazem de maneira mais genérica. Assim, frequente a disposição que visa preservar a possibilidade de prática, pelo próprio menor, de atos atinentes à sua vida cotidiana, de sua vida corrente, como se encontra na previsão dos arts. 389-3 do Código Civil francês, 127.º, n. 1, *b*, do Código português e 684 do Código argentino. Note-se, bem um preceito funcionalizado a assegurar que um menor possa guiar e cuidar, por si e de si, em seus interesses mais próximos, mais diários; cuidar de seus interesses cotidianos.

De realçar, na mesma senda – e aqui com particular relevância à compreensão do sistema das incapacidades como protetivo à pessoa e, destarte, de sorte a evitar que a sua operacionalização afinal possa ser causa de prejuízo a quem se quer proteger –, a previsão do § 107 do Código Civil alemão, a estabelecer a higidez de atos ou declarações negociais manifestadas pelo menor, sem a assistência ou representação, conforme o caso, mas de que só lhe resulte benefício. Esse outro dado a considerar, ou seja, o proveito que advenha do ato que tenha pessoalmente praticado.

Quanto aos maiores de idade, em que mais profundamente os sistemas legislativos citados foram modificados, inclusive de maneira recente, antes e acima de tudo cabe acentuar a comum noção de um regime voltado a preservar a dignidade dessas pessoas, erigindo-se medidas que são para sua proteção, mas também e sobretudo para sua inclusão e para preservação máxima de sua autonomia, mediante apoio sempre na exata medida da concreta necessidade que lhes seja reconhecida, sem tolher a potencialidade de expressão da vontade que particularmente ostentem, afastado como regra o recurso ordinário ao mecanismo de sua substituição. São medidas ocupadas com a sua completa reinserção no campo da plena aptidão jurídica, mormente respeitadas situações existenciais nas quais se envolvam.

Emblemático o art. 415 do *Code*, com redação de 2007, ao estatuir que o maior se submete a medidas protetivas sempre em obediência às suas liberdades individuais, seus direitos fundamentais, sua dignidade, favorecendo-se, na medida do possível, a sua autonomia. Acrescenta-se ainda, no sistema francês, e como se viu, que as medidas de proteção são imponíveis somente de modo excepcional, em função do grau específico de alteração das faculdades da pessoa sobre a qual incidem (art. 415).

Não em diferente sentido, dispõe-se que a *orientação* do direito alemão, de resto mais recentemente conformada, por lei de 2021, à Convenção sobre os Direitos da Pessoa com Deficiência, estabelece-se, de acordo com o § 1814, quando e no limite do que necessário, sempre de modo subsidiário, portanto desde que já não se atenda ao apoio devido por meio de medidas ou direitos assistenciais próprios.

Também alinhado às diretrizes da CDPD, no sistema português a Lei do Maior Acompanhado (Lei n. 49/2018) explicitou a excepcionalidade das medidas de acompanhamento erigidas. Do mesmo modo do quanto se levou ao art. 31, *b*, do Código argentino.

É dizer, e em especial pelas reformas havidas, o propósito foi o de estabelecer regime menos rígido, mais flexível, que observa o imperativo de assegurar um espaço de autonomia ao maior protegido, consoante seu concreto grau de aptidão à livre e consciente expressão da vontade. Na constatação de Menezes Cordeiro, a nota característica das reformas ocorridas sobre a matéria na Europa foi mesmo a substituição do radicalismo e rigidez da interdição, cuja generalidade acabava levando a indevidas discriminações e que, mais, não raro, ao longo da história, se desviou do objetivo de tutela do indivíduo, por institutos mais maleáveis e, assim, de melhor adequação à particular situação de deficiência da pessoa[99]. Acentua-se o propósito de auxílio a que a pessoa, nos

---

99 MENEZES CORDEIRO, António. *Tratado de direito civil português,* cit., v. I, t. III, p. 413-414. Para o autor, "a medida radical da interdição tem conotações discriminatórias e surge,

limites de sua concreta condição, possa exercer seus direitos, ultrapassando as barreiras que a tanto lhe são socialmente impostas.

Tal a modelagem da *salvaguarda de justiça*, mas ainda do *mandato para proteção futura* e do *acompanhamento judicial* do direito francês; da *administração de sustento* do direito italiano; da *orientação* do direito alemão; do *acompanhamento* do direito português. São medidas, todas atrás examinadas, mais permeáveis às necessidades particulares da pessoa a ser protegida, por isso moduladas de acordo com essa concreta condição. Sua adoção tende a reservar espaços de atuação própria ao indivíduo, de resto como, em geral, se encontra nos ordenamentos citados (*v. g.*, arts. 433 a 435 e art. 473 do CC francês; art. 409 do CC italiano; §§ 1814 e 1821 do CC alemão). E de mesmo fundamento, acrescente-se, as regras que garantem a prática pessoal de atos atinentes à vida cotidiana (*v. g.*, arts. 409, II, e 427 do CC italiano; § 105.a do CC alemão; art. 147.º do CC português).

Desloca-se, ainda, o eixo de determinação da necessidade das medidas de apoio, não mais ligado direta ou exclusivamente à afecção psíquica de que padeça a pessoa, mas sim à extensão do comprometimento, que apresente, e por causas diversas, à expressão livre e consciente da vontade (art. 425 do CC francês; § 104.2 do CC alemão; art. 32, parágrafo 3º, do CC argentino). Expande-se a ideia de que as pessoas possam necessitar de apoio não só por causas psíquicas, como se a tanto exclusivamente vinculada a deficiência. Aliás, é sintomático que algumas das providências de apoio tenham sido inseridas no sistema codificado por leis de assistência social, como na França e na Alemanha. Denota-se, a rigor, real espírito de atender não somente a uma imposição do tráfego negocial envolvendo sujeito privado de discernimento.

Ainda comum aos sistemas examinados a separação do que seja causa duradoura e judicialmente reconhecida de comprometimento da expressão da vontade e a incapacidade natural ou acidental presente no momento da prática de um ato específico, portanto que se discute individualmente, em concreto (art. 414-1 do CC francês; art. 428 do CC italiano; § 105.2 do CC alemão; art. 257.º do CC português; art. 45 do CC argentino). Como também comum, em geral, que se verifique, à invalidação dos atos praticados pela pessoa protegida,

---

por vezes, deslocada. Aliás, ela foi desviada, em certas conjunturas históricas recentes, de seu objetivo romântico, que era a tutela do pupilo. Na fórmula usada sob o nacional-socialismo, a interdição era o 'meio de luta da comunidade contra os associais espiritualmente anormais'" (p. 413).

o prejuízo a ela causado, ao revés, procurando-se aproveitar o benefício experimentado e, assim, a preservar (art. 435, parágrafo 2º, do CC francês; art. 428 do CC italiano; art. 45 do CC argentino).

Bem se vê, são tendências que, em alguma proporção, se refletem (e que se devem refletir, como se verá no último capítulo) no direito brasileiro. Quanto aos menores, na fixação de faixas etárias apriorísticas, com ressalvas -pontuais ou designação especial de idade para certos atos (v. Capítulo 5). Quanto aos maiores, estabelecendo-se medidas de apoio excepcionais, temporárias, subsidiárias e na medida estrita do quanto necessário a que a pessoa se expresse.

Mas, em nosso ordenamento, e no primeiro caso, ausentes ressalvas mais gerais como no direito estrangeiro, igualmente ainda sem o mesmo espaço ao influxo também de um critério psicológico a considerar. No segundo caso, sem distinções e ressalvas na organização da disciplina ao maior protegido (por exemplo a ressalva a atos mais comuns, da vida corrente, a casos de benefício havido com atos praticados, ou à distinção de casos de incapacidade acidental), conforme se analisarão e conforme o que se sugerirá nos Capítulos 4 e 6.

Capítulo **4**

A disciplina codificada da incapacidade do direito brasileiro. E uma proposta interpretativa

O propósito do capítulo que se inicia é o de traçar um perfil geral do tratamento que à incapacidade reservaram os Códigos Civis, anterior e atual, identificar os postulados sobre os quais se erigiu a disciplina, bem assim fixar a lógica diversa que, teoricamente, permeou uma e outra normatização.

Teoricamente porque, conforme se acredita, o legislador de 2002 procurou trilhar caminho menos casuístico ao ordenar as situações de incapacidade, acabando, todavia, por trair seu próprio intento e, pior, estatuindo hipótese originária, a do art. 3º, III – hoje revogada, porém repetida no inciso III agora do art. 4º –, que parece subverter a ideia até então assente de que a incapacidade envolve um estado, como se viu no capítulo segundo, distinto da contingência ocasional e pontual da chamada incapacidade acidental.

Na problemática posta por João Baptista Vilella[1], é a dúvida entre o *ser* e o *estar* incapaz que dimana do atual desenho normativo das incapacidades, a que se dedicará o fechamento do capítulo, olhos postos nos antecedentes teóricos enfrentados no capítulo anterior e, à vista deles, bem como da coerência interna do sistema, ensaiando uma proposta de interpretação do regime atual.

E isso sem descurar já de uma perspectiva crítica de enfoque desse mesmo regime, então se fixando pressupostos que se vêm desenvolvendo desde o capítulo primeiro e que servirão, no capítulo derradeiro, a uma proposta mais ampla de redesenho do tratamento legal das incapacidades.

---

1 VILLELA, João Baptista. Incapacidade transitória de expressão, 2008, p. 350-361.

O CÓDIGO CIVIL DE 1916. CAUSAS DE INCAPACIDADE

Com uma única estratificação, e sem diferenciar o campo de atuação jurídica em que elas se manifestavam, o Código Bevilaqua, nos arts. 5º e 6º, disciplinou as incapacidades, dividindo-as conforme a sua causa e gravidade. Ou seja, considerou, de um lado, sob o princípio de que algumas pessoas não possuem discernimento algum, que elas fossem, por motivo etário ou psíquico, absolutamente incapazes, assim impedidas de expressar pessoalmente a própria vontade, então manifestada por meio de um representante. De outro, e pelas mesmas causas, etária ou psíquica, reputou relativamente incapazes aqueles dotados de parcial discernimento e, assim, com aptidão à prática dos atos e negócios da vida civil, apenas que com a exigência de que, para tanto, fossem assistidas.

Bipartiu, portanto, o elenco dos incapazes, de modo genérico e de acordo com o grau de comprometimento da capacidade de intelecção e expressão. Quer dizer, em virtude da idade – apriorística e discricionariamente tomada pelo legislador, destarte de modo objetivo, sob o prisma biológico – ou em razão de uma causa deficitante psíquica, mental, judicialmente apurada, identificou alguns indivíduos que, posto aptos a titular direitos, não os podiam exercer pessoalmente, dependendo, para isso, de alguém que o fizesse por eles (seu representante), ou que somente podiam participar dos atos e negócios da vida civil acompanhados, assim com a concorrência da manifestação de seus assistentes.

O encaixe, se assim se pode dizer, era necessariamente em uma dessas duas grandes categorias, malgrado, é claro, já existissem – como ainda persistem – situações, por exemplo como a do menor testando ou aceitando mandato, porém excepcionais, e que constituem o objeto do capítulo seguinte, de esparsa mitigação da rigidez do regramento das incapacidades. No presente capítulo, todavia, restringe-se o exame efetuado à moldura genérica do regime das incapacidades.

E, nesse sentido, inspirado por um ideal de segurança[2], importa realçar – ressalvada a situação do pródigo, como se verá – a inflexibilidade da dicotomia

---

2   Consoante acentua Simone Eberle, mesmo que defendendo um redesenho para a disciplina, tal qual no capítulo derradeiro se referirá, a seleção apriorística de situações que geram presunção absoluta de incapacidade, total ou parcial, sem dúvida atende a um papel,

absoluta/relativamente incapaz, tanto quanto das consequências de nulidade e anulabilidade dos atos e negócios praticados, quaisquer que fossem, com desatenção às regras de representação e assistência, frise-se, móvel de acesa crítica que, já em 1901, data da primeira edição de sua obra, como se referiu no item Estado de incapacidade do Capítulo 2, Nina Rodrigues endereçava ao que então era o projeto de Código Civil de 1916, a seu ver incompatível com a própria evolução da psiquiatria, desnudando hipóteses de concreta distinção e tratamento dos estados mentais modificativos da capacidade, e ainda com o reconhecimento de que o grau de proteção dos incapazes deveria variar em função do tipo de ato praticado[3].

Igual crítica Antonio Montarcé Lastra opunha ao Código brasileiro anterior, que considerava demasiadamente amplo ao determinar a curatela dos *loucos* em geral, ponderando que algumas dessas pessoas, conforme seu concreto grau de discernimento, poderiam governar seus interesses em variável extensão[4].

Ao elaborar essa bipartida categorização dos incapazes, fê-lo o Código Civil de 1916 com recurso a um elenco, realmente, casuístico de identificação de quem ele sujeitava ao regime protetivo que instituiu. O Código identificou aqueles considerados absoluta e relativamente incapazes, em especial por causa não etária, por meio do recurso a uma descrição quase aleatória. Prestigiou, nessa tarefa, antes que o resultado de comprometimento do entender e do querer, a causa desse comprometimento, enunciada por meio de hipóteses descritivas. Descreveu os incapazes pela origem de sua deficiência, ao invés de tomá-los pela extensão da consequência daí – ou de outra causa qualquer – advinda e, mais, de modo particularizado, conforme o concreto grau de compreensão do indivíduo. Pior, tudo sem distinguir, ainda, a espécie de manifestação jurídica dele emanada, cuidando em um mesmo contexto normativo de atos com diferente essência, ora existenciais, ora negociais.

No rol dos absolutamente incapazes, em primeiro lugar, erigiu causa etária para identificar quem, para exercício dos direitos incorporados a seu cabedal jurídico, necessitava ser representado. Assim, considerou absolutamente incapazes os **menores de dezesseis anos** (art. 5º, I) – os chamados *menores*

---

que, na sua expressão, é manifesto, de segurança jurídica (EBERLE, Simone. *A capacidade entre o fato e o direito*, 2006, p. 145).
3   RODRIGUES, Raimundo Nina. *O alienado no direito civil brasileiro*, 1939, p. 146-148.
4   LASTRA, Antonio Montarcé. *La incapacidad civil de los alienados*, 1929, p. 46-47.

impúberes, conquanto, é evidente, sem que a puberdade permanecesse cumprindo papel de definição da capacidade –, escolha tarifada a partir de um dado biológico, objetivo, portanto sem espaço à cogitação sobre se, no caso concreto, aquele indivíduo ostentava maior ou menor grau de compreensão e discernimento.

Destarte, na concepção do anterior Código, e nesse ponto reproduzido pelo atual, já se adianta, evidenciava-se opção discricionária, bem amoldada a um imperativo de segurança jurídica, ainda que, conforme se discutirá no capítulo último, com significativa perda de um potencial promocional indispensável da individualidade humana. Ou, ao menos, um sacrifício à autonomia do indivíduo, afinal porque cerceada, aprioristicamente, qualquer iniciativa de afirmação da concreta capacidade da pessoa.

No retrato eloquente de Pontes de Miranda, a lei havia procedido, verdadeira e propositadamente, a uma redução simplificadora, a bem da segurança, de modo a obstar qualquer arbítrio judicial consistente na avaliação do grau de compreensão do menor, por isso que, em última análise, o que se supunha dar-se no seu próprio benefício e proteção. Na descrição do autor, a lei havia fixado, no tocante à menoridade, a idade em que havia e em que não havia capacidade segundo, portanto, um critério quantitativo, pouco importando se correspondente ou não à realidade, vedando-se, a propósito, modulação por cognição judicial, desde que escoimado do suporte fático da regra qualquer pormenor qualitativo, ou seja, substituindo-se o qualitativo da capacidade natural pelo quantitativo da incapacidade jurídica[5].

Desimportante, sob esse prisma, a verificação sobre se o regime protetivo do menor refletia, na hipótese particular, o seu real estágio evolutivo, porquanto determinado a partir de um critério apriorístico, genérico e abstrato, conveniente à segurança jurídica e – pretensamente – ao próprio interesse de quem não poderia ser alcançado pelo arbítrio judicial serviente a afastar a disciplina de proteção. Mesmo, é certo, e vale repetir, que ao custo de negar um espaço necessário à afirmação da individualidade concreta da pessoa, sobretudo no campo dos atos existenciais. Veja-se, o que para os menores impúberes se mantém, a rigor, e se verá, no Código Civil atual.

Depois da idade, o Código Civil de 1916 baseou-se em uma causa deficitante psíquica, mental, para arrolar outras pessoas por ele consideradas abso-

---

5   PONTES DE MIRANDA, Francisco Cavalcanti. *Tratado de direito privado*, 1954, t. IV, p. 94-100.

lutamente incapazes e, assim, sujeitas a regime protetivo mais amplo. Porém, em vez de dizê-lo de maneira geral, valeu-se de expressão então já muito contestada, mesmo do ponto de vista de sua significação médica. Com efeito, estabeleceu serem absolutamente incapazes os **loucos de todo o gênero** (art. 5º, II).

Reconduzida ao Código Criminal do Império, consoante lembra Zeno Veloso[6], do próprio Clóvis provinda a advertência de que a expressão, malgrado tradicional em nosso direito, não era a melhor, por isso que preferindo seu projeto original outra identificação, a dos "alienados de qualquer espécie". Lembrava que esses casos de incapacidade civil poderiam não ser reconduzidos a situações técnicas de loucura, um estado nem sempre contemplativo de afecções, enfermidades ou retardamentos outros, resultantes de processos demenciais diversos, ademais matéria de diagnóstico médico, ao direito importando o comprometimento, a perturbação trazida à vida social pelo ato praticado por alguém mentalmente alienado, desequilibrado, desorganizado, nas suas palavras[7].

Note-se que ao autor já era cara e clara a distinção entre a causa da deficiência e o resultado de comprometimento do discernimento – ou da expressão da vontade, acrescenta-se –, a primeira colocando-se no campo da medicina e o segundo, esse sim, importando ao direito. Quer dizer, como já se afirmou e se reitera, pouco relevante o motivo da regressão, involução ou retardamento das faculdades de intelecção e volição, ou ainda da impossibilidade de livre e consciente declaração da vontade. Ao direito importa, independentemente da causa, a consequente impossibilidade de exercício da autonomia, a inviabilidade de o sujeito compreender a exata extensão de seus direitos e obrigações e de assim se determinar, por isso que se impondo mecanismo voltado à sua proteção e apoio.

Mas não há dúvida de que esse comprometimento se exigia fosse judicialmente apurado, por meio da ação de interdição. Apenas estados duradouros de alteração das faculdades mentais davam suporte à incapacidade do art. 5º, II, assim não estados transitórios, que apenas comprometiam os atos então praticados. Para os primeiros é que se impunha a curatela[8], e tal como previs-

---

6   VELOSO, Zeno. *Código Civil comentado*, 2003, v. XVII, p. 210. Ainda a respeito: ALMEIDA, Vitor. *A capacidade civil das pessoas com deficiência e os perfis da curatela*, 2021, p. 77-79.
7   BEVILAQUA, Clóvis. *Código Civil dos Estados Unidos do Brasil comentado*, 1936, v. I, p. 178-179.
8   BEVILAQUA, Clóvis. *Código Civil dos Estados Unidos do Brasil comentado*, cit., v. I, p. 178-179. Ainda, no mesmo sentido: CARVALHO SANTOS, J. M. de. *Código Civil brasileiro interpretado*, 1953, v. I, p. 258 e 260-267.

ta no art. 446, I, do Código Civil de 1916, permitindo-se pudesse o Ministério Público requerê-la, sempre que a loucura fosse *furiosa* (art. 448, I), aliás se agravando, não custa realçar, a imprecisão (e a inadequação) terminológica.

Também a terceira hipótese de incapacidade absoluta, no Código anterior, derivava de uma causa físico-psíquica, tomada do ponto de vista relacional, isto é, sob a perspectiva da possibilidade de expressão da vontade e, portanto, de adaptação ao meio social. Para o inciso III do art. 5º do Código Civil de 1916, eram absolutamente incapazes **os surdos-mudos que não pudessem exprimir a sua vontade**.

De realçar que a surdo-mudez, em si e por si, não induzia incapacidade. A lógica do preceito estava em que, se mesmo surdo-mudo o indivíduo podia exprimir sua vontade, então era porque, segundo Clóvis, possuía inteligência normal, capaz de discernimento e de adaptação ao meio social; ao contrário, se não podia exprimir sua vontade de modo satisfatório, era porque sofria de uma lesão central, que o isolava do mundo e o tornava um alienado, dando-se, então, a necessidade de curatela[9]. Do mesmo sentir a posição de Pontes de Miranda, para quem a surdo-mudez induzia incapacidade desde que denotativa de uma deficiência mental, portanto algo que não apenas se punha do âmbito da expressão da vontade, mas, antes, de sua formação[10].

Todavia, a forma com que levada ao texto da lei a causa de incapacidade acabava por trair seu próprio suposto teórico. Afinal, se a deficiência física não era causa de per si da incapacidade, porque importava sua influência no discernimento e expressão da consequente vontade, então irrelevante apontá-la no preceito, e não, apenas, o estado de comprometimento intelectivo da pessoa.

Essa adstrição do elenco legal dos incapazes a um rol casuístico de deficiências físico-mentais ou somente mentais levou mesmo a que, durante a tramitação do projeto de Código Civil de 1916, se cogitasse, por apresentação de emenda, de igualmente o cego ser considerado incapaz, todavia o que se rejeitou, no máximo aceitando-se sua chamada incapacidade especial[11], de resto tal qual visto no item Incapacidades especiais e ilegitimidade do Capítulo 2.

É dizer, bem uma demonstração de que se perdia o exato foco do regramento da incapacidade, como se a ele relevasse não a situação de alguém pri-

---

9 BEVILAQUA, Clóvis. *Código Civil dos Estados Unidos do Brasil*, cit., v. I, p. 180.
10 PONTES DE MIRANDA, Francisco Cavalcanti. *Tratado de direito privado*, 1954, t. I, p. 208.
11 Conferir, a respeito: CARVALHO SANTOS, J. M. de. *Código Civil brasileiro interpretado*, cit., v. I, p. 267.

vado de seu discernimento ou aptidão à expressão autônoma da vontade, por isso objeto de tutela ou de apoio para sua manifestação jurídica, e sim um rol indicativo de várias moléstias, doenças, afecções, males aprioristicamente selecionados, identificados.

De qualquer maneira, também aqui exigível interdição, prevista no art. 446, II, do Código Civil de 1916, nomeando-se um curador ao surdo-mudo. Porém, em outra previsão, e mesmo se impondo, no caso, a incapacidade absoluta, o art. 451 permitia que, pronunciada a interdição do surdo-mudo, o juiz pudesse assinar, segundo o desenvolvimento mental do interdito, os limites da curatela. Em outras palavras, então, uma curatela limitada para os absolutamente incapazes, os quais, sabidamente, pela regra geral, não participavam, como via de regra não participam, de qualquer ato da vida civil, em que são, afinal, representados. A rigor, outra revelação de que o foco desviado do regime para um elenco casuístico de enfermidades acabava – como acaba – provocando óbvias incongruências e inconsistências. Relevante, seja dado insistir, é apurar o grau de comprometimento do discernimento e da expressão da vontade e conceber mecanismos protetivos e de apoio que a tanto se adéquem. Aliás, algo muito mais próximo da previsão do art. 451, de curatela limitada para o surdo-mudo, conforme a extensão de sua necessidade, do que considerá-lo, *tout court*, absolutamente incapaz, tal qual o fazia o art. 5º, III.

Por fim, numa demonstração patente da essência patrimonialista que animava o seu regramento, o Código de 1916, no inciso IV do art. 5º, reputava absolutamente incapazes os **ausentes declarados tais por ato do juiz**. Ou seja, aqueles que, desaparecidos de seu domicílio, sem representante e desconhecidas notícias sobre seu paradeiro, tudo declarado em procedimento próprio de ausência, eram considerados absolutamente incapazes.

A noção fundamental era de alguém não necessariamente morto, mas que, ausente de seu domicílio, não se podia pôr à frente da gestão de seu patrimônio, não se podia colocar inserido no tecido das relações patrimoniais. Textual a observação de Clóvis no sentido de que "como o ausente é um desaparecido, um que não se sabe se é vivo ou morto, a sua incapacidade é absoluta; isto é, por força das circunstâncias, ele não pode intervir na administração de seus bens"[12].

Não estranha a preocupação, desde que, como é sabido, nos Códigos do século XIX, entre os quais o brasileiro, porquanto projetado em 1899, herdan-

---

12   BEVILAQUA, Clóvis. *Código Civil dos Estados Unidos do Brasil*, cit., v. I, p. 180.

do a influência do *Code*, de 1804, assentava-se o nítido propósito de assegurar às pessoas um espaço infenso à interferência do Estado para estabelecimento de relações privadas de ordem econômica. Mas é certo que, onde quer que estivesse, o ausente, afinal, se não efetivamente falecido, era plenamente capaz. Toda a disciplina a ele relativa voltava-se, antes, a propiciar a sucessão na titularidade de seu patrimônio. Tanto assim que, ao contrário do que atualmente se estabelece no art. 1.571, § 1º, do Código Civil de 2002, os efeitos da ausência, no Código anterior, ressalvada a regra da incapacidade e do (então) pátrio poder (art. 484), basicamente concerniam à curatela e à transmissão de seus bens aos herdeiros (arts. 463 a 483).

Na síntese aguda de Bulhões Carvalho, a curatela, no caso do ausente, era *cura rei* e não *cura personae*; tratava-se, nas suas palavras, de administrar e transmitir os bens do ausente, afinal porque assim não se o considerava onde quer que estivesse[13].

No tocante aos relativamente incapazes, e criando categoria igualmente asséptica, se assim se pode dizer, iniciava o Código anterior seu rol enunciativo, contido no art. 6º, referindo os menores púberes, ou seja, **os maiores de dezesseis e os menores de vinte e um anos**. Isso ainda que o próprio texto fizesse ressalva, remetendo aos arts. 154 a 156, contemplativos da consequência de anulabilidade resultante do desrespeito à regra geral, mas, ao mesmo tempo, da prevalência dos atos praticados com ocultação da idade e da responsabilidade pelos atos ilícitos.

Vale dizer, como se advertiu logo na abertura deste item, malgrado estabelecendo uma disciplina genérica acerca da incapacidade, o Código de 1916 não desconhecia hipóteses, posto que excepcionais, de respectiva mitigação, portanto em que se mitigava o sistema de invalidade do ato praticado pelo incapaz. E, particularmente no quanto concernente ao relativamente incapaz por idade, equiparava-o aos capazes quando tivesse atuado com malícia ou de modo ilícito, tal como levado ao texto dos arts. 155 e 156. De toda sorte, ressalvas – nem só as únicas, bastando lembrar do mandato conferido ao menor (art. 1.298), do testamento por ele elaborado (art. 1.627, I), da condição de testemunha que podia ostentar (arts. 142, III, e 1.650), entre outras – que serão examinadas, de maneira específica, no capítulo seguinte, que a tanto se dedica.

---

13 BULHÕES CARVALHO, Francisco Pereira de. *Incapacidade civil e restrições de direito*, 1957, t. I, p. 267-269.

Por ora, cabe reafirmar a opção da legislação precedente por uma categorização genérica e abstrata, uma seleção apriorística, aqui baseada em um critério etário-biológico, assim objetivo, mercê do qual entre dezesseis e vinte e um anos a pessoa era considerada relativamente incapaz, o que significava a possibilidade de participar dos atos da vida civil, falar, enfim, juridicamente, mas não sozinha, sempre acompanhada, com a concorrência da manifestação de vontade do assistente, ao pressuposto de que reconhecido algum discernimento, muito embora não completo, ao menor púbere.

Em segundo lugar, na sua redação originária, o Código de 1916 elencava, entre os relativamente incapazes, *as mulheres casadas, enquanto subsistisse a sociedade conjugal*. O que, frise-se, persistiu até a edição da Lei n. 4.121, de 1962, o chamado Estatuto da Mulher Casada. Portanto, uma hipótese que, mesmo antes da Constituição Federal de 1988, que assentou a igualdade entre homem e mulher nos direitos e deveres resultantes do casamento, e ainda antes da edição do atual Código Civil, o qual não repetiu a regra, já não mais vigorava.

Certo que, hoje sem sentido, a hipótese havia de ser compreendida conforme a lógica que ditava a normatização precedente, isso mesmo que ela não constasse do projeto primitivo de Clóvis Bevilaqua. Na sua observação, a previsão em questão, e mesmo a submissão da mulher à autoridade marital, porque afinal o marido era o chefe da sociedade conjugal, atendia à "necessidade de harmonizar as relações da vida conjugal"[14]. Indo mais além, garantia-se a indissolubilidade do casamento, posto que ao custo da felicidade dos cônjuges. Não se há olvidar que, na conformação do ordenamento de então, o casamento era a única forma de constituição da família legítima, o que se devia não só a motivos morais ou religiosos, mas, ao mesmo tempo, econômicos. Erigida a economia da época sobre a atividade agrícola, que se desenvolvia, ainda longe do agronegócio, mas na propriedade imóvel que passava de pai para filho, impunha-se preservá-la no mesmo tronco familiar. Era mesmo a família tomada como uma unidade produtiva, a ser como tal preservada[15].

---

14   BEVILAQUA, Clóvis. *Código Civil dos Estados Unidos do Brasil*, cit., v. I, p. 184.
15   Para um retrato do contexto em que historicamente envolvidas as relações familiares e para um escorço de sua evolução, ver: TEPEDINO, Gustavo. A disciplina civil-constitucional das relações familiares, 2008, p. 419-444. Tratei ainda do tema em: O direito à privacidade nas relações familiares, 2005, p. 119-148. Item 3; e igualmente em: Efeitos pessoais da união estável, 2010, p. 327-342. Itens 1 e 2.

Ultrapassada essa concepção utilitária da família, hoje construída sobre a ideia de uma relação de solidariedade e afeto, visto o casamento com função específica, e social, de promoção da dignidade e da realização dos cônjuges[16], admitidas outras formas de família, claro que perde todo o significado aceitar uma sociedade conjugal hierarquizada, sob a chefia do marido, e a que se submeta a virago, por isso reputada relativamente incapaz.

E, de todo modo, mesmo à luz da originária configuração do Código Civil de 1916, já apontava Carvalho Santos que a situação da mulher nem era, propriamente, de alguém relativamente incapaz, mas sim, tal como examinado no item Incapacidades especiais e ilegitimidade do Capítulo 2, de uma incapacidade especial à prática dos atos elencados no art. 242, de resto a mesma do marido para consumar os atos descritos no art. 235[17]. Na mesma senda a posição de Pontes de Miranda, que recusava à mulher casada a condição de incapaz[18]. A nota distintiva, com efeito, da situação dos cônjuges estava na submissão da mulher às decisões maritais, por exemplo em relação aos filhos e ao domicílio conjugal, e em cujo contexto se punha a gestão que a este cabia até de seu próprio patrimônio (art. 233).

Em terceiro lugar (não na ordem dos incisos do art. 6º), previa o Código precedente a incapacidade relativa dos *silvícolas*. De novo algo que não constava do projeto primitivo, que tencionava legar sua disciplina à lei especial[19], tal como hoje se levou ao texto do art. 4º, parágrafo único, do Código Civil de 2002 e mesmo como já normatizado desde o Decreto n. 5.484, de 1928, sucessivo ao Regulamento n. 8.072, de 1910. De todo modo, a referência de incapacidade do Código Civil de 1916 era aos "habitantes da floresta e não aos que se acham confundidos na massa geral da população, aos quais se aplicam os preceitos do direito comum"[20]. Quer dizer, os índios em seu estado natural, não aculturados.

---

16 Conforme acentua Pietro Perlingieri, essa é mesmo a função social do casamento: a promoção da dignidade dos cônjuges (PERLINGIERI, Pietro. *Perfis do direito civil*: introdução ao direito civil constitucional, 1999, p. 252). Tem-se uma renovada visão do casamento e da própria família, verdadeiramente eudemonista, funcionalizada à felicidade dos seus integrantes, ligados por laços de afeto, antes e mais que biológicos e patrimoniais (FACHIN, Luiz Edson. *Questões de direito civil brasileiro contemporâneo*, 2008, p. 324).
17 CARVALHO SANTOS, J. M. de. *Código Civil brasileiro interpretado*, cit., v. I, p. 270-271.
18 PONTES DE MIRANDA, Francisco Cavalcanti. *Tratado de direito privado*, 1954, t. IV, p. 99.
19 BEVILAQUA, Clóvis. *Código Civil dos Estados Unidos do Brasil*, cit., v. I, p. 188.
20 BEVILAQUA, Clóvis. *Código Civil dos Estados Unidos do Brasil*, cit., v. I, p. 189.

Por último, e pretendendo traduzir hipótese especial, indutiva de uma curatela naturalmente limitada, como se verá, o Código Civil de 1916 identificou como relativamente incapazes os ***pródigos***. Cuidava-se de incapazes protegidos de modo mais tênue, dado que sua interdição apenas os privava, sem o seu curador, da prática de alguns atos da vida civil (art. 459).

Costumeiro definir o pródigo como alguém que dissipa desordenadamente os seus haveres, reduzindo-se à miséria[21]. É vincular a causa da incapacidade à proteção do patrimônio do pródigo. Nesse sentido, Clóvis Bevilaqua, que defendia a desconsideração da prodigalidade como causa autônoma da incapacidade, e reproduzindo parecer que a respeito apresentou à Comissão da Câmara que examinava o então projeto de Código Civil, referia a origem patrimonialista da previsão do pródigo enquanto alguém incapaz, lembrando da conceituação contida no Livro IV, Título III, § 6º, das Ordenações ("o que desordenadamente gasta e destrói sua fazenda") e, mais, acentuando a necessidade de que houvesse herdeiros para que se decretasse sua interdição. A seu ver, porém, a prodigalidade apenas deveria induzir incapacidade se revelasse uma patologia, mas o que, segundo defendia, bem se poderia subsumir à causa geral de alienação mental, de perda total ou parcial do discernimento[22].

Não foi, todavia, o que acabou levado ao texto do Código anterior. Estabeleceu-se uma causa autônoma de incapacidade vocacionada a uma tutela que se pode dizer de índole patrimonial-familiar. Tanto assim que, nos arts. 460 e 461 (regras não reproduzidas no atual Código Civil), condicionava-se a interdição do pródigo, e sua persistência, à existência de cônjuge, ascendentes e descendentes, portanto sucessores. Insista-se, então, o pródigo só era interditado se tivesse cônjuge, ascendentes ou descendentes, a quem cabia promover a ação (art. 460). E a interdição decretada só se mantinha diante desses familiares; se eles faltassem, a interdição se levantava (art. 461).

Destarte, antes de se voltar à proteção da pessoa do pródigo, sua incapacidade, à luz do Código Civil de 1916, tendia a preservar o patrimônio transmissível aos familiares[23]. A propósito a crítica candente de Carvalho Santos: "o

---

21   Por todos: MONTEIRO, Washington de Barros. *Curso de direito civil*: parte geral, 2003, p. 66, p. 72.
22   BEVILAQUA, Clóvis. *Código Civil dos Estados Unidos do Brasil*, cit., v. I, p. 185-186.
23   Revelação dessa compreensão de prodigalidade pela jurisprudência se pode encontrar, exemplificativamente, em: STJ, REsp 36.208/RS, 3ª T., rel. Min. Costa Leite, j. 14.11.1994. Da ementa do aresto se extrai: "A prodigalidade é uma situação que tem mais a ver com

que se percebe é que o Código se ateve à arcaica doutrina da interdição por prodigalidade ter fundamento na garantia de propriedade comum da família e daí não foi além um passo, não evoluindo até o ponto de se transformar em uma interdição por alienação mental"[24]. Aliás, bem uma adstrição à história da prodigalidade, ligada à preservação de um verdadeiro consórcio patrimonial da família.

Esse, em síntese, o quadro geral das incapacidades no Código Civil de 1916. Hipóteses específicas elencadas a partir da causa da incapacidade erigida, agrupadas de acordo com a gravidade determinada pelo legislador, tudo de forma apriorística, genérica, abstrata. Duas "grandes categorias" de incapazes, alguns considerados sem qualquer discernimento, outros com parcial discernimento, mas igualmente mercê de uma presunção inavaliável concretamente e impassível de flexibilização em limites diferenciados dos parâmetros legais, ressalvado o caso do surdo-mudo – mesmo acaso considerado absolutamente incapaz – e o do pródigo. Por fim, ainda sem qualquer individualização do campo da atuação jurídica em que se coloca o indivíduo.

O QUADRO GERAL DAS INCAPACIDADES NO CÓDIGO CIVIL DE 2002

Na reorganização da disciplina das incapacidades, o intento do atual Código Civil foi o de abandonar o casuísmo restritivo da anterior codificação, selecionando hipóteses mais amplas de pessoas total ou parcialmente despidas de discernimento. Quer dizer, um regime escudado, do mesmo modo, na preservação de indivíduos privados de exata compreensão e determinação, porém agora em elenco menos descritivo de situações específicas, de males especiais, se comparado ao quanto se havia levado ao Código Civil de 1916.

Ainda que, como se verá, a seu ver as alterações tenham sido insuficientes, reconhece Jussara Maria Leal de Meirelles que o Código de 2002 andou melhor ao optar por uma "cláusula genérica de falta de discernimento para estabelecer a incapacidade em razão de enfermidade", afastando-se de "qualquer enume-

---

a objetividade de um comportamento na administração do patrimônio do que com o subjetivismo da insanidade, da capacidade para os atos da vida civil".
24   CARVALHO SANTOS, J. M. de. *Código Civil brasileiro interpretado*, cit., v. I, p. 275-276.

ração taxativa de formas de enfermidade ou alienação mental" e evitando-se, até, o "difícil diagnóstico certo e preciso de uma ou outra patologia"[25].

Igualmente Álvaro Villaça Azevedo e Gustavo Rene Nicolau reputam melhor o caminho trilhado pelo Código Civil de 2002, citando o exemplo da surdo-mudez, abandonada como revelação da vontade do legislador de evitar redação mais casuística, por isso restritiva, e preferindo menção mais ampla àqueles que não podem exprimir sua vontade[26].

Mas, a bem da verdade, segundo se acredita, malgrado o propósito da legislação editada tenha sido o de se apartar de descrições ou seleções de causas deficitantes específicas, acabou por não o consumar completamente, a rigor traindo mesmo a sua intenção. Manteve, ademais, categorizações aprioristicas de pessoas incapazes, com pouca flexibilidade e poucos espaços de atuação e autonomia compatíveis com um grau diversificado e particularizado de discernimento da pessoa. Baralhou conceito de incapacidade enquanto um estado publicamente assentado com o de incapacidade acidental (art. 3º, III, já revogado pelo EPD, mas que em parte ainda se reflete agora no inciso III do art. 4º), desconsiderando a distinção que se examinou no item Incapacidade natural e incapacidade acidental do Capítulo 2. Por fim, permaneceu sem distinguir, para fins de incidência das regras de incapacidade, os diferentes atos que a pessoa pode praticar no campo jurídico, ora negociais, ora não negociais, por vezes existenciais, o que, crê-se, não se poderia tratar de maneira igual, genérica, abstrata e apriorística.

Com efeito, se a lógica subjacente à legislação era refutar enumeração casuística das causas de incapacidade, em nome de cláusulas mais abertas e abrangentes, bastaria ao Código Civil ter explicitado que, além da idade, ainda que tarifariamente a escolhesse, seria considerado incapaz, total ou parcialmente, quem por qualquer causa duradoura não pudesse exprimir consciente e livremente sua vontade, conforme apurado em ação de curatela. Não o fez, contudo, como se procurará demonstrar.

A propósito, pois, cumpre retratar o desenho das incapacidades genéricas no Código Civil de 2002, em sua redação originária, não sem antes ressalvar que, tal como seu precedente, elencou hipóteses especiais de mitigação desse

---

25 MEIRELLES, Jussara Maria Leal de. O transtorno bipolar de humor e o ambiente socioeconômico que o propicia: uma leitura do regime das incapacidades, 2008, v. II, p. 603.
26 AZEVEDO, Álvaro Villaça; NICOLAU, Gustavo Rene. *Código Civil comentado*, 2007, v. 1, p. 25.

modelo totalizante, conforme se detalhará no capítulo seguinte, reiterando-se, desde já, os exemplos dos menores testando, aceitando mandato, servindo como testemunha, recebendo pagamento ou mútuo.

No tocante ao rol dos absolutamente incapazes, manteve a atual normatização, no art. 3º, I, a opção por uma causa etária, objetiva, de exigência de representação para exercício de direitos afetos aos **menores de dezesseis anos**. Ou seja, os *menores impúberes*, com as mesmas observações do item anterior, continuaram sendo presumidamente despidos de discernimento e de aptidão para a expressão de sua vontade, assim impedidos de se manifestar pessoalmente, do ponto de vista jurídico, praticando por si os atos da vida civil, ainda que tudo concebido de modo genérico e abstrato, sem avaliação da peculiar condição de compreensão daquele indivíduo e conforme o tipo de ato a praticar, críticas já mencionadas e às quais se tornará.

De resto, quanto aos incapazes em virtude de causa psíquica, o Código Civil de 2002 havia abandonado a alusão aos loucos de todo o gênero, expressão, como visto no item precedente, há muito objeto de severas críticas, para referir-se aos que, ***por enfermidade ou deficiência mental, não tiverem o necessário discernimento para a prática dos atos da vida civil***, note-se, por relevante, de acordo com o quanto apurado e decidido em ação (então) de interdição, consoante disposto no art. 1.767, I, aqui seguindo a tendência histórica analisada no tópico Estado de incapacidade do Capítulo 2, *supra*.

Procurou-se, na linha do objetivo que originariamente norteou a codificação, substituir descrição casuística e, por isso, reducionista, limitativa, para elencar causa mais ampla de comprometimento à compreensão e volição, assim impondo regime protetivo a quem desse mal padecesse. E justamente nesse ponto o Código começava por evidenciar falta de coerência com o seu próprio propósito. Afinal, pretendendo ser mais amplo, abarcar as mais diversas situações de falta de discernimento, acabou por mencionar causas deficitantes diversas, quais sejam, a enfermidade e a deficiência mental, levando o intérprete à dúvida sobre o exato significado de uma ou outra causa quando, tal qual mais de uma vez já se acentuou, isso parece de todo irrelevante. Seja dado então reiterar: na matéria não importa a causa, o motivo, desde que duradouro, mas sim o resultado que provoca, de privação de discernimento e, mais, como se viu no tópico Fundamento do regime das incapacidades do Capítulo 2 a inaptidão à livre e consciente expressão da vontade.

Ao invés de simplesmente ditar incapacidade absoluta a quem por qualquer razão se visse privado de intelecção e volição, tudo apurado em ação própria, o Código resolveu especificar causas cujos significados, então, acabaram gerando perplexidade ao intérprete. De todo modo, foi comum ligar-se a enfermidade a um mal adquirido e a deficiência a um mal congênito. Mas, de novo, o que não importa, antes importando a ausência de discernimento e a necessidade de proteção.

Porém, o pior problema causado pelo elenco do art. 3º, crê-se, estava em seu inciso III, quando preconizava serem absolutamente incapazes aqueles que, ***mesmo por causa transitória, não puderem exprimir sua vontade***. Não são poucas as perguntas que o texto sugeria – e que se projetam hoje, em parte, para o inciso III do art. 4º (como se verá abaixo, no item O inciso III do art. 4º do Código Civil de 2002 deste capítulo): o que é causa transitória? É sinônimo de estado passageiro? E, se é um estado passageiro, dispensa-se a ação de curatela? Significa privação apenas da capacidade de expressão da vontade, mas não necessariamente do discernimento, se se diz que incapazes aqueles que não possam exprimir sua vontade, no inciso anterior, aí sim se aludindo à privação de discernimento? Viável então sustentar, como obtempera João Baptista Vilella, que o Código Civil tenha admitido que alguém possa *ser* ou *estar* incapaz no direito brasileiro?[27]

Porque as respostas, difíceis, reclamavam e ainda reclamam maior digressão, porque denotam, conforme sejam, a real essência do desenho normativo das incapacidades no atual Código Civil – mesmo depois do Estatuto da Pessoa com Deficiência –, e porque se ensaiará, a respeito, uma proposta própria de interpretação, já atualmente para o inciso III do art. 4º, que em parte reproduz a regra anterior do art. 3º, III, opta-se por legar o exame das questões postas para item separado, o seguinte, portanto a que se ora remete. Apenas não se furta a adiantar que, segundo se entende, confundiu-se, nesses incisos, o conceito de incapacidade acidental, que deveria ter tratamento autônomo, com a consideração do que seja o estado de incapacidade, publicamente assentado, por meio de sentença, levada ao registro civil das pessoas naturais. Exatamente o que se analisou nos tópicos Estado de incapacidade e Incapacidade natural e incapacidade acidental do Capítulo 2.

Ainda confrontando os dois Códigos, no rol dos absolutamente incapazes não mais se inserem os ausentes, tal como estava no art. 5º, IV, da anterior normatização. Segundo Moreira Alves, como se sabe redator do anteprojeto

---

27 VILLELA, João Baptista. Incapacidade transitória de expressão, cit., p. 353.

na parte geral, "omite-se a alusão aos ausentes como absolutamente incapazes, visto que, em verdade, não o são, tanto que gozam de plena capacidade de fato no lugar onde eventualmente se encontram"[28]. A solução é de boa técnica, eis que ausência e incapacidade, tal qual visto no item anterior, são institutos não interligados, de fato lembrando-se que a questão do ausente mais se põe na necessidade de gestão e transmissão de seu patrimônio, ainda que hoje se reconheça como causa de extinção do matrimônio, consoante levado ao texto do art. 1.571, § 1º, e ainda que se discuta em qual exato momento do procedimento trifásico da ausência o casamento se dissolve – evidente, porém, algo a debater em outra sede.

Agora o rol dos relativamente incapazes, contido no art. 4º. Pois dele, já antes do atual Código Civil, excluída a *mulher casada*, igualmente como se viu no item precedente, agora se excluiu também a menção aos *índios*, ressalvando o parágrafo único que sua situação se há de regrar em lei especial, em real retomada da pretensão originária de Clóvis para o Código anterior, ainda uma vez como já se examinou no item O Código Civil de 1916. Causas de incapacidade deste capítulo.

Vigora, a respeito, a Lei n. 6.001/73, o chamado *Estatuto do Índio*, que prevê, no art. 7º, sua sujeição a regime tutelar, pela Fundação Nacional dos Povos Indígenas (FUNAI) (§ 2º), regido, no que couber, pelas disposições comuns do instituto (§ 1º). Sancionou-se com a nulidade qualquer ato entre o índio não integrado e qualquer pessoa estranha à comunidade indígena, praticado sem a assistência do órgão estatal (art. 8º), mas, frise-se, em importante exemplo da tendência da legislação que se vem erigindo para a matéria das incapacidades, ressalvando-se que "não se aplica a regra deste artigo no caso em que o índio revele consciência e conhecimento do ato praticado, desde que não lhe seja prejudicial, e da extensão dos efeitos" (parágrafo único do mesmo art. 8º)[29].

Em primeiro lugar, no rol do art. 4º, o Código Civil de 2002 aludiu aos menores púberes, ainda que com redução da idade para implemento da maioridade, então considerando relativamente incapazes **os maiores de dezesseis e menores de dezoito anos**. A redução da maioridade, de vinte e um para dezoi-

---

28 MOREIRA ALVES, José Carlos. *A parte geral do projeto de Código Civil brasileiro*, 2003, p. 75.
29 Ainda sobre a disciplina dos índios, de suas comunidades e de suas terras, ver, além dos arts. 231 e 232 da CF/88: Decretos ns. 88.118/83, 1.141/94, 1.175/96, 3.156/99, 3.799/2001 e 4.645/2003.

to anos, obedeceu a uma tendência de precocidade do menor, ademais da idade menor exigida para plena capacidade em outros campos do direito[30]. E, de mais a mais, posto adotado um critério- objetivo para o estabelecimento da maioridade, deve o legislador para tanto recolher dado da realidade, deve avaliar a capacidade natural que os indivíduos, em geral, contando certa idade, já apresentam no momento histórico da elaboração da lei. Como salienta Pedro Pais de Vasconcelos, o direito, neste ponto, há de buscar na realidade, na natureza das coisas, a concepção comum de maturidade para fixação da maioridade civil[31].

Na justa observação de Rosa Martins,

[...] a opção da lei por uma determinada idade não é aleatória, antes se baseia em regras de experiência e no sentimento predominante, em cada época e em cada comunidade, de qual seja o momento da vida do ser humano em que a maioria dos sujeitos atinge aquele grau de desenvolvimento físico, intelectual, moral e de experiência de vida mínimo, por forma a poder gerir a sua autonomia[32].

De qualquer maneira, manteve-se, como para os menores impúberes, uma escolha tarifária do legislador, presumindo-se o parcial discernimento das pessoas cuja idade esteja dentro daqueles limites rígidos, apenas reconhecidas hipóteses especiais quanto a negócios específicos, tal qual o testamento ou o mandato, conforme se detalhará no capítulo seguinte. Mas sem que ao juiz se dê a possibilidade de avaliar se, no caso concreto, o menor reúne maior ou menor grau de compreensão, tanto quanto sem distinguir em que tipo de atuação jurídica essa avaliação se daria.

Isso, não custa adiantar – malgrado a retomada do tema nos dois capítulos subsequentes –, bem na contramão da tendência da legislação mais moderna, mesmo pátria (pense-se na Lei n. 12.010/2009, só para citar um exemplo) e estrangeira (cf. referências no Capítulo 3), de diferenciar a participação do menor em situações existenciais e não existenciais, mesmo nessas distinguindo atos correntes de outros de maior comprometimento, e sempre atentando à

---

30   Por todos: EBERLE, Simone. *A capacidade entre o fato e o direito*, cit., p. 154; MONTEIRO, Washington de Barros. *Curso de direito civil*: parte geral, cit., p. 73.
31   VASCONCELOS, Pedro Pais de. Teoria geral do direito civil, 2000, p. 71.
32   MARTINS, Rosa. *Menoridade, (in)capacidade e cuidado parental*, 2008, p. 27.

preservação de um espaço maior de autonomia a quem revela grau de compreensão compatível com o ato que se pratica.

Em segundo lugar, já retomando causa psíquica de redução do discernimento, o Código Civil de 2002 reputou – e o EPD na primeira parte manteve, como se verá no item seguinte – relativamente incapazes *os ébrios habituais, os viciados em tóxicos, e os que, por deficiência mental, tenham o discernimento reduzido*. Mais uma vez a redação legal já frustrava o intento que animou a disciplina da matéria. Em vez de se dizer que eram relativamente incapazes aqueles que por qualquer causa duradoura tivessem o seu discernimento e expressão da vontade, em parte, comprometidos, identificaram-se hipóteses casuísticas, justamente o que se quis evitar, para arrematar o preceito com uma cláusula geral que, de per si, na lógica anterior ao Estatuto da Pessoa com Deficiência, já seria suficiente à configuração da incapacidade relativa não etária.

Nada importa, insista-se, se a causa de parcial prejuízo ao discernimento decorre de toxicomania ou ebriedade, relevando aferir, isto sim, o resultado de afetação à compreensão e expressão da vontade consciente do indivíduo. Sem contar a dificuldade em precisar exatamente o que seja o vício, ou quais indivíduos são viciados no consumo de álcool ou de substâncias entorpecentes. De todo modo, importa ter sempre em mente tratar-se de uma compulsão patológica, mas ainda por si insuficiente à incidência do regramento protetivo, eis que vital o resultado duradouro de comprometimento parcial do discernimento e da livre expressão da vontade. E tudo o que se deve apurar em ação própria, aliás, na senda do que já previam o Decreto n. 24.559/34 e o Decreto-lei n. 891/38, e tal qual se renova no art. 1.767, III, do Código Civil de 2002, não sendo demasiado lembrar que sem prejuízo da discussão concreta, particular, de validade de cada ato especificamente praticado por quem, então, ainda que pelas mesmas causas, não assentadas em ação de curatela, estivesse privado de discernimento, em real demonstração de incapacidade natural, acaso até acidental.

Fato é, todavia, que a sistematização foi falha, crê-se, na especificação da causa de incapacidade em comento, como, de resto, na especificação de causas particulares de incapacidade. Melhor seria ter omitido exatamente o que se quis omitir, mas afinal não se omitiu: a remissão a espécies de patologias, afecções que sejam móvel de parcial – e mesmo total – prejuízo ao discernimento. Mais ainda quando o EPD escoimou do ordenamento a deficiência como causa de capacidade, embora mantendo no art. 4º a referência individualizada à ebriedade e à toxicomania. Ao que se tornará no item seguinte.

O mesmo valia para a terceira hipótese de incapacidade relativa originariamente elencada pelo Código Civil de 2002. Eram os *excepcionais, sem desenvolvimento completo*. De novo: quem eram esses excepcionais? Quais as causas médicas impedientes a que se completasse o processo de desenvolvimento mental do indivíduo? O que importa se a causa da parcial privação de discernimento se deve a uma dessas excepcionalidades (assim então tomadas)?

Com efeito, irrelevante o reconhecimento de que a causa de redução do discernimento fosse atribuível a uma das síndromes conhecidas que impediam o sujeito de ver completo seu ciclo de desenvolvimento mental. Importante era esse comprometimento da compreensão, que, se parcial, o que ainda impendia diferenciar, independentemente da causa, reclamava incidência do regime protetivo da incapacidade relativa, de resto ainda aqui conforme apurado em ação (então) de interdição (art. 1.767, IV, depois revogado pelo EPD, cf. item adiante). Tudo que bem se reduziria a uma única redação genérica, repita-se, na lógica do próprio Código Civil de 2002.

Apenas que, e nesse ponto merecendo elogio, por prestigiar o concreto grau de compreensão do indivíduo, o Código atual havia possibilitado ao juiz, tanto na curatela do inciso III como também na do inciso IV, estabelecer limites, especificar só alguns atos que o interdito não poderia praticar sem o seu curador, tal como, necessariamente, se dá com a interdição do pródigo. Era a regra original do art. 1.772[33], mas depois inclusive estendida pelo EPD, em geral, para qualquer sentença de curatela, sem que seja sua causa a deficiência, de igual modo ao quanto previsto no art. 757, I, do Código de Processo Civil de 2015[34].

Por fim, manteve-se a prodigalidade, que se vem de mencionar, como causa específica e autônoma de incapacidade relativa. Dispõe, com efeito, o inciso IV do art. 4º que são considerados relativamente incapazes *os pródigos*. Na sustentação de Moreira Alves, respondendo a proposta de supressão dessa

---

33 Na redação original: "Pronunciada a interdição das pessoas a que se referem os incisos III e IV do art. 1.767, o juiz assinará, segundo o estado ou o desenvolvimento mental do interdito, os limites da curatela, que poderá circunscrever-se às restrições constantes do art. 1.782".
34 Sobre a questão do direito intertemporal envolvendo o Código de Processo Civil e o Estatuto da Pessoa com Deficiência, ver item Direito intertemporal. O Código de Processo Civil de 2015, *infra*, deste capítulo.

causa de incapacidade, durante a tramitação do projeto de Código Civil: "não parece deva ser suprimida a prodigalidade como causa de incapacidade relativa. Ela não se confunde com a simples ação perdulária. Ademais, é mais fácil provar a prodigalidade do que certas manifestações de enfermidade mental". E isso, acrescenta o autor, especialmente no intento de tutelar antes a pessoa que o patrimônio do pródigo[35].

É dizer, pretendeu-se manter a prodigalidade como causa autônoma de incapacidade de sorte a expandir a tutela de quem, de todo modo, ostenta alguma afecção – por isso que, diante da racionalidade do Estatuto da Pessoa com Deficiência, o que se haverá de discutir nos itens adiantes, tal qual a situação dos ébrios e viciados em tóxicos –, porém que considerava ser de mais fácil prova, mas sem dúvida que a se consumar em ação de curatela (art. 1.767, V), malgrado forçosamente limitada (art. 1.782). O pressuposto, então, foi o de proteger amplamente a pessoa, antes e acima do patrimônio do pródigo, tanto que, reitere-se, não reproduzido o condicionamento da interdição à existência de cônjuge, descendentes ou ascendentes, como estava nos arts. 460 e 461, agora escoimados do sistema codificado, valendo remissão ao quanto já a propósito expendido no item antecedente.

Nada obstante, acede-se à ponderação de Jussara Maria Leal de Meirelles[36], quando defende, primeiro, que o dispêndio excessivo e ordenado pode bem representar uma escolha consciente de quem não apresenta qualquer privação de discernimento. Acrescenta ainda a autora que, se a afecção existe, o caso facilmente se reconduziria à previsão, então, de enfermidade ou deficiência – hoje à previsão geral do art. 4º, III, do Código Civil –, importando aferir em que grau e precisando, conforme essa avaliação, a extensão da curatela na sentença. Ou seja, tem-se, em outras palavras, ressalva ao pressuposto de que a prodigalidade seja assim de tão fácil prova, ao revés, parecendo nem sempre clara sua configuração, mas, quando havida, bem se resolvendo a situação com recurso às causas gerais de incapacidade e, conforme ela seja, modulando-se o grau do apoio a se estabelecer em favor do incapaz.

A rigor, pois, novamente uma retomada da ideia original de Clóvis acerca do projeto primitivo do Código Civil de 1916, que não contemplava essa causa autônoma de incapacidade, tal qual se analisou no item precedente. É dizer que

---

35 MOREIRA ALVES, José Carlos. *A parte geral do projeto de Código Civil brasileiro*, cit., p. 136.
36 MEIRELLES, Jussara Maria Leal de. Economia, patrimônio e dignidade do pródigo: mais um distanciamento entre o ser e o ter?, 2008, p. 182-186.

talvez não se justifique, ao argumento duvidoso atinente à casuística da demonstração probatória da prodigalidade, erigir uma situação específica e particular de incapacidade, portanto fugindo à tendência do próprio Código Civil de abandonar descrições aprioristicas e detalhadas das incapacidades ou de suas causas.

Mas é forçoso reconhecer, de toda maneira, a feição menos patrimonialista do Código Civil atual no tratamento da matéria, em especial quando sujeitou o requerimento de curatela do pródigo à legitimidade geral, sem mais atrelar a sua persistência à existência de alguns familiares inseridos na ordem de vocação hereditária, como se apenas se ocupasse a lei, como antes se ocupava, de tutelar como que um patrimônio familiar[37].

Seguem as dúvidas, contudo, sobre a exata compreensão das limitações da curatela do pródigo. Isso porque o Código Civil de 2002, no art. 1.782, manteve a redação do art. 459 do Código anterior, estabelecendo que "a interdição do pródigo só o privará de, sem curador, emprestar, transigir, dar quitação, alienar, hipotecar, demandar ou ser demandado, e praticar, em geral, os atos que não sejam de mera administração". Visto de outro modo, uma previsão descritiva encerrada por uma cláusula geral. O exato significado foi o de se ter tomado a prodigalidade como uma causa mais tênue de incapacidade relativa, note-se, aprioristicamente, vedando-se ao pródigo a prática de alguns atos nominados, mas escolhidos de modo indicativo do que vai além da mera administração, a qual, portanto, a ele se defere.

Ainda em outras palavras, por ter suposto mais leve a incapacidade derivada da prodigalidade, a legislação, ademais de lhe dispensar tratamento particularizado, permitiu ao pródigo praticar, pessoalmente, sem o curador, atos que não extravasem a mera administração, antes elencando outros que assim não podem ser considerados, como a alienação ou a gravação de bens.

Primeiro ponto a realçar está em que, se a atual normatização, ao não reproduzir os arts. 460 e 461 do Código Civil antecedente, como se vem de examinar, portanto não mais subordinando a interdição do pródigo à presença de familiares em posição de suceder, andou bem e revelou intento de tutelar a pessoa do pródigo, não apenas e predominantemente o seu patrimônio, aqui,

---

37 V., nesse sentido, assentando a intenção do atual Código Civil de proteger a pessoa do pródigo e não mais a família deste, mercê do resguardo ao patrimônio sucessível, inclusive o que se retrata pela supressão dos arts. 460 e 461 do Código Civil de 1916, por todos: PEREIRA, Rodrigo da Cunha. *Comentários ao novo Código Civil*, 2003, p. 508.

na disposição do art. 1.782, acabou cristalizando uma herança patrimonialista, afinal como se os atos da vida civil do incapaz se reduzissem àqueles de cunho econômico.

E atos existenciais, diante da previsão do artigo em comento, o pródigo pode praticar sozinho? Por exemplo, pode se casar? Se o propósito, como o que permeava o Código Civil anterior, fosse o de preservação do patrimônio do pródigo (*cura rei*, como se viu, e não *cura personae*), então mais fácil explicar a sua plena capacidade matrimonial – malgrado não fosse, mesmo desse ponto de vista, de afastar ocasional comprometimento patrimonial com o casamento, a dano potencial para ele, especialmente conforme o regime de bens do casamento, mas de todo modo diante da questão dos aquestos –, de resto como costumeiramente se defende, tanto quanto se defende a plena validade da prática de outros atos de igual natureza, como o reconhecimento de filho, a fixação de domicílio, a autorização a que os filhos se casem[38]. De qualquer maneira, quanto ao casamento, remete-se ao tópico Capacidade matrimonial do Capítulo 5 e à consideração de que, dado o quanto lá defendido, não se poderia reconhecer ao pródigo tratamento mais gravoso do que aquele reservado à pessoa com deficiência em geral. Bem ao revés, então, admitindo-se a prática desse ato pessoalmente pelo pródigo, feita a mesma ressalva em relação, porém, ao pacto de escolha do regime de bens. Daí remeter-se ao item citado.

Entretanto, mesmo que se queira mantida a discussão no campo exclusivamente econômico-patrimonial, ainda assim a legislação não se evidencia bastante e faz persistir dúvida sobre os negócios que o pródigo pode e que não pode praticar, máxime tomando como meramente enunciativo o rol contido no art. 1.782[39]. Por exemplo, seria possível ao pródigo testar? Note-se que, no direito das sucessões, apenas ao menor púbere se ressalva a possibilidade de testar em completa capacidade, à especial consideração de que os efeitos do negócio se projetam para depois da morte do incapaz. Mas, como se verá no capítulo seguinte (no tópico Capacidade testamentária ativa do Capítulo 5), se é assim, com muito maior razão ao pródigo, e a despeito de se cuidar de ato de transmissão, porque *causa mortis* e porque a prodigalidade encerra causa incapacitante mais tênue, na visão e opção da lei, seria de aceitar que o pródigo testasse.

---

38 V. g.: MONTEIRO, Washington de Barros. *Curso de direito civil*: parte geral, cit., p. 72; PEREIRA, Rodrigo da Cunha. *Comentários ao novo Código Civil*, cit., p. 507; DINIZ, Maria Helena. *Curso de direito civil brasileiro*, 2007, v. 1, p. 168.
39 V., a respeito: AZEVEDO, Álvaro Villaça. *Comentários ao Código Civil*, 2003, v. 19, p. 490.

Tornando porém ao problema central, não se há de admitir que a tutela atribuída ao pródigo se manifeste, conforme sua pessoal condição, apenas aos atos de ordem econômico-patrimonial, como se, afinal, de *cura rei* ainda se tratasse e ao pressuposto de que sua incapacidade apenas se manifestasse no trato de seus bens[40]. Como se acentuou, pretende-se na atual normatização uma tutela que vai além da questão dos bens do curatelado, pelo que, então, parece pouco apenas dizer que vedados ou permitidos tais ou quais atos de natureza patrimonial, conforme está no art. 1.782, a contrário senso permitindo indistintamente qualquer outro ato praticado pelo pródigo, independentemente de sua concreta e particular situação. Não parece, com efeito, ser solução compatível com a preocupação do Código Civil de 2002 continuar afirmando que a situação do pródigo é de sua tutela na exata medida de seus pertences, pelo que tudo além disso lhe é permitido. Muito embora, ao contrário, igualmente não se deva admitir que a extensão de restrições ao pródigo sirva a obstaculizar o exercício de sua autonomia no potencial máximo da livre expressão da vontade, especialmente quando se tratar de atos de natureza existencial.

Em verdade, falta, e não só no que concerne ao pródigo, uma diferenciação entre os mais diversos campos de atuação jurídica civil do incapaz, e em que a respectiva disciplina incida, seja dado repetir, de modo concreto e particularizado. Isso se já não for para pensar em retomar a ideia de que a prodigalidade se possa reconduzir a uma única regra geral de incapacidade, ditada pelo nível de comprometimento do discernimento e aptidão para consciente expressão da vontade do indivíduo. Seria mais uma vez a constatação de que desimporta a causa e importa o seu resultado de duradouro comprometimento da livre manifestação da vontade da pessoa, no que a ela se devem assegurar as medidas de apoio adequadas à sua particular situação.

A SUPERVENIÊNCIA DA LEI N. 13.146/2015 – O ESTATUTO DA PESSOA COM DEFICIÊNCIA

Alterando profundamente o regime jurídico das incapacidades, de modo específico no quanto atinente às pessoas com deficiência, foi editada, em 6 de julho de 2015, a Lei n. 13.146, o chamado *Estatuto da Pessoa com Deficiência*

---

40   Nessa esteira: RODRIGUES, Silvio. *Direito civil*, 2002, v. 1, p. 52-53.

ou a *Lei Brasileira de Inclusão*. E a qual, a rigor, veio na esteira da incorporação, pelo País, da Convenção sobre os Direitos das Pessoas com Deficiência (e seu Protocolo Facultativo), assinada em Nova York no dia 30 de março de 2007, aprovada nas duas Casas Legislativas brasileiras e, então, aqui promulgada em 25 de agosto de 2009[41]. Ou seja, a partir de quando os preceitos da Convenção não só se incorporaram ao direito positivo interno como ainda no nível de emenda constitucional, tal qual disposto no art. 5º, § 3º, da Constituição Federal[42] e dado o seu conteúdo, versando sobre direitos humanos[43].

Não que antes disso inexistisse no Brasil iniciativa legislativa mais recente dispondo de maneira particular sobre os direitos das pessoas com deficiência. Citem-se, por exemplo, a Lei n. 7.853, de 24 de outubro de 1989, e, depois dela, a Lei n. 10.216, de 6 de abril de 2001. A primeira, prevendo medidas, conforme seu art. 1º – embora o que por si já sintomático de um modelo anterior (médico), marcado nas expressões "portadoras" e "integração" –, tendentes a assegurar "o pleno exercício dos direitos individuais e sociais das pessoas portadoras de deficiências, e sua efetiva integração social"; e a segunda, por isso dita "Lei Antimanicomial", e sob o mesmo viés médico, referente à "pessoa portadora de transtorno mental" e voltada a "redirecionar modelo assistencial em saúde mental", mas tornando excepcional a institucionalização por internação, rompendo com histórico de segregação manicomial, de triste memória do Brasil e fora dele[44]. Mas certo que, seja como for, ambas as leis – mesmo que presas a modelo superado, como se verá – vieram funcionalizadas à vedação de qualquer prática de discriminação e à observância plena dos direitos da

---

41 A Convenção foi aprovada no Congresso pelo Decreto Legislativo n. 186, de 9 de julho de 2008, e promulgada pelo Decreto n. 6.949 do Presidente da República, tendo sido a primeira internalizada na forma do art. 5º, § 3º, da Constituição Federal, incluído pela Emenda Constitucional n. 45, de 2004.

42 Art. 5º, § 3º: "Os tratados e convenções internacionais sobre direitos humanos que forem aprovados, em cada Casa do Congresso Nacional, em dois turnos, por três quintos dos votos dos respectivos membros, serão equivalentes às emendas constitucionais".

43 Ver, por todos: ARAUJO, Luiz Alberto David. Painel sobre os direitos das pessoas com deficiência no sistema constitucional brasileiro, 2014, p. 290.

44 A respeito, respectivamente: ALMEIDA, Vitor. *A capacidade das pessoas com deficiência e os perfis da curatela*, cit., p. 62-65, mencionando os exemplos da Colônia de Barbacena e da Casa de Repouso de Guararapes; e, retratando o traço histórico verdadeiramente correcional da internação: FOUCAULT, Michel. *História da loucura na Idade Clássica*, 2020, p. 79-110.

pessoa com deficiência (cf. art. 1º das duas normatizações[45]). Todavia, insista-se: ainda foram e são corpos normativos editados a partir de uma perspectiva médica, de saúde, então tomadas as pessoas com deficiência como portadoras de um transtorno. Ou seja, pessoas apartadas do padrão comum de "normalidade".

E bem esse o ponto nodal de mudança com a superveniência da Convenção sobre o Direito das Pessoas com Deficiência e, na sua linha, da Lei Brasileira de Inclusão. Alterada a racionalidade própria e o modelo de abordagem da situação e direitos dessas pessoas. Passa-se ao chamado "modelo social", ainda dito "ambiental" ou de "direitos humanos"[46], sob cujo matiz se passa a sistematizar a matéria. Mais, com direto reflexo, e mesmo assumida como pressuposto, à capacidade jurídica da pessoa com deficiência.

Do modelo médico ao modelo social

Viu-se já no item Fundamento do regime das incapacidades do Capítulo 2, reservado ao exame dos fundamentos do regime jurídico da incapacidade, a sequência dos modelos de abordagem do tema, desde o período mais longevo, em que aceita a ideia inclusive da *prescindibilidade* das pessoas com deficiência, compreensão permeada por noções de ordem moral, econômica e religiosa. Eram indivíduos, primeiro, abandonados, literalmente, a uma situação de *exposição*, depois separados, culpados pelas próprias afeções, como que marcados pela retribuição de pecado cometido ou, ainda, moralmente desvalorizados pela improdutividade econômica. Sempre segregados, de algum modo, mesmo que sob a fórmula da internação.

---

45 Art. 1º da Lei n. 7.853/89: "Ficam estabelecidas normas gerais que asseguram o pleno exercício dos direitos individuais e sociais das pessoas portadoras de deficiências, e sua efetiva integração social, nos termos desta Lei." § 1º: "Na aplicação e interpretação desta Lei, serão considerados os valores básicos da igualdade de tratamento e oportunidade, da justiça social, do respeito à dignidade da pessoa humana, do bem-estar, e outros, indicados na Constituição ou justificados pelos princípios gerais de direito"; art. 1º da Lei n. 10.216/2001: "Os direitos e a proteção das pessoas acometidas de transtorno mental, de que trata esta Lei, são assegurados sem qualquer forma de discriminação quanto à raça, cor, sexo, orientação sexual, religião, opção política, nacionalidade, idade, família, recursos econômicos e ao grau de gravidade ou tempo de evolução de seu transtorno, ou qualquer outra".
46 ARAUJO, Luiz Alberto David. Painel sobre os direitos das pessoas com deficiência no sistema constitucional brasileiro, cit., p. 290; CORRÊA, Luís Fernando Nigro. *A Convenção sobre os Direitos da Pessoa com Deficiência*, 2021, p. 175 e 241.

Precedente ao modelo social, que hoje se estabelece, assim que em fase mais recente desse verdadeiro processo, a regulação da situação envolvendo as pessoas com deficiência – e o que releva porquanto mesmo nos Códigos Civis brasileiros – foi construída sobre os pressupostos do chamado *modelo médico*, em que a deficiência, indistinta do conceito de impedimento, era encarada como uma doença a ser tratada. Procurava-se a cura, como se disso se cuidasse e, de toda forma, como se possível para algumas condições congênitas. O propósito, a rigor, era o tratamento médico que se lhe dispensava de modo a trazer a pessoa com deficiência para o que se assumia ser um estado de "normalidade", mais uma vez, como se a diferença não fosse normal. Tal o que explica, consoante visto antes neste capítulo (item O Código Civil de 1916. Causas de incapacidade), a categorização, como absolutamente incapaz, do *louco de todo o gênero*.

O enfoque, portanto, era eminente endógeno da pessoa, tomada em sua condição e como se não lhe fossem, por causa disso, afetas barreiras vindas de fora. A ideia fundamental era *reabilitar* o indivíduo para que se garantisse, superada a segregação (mesmo jurídica), sua *integração* à vida comunitária, à sociedade. E, se isso se deixou de procurar alcançar mediante internação, persistiu a se estabelecer a partir de um ponto de vista ou de um diagnóstico médico, ou seja, de avaliação e enfrentamento da *doença* de quem, então, era tido apenas como paciente, objeto do tratamento.

Todavia, tal qual previsto no art. 1º da Convenção – não se deslembre, lei vigente no País, com *status* constitucional –, as pessoas com deficiência "são aquelas que têm impedimentos de longo prazo de natureza física, mental, intelectual ou sensorial, os quais, em interação com diversas barreiras, podem obstruir sua participação plena e efetiva na sociedade em igualdades de condições com as demais pessoas". Quer dizer, a deficiência necessariamente está além dos impedimentos da pessoa. Ela está na relação, na interação desses impedimentos com as barreiras, que são sociais, a que as pessoas com deficiência se possam determinar com autonomia, embora nos limites de suas potencialidades, assim a que possam ver respeitadas suas próprias escolhas.

Daí a imposição de que outro modelo, no qual, além ou acima da questão de saúde – essa sim, médica –, se cuidasse da superação dos obstáculos externos, sociais e jurídicos, de acessibilidade, educação, trabalho, de apriorística limitação de direitos, a fim de assegurar não a integração pela "normalização da pessoa", mas sim a sua *inclusão*. Ou seja, respeitando-se as diferenças próprias, mas ao mesmo tempo as opções pessoais do indivíduo, definidos e garantidos mecanismos de apoio para a tomada de suas decisões, sempre no máximo de suas possibilidades. E, mesmo quando severo o comprometimento à expressão da vontade efetiva da pessoa, prestigiando-se então solução de identificação de uma sua vontade potencial[47], ainda que a aferir em função do que apurável a partir de manifestações anteriores do indivíduo ou de suas próprias características[48].

Nesse contexto é que se assenta o denominado *modelo social*, que anima a Convenção e, na sua esteira, o Estatuto da Pessoa com Deficiência. Trata-se de construir um sistema de apoio à pessoa com deficiência que se destina a possibilitar se ultrapassem as barreiras sociais que a impedem de exercer sua autonomia, considerada a peculiar condição que ostente, destarte tomada a igualdade em seu viés material. Altera-se a lógica da apriorística substituição da vontade, posto que a pretexto de proteger, pela consideração de suas decisões (portanto de sua autonomia, de sua liberdade), tomadas com o apoio necessário ao salto sobre as barreiras que as obstem[49]. E assim se pretende incluir a pessoa, como ela é e com o auxílio de que precise.

A capacidade da pessoa com deficiência

Na perspectiva e na lógica do modelo social, de *inclusão* da pessoa com deficiência, a ela se garantindo a máxima expansão de suas virtualidades, mesmo do ponto de vista jurídico, o art. 6º do Estatuto da Pessoa com Deficiência previu que "a deficiência não afeta a plena capacidade civil da pessoa",

---

47 Joyceane Bezerra de Menezes menciona o que seria, nesses casos, uma "vontade biográfica" ou uma "vontade tácita" do indivíduo (MENEZES, Joyceane Bezerra de. O direito protetivo após a Convenção sobre a Proteção da Pessoa com Deficiência, o novo CPC e o Estatuto da Pessoa com Deficiência: da substituição da vontade ao modelo de apoios, 2020, p. 582, nota 23, e p. 597). Lembre-se ainda, a respeito, do § 1821.4 do BGB, examinado no tópico O sistema alemão do Capítulo 3.

48 Segundo a observação de Luís Fernando Nigro Corrêa, nos casos excepcionais em que a decisão apoiada não for suficiente, pelo severo comprometimento da expressão da vontade do indivíduo, nada impede solução ou decisão que "seja lançada com lastro nas preferências, vontades declaradas anteriormente pela pessoa com deficiência em casos análogos, enfim, que se busque com base em elementos relacionados às características próprias daquele indivíduo, o que levaria à construção de uma decisão mais próxima possível daquela que ele tomaria se pudesse expressá-la" (CORRÊA, Luís Fernando Nigro. *A Convenção sobre os Direitos da Pessoa com Deficiência*, cit., p. 173-174).

49 Por todos: BARIFFI, Francisco J. El derecho a decidir de las personas con discapacidad: dignidad, igualdad y capacidad, 2020, p. 62-63.

enquanto o art. 84 previu que a "pessoa com deficiência tem assegurado o direito ao exercício de sua capacidade legal em igualdade de condições com as demais pessoas", ainda que nos §§ 2º e 3º se lhe assegure apoio, seja pela curatela – em relação aos atos de natureza patrimonial e negocial (art. 85), e com os problemas daí advindos, a examinar –, seja pela tomada de decisão apoiada. É dizer, uma curatela para pessoa capaz, como de resto se dava com a previsão (revogada, como se verá a seguir) do art. 1.780, que estabelecia a curatela para o enfermo e para a pessoa com deficiência física.

Mas veja-se desde logo que não se tratou exatamente de uma opção e nem ela foi inédita do legislador ordinário brasileiro, porquanto, relembre-se, já então vigentes no País, desde 2009 – com hierarquia constitucional, conforme acentuado antes –, as disposições da Convenção sobre o Direito das Pessoas com Deficiência, cujo art. 12, n. 2, expressamente impôs que "[O]s Estados Partes reconhecerão que as pessoas com deficiência gozam de capacidade legal em igualdade de condições com as demais pessoas em todos os aspectos da vida". E aqui já não havendo dúvida sobre a exata extensão do conceito de "capacidade legal", abrangente quer da capacidade de gozo, quer, especialmente, da capacidade de exercício, como é bem a tônica da mudança, isto é, a preservação da capacidade de agir da pessoa com deficiência.

Com efeito, não foi por outro motivo e em diferente sentido que o mesmo art. 12 da Convenção, agora em seu item terceiro, estabeleceu aos Estados Partes a obrigatoriedade da adoção de "medidas apropriadas para prover o acesso das pessoas com deficiência ao *exercício* de sua capacidade legal". Mais, na interpretação do que seja a capacidade legal imposta pela Convenção no art. 12, n. 2, assentou o Comitê sobre os Direitos das Pessoas com Deficiência, das Nações Unidas, na Observação Geral n. 1, item 12, a compreensão de que ela alcança a prerrogativa de titular direitos e também de exercer esses direitos[50].

---

50 *"12. En el artículo 12, párrafo 2, se reconoce que las personas con discapacidad tienen capacidad jurídica en igualdad de condiciones con las demás en todos los aspectos de la vida. La capacidad jurídica incluye la capacidad de ser titular de derechos y la de actuar en derecho. La capacidad jurídica de ser titular de derechos concede a la persona la protección plena de sus derechos por el ordenamiento jurídico. La capacidad jurídica de actuar en derecho reconoce a esa persona como actor facultado para realizar transacciones y para crear relaciones jurídicas, modificarlas o ponerles fin. El derecho al reconocimiento como actor jurídico está establecido en el artículo 12, párrafo 5, de la Convención, en el que se expone la obligación de los Estados partes de tomar 'todas las medidas que sean pertinentes y efectivas para garantizar el derecho de las personas con discapacidad, en igualdad de condiciones con las demás, a*

Pois tal o que, com a superveniência do Estatuto da Pessoa com Deficiência, se confirma pela nova redação que acabou ele conferindo aos arts. 3º e 4º do Código Civil.

É bem de ver, então, que a disposição do art. 6º do EPD, que traz, é verdade, inúmeros e relevantes reflexos ao regime jurídico das incapacidades, consoante se verá, não raro com problemas sérios de coordenação com outros institutos, passa longe de ter sido exatamente uma alternativa que se reservasse ao legislador ordinário, porque ditada por comando superior, de nível constitucional, que se deu com a incorporação da Convenção ao direito pátrio e na forma do art. 5º, § 3º, da Constituição Federal. Nesse quadro, portanto, sequer seria dado ao legislador infraconstitucional dispor de maneira inversa sobre a capacidade das pessoas com deficiência, mantendo-as no rol dos incapazes, frise, em razão dessa específica causa.

A ideia central, desde a Convenção, foi e é a de que assegurar à pessoa com deficiência a capacidade de agir, posto que com as medidas de apoio que à sua condição sejam adequadas, traduza a única forma de verdadeiramente lhe garantir inclusão plena nas relações jurídicas, as quais, de seu turno, propiciam amplo acesso e fruição de seus direitos, mesmo os mais essenciais[51]. Implementa-se, desse modo, a efetividade do modelo social de disciplina da situação jurídica das pessoas com deficiência, amparada no propósito de seu reconhecimento e preservação da igualdade diante de todos e diante da lei. Sintomático, a propósito, que o art. 12 da Convenção se ponha sob o título do "reconhecimento igual perante a lei".

Exatamente nesse sentido, inclusive acentuando que, de fato, o art. 12 da Convenção foi um dos que mais polêmica ensejaram nos debates que precederam a sua edição, Luís Fernando Nigro Corrêa pondera que o reconhecimento

---

ser propietarias y heredar bienes, controlar sus propios asuntos económicos y tener acceso en igualdad de condiciones a préstamos bancarios, hipotecas y otras modalidades de crédito financiero, y [velar] por que las personas con discapacidad no sean privadas de sus bienes de manera arbitraria'" (disponível em: https://documents-dds-ny.un.org/doc/UNDOC/GEN/G14/031/23/PDF/G1403123.pdf?OpenElement. Acesso em: 29 jul. 2023).
51   Para Francisco J. Bariffi, o exercício pleno da capacidade jurídica das pessoas com deficiência se erige como uma sua garantia de acesso e fruição de todos os direitos humanos, portanto envolvendo-se no tema a compreensão que diz dinâmica do conceito geral de capacidade, aquela de fato ou de exercício, e não apenas aquela estática que se liga à titularidade dos mesmos direitos (BARIFFI, Francisco J. El derecho a decidir de las personas con discapacidad: dignidad, igualdad y capacidad, cit., p. 58-59).

da capacidade jurídica das pessoas com deficiência, nele contido, é mesmo "uma condição para que consigam participar da sociedade de forma autônoma, com liberdade para fazer suas próprias escolhas"; ou ainda que

> [...] o aludido dispositivo tem o papel central de garantir a efetiva implementação do modelo social, na medida em que ele tem por escopo assegurar que a pessoa com deficiência possa, efetivamente, atuar na sociedade em igualdade de condições com as demais pessoas, não havendo espaço para sua desconsideração como sujeito de direitos que pode exercê-la de acordo com suas preferências e escolhas próprias[52].

Joyceane Bezerra de Menezes e Ana Carolina Brochado Teixeira veem aí real e deliberado propósito, da Convenção (e, na sua senda, do EPD), de dissociar as noções de capacidade mental e capacidade jurídica (de gozo e de fato), em cenário no qual reconhecida esta última às pessoas com deficiência e sem óbice que se possa entrever naquela, apenas tomada – em conjunto com as barreiras sociais a tanto existentes, e diante de sua específica condição – para definir o nível de apoio necessário para que esses indivíduos possam atuar no máximo de suas concretas possibilidades[53].

Uma vez assentado esse pressuposto, o da capacidade da pessoa com deficiência, com garantia de apoio na medida de suas necessidades, resta analisar como ela se levou ao texto do Código Civil.

A reorganização pelo Estatuto da Pessoa com Deficiência da disciplina geral da capacidade e da curatela no Código Civil de 2002. A tomada de decisão apoiada

A primeira e relevante alteração estrutural que o Estatuto da Pessoa com Deficiência impôs à disposição geral da matéria relativa à capacidade no Código Civil foi a restrição do rol dos absolutamente incapazes, que se continha de modo mais amplo no art. 3º. Se ali se dispunha, além da menoridade, sobre causas de incapacidade absoluta ligadas a enfermidade ou doença mental, que

---

[52] CORRÊA, Luís Fernando Nigro. *A Convenção sobre os Direitos da Pessoa com Deficiência*, cit., p. 166 e 167, e nota 104.
[53] MENEZES, Joyceane Bezerra de; TEIXEIRA, Ana Carolina Brochado. Desvendando o conteúdo da capacidade civil a partir do Estatuto da Pessoa com Deficiência, 2016, p. 195.

retirassem completamente o discernimento da pessoa, ademais da impossibilidade (também absoluta) de manifestação da vontade, ainda que por causa transitória, apenas à situação dos menores impúberes o preceito passou a se reduzir. Ou seja, a partir do Estatuto da Pessoa com Deficiência – e com os problemas que adiante se enfrentarão – a incapacidade absoluta no Código Civil se concentra exclusivamente na condição etária, objetiva, biológica, assim daqueles que não tiverem completado dezesseis anos. E também com as reflexões que a respeito e a seu tempo se deverão laborar.

A lógica própria da modificação pretendeu-se coordenada com a previsão do art. 6º do EPD e, de modo mais amplo, com o art. 12, n. 2, da CDPD, tal qual se vem de analisar no item antecedente, e que estatuem a capacidade jurídica da pessoa com deficiência. Mais especificamente, segundo se defende, tencionou-se mesmo superar a condição de incapacidade absoluta do maior de idade, ao fundamento de que incompatível com o modelo social a ideia de desconsiderar e mesmo obstar, por completo e *ex ante,* a autonomia do indivíduo e seu exercício, olvidando o exame suas concretas potencialidades e a "capacidade possível" de exercício de seus direitos[54]. E ainda que com a questão, a enfrentar no item seguinte, das pessoas com nenhuma possibilidade de expressão de vontade.

De todo modo, insista-se, superada a disposição da incapacidade absoluta às pessoas com deficiência, tal qual de resto a qualquer pessoa maior de idade, como forma, consoante se pondera, de afastar esquema rígido de apriorística interdição a que o indivíduo pratique atos da vida civil, posto necessite de apoio para fazê-lo[55].

Na mesma linha da supressão da deficiência como causa de incapacidade, a reorganização foi mais além e se refletiu também na redação do art. 4º do Código Civil, que elenca o rol das pessoas relativamente incapazes, dele escoimada referência à situação das pessoas com deficiência mental, por isso cujo discernimento fosse reduzido, e daqueles sem desenvolvimento mental completo, tal qual estava nos incisos II, parte final, e III do preceito. Mas permaneceu a referência, além dos menores púberes, entre dezesseis e dezoito anos, aos ébrios habituais, aos viciados em tóxicos e aos pródigos, questão igualmen-

---

54   Por todos: ALMEIDA, Vitor. A capacidade civil da pessoa com deficiência em perspectiva emancipatória, 2019, p. 122-123.
55   Por todos: ROSENVALD, Nelson. *O direito civil em movimento*: desafios contemporâneos, 2017, p. 108.

te a que se deverá voltar, e já no item seguinte, afinal se tratando ainda de hipóteses ligadas a alguma afecção. Depois, o que era a hipótese do inciso III do art. 3º do Código Civil ("os que, mesmo por causa transitória, não puderem exprimir sua vontade") passou a dar corpo ao inciso III do art. 4º, com o acréscimo de que a mesma causa de impedimento à expressão da vontade pode ser transitória ou permanente ("aqueles que, por causa transitória ou permanente, não puderem exprimir sua vontade").

Em suma, o Estatuto da Pessoa com Deficiência revogou os incisos II e III do art. 3º do Código Civil e deu nova redação ao *caput*, para estabelecer que são absolutamente incapazes apenas os menores de dezesseis anos. E deu ainda nova redação aos incisos II e III do art. 4º do mesmo Código.

Depois, naturalmente articuladas com essas alterações foram aquelas introduzidas pelo Estatuto da Pessoa com Deficiência no capítulo destinado ao regramento da curatela no Código Civil. Isso não antes que a própria lei especial estabelecesse regras a respeito (arts. 84 e 85), realçando especialmente a excepcionalidade da medida, sua necessária proporcionalidade às necessidades e às circunstâncias de cada caso, sempre pelo menor tempo possível e reservada às situações patrimoniais e negociais. Ou seja, uma curatela para capazes e forçosamente conformada à situação particular da pessoa curatelada, o que igualmente se reforça pela previsão do art. 755, II, do Código de Processo Civil de 2015, senão já pela redação dada pelo Estatuto da Pessoa com Deficiência ao art. 1.772 do Código Civil, discutindo-se se revogada ou não pela edição do atual Código de Processo Civil, em seu art. 1.072, II (cf. item Direito intertemporal. O Código de Processo Civil de 2015, à frente). E o que, antes de tudo, dimana do próprio texto do art. 12, n. 4, da CDPD[56], por si o suficiente desde que, insista-se, se trata de norma incorporada ao sistema, com *status* de emenda constitucional.

---

56 "Os Estados Partes assegurarão que todas as medidas relativas ao exercício da capacidade legal incluam salvaguardas apropriadas e efetivas para prevenir abusos, em conformidade com o direito internacional dos direitos humanos. Essas salvaguardas assegurarão que as medidas relativas ao exercício da capacidade legal respeitem os direitos, a vontade e as preferências da pessoa, sejam isentas de conflito de interesses e de influência indevida, sejam proporcionais e apropriadas às circunstâncias da pessoa, se apliquem pelo período mais curto possível e sejam submetidas à revisão regular por uma autoridade ou órgão judiciário competente, independente e imparcial. As salvaguardas serão proporcionais ao grau em que tais medidas afetarem os direitos e interesses da pessoa."

Em relação propriamente ao texto do Código Civil, o Estatuto da Pessoa com Deficiência, no art. 1.767, suprimiu a menção, como indivíduos sujeitos à curatela, à situação daqueles que apresentassem enfermidade ou doença metal (inciso I, originariamente), tanto quanto no inciso III se suprimiu a referência aos "deficientes mentais". Revogou o inciso IV, que era alusivo aos "excepcionais sem completo desenvolvimento mental". O que era o inciso II ("aqueles que, por outra causa duradoura, não puderem exprimir a sua vontade") passou a ser o inciso I, com o acréscimo da condição também transitória de falta de possibilidade de expressão da vontade ("aqueles que, por causa transitória ou permanente, não puderem exprimir sua vontade"), porque se referia antes apenas aquela que fosse duradoura.

Revogou-se ainda – e por razão de evidente incompatibilidade com os pressupostos do modelo social – o disposto no art. 1.776 do Código Civil, que dispunha sobre "meio de *recuperar* o interdito", quando então o curador lhe promovia "o *tratamento* em estabelecimento apropriado".

Igualmente revogado foi o art. 1.780, que previa a curatela, de natureza patrimonial, do enfermo ou do "portador" de deficiência física, a requerimento deles próprios, se a tanto aptos[57]. É dizer, uma curatela para quem, na sistemática anterior, eventualmente capaz e a seu requerimento. Mas certo que nem por isso se recuse ainda hoje a possibilidade da autocuratela. Já não fosse a regra geral de legitimidade que o Estatuto da Pessoa com Deficiência introduziu no art. 1.769, IV, e de novo aqui suscitando a questão sobre se o teria afetado a revogação imposta pelo art. 1.072, II, do Código de Processo Civil de 2015, como se disse, ao que se tornará à frente, no item Direito intertemporal. O Código de Processo Civil de 2015, de resto a legitimidade se há de compreender na própria disposição de que a pessoa com deficiência se considera capaz; e se põe em sintonia com o propósito maior de apoio a que essas mesmas pessoas alcancem de maneira mais efetiva o pleno gozo de seus direitos.

Consoante ponderam Heloisa Helena Barboza e Vitor Almeida,

> subtrair da pessoa com deficiência temporária ou mesmo permanente, mas que se encontra em pleno gozo de suas faculdades mentais, a legitimidade para requerer sua própria curatela seria negar sua própria capacidade, ignorar

---

57 Na redação original: "A requerimento do enfermo ou portador de deficiência física, ou, na impossibilidade de fazê-lo, de qualquer das pessoas a que se refere o art. 1.768, dar--se-lhe-á curador para cuidar de todos ou alguns de seus negócios ou bens".

sua autonomia, vale dizer, em última análise, violar o principal objetivo da CDPD[58].

A consideração fundamental é a de que já se tem como regra a possibilidade de curatela a quem afinal capaz, se assim se qualificam as pessoas com deficiência, de conseguinte aptas, na medida de suas possibilidades, a requerer a própria curatela, sem mais a necessidade de uma regra específica, como era a do art. 1.780 do Código Civil, que a assegure.

Na sequência da disciplina da curatela, o Estatuto da Pessoa com Deficiência ainda introduziu no direito positivo brasileiro, dando redação ao art. 1.783-A do Código Civil, a figura da tomada de decisão apoiada. É dizer, completando o quadro de reconhecimento da capacidade da pessoa com deficiência, mas assegurado o apoio, na medida de sua necessidade, para acesso e exercício mais amplo aos direitos que titula, deu-se mesmo o atendimento a comando já da Convenção dos Direitos da Pessoa com Deficiência, a qual, em seu art. 12, n. 3, dispôs que "[O]s Estados Partes tomarão medidas apropriadas para prover o acesso de pessoas com deficiência ao apoio que necessitarem no exercício de sua capacidade legal". E sobre o que se observou, em comentários do Comitê das Nações Unidas sobre os Direitos das Pessoas com Deficiência, que esse apoio, de um lado, deve respeitar a vontade e preferências da pessoa apoiada, podendo envolver justamente a escolha de quem possa prestá-lo, "ajudando" na tomada de determinadas decisões; mas, ao mesmo tempo, respeitando a autonomia e assegurando ao final a capacidade livre para o indivíduo assumir suas próprias deliberações. São as Observações 15 e 16 do Comitê sobre o art. 12 da Convenção[59].

---

58 BARBOZA, Heloisa Helena; ALMEIDA, Vitor (coord.). *Comentários ao Estatuto da Pessoa com Deficiência à luz da Constituição da República*, 2018, p. 297.
59 "*15. El apoyo en el ejercicio de la capacidad jurídica debe respetar los derechos, la voluntad y las preferencias de las personas con discapacidad y nunca debe consistir en decidir por ellas. En el artículo 12, párrafo 3, no se especifica cómo debe ser el apoyo. 'Apoyo' es un término amplio que engloba arreglos oficiales y oficiosos, de distintos tipos e intensidades. Por ejemplo, las personas con discapacidad pueden escoger a una o más personas de apoyo en las que confíen que les ayuden a ejercer su capacidad jurídica para determinados tipos de decisiones, o pueden recurrir a otras formas de apoyo, como la ayuda mutua, la promoción (incluido el apoyo a la autopromoción) o la asistencia para comunicarse. El apoyo a las personas con discapacidad en el ejercicio de su capacidad jurídica puede incluir medidas relacionadas con el diseño y la accesibilidad universales (por ejemplo, una medida que exija a entidades privadas y públicas como los bancos y las instituciones financieras que ofrezcan información comprensible), a fin*

Trata-se de instituto com símile conteúdo àquele adotado em outros países, tal qual visto ao longo do Capítulo 3[60], e que, no Brasil, se definiu, primeiro, com a imposição de que a medida de decisão apoiada se estabeleça judicialmente, móvel inclusive de crítica sobre o que seria um desestímulo à pessoa com deficiência, a quem incumbe a iniciativa exclusiva do pleito (art. 1.783-A, § 2º), para a procura dessa forma de apoio[61]. O pedido é endereçado ao juiz – a quem então não se possibilita instauração de ofício[62] –, que, antes de deliberar,

---

de que las personas con discapacidad puedan realizar los actos jurídicos necesarios para abrir una cuenta bancaria, celebrar contratos o llevar a cabo otras transacciones sociales. (El apoyo también puede constituir en la elaboración y el reconocimiento de métodos de comunicación distintos y no convencionales, especialmente para quienes utilizan formas de comunicación no verbales para expresar su voluntad y sus preferencias.)

16. El tipo y la intensidad del apoyo que se ha de prestar variará notablemente de una persona a otra debido a la diversidad de las personas con discapacidad. Esto es acorde con lo dispuesto en el artículo 3 d), en el que se describen como un principio general de la Convención 'el respeto por la diferencia y la aceptación de las personas con discapacidad como parte de la diversidad y la condición humanas'. En todo momento, incluso durante situaciones de crisis, deben respetarse la autonomía individual y la capacidad de las personas con discapacidad de adoptar decisiones."

60 Para Nelson Rosenvald, no direito estrangeiro a inspiração do modelo brasileiro estaria na figura italiana da *amministrazione di sostegno* (ROSENVALD, Nelson. Tomada de decisão apoiada: primeiras linhas sobre um modelo jurídico promocional da pessoa com deficiência). No mesmo sentido: SCHREIBER, Anderson. Tomada de decisão apoiada: o que é e qual sua utilidade?, 2017. Para Joyceane Bezerra de Menezes, a figura mais próxima é o *sistema de apoyo* do art. 43 do Código Civil argentino (cf. MENEZES, Joyceane Bezerra de. O novo instituto da tomada de decisão apoiada: instrumento de apoio ao exercício da capacidade civil da pessoa com deficiência instituído pelo Estatuto da Pessoa com Deficiência – Lei Brasileira de Inclusão (Lei n. 13.146/2016), 2020, p. 683).

61 Por todos: ALMEIDA, Vitor. A capacidade civil da pessoa com deficiência em perspectiva emancipatória, cit., p. 283. O Relatório final dos trabalhos da Comissão de Juristas responsável pela revisão e atualização do Código Civil, nomeada por ato do Presidente do Senado (04.09.2023) – apresentado o anteprojeto em 17.04.2024 (https://www12.senado.leg.br/assessoria-de-imprensa/arquivos/anteprojeto-codigo-civil-comissao-de-juristas-2023_2024.pdf) e já convertido no PL n. 4/2025, de autoria do Sen. Rodrigo Pacheco –, previu (art. 1.783-B) a possibilidade de a TDA ser também requerida diretamente no Registro Civil das Pessoas Naturais, instaurando-se dito procedimento extrajudicial, com igual participação de equipe multidisciplinar e oitiva do requerente, das pessoas que lhe prestarão apoio e do Ministério Público, cabendo, em caso de dúvida, remessa às vias judiciais.

62 STJ, REsp 1.795.395, 3ª T., rel. Min. Nancy Andrighi, j. 04.04.2021, *DJe* 06.05.2021. Colhe-se da ementa: "12- Conforme se extrai da interpretação sistemática dos parágrafos § 1º, § 2º e § 3º do art. 1.783-A, a tomada de decisão apoiada exige requerimento da pessoa

deve ouvir o requerente e os apoiadores indicados, colher parecer de equipe multidisciplinar e do Ministério Público (art. 1.783-A, § 3º)[63].

Conforme, pois, o art. 1.783-A, a pessoa com deficiência[64] requer a instauração de procedimento de jurisdição voluntária, no qual ela elege ao menos duas pessoas para "prestar-lhe apoio na tomada de decisão sobre atos da sua vida civil, fornecendo-lhes os elementos e informações necessários para que possa exercer sua capacidade".

Segue-se portanto que, de um lado, a pessoa com deficiência deve ter condição bastante à expressão dessa vontade e com o que, então, não se conforma a condição de curatelado que ocasionalmente ostente[65]. Cuida-se de procedimento em que se leva a juízo real negócio jurídico entre apoiado e apoiadores (o art. 1.783-A, § 1º, refere *acordo* em que ele se constitui), e em que não há assistência pelos apoiadores, ao revés do quanto se dá em relação ao curador. Mas, mesmo recusada a possibilidade de tomada de decisão apoiada se o caso for curatela, e mesmo não se admita julgá-la diretamente no lugar da providência pedida, não se impede teoricamente que o feito se aproveite e se

---

com deficiência, que detém a legitimidade exclusiva para pleitear a implementação da medida, não sendo possível a sua instituição de ofício pelo juiz".

63 Criticando a previsão de oitiva do Ministério Público, se o requerente da medida é pessoa capaz: SCHREIBER, Anderson. Tomada de decisão apoiada, cit.

64 Joyceane Bezerra de Menezes defende possa a TDA ser requerida por qualquer pessoa que sinta necessidade do apoio, como por exemplo as pessoas idosas, interpretando extensivamente a regra do *caput* do art. 1.783-A (MENEZES, Joyceane Bezerra de. O novo instituto da tomada de decisão apoiada, cit., p. 688). O Relatório final dos trabalhos da Comissão de Juristas responsável pela revisão e atualização do Código Civil, nomeada por ato do Presidente do Senado (04.09.2023) – apresentado o anteprojeto em 17.04.2024 (https://www12.senado.leg.br/assessoria-de-imprensa/arquivos/anteprojeto-codigo-civil-comissao-de-juristas-2023_2024.pdf) e já convertido no PL n. 4/2025, de autoria do Sen. Rodrigo Pacheco –, previu (art. 1.783-A, *caput*, a possibilidade de a TDA ser requerida pela pessoa deficiente ou com alguma limitação física, sensorial ou psíquica, bem como as declaradas relativamente incapazes, na forma do projetado inciso II do art. 4º (aqueles com autonomia prejudicada por redução do discernimento, que não constitua deficiência), ou ainda que tenham dificuldades para a prática de atos da vida civil.

65 Observam Ana Carolina Brochado Teixeira e Andreza Cássia da Silva Conceição que a responsabilidade da própria pessoa pela operacionalização da TDA implica a assunção de que "ela tenha discernimento suficiente para solicitar tal medida em detrimento da curatela" (TEIXEIRA, Ana Carolina Brochado; CONCEIÇÃO, Andreza Cássia da Silva. A proteção da pessoa com deficiência: entre a curatela e a tomada de decisão apoiada, 2019. p. 259 e nota 20). Remetem ainda ao Enunciado n. 640 da VIII Jornada de Direito Civil do CEJ: "A tomada de decisão apoiada não é cabível se a condição da pessoa exigir a aplicação da curatela".

adapte para o de curatela, assegurada a legitimação própria e o contraditório. Ou seja, não se considera haver óbice a que o juiz, valendo-se inclusive do permissivo de equidade do art. 723, parágrafo único, do Código de Processo Civil de 2015, por exemplo, cientifique os legitimados a provocar e atuar com vistas à curatela, ademais da própria participação do Ministério Público no procedimento e consideradas as hipóteses em que legitimado[66]. De modo geral, porém, a curatela faz cessar, porque com ela não coexiste, a decisão apoiada[67], embora se possa ressalvar situação em que a sua decretação daquela se tenha dado não em relação a atos antes objeto de ajuste para decisão apoiada[68].

Por outro lado, se cabe à própria pessoa indicar as pessoas de sua confiança que exercerão o apoio, e ainda exija a lei que elas sejam idôneas, não se abre ao juiz a possibilidade, posto que desatendido esse requisito, de nomeação diversa, podendo apenas recusar a homologação, instando o requerente à substituição[69]. Veja-se que, mesmo quando haja posterior denúncia de má conduta do apoiador, o juiz apenas nomeará outro em substituição uma vez ouvido e se for do interesse do apoiado (art. 1.783-A, §§ 7º e 8º).

O ajuste de apoio deve determinar já seu prazo de duração (art. 1.783-A, § 1º) – ainda aqui se critique a exigência[70] –, não se obstando prorrogação ou

---

66 Nesse sentido: MENEZES, Joyceane Bezerra de. O novo instituto da tomada de decisão apoiada, cit., p. 693. Também na jurisprudência já se admitiu semelhante iniciativa: TJSP, Agravo de Instrumento n. 2188040-97.2021.8.26.0000, rel. Des. Alexandre Coelho, 8ª Câm. de Dir. Priv., j. 21.03.2022.
67 ALMEIDA, Vitor. A capacidade civil da pessoa com deficiência em perspectiva emancipatória, cit., p. 291. Como se referiu, porém, na nota 312, o Relatório final dos trabalhos da Comissão de Juristas responsável pela revisão e atualização do Código Civil, nomeada por ato do Presidente do Senado (04.09.2023) – apresentado o anteprojeto em 17.04.2024 (https://www12.senado.leg.br/assessoria-de-imprensa/arquivos/anteprojeto-codigo-civil-comissao-de-juristas-2023_2024.pdf) e já convertido no PL n. 4/2025, de autoria do Sen. Rodrigo Pacheco – facultou o requerimento de decisão apoiada ao maior relativamente incapaz, aqui nos moldes do projetado art. 4º, II, transcrito na nota referida, n. 64). V, ainda, nota 77, *infra*.
68 A propósito: TEIXEIRA, Ana Carolina Brochado; CONCEIÇÃO, Andreza Cássia da Silva. A proteção da pessoa com deficiência, cit., p. 261.
69 MENEZES, Joyceane Bezerra de. O novo instituto da tomada de decisão apoiada, cit., p. 691. Porém, em sentido contrário, admitindo essa possibilidade; ROSENVALD, Nelson. Tomada de decisão apoiada, cit., p. 4-5.
70 REQUIÃO, Maurício. *Estatuto da Pessoa com Deficiência, incapacidades e interdição*, 2018, p. 212-213. Para o autor, se de um lado a exigência de prazo determinado favorece a fiscalização, de outro a indeterminação do tempo favorece o recurso ao instituto e se equilibra quando admitida pela lei a livre extinção pelo apoiado.

renovação, embora a qualquer tempo o apoiado possa requerer a extinção (art. 1.783-A, § 9º). Não há, destarte, qualquer irretratabilidade no ajuste de apoio e, ao revés, garante-se ao apoiado a possibilidade de sua real resilição unilateral, no exercício de direito potestativo. E, se assim é, igualmente poderá postular a substituição do apoiador[71].

Do mesmo modo, os apoiadores podem também pleitear seu "desligamento" (art. 1.783-A, § 10), fazendo-o por manifestação direta ao juiz. Trata-se igualmente aqui de direito potestativo e sobre cujo exercício o juiz deverá ouvir o apoiado, com vistas à indicação de substituto e de forma a que siga o apoio. Ademais, como já se viu, falhando o apoiador no desempenho do apoio, segundo o § 7º do art. 1.783-A, agindo com negligência, exercendo indevida pressão sobre o apoiado ou deixando de adimplir as obrigações assumidas – portanto faltando com seus deveres, em geral, de proteção, cooperação e informação[72] –, e mediante denúncia de qualquer pessoa, que não se exige deva demonstrar interesse, porquanto sobreleva o interesse maior de salvaguarda dos interesses do apoiado, o juiz avaliará e, se provada a má conduta, deliberará a substituição. Porém, de novo, "ouvida a pessoa apoiada e se for de seu interesse". Ou seja, e mais uma vez: sem que se lhe possa impor outro apoiador.

Exige-se que sejam pelo menos dois os apoiadores, discutindo-se se sua atuação pode ser fracionada, portanto não necessariamente conjunta, acerca dos atos contidos nos limites do apoio, por sua vez definidos no acordo levado ao juiz. Se se argumenta com a ausência de restrição expressa a respeito[73], pondera-se de outro lado com a própria razão de ser da exigência de no mínimo dois apoiadores, tendente a garantir maior legitimidade e segurança à decisão apoiada[74]. Defende-se ainda se possa ao menos estabelecer no termo de acordo ao apoio uma ordem de precedência e hierárquica à manifestação do

---

71 TEIXEIRA, Ana Carolina Brochado; CONCEIÇÃO, Andreza Cássia da Silva. A proteção da pessoa com deficiência, cit., p. 260.
72 ROSENVALD, Nelson. Tomada de decisão apoiada, cit., p. 7.
73 MENEZES, Joyceane Bezerra de. O novo instituto da tomada de decisão apoiada, cit., p. 692. Nesta linha, o Relatório final dos trabalhos da Comissão de Juristas responsável pela revisão e atualização do Código Civil, nomeada por ato do Presidente do Senado (04.09.2023) – apresentado o anteprojeto em 17.04.2024 (https://www12.senado.leg.br/assessoria-de-imprensa/arquivos/anteprojeto-codigo civil-comissao-de-juristas-2023_2024.pdf) e já convertido no PL n. 4/2025, de autoria do Sen. Rodrigo Pacheco –, previu a possibilidade de haver apenas um só apoiador indicado (cf. o *caput* do projetado art. 1.783-A).
74 SAHYOUN, Najla Pinterich. A tomada de decisão apoiada, 2020, p. 314.

apoiador[75]. De qualquer maneira, dispõe o § 6º do art. 1.783-A do Código Civil que, se se tratar de negócio jurídico que possa trazer risco ou prejuízo relevante ao apoiado, e havendo divergência entre o apoiado e ao menos um dos apoiadores, a questão deverá ser decidida pelo juiz, ouvido o Ministério Público. É dizer então que, em geral, a prevalência em caso de dissenso é da vontade do apoiado, que afinal não se substitui ou se assiste pelos apoiadores. Mais, mesmo naqueles casos de atos de maior risco ou prejuízo relevante, a análise do juiz deve ser sobre se, formado o dissenso, preservada no apoiado a "capacidade natural de agir e se compreende os efeitos do negócio que pretende concluir, inclusive, quanto às consequências negativas que lhe possam advir", porém, em caso positivo, inexistindo "justificativa para a intrusão estatal no sentido de obstar a consumação do negócio"[76].

Vem-se admitindo que a decisão apoiada – porque de efeitos menos extensos que a curatela, a pressupor maior autonomia da pessoa apoiada e sem que lhe traga qualquer interferência, por assistência, à manifestação pessoal de sua vontade – tenha por objeto também a prática de atos existenciais, conforme a previsão do acordo levado ao juiz[77].

Por fim, remanesce a questão acerca da afetação potencial de terceiros ou da oponibilidade diante deles da decisão apoiada, em especial por conta dos §§ 4º e 5º do art. 1.783-A, a disporem que a decisão apoiada terá "validade e efeitos sobre terceiros, sem restrições, desde que esteja inserida nos limites do apoio acordado", bem assim que o terceiro poderá solicitar que "os apoiadores contra-assinem o contrato ou o acordo, especificando, por escrito, sua função em relação ao apoiado". A indagação central diz com a validade do ato ou negócio previsto no acordo de apoio e praticado pelo apoiado em dissenso com os apoiadores ou sem ouvi-los.

---

75 ROSENVALD, Nelson. Tomada de decisão apoiada, cit., p. 8.
76 MENEZES, Joyceane Bezerra de. O novo instituto da tomada de decisão apoiada, cit., p. 693.
77 Por todos: ALMEIDA, Vitor. A capacidade civil da pessoa com deficiência em perspectiva emancipatória, cit., p. 286-287. No mesmo sentido, o Relatório final dos trabalhos da Comissão de Juristas responsável pela revisão e atualização do Código Civil, nomeada por ato do Presidente do Senado (04.09.2023) – apresentado o anteprojeto em 17.04.2024 (https://www12.senado.leg.br/assessoria-de-imprensa/arquivos/anteprojeto-codigo-civil-comissao-de-juristas-2023_2024.pdf) e já convertido no PL n. 4/2025, de autoria do Sen. Rodrigo Pacheco –, previu a possibilidade de TDA requerida para atos existenciais inclusive pelo relativamente incapaz e sem prejuízo da atuação do curador para os atos de cunho patrimonial (art. 1.783-E e § 1º, com a redação do texto projetado).

Aqui se considera já por si relevante, em primeiro lugar, a constatação de que o acordo de apoio e sua homologação não se previu fossem levados ao registro civil das pessoas naturais, de modo a se tornarem públicos em repositório dessa natureza e, desse modo, conhecíveis aprioristicamente por terceiros. Isso ainda que já se tenha defendido devida a providência[78]. Porém, acima de tudo, tem-se a considerar o fato de que não se erige defeito de falta de assistência à pessoa desde que, como se viu, ela não ocorre na decisão apoiada. Depois, e também tal qual antes acentuado, tendo o apoiador alguma dúvida sobre o risco ou prejuízo que o negócio pode trazer ao apoiado, a previsão legal é a de que leve o fato ao conhecimento do juízo. Não se prevê causa de nulidade do negócio como resposta a essa mesma situação, à falta de sua atuação ou ainda a seu dissenso. A contra-assinatura do apoiador solicitável pelo terceiro, conforme disposto na lei, tende, nesse contexto, a se compreender como medida de cautela do terceiro diante da potencialidade futura de ação anulatória por vício que diga justamente com a manifestação de vontade do apoiado. Não se há confundir a possibilidade indistinta de discutir em concreto a validade do ato ou negócio em função de eventual comprometimento da expressão de vontade com o assumir de uma invalidade pela ausência ou dissenso em si do apoiador. Não se tem tampouco requisito de legitimação, porquanto não se previu que o apoiador necessária ou obrigatoriamente participe do ato ou negócio praticado pelo apoiado.

A matéria, de todo modo, em especial diante da redação dos §§ 4º e 5º do art. 1.783-A do Código Civil, tem sido objeto de debate[79] e, de fato, parece reclamar maior aclaramento pelo legislador, de resto o que se pretendeu com a superveniência do Projeto de Lei n. 757/2015, embora cujo texto se tenha alterado, a respeito do tema, quando remetido à Câmara, em que o projeto tomou o n. 11.091/2018[80].

---

78 ROSENVALD, Nelson. Tomada de decisão apoiada, cit., p. 8.
79 Defendendo o reconhecimento da validade do ato ou negócio praticado pelo apoiado nas condições no texto acima descrito, de ausência de oitiva ou de dissenso do apoiador, *vide*: ALMEIDA, Vitor. A capacidade civil da pessoa com deficiência em perspectiva emancipatória, cit., p. 289; MENEZES, Joyceane Bezerra de. O novo instituto da tomada de decisão apoiada, cit., p. 694-695. Em sentido contrário: ROSENVALD, Nelson. Tomada de decisão apoiada, cit., p. 8.
80 O PL n. 11.091/2018, no momento em que se escreve este texto, consta estar aguardando designação de relator na Comissão de Constituição e Justiça.

Assim que, originalmente, previa o PL n. 757, dando redação ao que seriam os §§ 12 e 14 do art. 1.783-A, que "[O]s negócios e os atos jurídicos praticados pela pessoa apoiada sem participação dos apoiadores são válidos, ainda que não tenha sido adotada a providência de que trata o § 5º deste artigo", e que "[A] tomada de decisão apoiada não será registrada nem averbada no Registro Civil de Pessoas Naturais".

Já pelo texto remetido à Câmara dos Deputados, os §§ 4º e 5º do art. 1.783-A passaram a ter novas redações, segundo as quais "[O]s negócios e os atos jurídicos que não estejam abrangidos pelo termo de tomada de decisão apoiada terão validade e efeitos sobre terceiros, ainda que praticados pela pessoa apoiada sem a participação dos apoiadores" – suscitando a intepretação a contrário de que, então, se abrangidos os atos pelo apoio, eles serão inválidos se olvidada a participação do apoiador –, e

> [N]os atos abrangidos pelo termo de tomada de decisão apoiada é obrigatória a contra-assinatura dos apoiadores, a qual é hábil para demonstrar o fornecimento de elementos e informações necessários ao exercício da capacidade pela pessoa com deficiência.

De maneira ainda mais clara, propôs-se nova redação ao inciso III do art. 9º do Código Civil, prevendo justamente o registro da curatela e também da tomada de decisão apoiada, do mesmo modo que ao dar redação ao art. 755-B do Código de Processo Civil de 2015, para prever a "inscrição" (*rectius*: registro) da sentença homologatória da decisão apoiada no Registro Civil das Pessoas Naturais; tanto quanto se propôs acréscimo de inciso III ao art. 171, estatuindo a anulabilidade de negócio jurídico "por inobservância dos termos da tomada de decisão apoiada homologada judicialmente e registrada em cartório". Bem se vê, destarte, questão toda que ainda se está por disciplinar de forma mais clara, conforme a escolha do legislador.

Reflexão crítica sobre a capacidade da pessoa com deficiência e alguns de seus efeitos: domicílio, invalidade e prescrição

O conteúdo deste item tende, primeiro, a enfrentar e refletir sobre problemas e dúvidas surgidas a partir da consideração da capacidade da pessoa com deficiência, mesmo do ponto de vista da racionalidade da organização do sistema hoje alterado, nos termos descritos conforme o item anterior. Assim é que se referirá, de um lado, a forma com que elencadas ainda de certo modo casuístico causas específicas de relativa incapacidade, como de outro a questão das pessoas – posto se possam até considerar relativamente incapazes, na forma do inciso III do art. 4º do Código Civil, e pelo comprometimento da expressão da vontade, não em sim por causa da deficiência –, mas acaso impossibilitadas de expressão de qualquer vontade. Será preciso aferir de que modo então elas exercerão seus direitos, inclusive aqueles de natureza existencial.

Depois, ainda na perspectiva da compreensão sistemática do regime alterado, será devido analisar o problema da articulação – ou falta dela – da previsão da capacidade das pessoas com deficiência com passagens ou institutos específicos que, na normatização do Código Civil, remetem à incapacidade. Como revelação ou demonstração concreta desse problema, a menção será à disciplina do domicílio, da invalidade e da prescrição, frise-se, não porque sejam os únicos institutos em que a dúvida surge, mas porque outros se apreciarão no capítulo seguinte, ali tratados em função do fato de que, antes e em geral, representam históricos escapes à rigidez do regime jurídico em exame, a rigor o conteúdo mesmo do Capítulo 5. Mas de todo modo em que, quando surge, o problema da articulação com a previsão da capacidade da pessoa com deficiência se referirá.

Pois se vem de acentuar nos itens antecedentes que as pessoas com deficiência deixaram o rol das incapacidades elencadas nos arts. 3º e 4º do Código Civil, malgrado o que não afasta as medidas de apoio de que necessitem para pleno exercício de seus direitos. Viu-se, ainda mais, a nenhuma possibilidade de que qualquer pessoa maior de idade se considere absolutamente incapaz, como antes ocorria. O que então se tem admitido, e não exclusivamente por força da deficiência – desde que, insista-se, ela em si deixou de ser causa de incapacidade –, é que essas pessoas se possam considerar, conforme avaliação concreta a que delas se proceda, sujeitas à previsão do art. 4º, III, do Código Civil. De novo, pelo resultado em si do comprometimento a que expressem sua vontade, antes que pela condição de deficiência que ostentem. A rigor, esses limites à plena autonomia se podem revelar em relação a qualquer pessoa, tenha ou não deficiência de natureza psíquica ou intelectual, porquanto o que se examina é sua plena condição de exprimir a vontade[81].

---

81   V., por todos: BARBOZA, Heloisa Helena; ALMEIDA, Vitor (coord.). *Comentários ao Estatuto da Pessoa com Deficiência à luz da Constituição da República*, 2018, p. 67. Mais adiante, apontam, nesse mesmo sentido, que a disposição do art. 4º, III, do Código Civil

De qualquer modo, porém, a racionalidade própria trazida pelo Estatuto da Pessoa com Deficiência – valendo aqui remeter ao quanto já expendido por ocasião da análise dos fundamentos mesmo das incapacidades, no item Fundamento do regime das incapacidades do Capítulo 2 – é a de que, uma vez afastada a concepção de um óbice completo e apriorístico a que as pessoas com deficiência expressem sua autonomia, nos limites de suas possibilidades, aferidas em concreto, tal o que melhor se amolda à hipótese menos rígida do art. 4º, III, do Código Civil, posto que, seja dado reiterar, não adstrita ou vinculada em si à deficiência como causa, senão à impossibilidade de manifestação da vontade, em geral. Compreende-se que assim se possa mais efetivamente efetuar um "juízo funcional", destarte em face das concretas potencialidades e funcionalidades da pessoa e, em consonância com elas, assegurar a adequada medida de apoio cabível[82]. Evita-se ainda que, com a representação e correspondente esquema de substituição da vontade da pessoa da deficiência, se sobrevalorize a atuação do curador, obliterando decisões possíveis – e por isso que se devem preservar – à pessoa com deficiência[83].

Todavia, uma questão primeira que se coloca, a respeito, está naquelas situações em que, ocasionalmente, nenhuma seja a condição da pessoa de expressar vontade, por causa duradoura. Dá-se o comum exemplo da pessoa em estado vegetativo[84], muito embora se possa referir em geral o indivíduo, independentemente da causa, totalmente desprovido de qualquer condição de expressão da vontade. Seria de indagar como, então, enquadrá-la na categoria de alguém relativamente incapaz, na forma e termos do art. 4º, III, do Código Civil. Afinal, o relativamente incapaz ainda manifesta vontade, embora submetida à assistência. A própria pessoa curatelada manifesta vontade, a despeito de que com o assistente[85]. Dito noutros termos, seria tratar como relativamente incapaz e sujeito à assistência quem, contudo, nenhuma condição

---

passou a ser *regra geral*, para pessoas com ou sem deficiência, mas que de todo modo não possam exprimir sua vontade (p. 294).
82   Nesse sentido: ALMEIDA, Vitor. A capacidade da pessoa com deficiência em perspectiva emancipatória, cit., p. 117-119 e 122.
83   MENDONÇA, Bruna Lima de. Proteção, liberdade e responsabilidade: uma interpretação axiológico-sistemática da (in)capacidade de agir e da instituição da curatela, 2017, p. 48.
84   V. TEPEDINO, Gustavo; OLIVA, Milena Donato. Personalidade e capacidade na legalidade constitucional, 2020, p. 303.
85   Nesse sentido a crítica de: SIMÃO, José Fernando. Estatuto da Pessoa com Deficiência causa perplexidade: parte I, 2015.

ostenta de manifestar vontade, em concorrência com o assistente, como é a regra geral da assistência, no caso exercida pelo curador, menos ainda se justificando a decisão apoiada, consoante visto no item anterior.

O ponto nodal que se crê deva ser considerado a propósito está em que a capacidade assentada da pessoa com deficiência não se pode tomar como foco, inverso ao propósito do sistema, de sua completa desproteção. Não foi esse, decerto, o intuito quer da Convenção, quer do Estatuto da Pessoa com Deficiência, mesmo à consideração da vulnerabilidade desses indivíduos, como se analisou, de novo, no item atinente aos fundamentos atuais do regime jurídico das incapacidades (item Fundamento do regime das incapacidades do Capítulo 2). O próprio art. 1º da CDPD estabeleceu como seu objetivo básico não apenas promover, mas também "proteger e assegurar o exercício pleno e equitativo de todos os direitos humanos e liberdades fundamentais por todas as pessoas com deficiência e promover o respeito pela sua dignidade inerente". Da mesma forma, já se viu, o art. 12, n. 4, previu que os

> [...] Estados Partes assegurarão que todas as medidas relativas ao exercício da capacidade legal incluam salvaguardas apropriadas e efetivas para prevenir abusos, em conformidade com o direito internacional dos direitos humanos. Essas salvaguardas assegurarão que as medidas relativas ao exercício da capacidade legal respeitem os direitos, a vontade e as preferências da pessoa, sejam isentas de conflito de interesses e de influência indevida, sejam proporcionais e apropriadas às circunstâncias da pessoa, se apliquem pelo período mais curto possível e sejam submetidas à revisão regular por uma autoridade ou órgão judiciário competente, independente e imparcial. As salvaguardas serão proporcionais ao grau em que tais medidas afetarem os direitos e interesses da pessoa.

Na justa advertência de Heloisa Helena Barboza e Vitor Almeida, o reconhecimento da sua capacidade "não pode significar o abandono da pessoa com deficiência à própria sorte"; ou "não significa ausência de proteção", porque são de todo modo pessoas "vulneradas"[86].

Bem por isso, nesses casos tem-se sustentado a possibilidade de haver, mesmo diante de uma incapacidade relativa, como é a do art. 4º, III, do Códi-

---

86 BARBOZA, Heloisa Helena; ALMEIDA, Vitor (coord.). *Comentários ao Estatuto da Pessoa com Deficiência à luz da Constituição da República*, cit., p. 65.

go Civil, assistência que envolva a própria representação pelo curador. Ainda aqui se pode supor alguma inconsistência técnica se se pensar em si no instituto da assistência e no que ele significa. Mas é a posição que se vem defendendo com frequência[87] e mesmo que se levou ao texto do Projeto de Lei n. 757/2015, enviado à Câmara dos Deputados (ali adotado o n. 11.091/2018, como já se disse), dando redação a um parágrafo, o terceiro, do art. 4º do Código Civil[88]. Ao que logo adiante se tornará, retomando essa proposta legislativa.

Contudo, os problemas seguem porque, havida curatela a esse relativamente incapaz, ela se estabelece, conforme o art. 85 do Estatuto da Pessoa com Deficiência – e é essa a regra geral para o instituto –, apenas em relação à prática de "atos relacionados aos direitos de natureza patrimonial e negocial". Ou seja, na dicotomia que se vem apresentando desde o Capítulo 2, preservam-se os atos de natureza existencial à reserva exclusiva da deliberação e do exercício pela pessoa com deficiência. Dá-se cabo mesmo de uma tendência continental, como se viu agora no Capítulo 3. Basicamente, a ideia é a de que os direitos essenciais, assim de natureza existencial, decorreriam já da condição de ser pessoa, antes que seu exercício se sujeitasse ao regramento (e às limitações) da capacidade de fato e sem que no tema se autorizasse essa segregação com a capacidade de direito, de modo a permitir qualquer restrição ao poder decisório do indivíduo sobre esses aspectos centrais de sua existência, assim não somente acerca das situações subjetivas patrimoniais do indivíduo[89].

---

87 V. g.: ALMEIDA, Vitor. *A capacidade das pessoas com deficiência e os perfis da curatela*, cit., p. 217. Para o autor, mesmo que as pessoas com deficiência somente se sujeitem à incidência do art. 4º, III, do Código Civil, "entende-se que é possível, em casos excepcionais, conferir poderes de representação ao curador para determinados atos de forma expressa". No mesmo sentido: MENDONÇA, Bruna Lima de. Proteção, liberdade e responsabilidade, cit., p. 40. Foi ainda a solução adotada pelo Superior Tribunal de Justiça no seguinte precedente: STJ, REsp 1.927.423, 3ª T., rel. Min. Marco Aurélio Bellizze, j. 23.04.2021.

88 No texto do projeto apresentado, o preceito vem vazado nos seguintes termos: "A curatela das pessoas referidas no inciso III do *caput* deste artigo outorga ao curador o poder de representação, e os atos por ele praticados, nessa qualidade, devem ter como parâmetro a potencial vontade da pessoa representada".

89 A respeito, ver, por todos: TEPEDINO, Gustavo; OLIVA, Milena Donato. Personalidade e capacidade na legalidade constitucional, cit., p. 301. Ainda no mesmo sentido, Vitor Almeida defende que os "atos de autonomia existencial são personalíssimos, o que inviabiliza o exercício por outrem, sendo contrários à natureza da representação e da assistência típicos do regime de (in)capacidade patrimonial" (ALMEIDA, Vitor. A capacidade civil da pessoa com deficiência em perspectiva emancipatória, cit., p. 121).

A propósito, expressa-se claramente nos próprios termos do § 1º do referido art. 85 que a "definição da curatela não alcança o direito ao próprio corpo, à sexualidade, ao matrimônio, à privacidade, à educação, à saúde, ao trabalho ao voto". E tal o que se reforça pelo art. 6º, quando se assenta a capacidade da pessoa com deficiência e se realça que especialmente para o casamento e união estável, direitos sexuais e reprodutivos, planejamento familiar, fertilidade, adoção, guarda, tutela, curatela e convivência familiar.

Certo todavia que, nesse ponto, a mesma questão anteriormente alvitrada se ponha, relativa à situação de pessoas sem nenhuma possibilidade de expressão, mínima que seja, de sua vontade. Mesmo admitindo poderes de representação ao curador – já a despeito da relativa incapacidade de que se trata –, se a curatela se restringe a atos de natureza econômico-patrimonial não haveria meio ou modo de a pessoa com deficiência, naquelas condições extremas, com severo comprometimento de seu discernimento, exercer seus direitos existenciais com autonomia, afinal de que desprovida. Pois ainda aqui, então, a solução adotada tem sido a de conceder, apesar da regra expressa do art. 85 do Estatuto da Pessoa com Deficiência, a possibilidade de representação, posto que procurando observar, para tanto, a vontade presumida, potencial ou biográfica da pessoa curatelada, conforme já se mencionou antes[90].

Em favor da solução excepcional da representação, e mesmo nessas hipóteses de situações existenciais, ponderam Heloisa Helena Barboza e Vitor Almeida que "a afirmativa de que os direitos existenciais da pessoa curatelada são inatingíveis há de ser entendida nos limites da razoabilidade", atentando-se justamente, e de novo, à necessidade de não desproteger a pessoa que, por causas físicas ou psíquicas, não reúna quaisquer condições de deliberar ainda quando acerca de seus direitos existenciais[91]. Citando o direito ao próprio corpo, defendem haver "situações em que o curador deverá tomar providências que impliquem interferência no corpo do curatelado, por exemplo, para cuidar de sua saúde", posto que sempre sob a atuação fiscalizatória do Ministério Público e do juiz[92]. E, bem alinhado a essa preocupação, aprovou-se inclusive

---

90 V. item Do modelo médico ao modelo social, *infra*.
91 BARBOZA, Heloisa Helena; ALMEIDA, Vitor. A capacidade à luz do Estatuto da Pessoa com Deficiência, 2020, p. 332. Exemplificam anotando que "não seria razoável permitir que a pessoa com deficiência de auto amputasse, a pretexto de lhe assegurar o direito ao próprio corpo".
92 BARBOZA, Heloisa Helena; ALMEIDA, Vitor. A capacidade à luz do Estatuto da Pessoa com Deficiência, cit., p. 332.

o Enunciado 637 do CEJ, na VIII Jornada de Direito Civil do Conselho da Justiça Federal, segundo o qual se admite "a possibilidade de outorga ao curador de poderes de representação para alguns atos da vida civil, inclusive de natureza existencial, a serem especificados na sentença, desde que comprovadamente necessários para proteção do curatelado em sua dignidade". Não é, ainda, solução que tenha passado ao largo da jurisprudência[93].

Reforce-se, nada obstante, e tudo isso posto, o retrato do quadro erigido: alguém completamente desprovido de condição de expressar sua vontade, mas mesmo assim considerado relativamente incapaz, sujeito a curatela que poderá envolver poderes de representação e que, malgrado instituída pela lei apenas para a prática de atos patrimoniais e negociais, poderá também abarcar a prática de atos existenciais. Evidente que, nada obstante se assuma a solução do ponto de vista pragmático, alguma quebra sistemática se revela e, mais, acaba alçando a volta ou a preservação – de todo modo – de um modelo que, sem o dizer, é afinal de incapacidade absoluta, contudo que se quer refutar. Embora, já se o assenta, não se recuse em si a necessidade evidente de representação em algumas hipóteses, conforme se acentuou, seja ainda que para atos existenciais. E daí supor-se a necessidade de ajustar a disciplina do tema no Código Civil, como se sugerirá no último capítulo.

De qualquer maneira, na pretensão de superar essa contradição interna no sistema, propôs-se projeto de lei no Senado Federal (PL n. 757/2015[94]) que, no ponto em questão, retoma a categoria da incapacidade absoluta para os maiores de idade, desde que, "por qualquer motivo, não tiverem o necessário discernimento para a prática desses atos", isto é, os atos da vida civil a que se refere o *caput*. No art. 4º, propôs-se nova redação ao inciso II, ainda referindo a ebriedade e a toxicomania, mas acrescentando a situação daqueles que, "por qualquer causa, tenham o discernimento severamente reduzido". E ainda se propôs a revogação do inciso III, referente "àqueles que, por causa transitória ou permanente, não puderem exprimir a sua vontade".

---

93 Nesse sentido: STJ, REsp 1.998.492, 3ª T., rel. Min. Ricardo Villas Bôas Cueva, j. 13.06.2023.
94 Disponível em: https://legis.senado.leg.br/sdleg-getter/documento?dm=4374494&ts=1630436021657&disposition=inline&_gl=1*18mm4km*_ga*MjEyODE3ODMyMy4xNjU0MzM5OTI0*_ga_CW3ZH25XMK*MTY5MjQ1MzIxMC40LjAuMTY5MjQ1MzIxMC4wLjAuMA. Acesso em: 20 ago. 2023.

Sucede que, no texto afinal remetido à Câmara (PL n. 11.091/2018[95]), mantém-se a redação originária do art. 3º, tornando-se à ideia da ausência de absolutamente incapazes maiores de idade, alterando-se porém o art. 4º, mas para acréscimo de parágrafos. Transformado em § 1º o atual parágrafo único, acrescenta-se um § 2º, e incisos, para dispor que as

> pessoas com deficiência, inclusive mental ou intelectual ou deficiência grave, maiores de 18 (dezoito) anos têm assegurado o direito ao exercício de sua capacidade civil em igualdade de condições com as demais pessoas, devendo-se, quanto aos apoios e às salvaguardas de que eventualmente necessitarem para o exercício dessa capacidade, observar o seguinte: I – a curatela, regulada pelos arts. 1.781 e seguintes deste Código, poderá ser utilizada para as pessoas com deficiência apenas quando apresentarem as condições previstas nos incisos II, III e IV do *caput* deste artigo; II – a presença de deficiência mental ou intelectual ou deficiência grave, por si só, não configura a hipótese prevista no inciso III do *caput* deste artigo, sendo facultada a essas pessoas a tomada de decisão apoiada regulada no art. 1.783-A deste Código; III – o acolhimento judicial do pedido de tomada de decisão apoiada pressupõe a vulnerabilidade da pessoa com deficiência mental ou intelectual ou deficiência grave, garantindo à pessoa apoiada a mesma proteção legal prevista neste Código e em outras leis às pessoas relativamente incapazes.

Ainda se prevê, como logo acima já se adiantou, um § 3º, estatuindo que a

> [...] curatela das pessoas referidas no inciso III do caput deste artigo outorga ao curador o poder de representação, e os atos por ele praticados, nessa qualidade, devem ter como parâmetro a potencial vontade da pessoa representada.

É dizer, preserva-se o modelo de incapacidade relativa mesmo a quem, pela sua própria condição, precise ser representado, o que se passa a admitir de maneira expressa para a hipótese do inciso III do *caput* do art. 4º, isto é, para "aqueles que, por causa transitória ou permanente, não puderem exprimir a

---

[95] PL na Comissão de Constituição e Justiça no momento em que escrito o texto. Disponível em: https://www.camara.leg.br/proposicoesWeb/prop_mostrarintegra?codteor=1696382&filename=PL%2011091/2018. Acesso em: 2 dez. 2023.

sua vontade", posto se deva, para os atos praticados pelo curador, o representante tomar como parâmetro a "vontade potencial" do curatelado[96].

Posteriormente, apresentado – e já referido – Relatório final dos trabalhos da Comissão de Juristas responsável pela revisão e atualização do Código Civil, nomeada por ato do Presidente do Senado (04.09.2023), apresentado o anteprojeto ao Congresso em 17.04.2024 e já convertido no PL n. 4/2025, de autoria do Sen. Rodrigo Pacheco[97], nele se retoma afinal a categorização de maiores absolutamente incapazes, assim quando, conforme o projetado art. 3º, inciso II, por nenhum meio possam expressar sua vontade, em caráter permanente ou, veja-se a menção – objeto de análise no item O inciso III do art. 4º do Código Civil de 2002 deste capítulo, inclusive para a situação do atual art. 4º, inciso III, do CC – temporário; estabelece-se, na pretendida reorganização do art. 4º, a incapacidade relativa do maior de idade cuja autonomia estiver prejudicada por redução de discernimento, que não constitua deficiência, enquanto perdurar esse estado, revogado o atual inciso III; altera-se o parágrafo único do mesmo artigo para excluir a referência à questão da capacidade dos indígenas e, no lugar, ressalvar que os maiores com deficiência mental ou intelectual têm assegurado o direito ao exercício de sua capacidade civil, em igualdade de condições com as demais pessoas, com os apoios e salvaguardas necessárias e conforme o que previsto nos arts. 1.767 a 1.783 do CC. Depois, bem quanto à curatela, o anteprojeto reforça, e nos termos do art. 85, § 1º, do EPD, ser medida extraordinária e conformada à vontade possível da pessoa curatelada (projetado art. 1.781-A); prevê que cabível no caso dos arts. 3º e 4º, assim para os absoluta e relativamente incapazes (redação projetada ao art. 1.767), embora se ressalvando, mais uma vez na esteira do EPD (art. 85, § 1º), que ela não alcança o exercício do direito ao próprio corpo, dos direitos sexuais e reprodutivos, à privacidade, à educação, à saúde, ao trabalho, ao voto e à obtenção de documentos (pretendido art. 1.781-C, § 1º), tanto quanto ao casamento e à união estável (projetado art. 1.781-D), ainda que aqui excepcionada a questão do regime de bens (v. item Capacidade matrimonial do Capítulo 5). Por fim, dispõe-se que a curatela pode, mesmo assim, atingir atos de natureza existencial, excepcionalmente, quando houver fundado risco de danos à vida e à saúde do próprio curatelado ou de terceiros (§ 2º do art. 1.781-C). E tudo

---

96 V. item Do modelo médico ao modelo social deste capítulo.
97 Disponível em: https://www12.senado.leg.br/assessoria-de-imprensa/arquivos/anteprojeto-codigo-civil-comissao-de-juristas-2023_2024.pdf. Acesso em: 3 jan. 2024.

com a ressalva – agora em obediência à própria Convenção sobre o Direito das Pessoas com Deficiência, de constitucional e em cuja senda erigido o art. 6º do EPD, consoante examinado no item A capacidade da pessoa com deficiência deste capítulo – de que a deficiência física ou psíquica não é causa, por si, de afetação à capacidade civil da pessoa (art. 4º-A). De resto, como no texto projetado já se havia feito inserir, para os relativamente incapazes, no inciso II do art. 4º.

Insiste-se, todavia, em alguns pontos que se reputam basilares ao enfrentamento dessas questões postas. Em primeiro lugar, não há dúvida – mesmo porquanto tal o que emana de mandamento constitucional, havido com a integração da Convenção de Nova York – de que as pessoas com deficiência devam ser reconhecidas, incluídas, desestigmatizadas e respeitadas em sua autonomia. Mas não podem por isso ser desprotegidas. Depois, mecanismos de apoio que se lhes assegurem precisam se conformar à sua concreta situação, à constatação de quais sejam suas específicas vulnerabilidades e funcionalidades, por isso que sem um figurino rígido, preconcebido e universal, aplicável abstratamente a todas as pessoas com deficiência. Mas, ao mesmo tempo, é possível que nessa avaliação particular daquele indivíduo se veja realmente uma absoluta impossibilidade de qualquer expressão consciente de vontade.

Nesse cenário, não se trata, portanto, de estabelecer limitação apriorística à pessoa com deficiência, e que acaso acabe sendo absoluta. Trata-se, antes, de assegurar que as pessoas manifestem suas vontades e exerçam seus direitos nos limites da autonomia que apresentem, com a medida de apoio então adequada. E, a rigor, como se vem defendendo, nem mesmo importa a causa propriamente desse comprometimento à expressão da vontade. Releva o resultado que está na constatação dessa impossibilidade para a pessoa. Daí que dizê-la relativamente incapaz, mas assegurar ao curador poderes de representação, inclusive na esfera existencial, porque diversa alternativa inexiste, acaba induzindo uma inconsistência sistemática desnecessária e que nem mesmo se justifica no intuito de atender aos ditames da Convenção e do Estatuto da Pessoa com Deficiência.

O dado central se reputa estar na ausência de discriminação apriorística das medidas próprias do regime das incapacidades, como se aplicáveis apenas e indiferentemente às pessoas com deficiência, e em razão dela. Tal o que, aí sim, não se justifica ou autoriza. Porém, ter em conta, para tanto, indistintamente, quem não consiga exprimir qualquer vontade consciente – o que, mesmo que mais raramente, efetivamente ocorre –, pouco importando a causa, não se entende traduzir afronta ao comando da Convenção ou do Estatuto da Pessoa com Deficiência, assim qualquer inconstitucionalidade.

De se relembrar, a propósito, da observação de Heloisa Helena Barboza e Vitor Almeida, comentado justamente o art. 6º do EPD, no sentido de que o

> reconhecimento da plena capacidade jurídica não significa ausência de proteção, que é necessária e devida às pessoas com deficiência, na medida das peculiaridades de cada caso, do mesmo modo que se protegem todas as pessoas vulneradas[98].

Comparam a situação bem com aquela das crianças, adolescentes, pessoas idosas, consumidores[99], destarte importando, antes de qualquer irrestrição, que a limitação – ou real apoio – não se ponha em si e especificamente na deficiência, assim como causa particular ao estabelecimento de medidas de auxílio mais ou menos extenso à pessoa com essa condição. Joyceane Bezerra de Menezes e Ana Carolina Brochado Teixeira, na mesma linha, acentuam exatamente que "a restrição à capacidade jurídica somente poderá ser realizada se o critério for aplicável a todos, indistintamente, e não apenas em relação às pessoas com deficiência"[100].

A bem dizer, reforça-se a ponderação de que, a rigor, não é a sua causa em si, ou qualquer que ela seja, mas a situação concreta de vulnerabilidade da pessoa que justifica medida de apoio mais ou menos ampla. E, faltando ao indivíduo qualquer condição de manifestação da vontade, tal o que levará à necessidade de representação, verdadeiramente, sob pena de real supressão do acesso e exercício dos direitos do indivíduo, independentemente de se o considerar absoluta ou relativamente incapaz.

Nesse sentido, já se sustentou, realmente, que "não haveria qualquer inconstitucionalidade incluir entre os absolutamente incapazes as pessoas que, por qualquer causa, não se possam exprimir"; e que, ao contrário, tal o que favoreceria efeitos sistemáticos assecuratórios de uma coerência com institutos

---

[98] BARBOZA, Heloisa Helena; ALMEIDA, Vitor (coord.). *Comentários ao Estatuto da Pessoa com Deficiência à luz da Constituição da República*, cit., p. 65.
[99] BARBOZA, Heloisa Helena; ALMEIDA, Vitor (coord.). *Comentários ao Estatuto da Pessoa com Deficiência à luz da Constituição da República*, cit., p. 65.
[100] MENEZES, Joyceane Bezerra de; TEIXEIRA, Ana Carolina Brochado. Desvendando o conteúdo da capacidade civil a partir do Estatuto da Pessoa com Deficiência, cit., p. 198.

especiais do Código Civil, alusivos – e protetivos – do absolutamente incapaz[101]. Note-se, mais uma questão sobre a qual é preciso refletir, como logo adiante se fará.

Porém, antes disso, cabe retomar a ideia, já explicitada no item O quadro geral das incapacidades no Código Civil de 2002 deste capítulo, de que, se o EPD impôs a consideração da capacidade da pessoa com deficiência e retirou dessa condição a função de definir restrição à capacidade de fato, ligada, genericamente, à impossibilidade de livre expressão da vontade, então teoricamente não se justificaria manter a menção específica aos ébrios habituais e aos viciados em tóxicos como relativamente incapazes. E o mesmo se dá em relação ao pródigo, também como se mencionou no mesmo item anterior (item O quadro geral das incapacidades no Código Civil de 2002). A bem dizer, tal opção já não se explicaria pelo só fato de que, justamente, o critério geral adotado para identificação da incapacidade relativa, ao lado da idade, foi a inaptidão à plena expressão da vontade, independentemente da causa.

De qualquer maneira, apontou-se no item precedente tanto a ligação da ebriedade e da drogadição, verdadeiramente, a uma afecção, quanto a indiferença dessa condição para a imposição da curatela, decidida em ação própria. Mais uma vez seja dado repetir: à incapacidade não importa a causa, mas sim a consequência dela derivada para a livre e consciente expressão da vontade da pessoa. Uma vez isso constatado e a medida de apoio necessária e adequada se haverá de erigir, por sentença que defina os seus limites.

Aliás, tanto assim é que, mesmo que não se aceite o drogadito ou o alcoolista como pessoa com deficiência, de toda forma se defende a aplicação da natureza protetiva e das medidas de apoio do Estatuto da Pessoa com Deficiência a qualquer um, caso, por qualquer motivo, delas necessite para livre expressão da vontade em virtude de sua própria e particular condição[102]. Importa é considerar a situação de vulnerabilidade que, de resto, quando menos se pode entrever nesses indivíduos[103].

---

101 COLOMBO, Maici Barboza dos Santos. Limitação da curatela aos atos patrimoniais: reflexões sobre a pessoa com deficiência intelectual e a pessoa que não pode se exprimir, 2017, p. 256 e 258.
102 Ver BARBOZA, Heloisa Helena; ALMEIDA, Vitor (coord.). *Comentários ao Estatuto da Pessoa com Deficiência à luz da Constituição da República*, cit., p. 206.
103 ALMEIDA, Vitor. *A capacidade civil das pessoas com deficiência e os perfis da curatela*, cit., p. 190.

E, ainda mais, tampouco pode escapar à incidência até, se o caso, da própria instituição excepcional de mecanismo de representação, consoante acima se examinou, a circunstância eventual de completa ausência de aptidão à expressão de qualquer vontade, só porque acaso ligada à condição de drogadição ou alcoolismo da pessoa. Ou seja, se o indivíduo não ostenta qualquer aptidão a manifestar de maneira consciente o seu querer, ainda assim a proteção não será aprioristicamente diversa só porque se trata de drogadito ou alcoolista; e poderá envolver até a representação. Tudo porque, como se vem acentuando, menos importa a causa e mais importa a objetiva constatação sobre se a pessoa ostenta condição de expressar livremente a sua vontade.

E nada diferente, reitere-se, da consideração que se deva reservar ao pródigo, cuja particular situação e mesmas observações se fizeram tanto no item O Código Civil de 1916. Causas de incapacidade deste capítulo quanto, em especial, ao fim do item O quadro geral das incapacidades no Código Civil de 2002, a que ora se remete. Daí sugerir-se, no derradeiro capítulo, a própria condensação das hipóteses de incapacidade.

Outro problema já de início mencionado, consequente à reorganização do regime jurídico das incapacidades determinado pelo Estatuto da Pessoa com Deficiência, o qual, de resto, se vem apontando de modo crítico pela doutrina, é a ausência de articulação, justamente, com institutos e mesmo dispositivos especiais do Código Civil, alusivos à incapacidade, inclusive a absoluta, mas a que não mais se sujeitariam, pelo estado atual da arte, as pessoas com deficiência.

Na observação de Vitor Almeida, lembrando, a respeito, da disciplina da invalidade e da prescrição e decadência[104], as inovações do EPD

> têm suscitado tormentosa tarefa de compatibilização, eis que as mudanças instauradas com o novo regime de capacidade civil das pessoas com deficiência não foram acompanhadas por mudanças nos institutos em que a capacidade se apresenta como requisito de validade ou causa impeditiva.

O autor ainda remete à crítica de Anderson Schreiber, e de fato para quem o Estatuto da Pessoa com Deficiência acabou introduzindo uma reforma limitada, em suas palavras "sem uma preocupação sistemática e abrangente", por

---

104 ALMEIDA, Vitor. A capacidade civil da pessoa com deficiência em perspectiva emancipatória, cit., p. 110.

isso de "resultado fraturado" em relação à própria coerência em si do ordenamento[105].

São várias as situações – reitera-se, muitas delas examinadas no capítulo seguinte, separadamente porquanto sempre consideradas reais "válvulas de escape" ao modelo mais rígido do regime jurídico das incapacidades – que revelam essa realidade ou a necessidade de se articularem as alterações introduzidas pelo EPD com a recompreensão da incidência de institutos próprios de algum modo remissivos à condição de vulnerabilidade de quem ainda, nas passagens respectivas do Código Civil, é chamado de incapaz.

A primeira delas diz respeito ao conceito de *domicílio* e, em particular, ao de *domicílio necessário*. Afinal, conforme a regra do art. 76 e parágrafo único do Código Civil, o "domicílio do incapaz é o do seu representante ou assistente". Ou seja, o centro de referência jurídica do incapaz se identifica com o de quem fala pelo ou fala juridicamente com o incapaz.

Já se viu, todavia, que o modelo pretendido para a pessoa com deficiência é o da máxima preservação de sua autonomia e da superação da ideia de substituição de sua vontade. Mais, a Convenção de Nova York, incorporada ao direito interno, estabelece, em seus arts. 18 e 19, que é direito da pessoa com deficiência o de escolher o local de sua residência, ou com quem residir, em igualdade de condições com as demais pessoas[106], inclusive em cuja esteira sobreveio nova redação ao art. 147.º do Código Civil português, agora conforme exposto no item O sistema português do Capítulo 3, considerando direito pessoal do indivíduo acompanhado, por isso de livre exercício, a fixação de domicílio e de residência.

Evidente, não se confunde a noção de residência com a de domicílio. Mas, se o domicílio é o local em que a pessoa estabelece sua residência com ânimo definitivo, conforme o art. 70 do Código Civil, já seria de indagar então se a pessoa com deficiência, capaz e com liberdade assegurada de escolher sua residência, mesmo como expressão de vida independente, e de ali permanecer

---

105 SCHREIBER, Anderson. Tomada de decisão apoiada, cit.
106 Art. 18, n. 1: "Os Estados Partes reconhecerão os direitos das pessoas com deficiência à liberdade de movimentação, à liberdade de escolher sua residência e à nacionalidade, em igualdade de oportunidades com as demais pessoas, inclusive assegurando que as pessoas com deficiência". O art. 19, *a*, por usa vez, impõe aos Estados Partes assegurar que "[A]s pessoas com deficiência possam escolher seu local de residência e onde e com quem morar, em igualdade de oportunidades com as demais pessoas, e que não sejam obrigadas a viver em determinado tipo de moradia".

com ânimo definitivo, teria ainda imposto um seu domicílio necessário no direito brasileiro.

Porém, aqui se haveria de voltar à consideração concreta da situação do indivíduo, inclusive porque nem sempre apto a fazer e expressar qualquer escolha. Depois, posto ainda submetido apenas à regra do art. 4º, III, do Código Civil, conforme sua particular situação em relação à possibilidade de manifestação da vontade – e tal como a situação de qualquer outro com igual restrição, independentemente da causa –, decretada curatela se terá, de todo modo, um assistente, na exata forma referida pelo parágrafo único do art. 76 do Código, razão mesmo de já se ter defendido a persistência do domicílio necessário, embora apenas nesse caso[107], e mesmo nele não se afastando a necessidade de se averiguarem os limites particulares da curatela erigida, mormente diante da vicissitude de escolhas pessoais do indivíduo, como é a de onde vai morar.

Mas, de resto, e em geral, deve-se já por regra prestigiar a autonomia da pessoa com deficiência na eleição de sua residência e com ânimo de permanência[108], embora sempre nos limites dessa concreta possibilidade – que pode inclusive inexistir, em concreto, como já visto –, lembrando-se, no caso, da existência de elemento subjetivo próprio ao conceito de domicílio, que é o ânimo de permanência, assim a escolha consciente a tanto voltada.

Uma segunda situação que denota o problema que se está a referir, e que exige igual esforço de sistematização, é a da *invalidade dos negócios jurídicos*. Isso porque, afinal, tem-se na capacidade requisito de validade dos negócios jurídicos (art. 104, I, do CC/2002), cujo desatendimento se sanciona com a sua invalidade, mais ou menos grave conforme a incapacidade havida, absoluta ou relativa, respectivamente levando à nulidade (art. 166, I) ou à anulabilidade do negócio (art. 171, I), uma vez desrespeitada a regra de representação ou de assistência. Nada originariamente se mencionou nos preceitos citados acerca da condição específica da pessoa com deficiência dada sua anterior consideração como alguém absoluta ou relativamente incapaz. E posto que – impende realçar – já então se laborasse a distinção relevante sobre se, nesses casos, decretada ou não a interdição, portanto conforme se entrevisse hipótese de incapacidade jurídica ou, apenas, de incapacidade natural (ou ainda acidental), na primeira assumindo-se causa automática de invalidação de atos praticados sem

---

107 CRUZ, Elisa Costa. A Parte Geral do Código Civil e a Lei Brasileira de Inclusão, 2017, p. 87.
108 CRUZ, Elisa Costa. A Parte Geral do Código Civil e a Lei Brasileira de Inclusão, cit., p. 87.

que por meio ou com o curador (ressalvada a questão dos intervalos lúcidos, examinados no Capítulo 5, na sequência), na segunda exigindo-se exame de cada negócio praticado no momento em que ausente (total ou parcialmente) discernimento do agente, tudo tal qual já examinado no Capítulo 2.

Pois, a rigor, revigorada essa distinção mercê do quadro atual do regime jurídico de que aqui se cuida, imposto pela Convenção de Nova York e pela Lei Brasileira de Inclusão, se bem que agora de modo mais amplo, na exata medida em que, de um lado, se afasta a deficiência como causa de afetação à plena capacidade da pessoa (art. 6º do EPD), mas ao mesmo tempo reconhecendo-se que as pessoas com deficiência apresentam (maior ou menor) vulnerabilidade e necessidade de apoio, acaso desatendido logrando-se com isso resultado que pode ser de vontade expressa sem efetiva condição (total ou parcial) para tanto; ou ainda, conforme o caso, possível ter-se pessoa submetida a curatela, portanto com disciplina própria da assistência devida e definida nos termos da sentença, segundo a situação particular do curatelado, e até mesmo poderes de representação excepcionalmente concedidos – consoante, de novo, se vem de examinar –, reservada àquelas hipóteses de nenhuma possibilidade de expressão de vontade, malgrado independentemente da causa.

A propósito, a observação primeira e essencial a fazer, entende-se, está na advertência básica a que procedem Heloisa Helena Barboza e Vitor Almeida:

> no que tange ao regime jurídico das invalidades em função da incapacidade do agente na celebração dos negócios jurídicos, há de se interpretar o Código Civil de acordo com o princípio *pro personae* e as salvaguardas de risco, ambos com envergadura constitucional, a fim de evitar interpretações que desvirtuem o objeto precípuo da CDPD e do EPD: *promover, proteger e assegurar* o exercício pleno e equitativo de todos os direitos humanos e liberdades fundamentais por todas as pessoas com deficiência e promover o respeito pela sua dignidade inerente visando à sua inclusão social e cidadania[109].

Aliás, bem por isso, ainda alertam – inclusive em relação àqueles com total comprometimento da possibilidade de expressa de vontade – à circunstância de que a

---

109 BARBOZA, Heloisa Helena; ALMEIDA JUNIOR, Vitor de Azevedo. A (in)capacidade da pessoa com deficiência mental ou intelectual e o regime das invalidades: primeiras reflexões, 2016, p. 211.

conjugação dos arts. 104, I, e 166, I, ambos do Código Civil, não alterados pelo EPD, conduz à enganosa conclusão de serem plenamente válidos os atos da vida civil realizados por pessoas com deficiência mental ou intelectual, que não apresente de fato minimamente condições para tanto[110].

E arrematam: "[A]lém de enganosa, tal conclusão opera em prejuízo da pessoa com deficiência intelectual ou mental, especialmente nos casos mais graves e que exigem maior grau de proteção da pessoa com deficiência"[111].

De todo modo, persiste o desafio de conformar o regramento geral da capacidade, em particular no atinente às pessoas com deficiência e em especial dada a previsão do art. 6º do EPD, quando confrontado com quadro das invalidades do negócio jurídico, todavia sempre em função das diretrizes fundamentais extraídas do propósito promocional, inclusive de *status* constitucional, ditado pela CDPD, mas simultaneamente sem desconsiderar vulnerabilidade ínsita – em maior ou menor grau – subjacente à expressão da vontade do agente.

Nessa linha, considera-se antes de mais nada ser preciso aferir se a pessoa com deficiência está sujeita ao apoio da curatela, judicialmente instituída. E isso porque – admitida então a instituição do instrumento próprio da assistência ou mesmo da representação, mesmo que excepcionalmente, como já se disse – as consequências de invalidade, mais ou menos grave (nulidade ou anulabilidade), devem como regra persistir. No caso do art. 171, I, do Código Civil, não há dificuldade porque, ainda que ali se refira a incapacidade relativa do agente, já se viu logo antes que a tanto se pode subsumir a situação da pessoa com deficiência, ainda que não por essa causa específica, mas pelo óbice à expressão da vontade, passível do apoio pela curatela.

A dificuldade, em verdade, surge quando se trata de pessoa com deficiência, desprovida de qualquer condição de expressão mínima de vontade. E isso porquanto a regra do art. 166, I, do Código Civil dispõe ser nulo o negócio "celebrado por pessoa absolutamente incapaz". E já se constatou ausente hoje – com a ressalva de proposta legislativa mencionada no item Reflexão crítica sobre a capacidade da pessoa com deficiência e alguns de seus efeitos: domicílio, invalidade e prescrição deste capítulo, e ainda agora anotada previsão, nela

---

110 BARBOZA, Heloisa Helena; ALMEIDA JUNIOR, Vitor de Azevedo. A (in)capacidade da pessoa com deficiência mental ou intelectual e o regime das invalidades, cit., p. 207.
111 BARBOZA, Heloisa Helena; ALMEIDA JUNIOR, Vitor de Azevedo. A (in)capacidade da pessoa com deficiência mental ou intelectual e o regime das invalidades, cit., p. 207.

contida, de acréscimo de parágrafo, o 2º, ao art. 169, estabelecendo a possibilidade excepcional de produção de efeitos, mesmo de negócios nulos, mas diante da boa-fé de ao menos uma das partes e da presença de interesses merecedores de tutela) –, no rol do art. 3º do Código, que trata dos absolutamente incapazes, e alterado pelo Estatuto da Pessoa com Deficiência, qualquer catalogação além dos menores impúberes. Ou seja, maiores de idade não são considerados, em nenhum caso, qualquer que seja a causa, absolutamente incapazes.

A solução para o problema, ao que se crê, não se pode encontrar na assunção de que então os negócios celebrados por quem totalmente despido de condição de expressão de vontade, seja por conta de deficiência, seja por outra causa (coma, estado vegetativo resultante de acidente), se possam tomar como apenas anuláveis, ao pressuposto de se cuidar de hipótese de incapacidade relativa, no máximo. São conhecidas as consequências distintas, resultantes da gravidade maior ou menor, que decorrem da nulidade e da anulabilidade, concernentes à legitimidade para alegação, reconhecimento de ofício, convalidação pelo tempo ou possibilidade de confirmação, por exemplo. Daí soar tecnicamente falha a alternativa de se reputarem anuláveis, sempre, os negócios jurídicos celebrados sem a presença do curador, mesmo quando a este conferidos poderes de representação. Ou, pior, de se considerarem válidos os negócios praticados na mesma condição, somente porque não há previsão expressa de nulidade, pela incapacidade absoluta do agente, fora da menoridade impúbere.

Nada obstante, igualmente problemático o que se poderia chamar de alternativa oposta extrema, qual seja, a de considerar inexistente o negócio jurídico assim praticado, como por alguns se defende[112]. Como anotado em outra sede[113], e no ponto de interesse do quanto se examina, o negócio jurídico seria inexistente pela inexistência em si de uma declaração de vontade emanada do agente[114]. Ademais da questão do objeto (existente), a inexistência do negócio jurídico diz com a ausência de declaração de vontade, tida como tal, quer dizer,

---

112 *V. g.*: AZEVEDO, Álvaro Villaça. *Curso de direito civil*: teoria geral do direito civil. Parte geral, 2019, p. 36; VELOSO, Zeno. Estatuto da Pessoa com Deficiência: uma nota crítica, 2016.
113 GODOY, Claudio Luiz Bueno de. Dos fatos jurídicos e dos negócios jurídicos, 2008, p. 397-399.
114 Para Antônio Junqueira de Azevedo, uma declaração de vontade socialmente reconhecida como voltada aos efeitos jurídicos queridos (AZEVEDO, Antônio Junqueira de. *Negócio jurídico*: existência, validade e eficácia, 2007, p. 32-33).

vista como jurígena, como quando, por exemplo, há coação física (alguém toma o punho de outrem para rabiscar uma assinatura, como se fosse ato próprio deste), ou quando se pratica o negócio por procurador sem poderes (ressalvada a representação aparente). São hipóteses de falta, não de defeito de declaração de vontade pelo vício no processo de formação e expressão da vontade, problema que toca o campo da validade.

No caso, mesmo que o agente não reúna qualquer condição de expressão de vontade, se de algum modo há declaração dele emanada, e quando assim seja, não se teria então caso propriamente de inexistência do negócio jurídico.

Tornando, destarte, ao plano da validade, e da distinção entre aqueles casos em que havida e em que não havida a curatela, defende-se em doutrina que, na primeira hipótese, quando desrespeitada a limitação da sentença que a decreta, se reconheça a invalidade – embora ressalvando possível proveito para o curatelado, ao que se tornará no último capítulo; enquanto, na segunda hipótese – e que alcançaria igualmente situações de negócios celebrados antes da decretação da curatela ou fora da limitação da sentença que a decreta –, defende-se se proceda a uma análise particular e concreta das circunstâncias, "à luz do discernimento e da vulnerabilidade apresentados pelo agente, tomando-se como norte o referido imperativo de proteção da pessoa humana independentemente do enquadramento *a priori* que lhe seja conferido por lei", e tomando-se a previsão do art. 166, VII, do Código Civil, bem como a alusão à "lei" em seu texto – portanto para a solução de nulidade, quando o caso – de maneira ampla e em sentido material, conformada ao propósito do ordenamento, mesmo constitucional, de tutela do vulnerável, o que se há de estender inclusive aos atos existenciais[115].

Certo ao menos que, em matéria de validade dos negócios jurídicos, e ressalvados os casos de curatela decretada, em seus próprios contornos, fixados pelo juiz,

> [...] os limites e requisitos são os comuns, portanto, os que devem ser observados por qualquer pessoa, e não apenas pelas pessoas com deficiência. O eventual questionamento da validade dos atos praticados, por exemplo, por ausência de livre e pleno consentimento, exigirá a apuração caso a caso, em

---

115　SILVA, Rodrigo da Guia; SOUZA, Eduardo Nunes de. Dos negócios jurídicos celebrados por pessoa com deficiência psíquica e/ou intelectual: entre a validade e a necessária proteção da pessoa vulnerável, 2020, p. 371-373, 378 e 382.

razão das circunstâncias individuais. A presença de deficiência, ainda que intelectual, por si só, não é motivo bastante para a invalidação. Em cada caso, insista-se, há de se verificar se a pessoa tinha condições de entender e de consentir livremente para que o ato venha (ou não) a ser invalidado[116].

Uma vez havida curatela, acode a verificação sobre se desrespeitada a medida imposta de assistência ou de representação, então com a consequência respectiva de anulabilidade ou de nulidade do negócio[117]. Fora dessas situações, avalia-se o negócio, individualmente, conforme a condição funcional concreta e contemporânea do agente, de vulnerabilidade e discernimento, de resto tal qual já se fazia em casos de incapacidade natural (ou acidental), assim com as mesmas ressalvas contidas no item Incapacidade natural e incapacidade acidental do Capítulo 2, a que ora se remete. O que, reitere-se, se retomará no último capítulo, quando se ensaiarem sugestões para um repensar da disciplina da matéria.

Por fim, mais uma questão que decorre da falta de articulação entre as alterações da parte geral do capítulo das incapacidades com institutos específicos em que elas se refletem é aquela que concerne *à prescrição*. E isso desde que, segundo o art. 198, I, do Código Civil, não corre prescrição "contra os incapazes de que trata o art. 3º". Mas, como se sabe e se está a examinar, o art. 3º do Código Civil, a partir da redação que lhe foi dada pelo Estatuto da Pessoa com Deficiência, não mais contempla a situação de qualquer maior de idade, reduzindo-se à incapacidade absoluta ao menor impúbere. É dizer, não beneficiaria a nenhum maior de idade, assim não apenas àqueles com deficiência, o impedimento ao curso do prazo de prescrição para exercício de suas pretensões.

E já de pronto o problema, várias vezes antes mencionado – inclusive ao início desse mesmo item –, de a um só tempo se excluírem do rol dos incapazes as pessoas com deficiência, mantendo-se, porém, ainda que no art. 4º, a catalogação autônoma e tópica atinente aos alcoolistas, drogaditos e pródigos. Ocorre que, de novo, independentemente da causa, importa é considerar que

---

116 BARBOZA, Heloisa Helena; ALMEIDA, Vitor (coord.). *Comentários ao Estatuto da Pessoa com Deficiência à luz da Constituição da República*, cit., p. 67.
117 José Fernando Simão propõe, a respeito, o que seja mesmo uma analogia, ao menos, com os preceitos dos arts. 166, I, e 170, I, do Código Civil de 2002 (SIMÃO, José Fernando. Estatuto da Pessoa com Deficiência causa perplexidade: parte II, 2015).

pessoas maiores de idade, seja por qual motivo for, podem estar totalmente impossibilitadas de manifestar sua vontade, porém no máximo se lhe reconhecendo, tomada a disposição literal da lei, a possibilidade de se verem consideradas relativamente incapazes, no entanto a que não se aplica, tal qual visto, a regra do art. 198, I, porquanto incidente apenas à situação dos absolutamente incapazes[118].

A rigor, nada do que fosse mais complicado resolver se o legislador tivesse completado o esquema da modificação do regime jurídico das incapacidades, a que procedeu com a edição do Estatuto da Pessoa com Deficiência, adequando institutos específicos por ela impactados. Bastaria, como alhures já se sugeriu, que se passasse a dispor no art. 198, I, do Código Civil que não corre a prescrição contra os absolutamente incapazes do art. 3º e também "contra as pessoas com deficiência"[119]. A bem dizer, e de modo mais amplo, conviria ressalvar a ausência de curso de prazo prescricional contra os absolutamente incapazes do art. 3º do Código e (mantido o rol lá estabelecido) contra aqueles que, por qualquer causa, não reunissem qualquer condição, mínima que fosse, de expressão pessoal e consciente da vontade.

Mas essa deve ser, mesmo assim, a compreensão a reservar à questão, interpretando-se então o inciso I do art. 198 de maneira extensiva. Afinal, em relação às pessoas com deficiência, já se salientou desde o início do item que afastar a deficiência como causa de incapacidade não pode significar simplesmente desconsiderar a vulnerabilidade da pessoa e, assim, privá-la do apoio e mesmo da proteção que mereça. Depois, a razão básica do preceito é a consideração da maior dificuldade que tem a pessoa a que se refere de exercer a pretensão decorrente da violação a um seu direito (*"contra non valentem agere non currit praescriptio"*). E é o que sucede, não apenas em relação às

---

[118] No Relatório final dos trabalhos da Comissão de Juristas responsável pela revisão e atualização do Código Civil, nomeada por ato do Presidente do Senado (04.09.2023) – apresentado o anteprojeto ao Congresso em 17.04.2024 (https://www12.senado.leg.br/assessoria-de-imprensa/arquivos/anteprojeto-codigo-civil-comissao-de-juristas-2023_2024.pdf) e já convertido no PL n. 4/2025, de autoria do Sen. Rodrigo Pacheco –, além da retomada da categorização dos maiores que por nenhum meio possam expressar sua vontade como absolutamente incapazes, propôs-se nova redação ao art. 198, I, acrescentando a vedação do curso de prazo de prescrição também contra os relativamente incapazes, enquanto não lhes fora dado assistente.

[119] Nessa linha a proposta de: SILVA, Alexandre Barbosa da. O Estatuto da Pessoa com Deficiência e o regime das incapacidades; breve ensaio sobre algumas possibilidades, 2016, p. 248.

pessoas com deficiência, mas em geral com quem por qualquer causa se veja privado da condição de expressão da vontade e, nessa senda, de tutela de seus direitos.

Nessa perspectiva, destarte, tem-se não deva correr prazo de prescrição – e, por força do art. 208 do Código Civil, de decadência – em face de quem sujeito à curatela e quando nela estabelecidos ao curador poderes de representação, exatamente porque ao curatelado não se reconhecem condições de qualquer expressão de vontade[120].

Porém, conforme já se mencionou antes, no item Incapacidade natural e incapacidade acidental do Capítulo 2 – aludindo-se a essa mesma discussão, já antes do Estatuto da Pessoa com Deficiência[121] –, ainda quando ausente curatela se há de considerar vedado o curso do prazo prescricional e decadencial em desfavor de quem totalmente privado de condição para exprimir sua vontade. Tem-se aqui, na mesma linha, a ideia da impossibilidade ou maior dificuldade de exercício da pretensão[122].

Evidentemente, insista-se, tudo o que se facilitaria uma vez sobrevinda lei que esclarecesse a incidência do art. 198, I, do Código Civil – além dos incapazes do art. 3º, e desde que se pretendendo manter o texto desse preceito – àqueles que não possam exprimir, de nenhum modo, a sua vontade.

Note-se, pois, a gama de problemas que o isolamento da alteração do regime geral das incapacidades, determinada pelo Estatuto da Pessoa com Deficiência, trouxe à intepretação de vários institutos específicos que a ele se ligam, ou sobre os quais se refletem seus efeitos, todavia não apanhados diretamente pela nova disposição legislativa, a lhes dar conformada redação. E que, como se adiantou, nem são os únicos. A seguir, no Capítulo 5, outros serão mencionados, como a capacidade delitual, a capacidade matrimonial (e da união es-

---

120 A propósito, por todos: ALMEIDA, Vitor. *A capacidade civil das pessoas com deficiência e os perfis da curatela*, cit., p. 219.
121 Então se referiu precedente do Superior Tribunal de Justiça, segundo o qual, "conquanto a sentença de interdição tenha sido proferida em data posterior ao decurso do prazo prescricional, a suspensão deste prazo ocorre no momento em que se manifestou a incapacidade mental do indivíduo" (REsp 652.837-RJ, 5ª T., rel. Min. Laurita Vaz, j. 22.05.2007).
122 Nesse sentido: ALMEIDA, Vitor. *A capacidade civil das pessoas com deficiência e os perfis da curatela*, cit., p. 219. Ressalvando porém o exame do caso concreto porquanto em regra correria o prazo de prescrição, mas referindo bem a hipótese de ausência de curador: SILVA, Rodrigo da Guia; SOUZA, Eduardo Nunes de. Discernimento da pessoa humana e sua relevância para o regime jurídico da prescrição e da decadência, 2017, p. 138.

tável), a capacidade testamentária, ademais de situações ainda mais particulares, como o reconhecimento de filho, o pagamento e a doação a incapaz, bem como a condição de testemunha. A menção se faz separadamente, reitera-se, porque as hipóteses se colocam, de modo mais amplo, no espectro do que sempre se considerou serem verdadeiros escapes para uma flexibilização, em geral, ainda reputada relevante ao sistema mais rígido das incapacidades. E muito embora, de se repisar de novo aqui, quando haja impacto da Lei de Inclusão ele então se examine.

Direito intertemporal. O Código de Processo Civil de 2015

Diferentemente do que ocorreu com alterações do sistema de proteção e apoio a pessoas com deficiência em outros ordenamentos, tal como examinados no Capítulo 3, o Estatuto da Pessoa com Deficiência, no Brasil, não contemplou uma disciplina própria de direito intertemporal, isto é, que regrasse a situação de quem declarado incapaz antes de sua vigência, e pelas disposições então em vigor, as quais, em boa medida, a nova normatização revogou. Mais, que enfrentasse a circunstância de particulares efeitos produzidos e decorrentes do regime anterior da incapacidade, tanto quanto sua projeção para o momento posterior à vigência do Estatuto.

São várias as dúvidas que esse quadro passou a suscitar. No elenco dessas incertezas, Francisco Amaral formula uma série de indagações sobre, por exemplo, como fica a situação de quem antes interditado, na forma do então art. 3º, II, e do art. 4º, II, do Código Civil, ou sobre a prática de atos por essa pessoa, diante da nova lei[123].

Na reforma alemã, havida em 1990/1992, descrita no item O sistema alemão do Capítulo 3, a *Bertreuungsgesetz – BtG* conteve seção própria para as *Disposições Transitórias* (§ 9º). Ali a nova lei dispôs que as interdições anteriores passavam imediatamente a se sujeitar aos seus ditames e ao sistema de cuidado e apoio estabelecido. Também previu que os anteriores tutores ou representantes passavam a ser apoiadores, mediante os requisitos de designação que se vieram a erigir. Dispôs ainda que o juiz deveria decidir sobre a extinção ou prorrogação de interdições anteriores, mesmo que transformadas desde logo

---

123 AMARAL, Francisco. *Direito civil*: introdução, 2018, p. 336.

em apoio, e, se vigentes há pelo menos dez anos, essa avaliação judicial se deveria efetuar em até cinco anos.

Do mesmo modo, no direito português, a Lei n. 49/2018 – objeto da análise, agora, do item O sistema português do Capítulo 3 – reservou, em seu art. 26.º, tratamento à "aplicação da lei no tempo", estatuindo que seus preceitos têm incidência imediata sobre os processos de interdição e inabilitação em curso; que aos atos praticados se aplica a lei do tempo de sua prática; que às interdições e inabilitações anteriormente decretadas se aplica o novo regime, do maior acompanhado; que os atos pessoais podem passar a ser praticados diretamente, mediante requerimento e autorização do juiz; que os tutores ou curadores anteriormente designados passam a ser acompanhantes ou apoiadores.

Bem se vê, nada do quanto previsto no Estatuto da Pessoa com Deficiência e que servisse a dar, portanto, respostas claras do legislador às dúvidas que a modificação de uma lei por outra naturalmente provoca, tanto mais em face de matéria disciplinada, atinente à capacidade, que por isso se projeta e espraia por diversificadas searas dos ramos específicos da civilística. Tampouco parece que só os critérios gerais de conflito de leis no tempo sirvam a superar, sem mais, as dificuldades nascidas da complexidade dos efeitos, no tempo, produzidos pelo Estatuto.

Sobre a questão, já se defendeu, ao pressuposto de uma *revaloração* do estado da pessoa, objetivada e efetivada pelo Estatuto da Pessoa com Deficiência no propósito de, mais que simples alteração do arranjo da capacidade de exercício, propiciar a *inclusão* do indivíduo com deficiência na teia das relações jurídicas em geral, assegurando sua mais ampla autonomia, que a Lei n. 13.146/2015 deve ser aplicada de modo a considerar que já desde a maioridade antes alcançada a capacidade se há de reconhecer ao sujeito, se não houver outra causa, que não a deficiência, a infirmá-la[124]. Quanto às situações subjetivas a partir do mesmo termo constituídas, assim ainda antes da edição da nova lei, defendeu-se o reconhecimento de uma sua retroatividade para os atos existenciais – respeitado o grau de aptidão à expressão da vontade, em concreto –, de que especialmente se ocupa a novel normatização, ao contrário dos atos patrimoniais, em que se há de respeitar o princípio do *tempus regit actum*, assegurando-se observância ao ato jurídico perfeito, ao direito adquirido – aqui

---

124 REIS JUNIOR, Antonio dos. O Estatuto da Pessoa com Deficiência: questões de direito intertemporal, 2020, p. 263.

a ressalva é às situações forjadas na lei anterior, mas prolongadas para a vigência da nova lei – e à coisa julgada, agora com a ressalva, para esta, da decisão de interdição que se relacione à nova consideração do estado da pessoa e à atual desnecessidade, para a hipótese, da curatela[125].

A bem dizer, há a respeito situações que parecem de mais segura solução. A primeira delas diz respeito a atos ou negócios que, praticados sob a égide da lei anterior, tenham então sido judicialmente apreciados e com trânsito em julgado. Ou seja, atos ou negócios já julgados válidos ou inválidos.

Depois, seguindo o princípio do *favor personae*, como refere Menezes Cordeiro acerca da reforma portuguesa[126], deve-se admitir que pessoas antes incapacitadas agora se sujeitem, ainda que havida interdição, ao novo *status* que o Estatuto lhes assegura, com aplicação do regime próprio que estabeleceu, desde o art. 6º até os arts. 84 e 85[127]. E ainda que se venha ressalvando, ao longo do trabalho, a eventualidade de representação, conforme o nível não da deficiência em si, mas sim do comprometimento da aptidão à consciente expressão da vontade.

---

125 REIS JUNIOR, Antonio dos. O Estatuto da Pessoa com Deficiência, cit., p. 266-285. Nessa passagem, o autor exemplifica, primeiro, com o reconhecimento de filho, que seria válido se consumado por pessoa curatelada, assim antes considerada incapaz, mas com aptidão à expressão da vontade, ao passo que, ausente essa aptidão, o ato seria inválido, mas por anulabilidade (atuais arts. 4º, II, e 171, I, do CC/2002), não mais por nulidade; segundo, para os atos existenciais, exemplifica com a situação da prescrição – situação subjetiva que na sua dicção se prolongaria para a vigência da lei nova –, a qual não se manteria sem curso depois da vigência da lei nova; terceiro, torna, para o caso da decisão de interdição, mesmo transitada, aos atos existenciais e mesmo diante daqueles que antes se sujeitavam à regra do art. 3º, II, do Código Civil, mas agora considerados relativamente incapazes. E, em qualquer hipótese, ausente interdição, a avaliação é casuística, conforme a intensidade e a gravidade do comprometimento da aptidão à expressão da vontade.

126 MENEZES CORDEIRO, António. *Tratado de direito civil*, 2019, t. IV: Parte Geral. Pessoas, p. 567.

127 Nesse sentido, Francisco Amaral alvitra a própria validade de negócio praticado por pessoa antes interdita, agora considerada capaz. Confira-se: "Considerando-se que a validade do ato depende da capacidade do agente no momento da prática do ato, sendo o agente agora capaz, o ato será válido, não obstante esteja o agente ainda sob curatela, que é, no caso, um instituto de proteção" (AMARAL, Francisco. *Direito civil*, cit., p. 336). Nesse sentido, ainda, por exemplo no Estado de São Paulo se editou norma correcional autorizando o interdito, pessoalmente, a se habilitar e contrair matrimônio (Normas de Serviço da Corregedoria Geral da Justiça, Capítulo XVII, art. 57.1, com redação dada pelo Prov. CG n. 32/2016: "O nubente interdito, seja qual for a data ou os limites da interdição, poderá contrair casamento").

Decerto porém, e de um lado, que melhor teria sido (ou seja ainda) a edição de norma própria a respeito; de outro, que se provoque a questão nas interdições decretadas, então se definindo a situação concreta da pessoa.

Sucede que, já em meio a esse cenário de maior incerteza sobre a questão do direito intertemporal, ainda se editou o Código de Processo Civil atual, que, em seus arts. 747 a 763, muito especialmente, tratou da interdição e da decretação da curatela. Isso sem contar outras passagens suas em que alude à capacidade, por exemplo para prestar testemunho (art. 447, § 1º, I). E são vários os pontos em que suas disposições conflitam com o Código Civil, na redação dada pelo Estatuto da Pessoa com Deficiência. Aliás, já a começar pela terminologia, desde que o Estatuto pretendeu superar o uso do termo "interdição", abolido da redação – a qual lhe era expressamente alusiva – que deu ao art. 1.768 do Código Civil (e apesar da referência ao "interditando", que acabou sendo mantida na redação dos arts. 1.771 e 1.772, parágrafo único, do CC/2002). Tratou-se de opção deliberada no propósito de concorrer à superação do estigma que marca historicamente o termo e, com ele, a pessoa com deficiência[128].

Depois, seguem as contradições nas questões da legitimidade para requerer a medida, envolvendo a própria pessoa – a autocuratela, referida acima (cf. item A reorganização pelo Estatuto da Pessoa com Deficiência da disciplina geral da capacidade e da curatela no Código Civil de 2002. A tomada de decisão apoiada deste capítulo) – e o Ministério Público (arts. 1.768, IV, e 1.769 do CC/2002 e 747 e 748 do CPC); ou ainda na participação de equipe multidisciplinar (arts. 1.771 do CC/2002 e 751 do CPC). Sem contar igualmente a própria condição de testemunha (arts. 228, § 2º, do CC/2002 e 447, § 1º, I, do CPC) – a que se tornará, especificamente, no item A condição de testemunha do Capítulo 5.

A particularidade no tema está em que, malgrado de vigência posterior, o Código de Processo Civil foi editado (em março de 2015) antes do Estatuto da Pessoa com Deficiência (de julho de 2015). A diferença está nos respectivos prazos de *vacatio*, maior o do Código (um ano) do que o do Estatuto (180 dias). Mas o que não tem impedido a doutrina de defender a prevalência do Código

---

128 A respeito, ver, por todos: MENDONÇA, Bruna Lima de. Proteção, liberdade e responsabilidade, cit., p. 46-47.

de Processo Civil, em caso de conflito, por força do princípio da cronologia, recusada qualquer hierarquia ou especialidade que defina diversa solução[129].

O ponto que, todavia, a propósito se coloca, primeiramente, está no exame sobre se a *vacatio legis* interferiria na avaliação sobre a antecedência de uma lei em relação a outra, destarte definida pela data de sua edição, não de sua eficácia. Por exemplo, na lição de Serpa Lopes,

> [...] é claro que a antecedência de uma lei sobre outra no tempo deve se deduzir da data da sanção e não da data que entrar em vigor. Se, no período da *vacatio legis*, uma lei posterior dispuser de maneira diversa da que estiver submetida apenas ao decurso do prazo da vacatio legis, incontestável se nos afigura a sua revogação, em tudo quanto contiver de incompatível em relação à nova lei sancionada posteriormente[130].

Nessa exata senda é que Humberto Theodoro Júnior ressalta

> situação peculiar ocorrida em razão da edição da Lei n. 13.146, de 6 de julho de 2015, que instituiu a Lei Brasileira de Inclusão da Pessoa com Deficiência (Estatuto da Pessoa com Deficiência). Referida legislação deu nova redação a alguns artigos do Código Civil que foram anteriormente revogados pelo novo Código de Processo Civil. Assim, os arts. 1.768, 1.769, 1.771 e 1.772 do Código Civil, revogados pelo novo CPC, foram repristinados pela Lei n. 13.146, uma vez que voltaram a receber novo conteúdo[131].

Ou seja, admitindo-se então que, na verdade, pela data de sua edição, o Estatuto da Pessoa com Deficiência é que sucede o novo Código de Processo

---

129 *V. g.*: BARBOZA, Heloisa Helena; ALMEIDA, Vitor. A capacidade civil à luz do Estatuto da Pessoa com Deficiência, cit., p. 317-319; MENDONÇA, Bruna Lima de. Proteção, liberdade e responsabilidade, cit., p. 51. Do mesmo modo assim já se decidiu no âmbito do Tribunal de Justiça do Estado de São Paulo: TJSP, Agravo de Instrumento n. 2087238-67.2016.8.26.0000, 1ª Câm. de Dir. Priv., rel. Alcides Leopoldo e Silva Júnior. j. 07.08.2016.
130 SERPA LOPES, Miguel Maria de. *Curso de direito civil*, 2000, v. I, p. 97.
131 THEODORO JÚNIOR, Humberto. *Curso de direito processual civil*, 2015, v. III, p. 1179-1180.

Civil e determina a revogação do que, na lei processual, como ele se incompatibilize[132].

A rigor, e a bem dizer, estranha que uma lei revogue outra com ela incompatível quando então nem ainda elaborada, na forma (apenas posteriormente) assumida. Mesmo tomado o art. 1.032, II, do Código de Processo Civil, a revogação ali havida foi de artigos do Código Civil que não tinham ainda a redação que somente depois, porque posterior a sua edição, lhes deu o Estatuto da Pessoa com Deficiência. É, enfim, aceitar que o legislador pondere a deliberação de revogação de uma lei cujo conteúdo, na verdade, ele ainda não conhece.

Mas, seja como for, entende-se que haja, antes até, outro dado a considerar. É que, mesmo abstraído o quanto se vem de expor e igualmente o fato, acrescente-se, de que o Código de Processo Civil tenha por objetivo básico disciplinar o procedimento de decretação da curatela, enquanto seus aspectos materiais cabem e são tratados pelo Código Civil, que tem esse específico propósito, assim se aceitando de todo modo a ideia de tratamento legal, por leis ordinárias, de um mesmo tema, não se há de olvidar da expressão própria que o EPD revela, de uma escolha de ordem constitucional no tratamento legal da pessoa com deficiência, tal qual já se examinou, inclusive desde a recepção da CDPD com esse *status* hierarquicamente superior. E ao que importa, torne-se ao ponto, mesmo a própria terminologia – "interdição" –, cuja supressão veio conformada ao objetivo de inclusão e não discriminação.

Consoante observa Camila de Jesus Mello Gonçalves, na perspectiva mais ampla da própria afirmação dos direitos humanos, haveria a prevalência da Lei n. 13.146 porquanto a ela reconhecido o que a autora reputa ser uma especial *vocação constitucional*, desde que materializa a Convenção de Nova York, recebida, ratificada e adotada no Brasil, como aqui já se disse, pelo Decreto n. 6.949/2009, na forma do art. 5º, § 3º, da CF/88, e em que se erige o *paradigma da dignidade na deficiência*, no qual sobreleva a preservação da autonomia

---

132 No mesmo sentido: MARCATO, Antônio Carlos. *Procedimentos especiais*, 2016, p. 406. Para o autor, "não obstante revogados expressamente pelo art. 1.072 do NCPC, o Estatuto da Pessoa com Deficiência restaura, com nova redação e modificações, os arts. 1.768, 1.769, 1.771 e 1.772 do Código Civil, relativamente à interdição dos incapazes, assim influindo no respectivo procedimento judicial".

individual, da liberdade do deficiente, de sua inclusão e não discriminação, tudo nos próprios termos dos arts. 2º e 3º da referida normatização[133].

De seu turno, Joyceane Bezerra de Menezes, mesmo admitindo que o Código de Processo Civil tenha efeito revogador do Estatuto da Pessoa com Deficiência, ainda assim defende, ao referir o que chama de "rito humanizador" que a Lei de Inclusão pretendeu dar à curatela, ao alterar os arts. 1.768 e 1.772 do Código Civil, que,

> [...] se, pelo aspecto formal, houve a revogação dos dispositivos pelo CPC, a construção jurisprudencial deverá se ajustar à sistemática proposta pelos valores fundamentais assentados no documento internacional [CDPD] e na Constituição Federal[134].

Portanto, não parece que se possa sobrepor à disciplina própria do Estatuto da Pessoa com Deficiência o regramento do Código de Processo Civil, mesmo quando dispôs sobre o procedimento de decretação do que (impropriamente) chamou de interdição.

O inciso III do art. 4º do Código Civil de 2002

Como se adiantou, o exame da específica causa de incapacidade, antes considerada absoluta, prevista no inciso III do art. 3º do Código Civil, hoje relativa, por força do preceito em comento, foi legado a passagem própria, de um lado, porque, tal qual assentado no item A reorganização pelo Estatuto da Pessoa com Deficiência da disciplina geral da capacidade e da curatela no Código Civil de 2002. A tomada de decisão apoiada deste capítulo, serve a abarcar generalidade de casos de pessoas com comprometimento à expressão da vontade e, dentre elas, as com deficiência, embora à sua incidência desimporte a causa dessa afetação da manifestação do querer; de outro, porque, conforme o elastério que se lhe reserve, altera-se a compreensão da configuração do estado em si de incapacidade.

---

133 GONÇALVES, Camila de Jesus Mello. O art. 1.072 do novo CPC e o Estatuto da Pessoa com Deficiência: revogação do inciso IV do art. 1.768 do CC?, 2016.
134 MENEZES, Joyceane Bezerra de. O direito protetivo após a Convenção sobre a proteção da pessoa com deficiência, o novo CPC e o Estatuto da Pessoa com Deficiência, cit., p. 586.

Segundo o enunciado do preceito, são reputados relativamente incapazes os que, "por causa *transitória* ou permanente, não puderem exprimir a sua vontade". Note-se, portanto: levada ao dispositivo uma causa que se diz transitória de comprometimento à expressão da vontade. Cogita-se, então, de uma incapacidade que afeta a expressão da vontade, mas não apenas por causa que seja duradoura – e mesmo que não permanente.

Impende, pois, aferir se, para além de causas de afetação da aptidão à manifestação consciente da vontade, apuradas em ação própria, tendentes à deliberação sobre medida de apoio, de regra a curatela, e tornando legal ou jurídica uma incapacidade natural, que passa a constar do registro público, agora se erige incapacidade não etária resultante de um estado passageiro que impede o sujeito de manifestar a vontade, sem necessidade de reconhecimento por sentença e que seja objeto de assento público. Ainda em diversos termos, causa que prejudica a expressão da vontade, mas atribuível a uma situação passageira.

Veja-se, por demais relevante, que, consoante a interpretação que a essa questão se dê, possível cogitar de alguém que *esteja*, e não que *seja* incapaz, que ostente o estado jurídico de incapaz. Convenha-se, uma compreensão bastante diferente do regime das incapacidades, historicamente ligado à verificação da higidez do discernimento da pessoa, submetida a regime protetivo quando apurado judicialmente que disso necessita, porquanto duradoura sua falta de intelecção, ainda que aqui se a atribua a qualquer causa que não, específica ou exclusivamente, à deficiência.

Na exposição de motivos escrita em 1970 para a versão original do anteprojeto de Código Civil, cujo artigo, então o 4º, III, dispunha serem absolutamente incapazes "os que, por causa permanente, como a surdo-mudez, não puderem exprimir sua vontade", dizia Moreira Alves que o texto, estendido em relação ao Código anterior, abrangia não apenas os surdos-mudos que não podiam exprimir a sua vontade, mas também "certos casos de paralisia que impedem o paralítico, de modo permanente, de manifestar vontade"[135]. Depois, resultante de revisões procedidas no texto ao longo de 1972, nova exposição de motivos foi apresentada, agora em 1973, e já originalmente do que veio a ser então o art. 3º, passando a advertir o autor que, com a alteração introduzida,

---

135 MOREIRA ALVES, José Carlos. *A parte geral do projeto de Código Civil brasileiro*, cit., p. 75.

[...] elasteceu-se o alcance do preceito, que, assim, passou a abarcar a incapacidade total decorrente de causa transitória, a qual, embora não dê margem à curatela se não for duradoura (e, na parte concernente ao direito de família, fez-se essa ressalva), estava a exigir tratamento legal[136].

Aprovado, posteriormente, o projeto de Código Civil pela Câmara dos Deputados, e comentando as emendas, algumas aprovadas, outras não, Moreira Alves tratou particularmente da proposta, afinal rejeitada, efetuada para supressão, no texto do art. 3º, III, da expressão "por causa transitória", asseverando que

[...] a incapacidade absoluta decorre da impossibilidade de exprimir a vontade, seja a causa permanente ou transitória (assim, por exemplo, o estado de hipnose). O que não quer dizer que se vá interditar alguém por causa transitória, que no art. 1.815, II, do Projeto (atual art. 1.767) – que trata dos que estão sujeitos à curatela – só se refere aos que, por causa duradoura, não puderem exprimir sua vontade[137].

Desse histórico, já de pronto algumas conclusões podem ser extraídas. A primeira delas está em que, na sua pretensão originária, a legislação tendia a substituir a surdo-mudez enquanto causa de incapacidade por uma previsão mais extensa. Quer dizer, em vez de só tratar dos surdos-mudos, a norma se voltava à tutela de qualquer indivíduo que não pudesse exprimir a sua vontade, mesmo que ainda ligada de certo modo a uma deficiência.

Reconhecendo essa origem e mesmo aplaudindo a iniciativa, observam Gustavo Tepedino, Heloisa Helena Barboza e Maria Celina Bodin de Moraes que se tratou da "reformulação da regra constante do Código anterior que determinava a incapacidade dos surdos-mudos que não pudessem exprimir sua vontade, sendo louvável a reforma"[138].

Sucede que, conforme se vem de referir, na redação originária do art. 3º, III, do Código Civil de 2002 a causa incapacitante deveria ser duradoura. Ou seja, algo a apurar em ação própria, então dita de interdição, cuja sentença le-

---

136 MOREIRA ALVES, José Carlos. *A parte geral do projeto de Código Civil brasileiro*, cit., p. 91.
137 MOREIRA ALVES, José Carlos. *A parte geral do projeto de Código Civil brasileiro*, cit., p. 135.
138 TEPEDINO, Gustavo; BARBOZA, Heloisa Helena; MORAES, Maria Celina Bodin de. *Código Civil interpretado*, 2007, v. I, p. 13.

vada a registro servia (como ainda deve servir, ao que se verá) para conhecimento público do estado do incapaz.

Contudo, tencionando elastério mais amplo, acabou-se prevendo a causa de incapacidade em comento, como se viu defendendo-se que transitória – exemplificando-se, na origem do art. 3º, III, até com a hipnose – ou não, assim ensejando ou não a curatela, conforme o caso.

Daí já se ter sustentado que o preceito deu um novo formato ao regime da incapacidade, que compreende o *ser* mas também o *estar incapaz*, de modo, portanto, duradouro ou não, assim com ou sem sentença que o reconheça.

Na visão de João Baptista Villela, entre o ser e o estar incapaz, de um lado, parece-lhe ter o Código optado, originariamente, pela consideração de uma qualidade ou condição permanente de perda de discernimento, o que se pode inferir da própria utilização do verbo *ser* pelo texto legal. Por isso, inclusive, não teria admitido a regularidade de atos praticados por incapazes nos intervalos lúcidos (ao que se tornará no item Intervalos lúcidos do Capítulo 5). Mas, ao mesmo tempo, no rol dos incapazes, inseriu (então no art. 3º, agora no art. 4º) uma hipótese transitória. E, como adverte,

> seria estranho admitir que também nesta hipótese o Código estivesse trabalhando com a ideia de uma incapacidade permanente ou duradoura. Se a causa é transitória, uma vez cessada, é de se concluir que o impedido de expressar sua vontade, não havendo outra causa anterior ou superveniente de incapacidade, recupere os seus poderes de exercício[139].

Sustenta o autor, de todo modo, que "no direito brasileiro pode-se **ser** incapaz ou pode-se **estar** incapaz"[140]. Conforme acentua, o Código Civil, promovendo uma redução casuística e limitada no tratamento das incapacidades, admitiu que alguém possa estar impedido de exprimir a sua vontade, por causa transitória, assim bastando o impedimento momentâneo à expressão da vontade[141]. O direito brasileiro, na sua visão, teria estendido o regime a diversificadas situações de transitoriedade de impedimento à expressão da vontade, que podem envolver estado passageiro. Daí concluir que, "na ordem jurídica nacional, a incapacidade suporta conjugar-se tanto com o verbo ser como com

---

139 VILLELA, João Baptista. Incapacidade transitória de expressão, cit., p. 350.
140 VILLELA, João Baptista. Incapacidade transitória de expressão, cit., p. 353.
141 VILLELA, João Baptista. Incapacidade transitória de expressão, cit., p. 353.

o verbo estar. Nos casos do art. 3º, II, do Código Civil, é-se incapaz. Nos casos do art. 3º, inciso III, está-se incapaz"[142]. O autor, e mesmo que com críticas, acaba por defender que "a interdição dos incapazes por causa transitória deverá ser requerida na forma do art. 1.768 e seguintes"[143].

Ainda que se partilhe das críticas do autor, entende-se possível diversa alternativa de interpretação que pode garantir maior harmonia ao sistema. E que está na exata compreensão do que seja a transitoriedade referida na lei, insista-se, como e enquanto causa de incapacidade, a partir do Estatuto da Pessoa com Deficiência não mais absoluta, mas relativa.

Primeiro, sintomático que nos demais casos de incapacidade não etária (hoje a drogadição, o alcoolismo e prodigalidade), se exijam, como sempre se exigiram, estados duradouros apuráveis em ação própria e levada a sentença a registro, para conhecimento público do regime jurídico de apoio devido. Depois, vale não olvidar o histórico de construção do regime das incapacidades, diferenciando a incapacidade jurídica ou legal da incapacidade natural e acidental (v. Capítulo 2, em especial os itens Estado de incapacidade e Incapacidade natural e incapacidade acidental), inclusive o que se reflete ainda hoje em boa parte das legislações estrangeiras de referência, conforme examinado no capítulo anterior.

O que se considera, na redação do atual art. 4º, III, é que a legislação acabou – mesmo acrescentando o Estatuto da Pessoa com Deficiência a causa duradoura no mesmo inciso – baralhando esses conceitos (aliás diferentemente de como procedeu, por exemplo, no art. 1.860, ao tratar da capacidade testamentária ativa, em que se distinguiram os conceitos, conforme analisado no capítulo seguinte). Procurando dar resposta a episódios de incapacidade sob cujo império alguém pratica algum ato da vida civil, inseriu junto a outras situações de estado de privação da livre manifestação de vontade, apurado em ação de curatela, causa incapacitante transitória, como que a dispensar um estado necessariamente duradouro de impossibilidade de manifestação de vontade, ainda que atribuível a qualquer causa.

Em vez de proceder tal como está, por exemplo, no art. 428 do Código Civil italiano, no § 105 do Código Civil alemão ou no art. 257.º do Código Civil português, como se viu no Capítulo 3, alusivos à incapacidade natural e ocasionalmente acidental, portanto matéria tratada em preceitos próprios,

---

142 VILLELA, João Baptista. Incapacidade transitória de expressão, cit., p. 353.
143 VILLELA, João Baptista. Incapacidade transitória de expressão, cit., p. 359.

destinados a disciplinar os atos assim praticados, o Código brasileiro acabou disso tratando ao lado do conjunto de situações indicativas da privação de condições de manifestação de vontade pelo sujeito apurável em ação de curatela e registrado na serventia própria. Ou seja, alguém que **é** e não que **está** relativamente incapaz. E como se estados passageiros se pudessem apurar em ação de curatela, tal qual atualmente levado ao texto do art. 1.767, I, do Código Civil.

Todo esse quadro reputa-se levar a que se identifique diferente significado para a expressão *causa transitória* que se contém no inciso em discussão – e igualmente no inciso I do art. 1.767 –, o qual, por evidente, não pode ser simplesmente desconsiderado pela vontade arbitrária do intérprete. Ainda que se reconheçam as incoerências citadas no preceito de lei de que se agita, entende-se haver possibilidade interpretativa que se amolda aos pressupostos que se está a sustentar sejam os adequados à conformação do regime das incapacidades, tal como se o entende.

Conforme se crê, possível chegar a resultado interpretativo melhor e mais coerente do ponto de vista sistemático se se diferenciar *causa transitória* de *estado passageiro* de impossibilidade de expressão de vontade. Ou seja, é compreender a causa transitória impeditiva à expressão da vontade como uma causa não irreversível, portanto, ao contrário, passível de reversão mesmo que induza um estado que não é passageiro, que é duradouro de inaptidão à manifestação consciente do querer, ao mesmo tempo que também não precisa ser permanente, no sentido de que *a priori* perene. Mais, tal a compreensão que, mesmo ali proposta a revogação do inciso III do art. 4º do CC, se entende igualmente devida à redação sugerida, no Relatório final dos trabalhos da Comissão de Juristas responsável pela revisão e atualização do Código Civil, nomeada por ato do Presidente do Senado (04.09.2023) – apresentado o anteprojeto ao Congresso em 17.04.2024 e já convertido no PL n. 4/2025, de autoria do Sen. Rodrigo Pacheco –, para o art. 3º, II, que prevê a incapacidade absoluta de quem privado da condição de expressão da vontade "em caráter duradouro ou temporário"; e para o art. 4º, II, que prevê a incapacidade relativa de quem tenha a autonomia prejudicada por redução de discernimento, "enquanto perdurar esse estado". Ou seja, tomando-se as expressões realçadas não em oposição a um "estado duradouro", mas sim como significativas de uma "causa ou situação reversível", mesmo que duradoura, portanto não passageira.

Ainda em outras palavras, possível imaginar uma causa que leve a um estado duradouro de privação da possibilidade de expressão de vontade, posto que ela seja reversível, nesse sentido aceitando-se e entendendo-se a alusão do texto legal à transitoriedade. Seria admitir *causa transitória* como sinônimo de *causa reversível*, e não de *causa passageira*; seria não confundir *causa transitória* com *estado passageiro*. Portanto, desde que essa causa, mesmo reversível, leve a um estado duradouro de falta de discernimento, então a pessoa se sujeita à curatela, conforme o art. 1.767, I, do Código Civil, e será considerada relativamente incapaz, na mesmíssima forma dos demais incisos (não etários) do art. 4º.

Por exemplo, pense-se em alguém em estado de coma, por muito tempo, como é possível, assim impedido de manifestar a vontade, por causa atribuível a uma impossibilidade de intelecção. Pense-se, mais, na perfeita reversibilidade desse estado, sabido que não raro o coma é induzido. Se for duradouro, então o indivíduo estará sujeito à curatela, consoante o preceito do art. 4º, III, do Código Civil, posto seja transitória a causa dessa relativa incapacidade.

Distinguem-se, assim, os conceitos de incapacidade jurídica e incapacidade acidental, como aquela havida em estados de hipnose, no exemplo acima citado, e sem prejuízo de outras afecções passageiras, ainda que não se abandone a discussão sobre a invalidade dos atos praticados durante episódios de privação de discernimento, como sempre ocorreu. Harmoniza-se o inciso III com todos os demais incisos que cuidam da relativa incapacidade não etária no mesmo art. 4º do Código Civil, afinal remissivos a uma causa duradoura de privação de condição à expressão consciente da vontade, apurável em ação própria e levada ao registro público.

A todo esse respeito, e ademais da legislação estrangeira citada no capítulo anterior, que impõe apoio ao acompanhamento quando haja estado duradouro da privação da livre expressão da vontade (*v. g.*, § 104.2 do BGB e art. 32 do Código Civil argentino – que inclusive menciona as situações de alteração mental *permanente ou prolongada*, como se pode entender aqui o estado duradouro ou permanente), mesmo doutrina posterior à edição do Estatuto da Pessoa com Deficiência, que deu redação ao inciso III do art. 4º e ao inciso I do art. 1.767, ambos do Código Civil – mencionando causa *transitória* e *permanente* –, tem-se posicionado no sentido de que

[...] importante ressalvar que a incapacidade relativa por causa transitória prevista no art. 4º, inc. III, do Código Civil, não pode ser lida como passageira ou repentina. É preciso um mínimo de durabilidade para declarar a incapacidade de alguém e submeter à curatela[144].

Enfim, retoma-se, conforme se crê, o desenho de um regime que pressupõe **seja** e não **esteja** o indivíduo incapaz, estado publicamente aferível, de modo apriorístico, registrada a sentença de curatela.

---

144 ALMEIDA, Vitor. A capacidade civil da pessoa com deficiência em perspectiva emancipatória, cit., p. 119.

Capítulo **5**

Hipóteses de mitigação das regras gerais da incapacidade e de suas consequências

O propósito do presente capítulo é demonstrar que, posto atrelada a legislação civil, historicamente, ao tratar da incapacidade, a figurinos mais rígidos, aprioristicamente concebidos, de efeitos estabelecidos com um matiz generalizante, desde o Código anterior, e o que se manteve de certo modo no atual, admitem-se escapes, isto é, regras exceptivas daquela moldura geral da disciplina dos incapazes e das consequências dos atos e negócios em que se envolvam.

Quer-se dessa maneira evidenciar que já nunca foi estranha ao sistema uma certa calibração ou modulação das regras de incapacidade, mesmo como forma de, mais perfeitamente, cumprir seu desiderato básico, ademais de preservar outras exigências valorativas sensíveis ao ordenamento.

Certo que as mitigações eram e são, ainda em boa medida, excepcionais, pontuais. Mas descortinam espaço que se pode ocupar com um modelo repensado e renovado, concebido de modo mais flexível, para as incapacidades; e que, sem descurar de sua vocação protetiva, não chegue a tolher a autonomia de quem se quer proteger.

Todas as hipóteses examinadas no capítulo vertente, que estavam e estão espalhadas pelo ordenamento, portanto, serão colacionadas com propósito específico. Por outra, não é pretensão do trabalho detalhar ou discutir a completa extensão e problemática de cada uma das situações retratadas, o que, por óbvio, fugiria do fim a que se volta o estudo. Importará, isto sim, como revelação já de uma abertura do sistema a mitigações da inflexibilidade genérica do regime das incapacidades e ao propósito de auxiliar na demonstração de bases à sua remodelação. Ou seja, de sorte a denotar que o regime pode ser mais permeável e sem grande perda de segurança.

Nesse sentido, serão examinadas, primeiro, algumas das chamadas capacidades especiais[1], isto é, regras especiais de capacidade para o específico campo de atuação jurídica de que se cuida (capacidade testamentária, matrimonial e delitual). Depois, serão colacionados exemplos positivos de aplicação própria e pontual da capacidade, de regramento mitigado ou excepcionado, no âmbito de alguns contratos particularmente tomados (doação, mandato e mútuo), quanto ao último deles ampliando-se a análise para o pagamento feito a incapaz e a dolosa ocultação, por ele, de seu *status*. Ainda do ponto de vista do direito posto, será mencionada a condição de testemunha que pode ostentar o incapaz, seguindo-se já para uma interpretação que do ordenamento se faz no tocante à questão do reconhecimento de filho havido pelo incapaz. Por fim, serão referidos a construção erigida acerca dos atos jurídicos em sentido estrito praticados pelo incapaz e negócios jurídicos consumados durante intervalos de lucidez de quem esteja sob curatela.

Porém, impende reiterar: não se pretende um exame aprofundado dos problemas levantados a respeito de cada qual dos itens abaixo, mas relevando a demonstração do quanto permeável o sistema a uma conformação das regras de incapacidade, assim nem sempre marcadas de modo definitivo por sua apriorística rigidez. De outra parte, quer-se também, nesses mesmos casos, demonstrar uma certa potencialidade expansiva que se lhes deve ser reconhecida, para alargar o campo de incidência das mitigações ou, melhor, da modulação das regras gerais de capacidade que neles se contêm.

Duas últimas observações introdutórias. Uma, a de que, evidentemente, nem todas as situações especiais de incapacidade que serão analisadas se reconduzem a um mesmo fundamento, a uma mesma razão justificativa. Guardam, todavia, uma conexidade que ao trabalho interessa e que está na sua aptidão a amoldar o regramento geral da incapacidade às situações a que são atinentes. Outra, a de que a enumeração se adstringe a hipóteses do direito civil, propriamente, não de outros ramos em que semelhante contingência se pode colocar.

---

1 Terminologia, no direito português, por exemplo adotada por Rosa Martins, que considera as *capacidades especiais* real exceção à regra geral de incapacidade de agir (MARTINS, Rosa. *Menoridade, (in)capacidade e cuidado parenta*, 2008, p. 104).

CAPACIDADE TESTAMENTÁRIA ATIVA

Já desde o Código Civil de 1916, destinava-se regra específica à disciplina da capacidade testamentária ativa. Ou seja, já se evidenciava, senão uma tendência, ao menos a experiência de reservar tratamento particularizado à capacidade conforme o campo de atuação jurídica em que ela se manifestava. E de maneira diferente em relação às vedações gerais impostas aos incapazes, ao menos que o fossem de modo relativo.

Preceituava, nesse sentido, o art. 1.627, presumindo a capacidade, como de rigor, que eram incapazes de testar os menores de dezesseis anos, os loucos de todo o gênero, os surdos-mudos que não pudessem exprimir sua vontade e todos os demais que, no ato de testar, não estivessem em seu juízo perfeito.

Note-se, além de se estabelecer regra própria para o testamento, nela não se incluíam, entre os impedidos de testar, os maiores de dezesseis e menores de vinte e um anos; como, ademais, se erigia um rol descritivo de incapazes ao testamento e, ao mesmo tempo, se aludia – em cláusula geral atinente à incapacidade acidental – a qualquer um que, no momento de testar, por qualquer causa, não estivesse em seu juízo perfeito.

Como bem observa Zeno Veloso, o Código anterior conheceu, no dispositivo do art. 1.627, III, ao referir aqueles indivíduos que, no ato de testar, não estivessem em seu juízo perfeito, exato caso de incapacidade acidental, exemplificando mesmo, como se vem de examinar no item O inciso III do art. 4º do Código Civil de 2002 do Capítulo 4, com a situação dos hipnotizados, dos sujeitos ao efeito do álcool e substâncias estupefacientes[2]. Já Clóvis mencionava, a respeito, o que afirmava ser caso de "perturbação transitória do espírito"[3].

Pois o atual Código Civil, ao menos no campo do testamento, reforçou essa distinção entre incapacidade jurídica e incapacidade acidental, tal qual se analisou no item Incapacidade natural e incapacidade acidental do Capítulo 2, ao dispor no art. 1.860 que, "além dos incapazes, não podem testar os que, no ato de fazê-lo, não tiverem pleno discernimento". Quer dizer, estatuiu-se que, além dos juridicamente incapazes, aqueles como tais considerados mediante apuração em ação própria, que constata um estado duradouro de privação de discernimento ou de aptidão à expressão de vontade, são também impedidos

---

2 VELOSO, Zeno. *Comentários ao Código Civil*, 2003, v. 21, p. 30-31. Ainda do autor: *Testamentos*. Belém: CEJUP, 1993, *passim*.
3 BEVILAQUA, Clóvis. *Código Civil dos Estados Unidos do Brasil*, cit., v. 6, p. 87.

de testar aqueles que, no ato de fazê-lo, se encontrem por qualquer causa inaptos à livre e consciente manifestação de seu querer, assim mesmo pessoas sem qualquer falta duradoura de funcionalidade, mas acidentalmente afetadas em seu regular e normal processo intelectivo.

Ademais, fugindo à regra geral de capacidade, a normatização civil, agora no parágrafo único do art. 1.860, ressalvou a possibilidade de o menor púbere realizar testamento, e sem assistência, instituto que não se compadece com a natureza personalíssima do ato de testar, expressa no preceito do art. 1.858 do Código Civil. A razão de ser dessa distinção, que, de resto, vem desde o direito romano, Zeno Veloso, traçando esse seu perfil histórico, atribui a uma exigência especial e específica de querer consciente voltado a beneficiar alguém, portanto mesmo sem o completo discernimento do autor da liberalidade, que se reclama para o exercício dos direitos em geral[4].

Mas pondera o autor: e os demais relativamente incapazes também não deveriam, então, receber autorização para testar? Pois sua resposta, positiva, vem vazada em tintas candentes no sentido, a seu ver, da nenhuma razão a que se vede o testamento a outros relativamente incapazes, desde que, note-se, no ato de testar, revelem compreensão bastante, e tanto mais no caso do pródigo, em que a vedação não se contém no art. 1.782, agora remetendo à lição de Carlos Maximiliano para assentar que já o Código Civil de 1916, reformando as Ordenações, que proibiam o testamento ao pródigo, não manteve "uma tal velharia, que a ciência moderna repele"[5].

De fato, Carlos Maximiliano, depois de dar bem os contornos da incapacidade acidental que tisna o testamento, compreendida, em suas palavras, na advertência de que "precisa o disponente ser capaz na data em que o ato de última vontade é realizado, embora haja tido perturbações cerebrais em época anterior ou venha a sofrer das mesmas posteriormente", quanto à prodigalidade assevera que,

> [...] pelo direito anterior, o pródigo estava inibido de fazer disposições causa mortis. O Projeto Bevilaqua não manteve uma tal velharia, que a ciência moderna repele. Tentaram restabelecê-la, no seio da Comissão Revisora presidida pelo Ministro da Justiça; não prevaleceu o esforço retrógrado. Portanto, hoje, embora interdito o perdulário, pode fazer testamento, salvo na hipó-

---

4 VELOSO, Zeno. *Comentários ao Código Civil*, cit., p. 38.
5 VELOSO, Zeno. *Comentários ao Código Civil*, cit., p. 30.

tese do desbarato dos haveres constituir um sintoma econômico de grave desordem da mente, como sucede no começo da paralisia geral; nesse caso, o incapaz é classificado entre os loucos de todo o gênero[6].

Vale ainda anotar a defesa de Clóvis, até de modo mais amplo, no sentido de que a capacidade especial para testar não se subtrairia a ninguém que fosse relativamente incapaz, senão apenas, e aprioristicamente, a quem o fosse de modo absoluto. Por outra, na sua asserção, os relativamente incapazes do então art. 6º, portanto incluindo o pródigo, eram considerados capazes para o ato de testar, salvo se, no instante de fazê-lo, se encontrassem privados de discernimento[7].

Certo que a tese não é infensa a resistências. Não falta quem sustente que o art. 1.860 reputou todos os incapazes, salvo o menor púbere, impedidos de testar, mesmo o pródigo, não o infirmando a previsão do art. 1.782, que afinal se encerra com uma remissão genérica à vedação da prática de quaisquer outros atos que não sejam de mera administração, além dos que especificamente elenca, portanto os de alienação, entre os quais está o testamento, nem mesmo se aceitando a obtemperação de que, uma vez *causa mortis*, essa alienação não produz efeitos senão depois do falecimento do testador, desde que igualmente – sustenta-se – o sistema se volta a tutelar a família do pródigo[8].

Porém, tal como se enxerga a questão, é preciso interpretar a previsão em comento de sorte a alcançar um resultado que preserve a coerência do sistema, evitando contradições intrínsecas, verdadeiramente o que se toma como interpretação chamada *inteligente*. Dito de outro modo, a interpretação, no campo do direito, deve preservar a unidade do sistema como um todo (princípio da *unidade da ordem jurídica*), afastando resultado que leve a uma incoerência interna em suas múltiplas conexões[9]. Ora, parece pouco coerente admitir que o menor púbere possa testar, mas não outros iguais privados de completo discernimento ou de aptidão à expressão da vontade, ainda que por causa não etária. Pior, a prodigalidade, como se viu nos itens O Código Civil de 1916. Causas de incapacidade e O quadro geral das incapacidades no Código Civil

---

6 MAXIMILIANO, Carlos. *Direito das sucessões*, 1958, v. I, p. 376 e 378.
7 BEVILAQUA, Clóvis. *Código Civil dos Estados Unidos do Brasil*, cit., v. 6, p. 87.
8 Por todos: ANTONINI, Mauro. *Código Civil comentado*, 2023, p. 2291.
9 MAXIMILIANO, Carlos. *Hermenêutica e aplicação do direito*, 1997, p. 134; ENGISCH, Karl. *Introdução ao pensamento sistemático*, 1996, p. 123.

de 2002 do Capítulo 4, hoje especialmente voltada à tutela da pessoa do pródigo, antes que a seu patrimônio e à sucessão por seus herdeiros, sempre se considerou uma hipótese mais tênue de incapacidade, o que se infere mesmo da natural limitação da respectiva curatela, assim não se justificando vedar a esse relativamente incapaz a prática de ato de liberdade acaso compatível com seu nível de compreensão.

Se sempre se reclamou consciência específica para a liberalidade em que se constitui o ato de testar, portanto não o mesmo discernimento completo que se exige para a prática dos atos da vida civil em geral, e se a tendência, afinal, como se vem dizendo e se reafirmará no capítulo último, é a de preservar espaços de autonomia compatíveis com o grau de compreensão da pessoa – o que, tal qual se vem acentuando desde o Capítulo 4, reforçado com a edição do Estatuto da Pessoa com Deficiência –, não se vê razão suficiente a que, aprioristicamente, se retire a capacidade testamentária ativa dos relativamente incapazes em geral, claro que, de todo modo, aferida se livre e conscientemente manifestada a vontade no momento em que testa, como soa da regra geral do art. 1.860[10].

Também aqui não se há de confundir incapacidade, jurídica ou mesmo acidental, com as chamadas incapacidades especiais, examinadas no item Incapacidades especiais e ilegitimidade, *supra*, do Capítulo 2. Lá se têm pessoas plenamente aptas à pessoal expressão da vontade e que, no caso do testamento, não estão impedidas de fazê-lo pessoalmente, dando-se a limitação apenas quanto à forma eleita, e como modo de segurança ou preservação da vontade externada, dada, justamente, a sua particular condição e a ausência de representação ou assistência possíveis, pela natureza pessoal do ato. Tal o que ocorre, por exemplo, com o cego, que somente pode testar por escritura pública

---

10 O Relatório final dos trabalhos da Comissão de Juristas responsável pela revisão e atualização do Código Civil, nomeada por ato do Presidente do Senado (04.09.2023) – apresentado o anteprojeto ao Congresso em 17.04.2024 (https://www12.senado.leg.br/assessoria-de-imprensa/arquivos/anteprojeto-codigo-civil-comissao-de-juristas-2023_2024.pdf) e já convertido no PL n. 4/2025, de autoria do Sen. Rodrigo Pacheco – altera o art. 1.860 para, no *caput*, vedar o testamento apenas aos *absolutamente* incapazes, além daqueles que não estiverem em condições de expressar vontade livre e consciente no momento do ato; e o parágrafo único, alusivo também ao codicilo, para dispor que "[À] pessoa com deficiência, que assim a solicitar, será assegurada a utilização de tecnologia assistiva de sua escolha para manifestar sua última vontade, por testamento ou codicilo".

(art. 1.867)[11], mas também com o analfabeto, pelo mesmo motivo impedido de fazer testamento particular (art. 1.876).

Por fim, e consoante se vem de adiantar logo antes, a consideração da capacidade da pessoa com deficiência pela Lei n. 13.146/2015, ocasionalmente apenas sujeita à previsão do art. 4º, III, do Código Civil, e mesmo assim não especificamente por causa da deficiência, senão do objetivo comprometimento da expressão da vontade, agora como se viu no Capítulo 4, só faz reforçar o quadro. Fato é que, sobrevindo o Estatuto da Pessoa com Deficiência, de todo modo persiste o postulado antes mencionado de que, mesmo dada sua natureza personalíssima, "o testamento não pode ser feito por representação ou por assistência"[12], gravado porém o apoio de que o testador com deficiência possa necessitar, mediante a utilização de tecnologia assistiva, igualmente tal qual atrás referido e mesmo projetado (v. nota 10).

CAPACIDADE MATRIMONIAL

Historicamente, no direito civil e, em particular, no direito civil brasileiro, a capacidade para o casamento não se identifica, de modo perfeito, com o modelo geral da capacidade civil.

Especialmente no tocante à idade, e mesmo que no Código Civil anterior a maioridade se completasse aos vinte e um anos – cessada incapacidade relativa, que se atingia aos dezesseis anos –, homens e mulheres, a partir de idades diferentes, já se podiam casar, desde que autorizados pelos pais ou pelo representante legal, assim sem se cogitar, propriamente, de assistência. Com efeito, as mulheres aos dezesseis e os homens aos dezoito anos já ostentavam a cha-

---

11 Anotando a compatibilidade da disposição com o Estatuto da Pessoa com Deficiência, tanto quanto a do art. 1.866, sobre o testamento de quem apresenta surdez, no pressuposto de assegurar a perfeita expressão da vontade dessas pessoas, ver: SIMÃO, José Fernando. *Código Civil comentado*, 2022, p. 1664 e 1665.
12 MENEZES, Joyceane Bezerra de. O direito protetivo após a Convenção sobre a Proteção da Pessoa com Deficiência, o novo CPC e o Estatuto da Pessoa com Deficiência: da substituição da vontade ao modelo de apoios, 2020, p. 583. Ainda no mesmo sentido, e defendendo ainda se ampliar a consideração da capacidade quando se trate de disposição sobre interesse existencial no testamento, ver: COELHO, Camila Aguileira. O impacto do Estatuto da Pessoa com Deficiência no Direito das Sucessões, 2017, p. 328-333.

mada idade núbil ou nupcial, que lhes permitia contrair matrimônio, mediante prévia autorização (art. 183, XII, c/c art. 180, III).

Essa idade nupcial inclusive foi elevada no Código Bevilaqua, antes dele estabelecendo o Decreto n. 181/1890 que era de quatorze e dezesseis anos, respectivamente para a mulher e para o homem, faixas ainda menores na disciplina do direito canônico (doze e quatorze anos)[13].

Bem verdade que, com o advento do atual Código Civil (art. 1.517), a idade núbil se igualou para homens e mulheres, fixada em dezesseis anos, não se olvidando que reduzida a maioridade de vinte e um para dezoito anos. Ou seja, a partir dos dezesseis anos, as pessoas podem se casar, ainda desde que autorizadas pelos pais ou pelo representante legal.

Também na codificação anterior excepcionalmente se permitia, mesmo antes da idade núbil, o casamento, mediante autorização judicial, sempre que fosse para evitar a imposição ou o cumprimento de sanção penal ou, por interpretação extensiva, sanção infracional. Regra que, no atual Código Civil, se tinha repetido no art. 1.520, acrescentando-se a hipótese do matrimônio quando havida gravidez. A rigor, de se lembrar que, desde o Código de 1916, já não se anulava casamento por defeito de idade se dele tivesse resultado gravidez (art. 215), o que se manteve no art. 1.551 do Código Civil de 2002, em evidente intuito de proteção à prole e de seu amparo no seio da família constituída[14].

Certo então se discutir se, com a edição da Lei n. 11.106/2005, que revogara o inciso VII do art. 107 do Código Penal, portanto deixando o casamento de encerrar causa de extinção da punibilidade de crime contra os costumes, ainda persistia a hipótese de casamento entre ofendido e ofensor, a despeito de não atingida a idade núbil. Argumento comum era o de que, afinal, se se autorizava o casamento para evitar imposição ou cumprimento de sanção penal e se, depois, o casamento não evitava essa imposição ou cumprimento, então não mais se justificava autorizar-se o matrimônio, para alcançar efeito que a ele não mais se reserva.

---

13 Sobre a evolução do regramento da idade nupcial, ainda à luz do Código Civil anterior, ver, por todos: MONTEIRO, Washington de Barros. *Curso de direito civil*: direito de família, 1988, p. 46-47.

14 No Relatório final dos trabalhos da Comissão de Juristas responsável pela revisão e atualização do Código Civil, nomeada por ato do Presidente do Senado (04.09.2023) – apresentado o anteprojeto em 17.04.2024 (https://www12.senado.leg.br/assessoria-de-imprensa/arquivos/anteprojeto-codigo-civil-comissao-de-juristas-2023_2024.pdf) e já convertido no PL n. 4/2025, de autoria do Sen. Rodrigo Pacheco –, propôs-se a revogação da regra.

Entendia-se, porém, antes que uma leitura literal, ser preciso compreender a previsão civil, desde o art. 214 do Código Civil anterior, como uma norma de benefício ao ofendido, à sua moral, inclusive familiar, assim se permitindo que, se quisesse, para minimizar os efeitos do crime sofrido – de estupro, atentado violento ao pudor, rapto, corrupção de menores, portanto todos aqueles de mesma natureza –, pudesse se casar com o ofensor[15]. Dir-se-ia irreal imaginar, por exemplo, que a vítima de estupro quisesse se casar com o ofensor. Mas era de se pensar, por hipótese, na violência presumida, de todo modo não se perdendo de vista ser uma opção que se abria à vítima, destarte a exercitar conforme a sua vontade. Parecia contraditório que uma lei penal editada para punir mais severamente os crimes contra os costumes, ao menos retirando do sistema norma de extinção da punibilidade de seu agente, pudesse servir a privar a vítima desses crimes de benefício civil que a ela se concedia para minorar as consequências da prática delituosa. Em outras palavras, seria prejudicar a vítima mercê de norma penal que, ao contrário, quis sancionar mais severamente o ofensor.

Porém, e seja como for, fato é que sobreveio a Lei n. 13.811, de 12 de março de 2019, que deu nova redação ao art. 1.520 do Código Civil, para estatuir que "[N]ão será permitido, em qualquer caso, o casamento de quem não atingiu a idade núbil, observado o disposto no art. 1.517 deste Código", bem aquele que cuida do fator etário como requisito de capacidade ao matrimônio. A nova lei se editou na esteira de preocupação – internacional, diga-se[16] – de combate ao casamento infantil.

De toda forma, em particular interessa a verificação de que, por motivos específicos, erigiu o legislador mais uma situação de regramento próprio da capacidade, não associada à disciplina geral do instituto, por isso ainda uma vez mitigada. Verdade que, para uns, a idade menor, afinal para ato tão grave da vida civil e assim para cuja prática, em tese, ainda maior deveria ser a exigência etária, e mesmo o fato de não se impedir ou anular casamento quando havida gravidez, justamente indicam que de permeio à elaboração legislativa

---

15   V. g.: BEVILAQUA, Clóvis. *Código Civil comentado*, cit., v. II, p. 78; CARVALHO SANTOS, J. M. de. *Código Civil brasileiro interpretado*, cit., v. IV, p. 205.
16   Cite-se, por exemplo, a lei alemã (Lei de 17.07.2017), igualmente de combate ao casamento infantil, que alterou o § 1303 do BGB, em particular o item segundo, que foi suprimido e permitia dispensa judicial do requisito etário, para quem já tivesse completado dezesseis anos, tudo conforme examinado no item O sistema alemão do Capítulo 3, a que se remete.

na matéria está o critério da puberdade ou nubilidade, esta particularmente da mulher; ou, para outros, além disso esperada, também, uma maturidade psicológica, não só física, para o casamento, razão mesmo de se vir historicamente elevando a idade núbil[17]. Mas, de um modo ou de outro, é a estipulação de um regramento modulado e amoldado à concreta situação de que se cuida, fora do arquétipo comum do regime das incapacidades.

Vale ainda a observação de que o defeito de idade com que realizado o casamento, portanto contraído por alguém que, menor de dezesseis anos, a rigor é absolutamente incapaz, não acarreta a nulidade, como na regra geral, mas sim a sua anulabilidade (art. 1.550, I), ressalvada a incidência da regra do art. 1.551, já mencionada[18].

E o mesmo se dava, desde o Código Civil anterior (art. 209 c/c art. 183, IX), com as demais causas de incapacidade, destarte não etária, o que acabou reproduzido no art. 1.550, IV, do Código atual, afinal revogado pelo Estatuto da Pessoa com Deficiência – como se verá – o inciso I do art. 1.548, que criava a dúvida sobre se então separado o tratamento, no direito matrimonial, dos que eram absoluta e relativamente incapazes por afecção psíquica; se apenas nulo o matrimônio do absolutamente incapaz que o fosse por enfermidade; ou se diferenciada a incapacidade para os atos em geral da incapacidade acidental, e aqui específica, assim somente para expressão do consentimento no ato do casamento[19]. Seja como for, já se acedia à ponderação de Paulo Lins de que melhor era o tratamento do Código anterior, sem a distinção que havia sido trazida ao inciso I do art. 1.548, cuja supressão já se defendia[20].

E, nessa linha, tal qual se vem de adiantar, pela superveniência do Estatuto da Pessoa com Deficiência não só se revogou, finalmente, o inciso I do art. 1.548 do Código Civil como ainda outras várias alterações se introduziram na

---

17 Para um escorço da doutrina acerca dos fundamentos da idade núbil, conferir: COELHO, Vicente de Faria. *Nulidade e anulação do casamento*, 1962.

18 No Relatório final dos trabalhos da Comissão de Juristas responsável pela revisão e atualização do Código Civil, nomeada por ato do Presidente do Senado (04.09.2023) – apresentado o anteprojeto em 17.04.2024 (https://www12.senado.leg.br/assessoria-de-imprensa/arquivos/anteprojeto-codigo-civil-comissao-de-juristas-2023_2024.pdf) e já convertido no PL n. 4/2025, de autoria do Sen. Rodrigo Pacheco –, erige-se causa de *nulidade* do casamento contraído pelo menor impúbere e pelo absolutamente incapaz do projetado inciso II do art. 3º, neste sentido acrescentados incisos respectivos ao art. 1.548 do CC, revogando-se o inciso I do art. 1.550.

19 Ver, a respeito: ALMEIDA, José Luiz Gavião de. *Direito civil*: família, 2008, p. 89.

20 LINS E SILVA, Paulo. Da nulidade e da anulação do casamento, 2001, p. 37.

matéria enquanto consequência inarredável do novel tratamento reservado à pessoa com deficiência.

Com efeito, desde a Convenção sobre os Direitos da Pessoa com Deficiência (art. 23, n. 1, *a*) se assentou que os

> Estados Partes tomarão medidas efetivas e apropriadas para eliminar a discriminação contra pessoas com deficiência, em todos os aspectos relativos a casamento, família, paternidade e relacionamentos, em igualdade de condições com as demais pessoas, de modo a assegurar que: a) seja reconhecido o direito das pessoas com deficiência, em idade de contrair matrimônio, de casar-se e estabelecer família, com base no livre e pleno consentimento dos pretendentes.

Bem nessa esteira, editada a Lei Brasileira de Inclusão – o Estatuto da Pessoa com Deficiência (Lei n. 13.146/2015) –, previu-se em seu art. 6º, I, que a "deficiência não afeta a plena capacidade civil da pessoa, inclusive para: I – casar-se e constituir união estável". Reforçou-se ainda, no art. 84, § 2º, que, quando haja curatela, ela não afeta ou "alcança" o direito – dentre outros – ao matrimônio.

De forma a implementar esses postulados inclusivos da pessoa com deficiência no texto do Código Civil, quando disciplina o casamento, o EPD não apenas revogou o inciso I do art. 1.548 como também ainda o fez em relação ao inciso IV do art. 1.557, que tratava do erro essencial invalidante do matrimônio em razão da ignorância de doença mental grave que tornasse insuportável a vida em comum, ainda além de suprimir a referência do art. 1.518 à revogação pelo "curador" da autorização concedida à celebração de pessoa com dezesseis anos completos.

A ideia central, portanto, foi e é a de assegurar a livre e pessoal manifestação da vontade de contrair matrimônio pelo indivíduo com deficiência, mesmo psíquica ou intelectual. Porém, apesar disso, o EPD acabou acrescentando ao art. 1.550 o § 2º, *in verbis*: "[A] pessoa com deficiência mental ou intelectual em idade núbia (*sic*) poderá contrair matrimônio, expressando sua vontade diretamente ou por meio de seu responsável ou curador". E, evidentemente, o problema se põe na expressão da vontade matrimonial por meio do curador, de resto em clara antinomia com a previsão do art. 85, § 1º, do Estatuto, bem como ainda, de maneira mais geral, com o art. 83 do mesmo diploma, que impõe aos registradores e notários não "negar ou criar óbices ou condições diferenciadas à prestação de serviços em razão da deficiência do solicitante, devendo reconhecer sua capacidade legal plena, garantida a acessibilidade".

Destarte, tem-se defendido, e o que se supõe de todo acertado, que o casamento da pessoa curatelada não exija, primeiro, autorização do curador – tanto que revogada a referência ao curador que se continha no art. 1.518, tal qual se vem de referir –, como ainda que não se admita haja qualquer assistência ou representação no ato da celebração, dado o caráter personalíssimo do ato[21], ou que não se trate de algum apoio para auxiliar ou facilitar a expressão da vontade do curatelado, para que ele se faça entender, malgrado sempre por manifestação que é própria e que se dá de modo direto e adequado[22].

Tal, a rigor, o que se deve dar desde a habilitação[23], ao que acode a previsão do art. 83 do Estatuto da Pessoa com Deficiência, no Estado de São Paulo ainda se tendo editado norma administrativa, regulatória da atividade registral civil, dispondo que a

> [...] pessoa com deficiência que manifestar vontade poderá requerer habilitação de casamento, sem assistência ou representação, sendo certo que a falta de manifestação não poderá ser suprida pela intervenção individual de curador ou apoiador[24].

---

21 Cf. PONTES DE MIRANDA, Francisco Cavalcanti. *Tratado de direito privado*, 1956, t. VII, p. 302. Segundo o autor, a "natureza do ato do casamento exclui que a pessoa possa contraí-lo por decisão de outrem, ou com assistência".

22 Nesse sentido: TEIXEIRA, Ana Carolina Brochado; MENEZES, Joyceane Bezerra de. Casamento da pessoa com deficiência intelectual e psíquica, 2019, p. 390. Na mesma linha, o Relatório final dos trabalhos da Comissão de Juristas responsável pela revisão e atualização do Código Civil, nomeada por ato do Presidente do Senado (04.09.2023) – apresentado o anteprojeto em 17.04.2024 (https://www12.senado.leg.br/assessoria-de-imprensa/arquivos/anteprojeto-codigo-civil-comissao-de-juristas-2023_2024.pdf) e já convertido no PL n. 4/2025, de autoria do Sen. Rodrigo Pacheco –, previu que a intervenção do curador não pode ser exigida para o casamento, ou ainda para a união estável, apenas se ressalvando a sua atuação na escolha de regime de bens diverso do legal (redação dada a projetado art. 1.781-D); bem como dispôs que a pessoa com deficiência em idade núbil tem direito, exigível diante do Registrador Civil, de recurso à tecnologia assistiva para livre manifestação da vontade de contrair matrimônio (projetado § 2º, do art. 1.550), sob pena de anulabilidade do ato (projetado inciso IV do mesmo artigo).

23 NOGUEIRA, Luíza Souto. Casamento da pessoa com deficiência, 2022, p. 147.

24 Art. 54.1 do Capítulo XVII das Normas de Serviço da Corregedoria Geral de Justiça do Estado, com redação dada pelo Prov. CG n. 32/2016.

Evidente que nada disso significa aceitar a habilitação e a celebração do casamento quando a pessoa não consegue manifestar qualquer vontade, e o que não se pode suprir pelo mecanismo de substituição dessa manifestação. Como ainda não se impede a anulação de casamento na forma do art. 1.550, IV, do Código Civil, mas de forma geral e independentemente da causa de incapacidade de consentir[25]. Desde a própria CDPD, como se viu acima, pressupõe-se o "livre e pleno consentimento" da pessoa, destarte de possível expressão por ela. Bem se acentua que,

> [...] se nem mesmo com as medidas de apoio, as adaptações razoáveis ou os recursos da tecnologia assistiva, a pessoa com deficiência conseguir formar e exprimir a sua vontade, haja vista a grave limitação psíquica, também não poderá firmar casamento válido. Não será a deficiência o óbice, mas a impossibilidade de construção da própria vontade a respeito do fato[26].

Quanto ao regime de bens do casamento, já se levantou, primeiro, a cogitação de que pudesse, mesmo a pretexto de proteger a pessoa com deficiência, ser o da separação obrigatória, e ainda se dizendo que com maior razão do que em relação à pessoa idosa (art. 1.641, II, do CC/2002), porém objetando-se, ao mesmo tempo, com a condição de capacidade do art. 6º do Estatuto da Pessoa com Deficiência[27] e, depois, cabendo acrescentar também a ausência de previsão que justificasse a imposição, sem que inciso com esse teor se tivesse inserido no conjunto de hipóteses do citado art. 1.641, mesmo com a edição do Estatuto, que alterou e acresceu inúmeros dispositivos ao Código Civil.

Na realidade, a ressalva que se há de fazer, na matéria do regime de bens matrimonial, e quando houver pacto, é a necessidade, aí sim, se houver curatela, e dentro dos limites a ela estabelecidos, de o curador se manifestar, afinal porquanto se trata de ato de natureza patrimonial (art. 85 do EPD). Defenden-

---

25 A respeito: BARBOZA, Heloisa Helena; ALMEIDA, Vitor (coord.). *Comentários ao Estatuto da Pessoa com Deficiência à luz da Constituição da República*, 2018, p. 62.
26 TEIXEIRA, Ana Carolina Brochado; MENEZES, Joyceane Bezerra de. Casamento da pessoa com deficiência intelectual e psíquica, cit., p. 392. As autoras defendem que o Oficial do Registro não deve permanecer inerte diante de nubente que não forma ou manifesta vontade de modo bastante ao casamento, nesse caso remetendo a questão ao juiz e ao Ministério Público, mediante a suscitação de dúvida (p. 394).
27 Para um escorço das posições e doutrina a respeito, ver: NOGUEIRA, Luíza Souto. Casamento da pessoa com deficiência, cit., p. 149-153.

do essa mesma posição, Joyceane Bezerra de Menezes vai mais além e lembra da situação, com igual tratamento, do pedido de alteração do regime de bens e da escolha do regime da comunhão universal, quando pode haver real disposição de bens da pessoa com deficiência, sujeita à curatela, ao arrepio da previsão do art. 1.749, II, c/c o art. 1.774, ambos do Código Civil, erigindo-se então causa de nulidade do negócio[28].

Por fim, em relação à união estável, malgrado informal por natureza, e ainda que se a queira – gravada já a discussão a respeito[29] – tomada como ato-fato, portanto dispensando manifestação de vontade[30], desde que se impõe à sua configuração o objetivo de constituir família, posto não se exija qualquer autorização e menos ainda assistência ou representação, como no casamento, é preciso que a pessoa com deficiência, em concreto, entenda o caráter da união que mantém, assim para que se possa nela entrever seu objetivo, justamente, de constituição de família. Conforme acentuam Heloisa Helena Barboza e Vitor Almeida,

> [...] embora não haja exigência de consentimento formal para a constituição de união estável, esta não deverá ser reconhecida caso um dos companheiros não tenha condições de entender a situação de convivência e com ela concordar[31].

---

28   MENEZES, Joyceane Bezerra de. O direito protetivo após a Convenção sobre a proteção da pessoa com deficiência, o novo CPC e o Estatuto da Pessoa com Deficiência, cit., p. 596-597. V, ainda, nota 22 deste capítulo, acerca do que a respeito constante do Relatório final dos trabalhos da Comissão de Juristas responsável pela revisão e atualização do Código Civil, nomeada por ato do Presidente do Senado em 04.09.2023 – e já convertido no PL n. 4/2025, de autoria do Sen. Rodrigo Pacheco.
29   Acerca da discussão sobre a natureza da união estável, referindo ainda sua compreensão como negócio jurídico e laborando escorço da doutrina e da jurisprudência do Superior Tribunal de Justiça a respeito, ver: XAVIER, Marília Pedroso; PUGLIESE, William Soares. O Estatuto da Pessoa com Deficiência e a união estável: primeiras reflexões, 2020, p. 433-446.
30   Nesse sentido, por todos: LÔBO, Paulo. Direito civil: famílias, 2011, p. 172.
31   BARBOZA, Heloisa Helena; ALMEIDA, Vitor (coord.). *Comentários ao Estatuto da Pessoa com Deficiência à luz da Constituição da República*, cit., p. 67. O Relatório final dos trabalhos da Comissão de Juristas responsável pela revisão e atualização do Código Civil, nomeada por ato do Presidente do Senado (04.09.2023) – apresentado o anteprojeto em 17.04.2024 (https://www12.senado.leg.br/assessoria-de-imprensa/arquivos/anteprojeto-codigo-civil-comissao-de-juristas-2023_2024.pdf) e já convertido no PL n. 4/2025, de autoria do Sen. Rodrigo Pacheco –, previu que as pessoas com menos de dezesseis anos não podem constituir união

Sobre o regime de bens da união, e ainda que nem em tudo assemelhado à situação do casamento, por exemplo no que concerne à forma, vale o quanto acima expendido sobre o pacto antenupcial.

Mas, seja como for, tem-se em geral, no ponto enfrentado, na disciplina da capacidade para o casamento e mesmo das consequências a seu desrespeito, tratamento de modo especial, de resto à consideração do maior interesse social de que se reveste o casamento, porém ainda assim em revelação de mais uma hipótese que se pode dizer de escape do regime jurídico mais rígido da incapacidade.

CAPACIDADE DELITUAL

Sob a rubrica da capacidade delitual, sempre se tratou a matéria relativa à responsabilidade extracontratual do menor. E à luz da consideração básica de que o ato ilícito, afinal o pressuposto tradicional de incidência da disciplina dessa obrigação de indenizar, reclama conduta omissiva ou comissiva voluntária, isto é, praticada por alguém dotado de discernimento, de vontade juridicamente apreciável.

Dito de outra forma, sempre foi pressuposto da responsabilidade aquiliana a imputabilidade do agente, uma vez imposta a obrigação de reparar o dano causado a quem, por ação ou omissão voluntária, negligência ou imprudência, causa prejuízo a outrem. Portanto, indivíduo capaz de entender e de se determinar de modo a evitar provocar danos a terceiros.

Já, porém, no Código Civil de 1916, havia ressalva, estabelecendo-se mais um caso da chamada capacidade especial. Especificamente um incapaz, o menor púbere, era equiparado ao capaz para fins de responsabilização subjetiva. Com efeito, previa-se no art. 156 que "o menor, entre dezesseis e vinte e um anos, equipara-se ao maior quanto às obrigações resultantes de atos ilícitos, em que for culpado". Tratava-se de previsão de capacidade especial do incapaz porque, para os atos negociais, imposta necessidade de consentimento cuja ausência, porém, consoante a advertência de Carvalho Santos, era a própria razão de ser e a marca característica de especificidade da norma do art. 156[32].

---

estável e que aquelas entre 16 e 18 anos somente podem se emancipadas (art. 1.564-A, § 2º, tal qual sugerido).
32 CARVALHO SANTOS, J. M. de. *Código Civil brasileiro interpretado*, cit., v. III, p. 300.

A regra, todavia, não era infensa a sérias críticas. Pontes de Miranda a reputava lacunosa, por referir apenas o menor púbere, já então defendendo, com base na experiência alemã e suíça, que, antes do que a culpa, a equidade devesse ou ao menos pudesse determinar a responsabilização de qualquer incapaz, inclusive se envolvendo na avaliação do caso concreto a particular situação de fortuna do agente, por isso que plenamente apto a reparar o dano provocado[33].

Clóvis Bevilaqua, em cujo projeto originário não havia, a respeito, distinção entre o menor púbere e o impúbere, salientava que a vinculação à culpa no preceito do art. 156 obscurecia a noção básica de que, se o menor não tem capacidade para agir licitamente, também não deveria ter para agir ilicitamente, sem consequências. Nas suas textuais palavras,

> [...] o menor que comete um crime ou causa um dano civil deve responder pelos prejuízos causados a outrem, não em atenção à sua culpa ou a seu dolo, mas porque todo dano deve ser reparado por aquele que lhe deu causa, agindo sem direito, contra o direito, ou abusando do seu direito[34].

Pois foi justamente essa ideia e noção de equidade que, por direta inspiração do art. 2047, II, do Código Civil italiano[35], se levou ao texto do atual art. 928 do Código Civil de 2002, em que prevista uma genérica e subsidiária responsabilidade civil extracontratual, portanto, de qualquer incapaz. Segundo seu texto, "o incapaz responde pelos prejuízos que causar, se as pessoas por ele responsáveis não tiverem obrigação de fazê-lo ou não dispuserem de meios suficientes". E arremata o parágrafo que "a indenização prevista neste artigo, que deverá ser equitativa, não terá lugar se privar do necessário o incapaz ou as pessoas que dele dependam".

---

33 PONTES DE MIRANDA, Francisco Cavalcanti. *Tratado de direito privado*, 1984, t. LIII, p. 28-29.
34 BEVILAQUA, Clóvis. *Código Civil dos Estados Unidos do Brasil comentado*, 1936, v. I, p. 415.
35 Art. 2047, II: "*Nel caso in cui il danneggiato non abbia potuto ottenere il risarcimento da chi è tenuto alla sorveglianza, il giudice, in considerazione delle condizioni economiche delle parti, può condannare l'autore del danno a uma equa indennità*". Em tradução livre: "No caso em que o prejudicado não tenha podido obter indenização de quem era obrigado à vigilância, o juiz, em consideração das condições econômicas das partes, pode condenar o autor do dano a uma indenização equitativa".

Tal como se dá, igualmente, com a previsão do art. 944, parágrafo único, do Código Civil de 2002, tem-se a pauta valorativa da equidade, no caso ditando a disposição da responsabilidade civil do incapaz[36]. Conforme sustentado em outra sede, ocupou-se o Código Civil de

> [...] erigir a responsabilidade, subsidiária e mitigada, mercê de conduta que, mesmo sem ser considerada culpável, deve ser reprovável tal como se daria com a responsabilização do maior, para qualquer incapaz que causa prejuízo a outrem e pode, sem risco a seu patrimônio ou, antes, às suas necessidades, recompor a situação de desequilíbrio determinada pelo seu ato danoso. Veja-se, puro ditame de equidade[37].

Note-se, desequilibrada a situação relacional da vítima e do ofensor pela prática do ato danoso[38], privilegia-se a sua recomposição, o que encerra o foco do regramento da responsabilidade, ainda que pelo agente incapaz, ao mesmo tempo exigindo a lei que não haja quem por ele se encontre em condição de responder e, mesmo assim, impondo-lhe uma indenização equitativa, portanto não correspondente ao exato importe do prejuízo causado.

Quer dizer, a um só tempo o sistema, quando não haja espaço à incidência das regras comuns de responsabilidade indireta, no caso afeta aos responsáveis pelo incapaz, qualquer que seja a causa ou grau dessa incapacidade, trata de estabelecer uma forma de reparação à vítima, posto que não necessariamente integral, porquanto quem disso se incumbirá será alguém incapaz, e sempre que sem risco à sua existência digna e à das pessoas que dele dependam. É, destarte, o incapaz com condição patrimonial para indenizar, sem que haja quem o faça por ele, que, por isso, recomporá, de modo equitativo, assim não forçosamente integral, o prejuízo que provocou com sua conduta reprovável.

Esse o sentido da regra do art. 928 do Código Civil, mesmo que dúvidas persistam na exata compreensão de alguns dos aspectos da disciplina que

---

36 A respeito, por todos: CARVALHO FILHO, Milton Paulo de. *Indenização por equidade no novo Código Civil*, 2003, p. 61.
37 GODOY, Claudio Luiz Bueno de. *Código Civil comentado*, 2023, p. 891. Ainda sobre a matéria: SIMÃO, José Fernando. *Responsabilidade civil do incapaz*, 2008, *passim*.
38 O que defendi ser, após o movimento de deslocamento do eixo da responsabilidade civil, da perspectiva da posição do ofensor e de sua sanção para a do dano, da pessoa da vítima e de sua completa reparação, o foco da disciplina, em: *Responsabilidade civil pelo risco da atividade*, 2010, p. 40-41.

impõe. E tal se afirma porque, se é fácil compreender a hipótese em que o incapaz pode vir a responder quando seus responsáveis não dispuserem de meios para tanto, nem tão simples é imaginar quando isso ocorrerá porque os responsáveis não têm a obrigação de responder. De qualquer sorte, já não custa assentar que, na primeira hipótese, a responsabilidade do incapaz se pode erigir não só quando seus responsáveis não tiverem meios para indenizar como, também, quando os detenham, mas vejam sua existência digna comprometida pelo pagamento da indenização[39].

No tocante à outra hipótese de incidência do preceito, aquela atinente à inexistência de obrigação dos responsáveis, tem-se a considerar as situações em que esses responsáveis de algum modo sejam afastados de seu dever indenizatório pela ausência de nexo específico de imputação, como por exemplo o caso de o ato danoso ter sido praticado por menor que, no momento, não estava sob a autoridade e companhia dos genitores (art. 932, I, do CC/2002), e desde que não se erija, para o caso, diversa responsabilidade indireta. Outra situação a cogitar é a da responsabilidade do adolescente pela reparação do dano havido pela prática de ato infracional, nos precisos termos do art. 116 do Estatuto da Criança e do Adolescente (Lei n. 8.069/90)[40].

Como se acentuou, todavia, ainda que ultrapassada, por assim dizer, essa primeira etapa, em que se pode configurar a responsabilidade do incapaz, concretamente é preciso, para que ele se veja obrigado a indenizar, que o respectivo importe não o prive ou a quem dele dependa do quanto necessário à

---

39 Nesse sentido o Enunciado n. 39 do Centro de Estudos da Justiça Federal – I Jornada de Direito Civil, realizada no Superior Tribunal de Justiça, em 11.09.2002: "A impossibilidade de privação do necessário à pessoa, prevista no art. 928, traduz um dever de indenização equitativo, informado pelo princípio constitucional da dignidade da pessoa humana. Como consequência, também os pais, tutores e curadores serão beneficiados pelo limite humanitário do dever de indenizar, de modo que a passagem ao patrimônio do incapaz se dará não quando esgotados todos os recursos do responsável, mas quando reduzidos estes ao montante necessário à manutenção de sua dignidade".

40 Assim o Enunciado n. 40 do Centro de Estudos da Justiça Federal – I Jornada de Direito Civil, realizada no Superior Tribunal de Justiça, em 11.09.2002: "O incapaz responde pelos prejuízos que causar de maneira subsidiária ou excepcionalmente, como devedor principal, na hipótese do ressarcimento devido pelos adolescentes que praticarem atos infracionais, nos termos do art. 116 do Estatuto da Criança e do Adolescente, no âmbito das medidas socioeducativas". Ainda no mesmo sentido, mas ressalvando a necessidade de se observarem os demais requisitos do art. 928 do Código Civil, assim desde que os responsáveis indiretos não tenham condições de indenizar: TJSP, Ap. Cív. 994.09.025881-9, 13ª Câm., rel. Des. Ferraz de Arruda, j. 09.06.2010.

sua mantença. Por isso se assentou que é uma responsabilidade excepcional e subsidiária.

Finalmente, se e quando chegado o momento de arbitrar a indenização, deve-se ter em conta que ela é equitativa. O que, de pronto, significa dizer que sua fixação não atende ao critério comum, contido no art. 944, *caput*, do Código Civil, de mensuração do dano. Mas resta destarte saber de quais critérios se valerá o julgador para quantificar a indenização. E se ela deve ser necessariamente reduzida.

Tal qual se viu, determina, por exemplo, o Código Civil italiano, em seu art. 2047, que se deva tomar em conta a situação econômica das partes. Porém, e na esteira da lição de Pontes de Miranda[41], que logo atrás se colacionou, parece especialmente relevante atentar à situação econômica do incapaz infrator. Lembre-se de que, se o fundamento, a razão de ser do dispositivo, apoiado na equidade, é não deixar sem ressarcimento a vítima do ato danoso praticado por um incapaz, porquanto ausentes, para o caso, os mecanismos comuns de responsabilização indireta, assim se alcançando o patrimônio do causador direto, a despeito da falta de discernimento, e porque isso não traz qualquer risco a sua existência digna, ou a de quem dele dependa, então não se vê causa bastante a que, podendo indenizar de modo integral, sem qualquer comprometimento maior ao incapaz, ele não deva fazê-lo.

Dito de outro modo, a mesma equidade há de sustentar a indenização integral se, pagando-a, o incapaz não se vê sujeito a qualquer especial situação de desamparo. Será, para o caso concreto, uma indenização equitativa. Se ele possui patrimônio suficiente para indenizar, sem risco, impende que assim o faça, assegurando-se a indenidade completa da vítima, tal como na regra geral se estabelece.

Note-se que, quando a lei quis uma indenização equitativa forçosamente reduzida, explicitou-o, de resto como levado ao texto do art. 944, parágrafo único, do Código Civil. E nem se há de argumentar que, impondo-se ao incapaz uma indenização cabal, ele esteja sendo tratado como o capaz. Basta não olvidar que a sua responsabilidade apenas se consumará, portanto de maneira especial, se, como visto, não houver quem por ele responda, na situação con-

---

41   PONTES DE MIRANDA, Francisco Cavalcanti. *Tratado de direito privado*, cit., t. LIII, p. 28-29.

creta, ou se seus responsáveis não tiverem condição de fazê-lo. Já se tem aí um tratamento diferenciado[42].

Ainda duas observações se hão de fazer. De um lado, a de que, para a incidência do preceito em tela, não precisa ter sido reconhecida a incapacidade, não etária, em ação própria. Quer dizer, também a incapacidade natural e a incapacidade acidental, estudadas no Capítulo 2, devem dar azo à aplicação da regra presente de responsabilidade. De outro, a de que o preceito já foi objeto de proposta de alteração, mesmo que ora arquivado[43], para ajustar-se à redação do art. 942, que estabelece a solidariedade, nos casos de responsabilidade civil indireta, do causador direto e das pessoas enumeradas no art. 932, mas, frise-se, de toda sorte ressalvando que o incapaz, ainda que de modo solidário, apenas responde de maneira equitativa e se não houver prejuízo a seus alimentos ou aos que dele dependam. Certo todavia que, se e enquanto não aprovada modificação tal qual a sugerida, a solidariedade do art. 942, parágrafo único, apenas terá lugar nos casos em que a responsabilidade indireta não excluir a direta, por exemplo na hipótese de empregador e empregado, mas não o inverso, como nas situações de pais e filhos menores ou curador e curatelado[44].

---

42 Sustentei essa posição em: *Código Civil comentado*, cit., p. 892; e apresentei proposta de enunciado nesse sentido na V Jornada de Direito Civil do CEJ, aprovada e então transformada no Enunciado 449: "A indenização equitativa a que se refere o art. 928, parágrafo único, do Código Civil não é necessariamente reduzida, sem prejuízo do Enunciado n. 39 da I Jornada de Direito Civil". Neste sentido, o Relatório final dos trabalhos da Comissão de Juristas responsável pela revisão e atualização do Código Civil, nomeada por ato do Presidente do Senado (04.09.2023) – apresentado o anteprojeto em 17.04.2024 (https://www12.senado.leg.br/assessoria-de-imprensa/arquivos/anteprojeto-codigo-civil-comissao-de-juristas-2023_2024.pdf) e já convertido no PL n. 4/2025, de autoria do Sen. Rodrigo Pacheco –, propõe nova redação ao parágrafo único do art. 928 do CC, apenas para ressalvar que, em geral, a indenização do *caput* não terá lugar se ocorrerem as hipóteses previstas no sugerido, pelo mesmo relatório, art. 391-A, o qual, por sua vez, estabelece o patrimônio mínimo existencial da pessoa.

43 V. Projeto de Lei n. 276/2007.

44 MENEZES DIREITO, Carlos Alberto; CAVALIERI FILHO, Sérgio. *Comentários ao novo Código Civil*, 2004, v. XIII. p. 315. Nesta linha, o Relatório final dos trabalhos da Comissão de Juristas responsável pela revisão e atualização do Código Civil, nomeada por ato do Presidente do Senado (04.09.2023) – apresentado o anteprojeto em 17.04.2024 (https://www12.senado. leg.br/assessoria-de-imprensa/arquivos/anteprojeto-codigo-civil-comissao-de-juristas-2023_2024.pdf) e já convertido no PL n. 4/2025, de autoria do Sen. Rodrigo Pacheco –, embora dispondo ainda sobre a solidariedade das pessoas designadas no art. 932 do CC, circunscreveu a previsão apenas a quem indicado a partir do inciso V do mesmo

E uma última referência se deve fazer à situação da incidência do dispositivo sobre a pessoa com deficiência. Afinal, com a edição da Lei n. 13.146/2015, a Lei Brasileira de Inclusão, a deficiência intelectual deixou de ser causa de incapacidade, conforme se examinou no capítulo anterior. Viu-se que, por força do art. 6º do Estatuto da Pessoa com Deficiência, o deficiente é pessoa capaz. Quando muito, e independentemente da causa, poderá haver sujeição à incidência do preceito do art. 4º, III, do Código Civil. Resta então perquirir como fica, a partir de então, a situação da pessoa com deficiência em relação ao art. 928 do Código, desde que, afinal, ela deixa de ser pessoa incapaz.

O quadro ganha contornos ainda mais delicados quando se lembra que a emancipação da pessoa com deficiência envolve também a assunção de riscos e o cometimento de erros. Luís Fernando Nigro Corrêa remete, a respeito, ao Comentário Geral n. 1 do Comitê sobre os Direitos da Pessoa com Deficiência, relativo à disposição do art. 12, n. 4, da CDPD, anotando que as salvaguardas ao exercício da capacidade legal da pessoa com deficiência devem envolver o respeito à sua vontade e às suas preferências, "incluindo o direito de assumir riscos e cometer erros"[45]. Na mesma linha, também já se ponderou que, "sob a ótica da autonomia, considera-se a imposição de obrigações à pessoa com deficiência uma medida emancipatória"[46].

Igualmente propugnando, diante da edição do EPD, esse viés emancipatório e de real obséquio à autonomia da pessoa com deficiência que está mesmo em sua responsabilização civil na exata forma genérica do art. 927 do Código Civil, ressalva-se, todavia, a circunstância de a ela se aplicar, em concreto, o seu art. 4º, III, quando então, conforme se defende, a incidência do art. 928 se autoriza[47].

A rigor, de fato parece menos duvidosa a situação da pessoa com deficiência que, pelo comprometimento da expressão da vontade, esteja submetida à

---

preceito, na forma em que projetado, isto é, excluindo a situação de pais/mães e filhos, tutor e tutelado e curador e curatelado (incisos I a III do projetado art. 932).
45   CORRÊA, Luís Fernando Nigro. *A Convenção sobre os Direitos da Pessoa com Deficiência*, 2021, p. 172.
46   SALLES, Raquel Bellini de Oliveira; ZAGHETTO, Nina Bara. Novos contornos da responsabilidade civil da pessoa com deficiência após a Lei Brasileira de Inclusão, 2019, p. 170.
47   MULHOLLAND, Caitlin. A responsabilidade civil da pessoa com deficiência psíquica e/ou intelectual, 2020, p. 726; SALLES, Raquel Bellini de Oliveira; ZAGHETTO, Nina Bara. Novos contornos da responsabilidade civil da pessoa com deficiência após a Lei Brasileira de Inclusão, cit., p. 170.

curatela, na forma do art. 4º, III, do Código Civil. Haveria aí a subsunção ao figurino comum da previsão do art. 928, combinado com o art. 932, II. A questão parece mais se pôr em relação à pessoa com deficiência, mas que, sem qualquer procedimento de curatela – e que já não seria por essa causa em si, senão pelo comprometimento da expressão da vontade, como se viu no capítulo anterior –, mesmo assim se veja sem condições de entender o caráter ilícito de sua conduta. É dizer, torna-se à questão da imputabilidade (tanto quanto da vulnerabilidade, no caso) e que, como se defendeu acima, independe do estado de curatela a que se submeta.

Na verdade, tem-se solução devida que segue bem a linha da particularização da situação concreta daquela pessoa com deficiência, que se vem mencionando desde o capítulo segundo. Trata-se então e ao menos de

> [...] uma casuística extensão do parágrafo único do art. 928 do Código Civil à pessoa com deficiência, como norma de abertura para um arbitramento equitativo de danos patrimoniais e morais, sempre que se desincumbam de ônus probatório de demonstrar que, apesar de não submetido à curatela, estava privado de integral consciência sobre as consequências danosas de seu comportamento antijurídico[48].

Enfim, por isso tudo a defesa, em escrito anterior logo acima citado, da consideração de não soar coerente, sistematicamente, e mesmo após o Estatuto da Pessoa com Deficiência, tratar, do ponto de vista da responsabilidade civil, alguém sem

> [...] total condição de compreender a natureza de sua conduta e de se determinar de acordo com esta compreensão do mesmo modo que se trata o agente lesivo dotado, porém, de pleno discernimento e compreensão sobre as consequências de seu agir[49].

Mas, em geral, no quanto aqui especialmente importa, tem-se, seja como for, mais uma hipótese de tratamento legislativo diferenciado da incapacidade,

---

48 ROSENVALD, Nelson. *A responsabilidade da pessoa adulta incapaz não incapacitada e a de seu guardião de fato por danos causados a terceiros*, 2019, p. 200.
49 GODOY, Claudio Luiz Bueno de. *Código Civil comentado*, cit., p. 893.

e no corpo do próprio Código Civil. Ou, em outras palavras, ainda uma situação de escape à rigidez da moldura geral da respectiva disciplina.

DOAÇÃO A INCAPAZ. O BENEFÍCIO A ELE PROPORCIONADO

Igualmente relevante ao desenvolvimento, a que se volta o presente trabalho, de ideias que imponham uma remodelagem do sistema civil das incapacidades é a questão da doação a incapaz. Em particular porque serve bem a denotar a concreta operacionalização do regime das incapacidades, de modo a se admitir, sem mais, negócio que somente lhe traga benefício. É justamente o caso da doação pura a incapaz, cujo princípio subjacente, crê-se, deve tender a expandir-se para os negócios em geral.

De qualquer maneira, já no Código Civil de 1916 se previa, no art. 1.170, que "às pessoas que não puderem contratar é facultado, não obstante, aceitar doações puras". Quer dizer, admitia-se a doação, desde que pura, a quem fosse incapaz, nesses casos autorizado, pelo texto da lei, a manifestar a vontade de aceitar a liberalidade, objeto de negócio jurídico contratual. Ainda em outras palavras, tratando-se de liberalidade consumada por dupla manifestação de vontade, concebia-se a declaração do donatário aquinhoado com doação pura, veja-se, a despeito de sua incapacidade.

Tão clara a intenção do legislador quanto discutível foi a opção pela forma com que positivada. Críticas nunca faltaram à redação do art. 1.170 do Código Civil de 1916. Acesa a divergência sobre a exata compreensão e interpretação do preceito pela doutrina, muito embora ausente grande divergência sobre o espírito que inspirou a sua elaboração.

Agostinho Alvim, em obra monográfica sobre o assunto, recolheu escorço das antagônicas posições defendidas acerca da previsão legal de manifestação de vontade de alguém incapaz. Depois de anotar o que a seu ver foi um texto de lei *infeliz* e de obtemperar que melhor teria sido dispensar a aceitação pelo incapaz, e depois, ainda, de explicitar o entendimento de parte da doutrina no sentido de não distinguir, para a aplicação do dispositivo, os relativamente e os absolutamente incapazes, sustentava somente àqueles permitida a pessoal aceitação da doação pura, a estes se aplicando a regra do art. 427, III, do Código Civil de 1916, então exigida manifestação de vontade do representante[50].

---

50   ALVIM, Agostinho. *Da doação*, 1972, p. 87-103.

Carvalho Santos, de seu turno, admitia a aplicação do preceito aos absolutamente incapazes desde que, de um lado, se cuidasse de doação, sempre pura, mas verbal, e havida a tradição da coisa; ou, de outro, se houvesse aceitação tácita. Não concebia, portanto, para os absolutamente incapazes, sem atuação de seus representantes, doações aceitas por manifestação de vontade expressa, formal[51].

Importante anotar, entretanto, a nenhuma dúvida de que a regra vinha animada pela consideração da vantagem que a doação, porquanto pura, representava ao incapaz. Daí permitir-se a doação que lhe era feita. Clóvis, que não diferenciava o absoluta do relativamente incapaz para incidência do preceito, apenas ressalvando que a aceitação se dava de forma tácita, apontava o essencial benefício ao incapaz, causa justificativa do dispositivo do art. 1.170[52].

Sobrevindo o Código Civil de 2002, procurou-se superar a crítica à redação da norma anterior, então – e à semelhança do art. 951.º, n. 2, do Código Civil português[53] – se passando a estabelecer, no art. 543, que, "se o donatário for absolutamente incapaz, dispensa-se a aceitação, desde que se trate de doação pura". Destarte, ainda em prestígio ao propósito de assegurar o negócio benéfico ao incapaz. E, a pretexto de solver o problema concernente à exata explicação da aceitação pelo incapaz, prevista no art. 1.170 do Código Civil de 1916, acedeu à ponderação de parte da doutrina, valendo lembrar da lição, por exemplo, de Agostinho Alvim, logo antes citada, de que melhor seria dispensar a necessidade de aceitação, a rigor nem propriamente do incapaz, porém de seu representante.

Mas a verdade é que as dúvidas não se dissipam, ainda assim, por completo. Primeiro porque o atual Código Civil manteve no art. 1.748, II, a regra do anterior art. 427, III, do Código de 1916, que prevê competir ao tutor aceitar, além de heranças e legados, também doações, e mesmo que sem encargo, mencionando-se hoje a aceitação de doação pelo tutor, autorizado pelo juiz, "ainda que com encargos", no lugar de "se com encargos", posto que para o absolutamente incapaz. Segundo porque, dispensada a aceitação, coloca-se em xeque a

---

51 CARVALHO SANTOS, J. M. de. *Código Civil brasileiro interpretado*, cit., v. XVI, p. 362-363.
52 BEVILAQUA, Clóvis. *Código Civil comentado*, cit., v. 4, p. 347.
53 Art. 951.º: "1. As pessoas que não têm capacidade para contratar não podem aceitar doações com encargos senão por intermédio de seus representantes legais. 2. Porém, as doações puras feitas a tais pessoas produzem efeitos independentemente de aceitação em tudo o que aproveite aos donatários".

própria natureza contratual da doação, ao menos na hipótese em tela. E, se a doação é contrato, como se explicita logo no art. 538, embora, sintomaticamente, se tenha omitido a referência à aceitação, como estava no precedente art. 1.165 do Código Civil de 1916, questiona-se o que seja a dispensa de manifestação de vontade do donatário. Depois, dispensada a manifestação do absolutamente incapaz, omitiu-se a lei sobre a doação pura a relativamente incapaz, igualmente a ser tutelado pela consideração da higidez de liberalidade que só o beneficia, mesmo ausente concorrência de vontade de seu assistente.

Não sem motivo, portanto, a doutrina persiste a divergir sobre a exata compreensão, agora, do art. 543 do Código Civil de 2002. Paulo Netto Lôbo, por exemplo, rejeitando a configuração de uma aceitação presumida ou ficta, malgrado corroborando a natureza contratual da liberalidade de que se cuida, acentua que "o direito teve de se render aos fatos e passar a admitir contratos cuja aceitação é substituída por conduta social típica, mantendo-se a natureza contratual"[54].

Sylvio Capanema de Souza, por sua vez, sustenta que haja, no caso, uma aceitação presumida dos absolutamente incapazes, quanto aos que o sejam se modo relativo cabendo a assistência[55], problema que já se referiu e ao qual se tornará.

Não falta, porém, a defesa da tese de que, na espécie, o que se tem é mesmo um consentimento ficto do donatário incapaz. Segundo Caio Mário,

> [...] na doação pura ao incapaz emerge uma aceitação ficta, legal, que dispensa manifestação de vontade mas que produz os efeitos de um consentimento efetivo, tal qual se daria se o donatário fosse capaz e emitisse uma declaração volitiva[56].

Pelo que se entende, sucede com o preceito em questão de a lei suprir, em benefício do incapaz, a manifestação de vontade de seu representante[57]. E em

---

54   LÔBO, Paulo. *Comentários ao Código Civil*, 2003, v. 6, p. 309.
55   SOUZA, Sylvio Capanema de. *Comentários ao novo Código Civil*, 2004, v. VIII, p. 148-149.
56   PEREIRA, Caio Mário da Silva. *Instituições de direito civil*, 2007, v. III: Contratos, p. 251.
57   Já sob a égide do Código Civil anterior, Pontes de Miranda sustentava que a lei é que atribuía eficácia de aceitação ao que o autor defendia ser ato-fato do incapaz, que o fosse de modo absoluto, consistente no recebimento do bem dado em doação (PONTES DE MIRANDA, Francisco Cavalcanti. *Tratado de direito privado*, 1984, t. XLVI, p. 227).

benefício do incapaz ao pressuposto de que a liberalidade, porque pura, somente lhe traz proveito. Tanto assim que, se de alguma forma comprovado concreto prejuízo, a doação se há de invalidar[58]. É, portanto, uma exata compreensão, antes que do mecanismo da doação, mas do regime da incapacidade. Erigido para proteção do incapaz, deve-se amoldar àquelas situações em que o benefício lhe seja patente.

Caio Mário, a respeito, como visto defendendo o que reputa ser um consentimento ficto, expressa de toda sorte a justa ponderação de que, na base do preceito, de um modo ou de outro, está a percepção de que o regime das incapacidades visa à proteção e benefício do incapaz, portanto não podendo de forma alguma ser tomado em seu prejuízo[59]. No mesmo sentido, Luciano Penteado de Camargo anota inclusive que a regra em questão

> [...] tem alguma relação com a ideia de causa final. Como o propósito de doar, na verdade, dirige-se a um fim que ordinariamente beneficia só uma das partes, não implica prejuízo. Além disso, no caso do artigo mencionado, há a especificação da doação pura e apenas dela. Não haveria razão de ser, portanto, na manutenção da nulidade por incapacidade, quando o fim das regras que a impõem, a proteção do declarante e de sua família, não subsiste[60].

Todavia, entende-se de observar que, se essa é a razão bastante à dispensa da manifestação de vontade do representante do absolutamente incapaz, diferente solução não se haveria de determinar para o relativamente incapaz. Em outras palavras, tratando-se de uma adequada modelagem do regime das incapacidades, em obséquio a seu próprio propósito, da mesma forma seria de se dispensar a assistência para que os relativamente incapazes pudessem aceitar a doação pura, aqui não se olvidando que, pelo sistema geral, eles participam

---

58 Neste sentido, e mesmo que sem alteração do art. 1.748, inciso II, bem como ainda que persistindo a omissão em relação aos relativamente incapazes, o Relatório final dos trabalhos da Comissão de Juristas responsável pela revisão e atualização do Código Civil, nomeada por ato do Presidente do Senado (04.09.2023) – apresentado o anteprojeto em 17.04.2024 (https://www12.senado.leg.br/assessoria-de-imprensa/arquivos/anteprojeto-codigo-civil-comissao-de-juristas-2023_2024.pdf) e já convertido no PL n. 4/2025, de autoria do Sen. Rodrigo Pacheco – propõe acréscimo ao *caput* do art. 543, para estabelecer a possibilidade de o representante recusar a doação, quando pura, "se houver justa causa".
59 PEREIRA, Caio Mário da Silva. *Instituições de direito civil*, cit., v. III, p. 227.
60 PENTEADO, Luciano de Camargo. *Doação com encargo e causa contratual*, 2013, p. 256.

da prática dos atos da vida civil, por isso não sendo mesmo de afastar a possibilidade de sua pessoal recusa à liberalidade. Ou seja, bastaria a sua aceitação, e por qualquer das formas permitidas, sem a necessidade da concorrência da vontade dos assistentes.

O problema já havia sido detectado por Gustavo Tepedino, Heloisa Helena Barboza e Maria Celina Bodin de Moraes. Nas suas palavras:

> [...] poder-se-ia sustentar, em interpretação extensiva – a desbordar, é verdade, o sentido literal da norma – que, por identidade de razões, também o relativamente incapaz pudesse se beneficiar da dispensa contemplada, pois, como dizia o antigo brocardo, *ubi eadem ratio idem jus*[61].

Já para o caso das pessoas com deficiência, a situação se reforça à consideração de que reputadas capazes, a partir do art. 6º do Estatuto da Pessoa com Deficiência, quando muito se sujeitando à regra do inciso III do art. 4º do Código Civil, embora não por causa da deficiência, especificamente, e sim em razão do comprometimento da expressão da vontade, como enfocado no Capítulo 4. E, se relativamente incapaz a pessoa com deficiência, uma vez havido reconhecimento em ação de curatela, segue-se a linha geral de interpretação sugerida ao preceito em comento, segundo o que se disse acima.

Porém, não se furta à ressalva de que, em qualquer caso, examinada em concreto a situação de vulnerabilidade e particular grau de compreensão da pessoa com deficiência, portanto independentemente da existência de curatela, sempre se poderá identificar específico prejuízo que, apesar de pura, a doação lhe traga, assim se fazendo passível de anulação.

Em síntese e em geral, o que se pode com clareza haurir do preceito em questão é o espaço do sistema a uma conformação necessária do regime das incapacidades a seu próprio espírito de tutela do incapaz, portanto cujas regras não podem incidir a dano de quem, afinal, se quer proteger. E bem uma compreensão que há de se estender a outros campos, porém a que se remete ao capítulo derradeiro do trabalho, aqui apenas assentado que já hoje o sistema civil não é infenso a semelhante solução, ainda que em situações pontuais.

---

61 TEPEDINO, Gustavo; BARBOZA, Heloisa Helena; MORAES, Maria Celina Bodin de. *Código Civil interpretado*, 2006, v. II, p. 223.

ACEITAÇÃO DE MANDATO

Outra regra, haurida já desde a normatização anterior, que excepcionava a disciplina geral das incapacidades, ao menos no tocante à situação do relativamente incapaz por idade, era aquela, reproduzida no atual Código Civil, que autorizava o menor púbere a aceitar mandato.

Com redação dada pelo Decreto Legislativo de 15 de janeiro de 1919, até pela oposição de Clóvis à solução[62], previa o art. 1.298 do Código Civil de 1916 que "o maior de dezesseis e menor de vinte e um anos, não emancipado (art. 9º, I), pode ser mandatário, mas o mandante não tem ação contra ele senão de conformidade com as regras gerais, aplicáveis às obrigações contraídas por menores". Tal a redação que se repete no atual art. 666, apenas que com a ressalva da redução da maioridade para dezoito anos.

O pressuposto foi sempre o de que, de um lado, o menor que aceita mandato gere interesse alheio, sem comprometimento pessoal, por isso que inexistindo razão bastante para incidência da disciplina protetiva da parte geral[63]. E tanto mais porque, de outro lado, o dispositivo em comento veda ao mandante, que, por sua conta e risco, deposita confiança no menor que elege para mandatário, proponha contra este qualquer ação que não decorra do regramento geral aplicável às hipóteses de obrigações contraídas por menores, como tal compreendida a norma do art. 180, inclusive que adiante, em item próprio, se examinará. Ou seja, ao mesmo tempo que se admite o mandato ao menor púbere, erige-se proteção à sua pessoa garantindo-se que contra ele não sejam ajuizáveis quaisquer ações pelo mandante, ressalvadas aquelas genéricas, pertinentes às obrigações que venha a assumir.

Bem verdade que, como observa Arnaldo Marmitt, possível que o menor venha a responder, excepcionalmente, em outras situações, por exemplo quando retenha, indevidamente, bens do mandante consigo[64]. Ou, sempre que, de qualquer forma, lhe haja um enriquecimento indevido por conta de sua atuação,

---

62 Para o autor, mesmo seja o mandatário mero executor de ordens, não se justificava a regra desde que ele tem obrigações para com o mandante, ademais da completa desnecessidade de recorrer a um menor para exercício do mandato (BEVILAQUA, Clóvis. *Código Civil dos Estados Unidos do Brasil*, cit., v. 5, p. 44).
63 Nesse sentido, por todos: PEREIRA, Caio Mário da Silva. *Instituições de direito civil*, cit., v. III, p. 400.
64 MARMITT, Arnaldo. *Mandato*, 1992, p. 134.

a dano do mandante[65]. Porém, de maneira geral se atribui ao mandante o ônus da escolha de alguém não completamente capaz para cuidar de seus interesses. Como acentua Gustavo Tepedino, o mandante deve arcar com as consequências de sua escolha, assumindo a responsabilidade pelos atos praticados por seu mandatário, salvo quando em excesso de poderes[66].

Lembra o autor que a incapacidade jurídica do mandatário nada interfere na relação do mandato com o terceiro. Importa a capacidade plena do mandante e para o ato que, por meio do mandatário, venha a praticar[67]. Mas, se é assim, surge a pergunta: e as demais causas de incapacidade, igualmente, impediriam a aceitação e desempenho do mandato?

Enfrentei a questão em outra sede, remetendo, primeiro, à lição de De Plácido e Silva, ao menos quando assenta que, para efeitos de vinculação do mandante, se ele escolhe qualquer outro incapaz para ser mandatário, mesmo os que o sejam de maneira absoluta, deve, do mesmo modo, arcar com o ônus dessa escolha e responder pelos atos praticados em seu nome, se nos limites dos poderes conferidos[68]. Porém, acrescentei que,

> [...] mesmo sob a perspectiva do incapaz, persiste o mesmo pressuposto de que não obriga o próprio patrimônio, na exata medida que gere interesse alheio. Por isso, enfim, a crítica no sentido de que a opção do Código Civil deveria ser uniforme a esse respeito. Isso sem contar especificamente a situação do pródigo, a quem só se vedam os atos de alienação e gravação, enfim, de comprometimento de seu próprio patrimônio, também o que não se dá com o mandato[69].

Com efeito, vale aqui a mesma observação que se fez, logo atrás, no item destinado ao exame da capacidade testamentária ativa, no sentido de que a interpretação das regras deve preservar a unidade lógica do sistema, evitando incoerência, tal como a que haveria, segundo se entende, em admitir mandato ao menor púbere, porque não obriga a si mesmo no seu desempenho e carreia ao mandante o ônus da escolha, mas não permitir que outros incapazes – ao

---

65 PEREIRA, Caio Mário da Silva. *Instituições de direito civil*, cit., v. III, p. 400.
66 TEPEDINO, Gustavo. *Comentários ao novo Código Civil*, 2008, v. X, p. 100.
67 TEPEDINO, Gustavo. *Comentários ao novo Código Civil*, cit., p. 99.
68 DE PLÁCIDO E SILVA. *Tratado do mandato e prática das procurações*, 1989, v. I, p. 127-133.
69 GODOY, Claudio Luiz Bueno de. *Código Civil comentado*, cit., p. 674.

menos de modo relativo, e especialmente o pródigo, considerado portador de causa de incapacidade tratada de maneira mais tênue – igualmente exerçam mandato, ficando então ressalvada apenas a situação do absolutamente incapaz ou de quem, de qualquer modo, não tenha qualquer condição de expressão da vontade de contratar.

Mais do que isso, seria, de novo, vedar ao incapaz um espaço de atuação jurídica que pode perfeitamente mostrar-se compatível com o seu grau de compreensão e entendimento, destarte a dano da plena expansão de todas as suas virtualidades.

Para a situação da pessoa com deficiência, e tal como se observou no item anterior, o quadro ainda ganha reforço com o reconhecimento da capacidade que se contém no art. 6º do Estatuto da Pessoa com Deficiência, e assim igualmente mesmo em relação a quem sujeito à norma do art. 4º, III, embora já aí em geral compreendida a questão na defesa da tese acima, quanto aos mandatários relativamente incapazes.

O PAGAMENTO A INCAPAZ, O MÚTUO A MENOR E A DOLOSA OCULTAÇÃO DE SUA IDADE

Todas as três hipóteses que constituem o objeto do item presente correspondem a dispositivos expressos, herdados do Código anterior pelo atual. São tratadas em conjunto por, como se verá, de algum modo se relacionarem, reconduzindo-se a situações que envolvem alguém incapaz e que se disciplinam em particular quebra do sistema comum de consequências dos negócios e dos atos que eles praticam.

Em primeiro lugar, estabelece o art. 181 do Código Civil, como o fazia, em idêntica redação, o art. 157 do Código de 1916 – exemplo que Bulhões Carvalho fornecia de tratamento especial, diferenciado da incapacidade, cuja disciplina verdadeiramente por essa regra, na sua visão, se mitigava[70] –, que a ninguém é dado reclamar o que pagou a um incapaz senão demonstrando que em favor dele reverteu o pagamento. Já o dizia Clóvis, qualquer que fosse a hipótese de incapacidade, portanto independentemente de induzir nulidade ou

---

[70] BULHÕES CARVALHO, Francisco Pereira de. *Incapacidade civil e restrições de direito*, 1957, t. II, p. 841 e 898-906.

anulabilidade, nada se haveria de repetir se não comprovado o benefício que do pagamento tivesse advindo ao incapaz[71].

Zeno Veloso, colacionando semelhantes previsões da legislação estrangeira, lembra do intuito protetivo da regra, que, a rigor, dessa finalidade se desincumbe afastando consequência comum da anulação dos negócios jurídicos, que é a reposição das partes ao estado anterior, tudo na exata senda do quanto levado ao texto do art. 182 do Código Civil, na sua ótica além de dissuadir a prática de qualquer ato com quem seja incapaz[72].

De qualquer maneira, nota-se que aqui a proteção ao incapaz, qualquer que seja a causa ou extensão da incapacidade, se dá justamente preservando efeito de negócio que afinal é inválido, a despeito da consequência comum dimanada da invalidação, que é a volta ao estado anterior e de que, portanto, seria corolário lógico a devolução do quanto recebido pelo incapaz.

Já por aí se vê que a proteção ao incapaz acaba se consumando pela preservação de um efeito atinente a negócio que é inválido por causa, exatamente, da incapacidade. Dito de outra maneira, mesmo que a invalidade seja resultante protetiva em face do negócio firmado pelo incapaz e mesmo que, como produto da invalidação, as partes sejam repostas no estado em que antes se encontravam, tal não se dá, excepcionalmente, quanto ao pagamento que nessa situação se tenha feito ao incapaz. Na espécie, a proteção se faz bem ao revés do efeito normal da invalidação. Ou seja, o sistema é permeável, como já se adiantou logo à abertura deste capítulo e ao que se tornará, a regras de calibração ou a uma modulação da eficácia de determinados institutos ou normas, de sorte a atender a razão última que afinal os anima.

Porém, essa própria vedação à repetição, que tende a proteger o incapaz, não se mantém se provado que o pagamento a ele efetivado reverteu em seu proveito, qualquer que ele seja, haja ou não incremento patrimonial, tenha ou não o destinatário do pagamento já utilizado o quanto recebido, desde que, ainda assim, provado o seu benefício[73]. É a ressalva expressa do texto legal. Conforme salienta, com tintas claras, Humberto Theodoro Júnior, "a lei não quer, com a regra do art. 181, que o incapaz se locuplete à custa do outro con-

---

71 BEVILAQUA, Clóvis. *Código Civil dos Estados Unidos do Brasil comentado*, cit., v. I, p. 416.
72 VELOSO, Zeno. *Invalidade do negócio jurídico*, 2005, p. 305-308.
73 VELOSO, Zeno. *Invalidade do negócio jurídico*, cit., p. 309-310.

tratante. Seu objetivo é apenas impedir prejuízo ou sacrifício injusto da parte do incapaz"[74].

Portanto, se comprovado o proveito do incapaz, oriundo do pagamento que a ele se fez, tem-se a exceção da exceção, quer dizer, o pagamento pode ser repetido, repondo-se, então, as partes ao estado em que antes se encontravam. Se se preferir, volta-se à regra geral do art. 182 do Código Civil.

Note-se, destarte, que a vedação ao enriquecimento sem causa funciona, também ela, no caso, como uma calibração da calibração; isto é, determina que o incapaz se equipare ao capaz, claro que tão somente para os fins e efeitos da invalidade.

Em síntese, assegura-se a situação do incapaz assentando-se que os negócios por ele pessoalmente praticados são inválidos. Mas, se se cuida de um pagamento que a ele se fez, a proteção do sistema atua afastando o efeito comum da invalidação, de sorte a impedir que o quanto a ele pago se repita. A não ser, porque importa não lhe permitir enriquecimento sem causa a despeito da incapacidade, que o pagamento a ele tenha trazido benefício, tenha revertido em seu proveito[75].

Sobre a pessoa com deficiência, remete-se ao quanto examinado no item Reflexão crítica sobre a capacidade da pessoa com deficiência e alguns de seus efeitos: domicílio, invalidade e prescrição do Capítulo 4, em especial acerca da questão da (in)validade do negócio jurídico que a envolve, e bem porque aí se tem, bem como na consequência atinente à reposição das partes ao estado anterior, tal qual se vem de acentuar, o pressuposto de aplicação da regra do art. 181 do Código Civil.

Ademais, o mesmo princípio examinado para o artigo citado se projetava, como ainda se projeta, lá para o capítulo do contrato de empréstimo, particularmente aos arts. 588 e 589, os quais, reproduzindo, com algumas alterações, os arts. 1.259 e 1.260 do Código Civil anterior, cuidam do mútuo feito a menor, já com a ressalva de que, a rigor, bem se poderia ter previsto que aplicável a qualquer incapaz se, afinal, é igualmente de sua proteção que se agita.

---

74 THEODORO JÚNIOR, Humberto. *Comentários ao novo Código Civil*, 2003, v. III, t. I.
75 A jurisprudência já estendeu o princípio da vedação do enriquecimento sem causa para justificar não só a prevalência do pagamento como de contrato de consumo entabulado pelo relativamente incapaz, que se aproveitou dos serviços prestados e que, por isso, foi constrangido a seu pagamento: TJMS, Ap. Cív. 2006.021600-3/0000-00, 3ª Câm., rel. Des. Oswaldo Rodrigues, j. 26.02.2007.

A regra tem histórica inspiração no chamado *senatus-consulto macedoniano*, preceito romano editado para evitar a repetição do quanto ocorrido com o filho do Senador Macedo, que, premido pelos credores, matou o pai a fim de, com os recursos advindos da herança, saldar as dívidas que havia contraído[76]. Porém, ainda que a norma se reporte a caso histórico de proteção a quem era menor, a legislação atual bem poderia, e mesmo deveria, dada sua finalidade protetiva, incidir sempre que havido mútuo a qualquer incapaz, na exata senda, de resto, da previsão geral que se contém no art. 181, antes examinado.

De toda forma, prevê o art. 588 do Código Civil que o mútuo feito a pessoa menor, sem prévia autorização daquele sob cuja autoridade estiver, não pode ser reavido nem do mutuário, nem de seus fiadores – e aqui, anote-se, com o que se coordenam as regras dos arts. 824 e 837 do Código Civil[77]. Mas ressalva o art. 589, logo na sequência, que essa disposição não se aplica e, portanto, caberá a restituição, se havida ratificação, se contraído o empréstimo para fins alimentares, se o menor tiver ganhos com seu trabalho e, duas hipóteses acrescidas pela atual normatização, se o empréstimo tiver revertido em seu benefício ou se ele o tiver obtido maliciosamente.

Logo a primeira hipótese excepcional, da ratificação, que já se continha na legislação anterior (inciso I do art. 1.260 do CC/1916), serve à revelação da modulação, da calibração, da conformação que se está a expor e que se reclama dos institutos a fim de que atinjam sua própria finalidade. Note-se que a doutrina clássica já apontava a especificidade do mútuo a menor, dizendo-a causa de uma nulidade que não era absoluta, afinal permitida sempre a ratificação, ou convalidação, como se prefere, sem qualquer ressalva sobre se a incapacidade era relativa ou absoluta[78]. Dito de outro modo, longe da regra geral de que

---

76   BEVILAQUA, Clóvis. *Código Civil dos Estados Unidos do Brasil comentado*, cit., v. 4, p. 458; MONTEIRO, Washington de Barros. *Curso de direito civil*: direito das obrigações. 2ª parte, 2003, v. 5, p. 210, referindo, ainda, outra versão, que considera menos autorizada, atribuindo a denominação ao nome de usurário que negociava com a corrupção de menores.

77   Sobre essas previsões: GODOY, Claudio Luiz Bueno de. *Código Civil comentado*, cit., p. 814-815 e 825-827. Ver ainda a respeito, bem como exemplo identificativo da modulação, no caso, das invalidades, mas em virtude do intuito protetivo do incapaz: SOUZA, Eduardo Nunes de. *Teoria geral das invalidades do negócio jurídico*: nulidade e anulabilidade no direito civil contemporâneo, 2017, p. 364-368.

78   *V. g.*: CARVALHO SANTOS, J. M. de. *Código Civil brasileiro interpretado*, cit., v. XVII, p. 447; BEVILAQUA, Clóvis. *Código Civil dos Estados Unidos do Brasil comentado*, cit., v. IV, p. 459.

as nulidades não são passíveis de convalidação, como hoje se expressa no art. 169 do Código Civil.

Comentando a atual lei civil, bem expuseram a questão Nancy Andrighi, Sidnei Beneti e Vera Andrighi. Nas suas palavras,

> [...] a norma excepciona a regra geral de invalidade dos negócios jurídicos (art. 182, CC/2002), estabelecendo que o mútuo firmado por menor, inclusive absolutamente incapaz, sem autorização do responsável, não poderá ser reavido do mutuante, ou seja, não haverá restituição ao status quo ante, nem a respectiva indenização. Ao assim proceder, o legislador criou um regime especial para o mútuo, que deve ser aplicado inclusive ao art. 589. Vale dizer que, se não é possível aplicar ao mútuo a regra geral de nulidade do art. 182, retornando-se ao status quo ante, também não deve ser aplicada a tal modalidade de empréstimo a regra de não-convalidação do negócio jurídico (art. 169), entendendo-se, por via de consequência, que, mesmo o mútuo feito por menor absolutamente incapaz, sem autorização do responsável, pode ser por este ratificado[79].

Contudo, igualmente o inciso II do art. 589, já presente na legislação anterior, evidencia um tratamento diferenciado em que, na esteira da previsão, antes examinada, do art. 181 do Código Civil, a proteção ao menor cede em face do benefício que o empréstimo eventualmente lhe tenha trazido, no caso por meio do acesso a seus alimentos habituais. Como observa Silvio Rodrigues, "haveria um enriquecimento injusto do menor se *venia* não fosse dada ao mutuante para cobrar aquilo que emprestou, e que não serviu para qualquer esbanjamento do incapaz"[80]. Isto ainda que se admita, com Caio Mário, que a disposição tende a evitar que o menor se veja na contingência de se privar do

---

[79] ANDRIGHI, Nancy; BENETI, Sidnei; ANDRIGHI, Vera. *Comentários ao novo Código Civil*, 2008, v. IX, p. 149.
[80] RODRIGUES, Silvio. *Direito civil*, 2002, v. 3: Dos contratos e das declarações unilaterais de vontade, p. 264. Bem nesse sentido, o Relatório final dos trabalhos da Comissão de Juristas responsável pela revisão e atualização do Código Civil, nomeada por ato do Presidente do Senado (04.09.2023) – apresentado o anteprojeto em 17.04.2024 (https://www12.senado.leg.br/assessoria-de-imprensa/arquivos/anteprojeto-codigo-civil-comissao-de-juristas-2023_2024.pdf) e já convertido no PL n. 4/2025, de autoria do Sen. Rodrigo Pacheco –, substitui a expressão "alimentos habituais", do inciso II do art. 589, por "subsistência", isto é, o empréstimo contraído para subsistência do menor.

necessário ou recorrer à caridade pública, justificando-se o empréstimo, nas suas palavras, "por não ser um estímulo ao mal, porém gasto que a piedade paterna não recusaria"[81].

Aliás, só que agora de maneira geral, e aqui em perfeita correspondência com a regra do art. 182, acrescentou-se ao art. 589, quando confrontado com seu precedente art. 1.260, que a restituição do mútuo será possível, quebrando-se a orientação do art. 588, quando sua efetivação de qualquer modo tenha revertido em proveito do menor mutuário (inciso IV). E sobre esse benefício vale remeter ao quanto expendido acima, logo que examinado o art. 181.

Teresa Ancona Lopez elogia a inovação, que vê em sintonia com a previsão do art. 181 e com o sentido geral de evitar que haja enriquecimento ilícito por parte do menor ou mesmo de seu representante[82]. Isso anotado que, revertido o empréstimo em proveito dos representantes, deles se deve pleitear a devolução[83].

O inciso III do art. 589 teve seu elastério expandido se comparado ao texto do precedente Código Civil, que apenas mencionava os bens que o menor possuísse por aquisição em serviço militar (pecúlio castrense), no magistério ou qualquer outra função pública. Era a remissão que se fazia ao inciso II do art. 391 do Código de 1916. Agora, estabelece-se que o mútuo pode ser reavido sempre que o menor tenha ganhos com o seu trabalho, e até a força desse patrimônio limitada a restituição.

Clóvis criticava a regra ao argumento de que, a rigor, o menor com ganhos, mesmo que da espécie referida na anterior normatização, já estaria por isso emancipado e assim fora da menoridade[84]. Teresa Ancona, de sua parte, vê ainda utilidade da norma porque, mesmo lida conjuntamente com o art. 5º, parágrafo único, do Código Civil de 2002, permite que a maioridade seja invocada no só caso do mútuo a quem não tenha completado a idade.

Por fim, e de novo laborando acréscimo em face do quanto antes existente, ao menos no capítulo do mútuo, o atual art. 589, V, preceitua que o menor poderá ser cobrado, excepcionando-se a previsão do art. 588, sempre que houver obtido o empréstimo de modo malicioso[85]. A bem dizer, porém, o in-

---

81 PEREIRA, Caio Mário da Silva. *Instituições de direito civil*, cit., v. III, p. 350.
82 LOPEZ, Teresa Ancona. *Comentários ao Código Civil*, 2003, v. 7, p. 164-165.
83 PEREIRA, Caio Mário da Silva. *Instituições de direito civil*, cit., v. III, p. 350.
84 BEVILAQUA, Clóvis. *Código Civil dos Estados Unidos do Brasil comentado*, cit., v. IV, p. 460.
85 Julgando, nesse sentido, exigível mútuo a menor: TJSP, Ap. Cív. 1.041.732-4, 19ª Câm., rel. Des. Sebastião Junqueira, j. 04.10.2005; Ap. Cív. 713.228/3-5, 24ª Câm.-A, rel. Des. Gioia Perini, j. 16.05.2008.

ciso se põe em precisa simetria com a regra geral do art. 180 do Código Civil, segundo a qual o menor não pode, para se eximir de uma obrigação, invocar sua idade se dolosamente a ocultou ou se, no ato de obrigar-se, declarou-se maior (dolo passivo e ativo)[86].

Mas de logo se assente a parcial antinomia que se erige entre os dispositivos. Assim porque a previsão geral do art. 180 apenas alude aos menores que tenham agido de maneira maliciosa, mas, frise-se, já contando ao menos dezesseis anos completos. Ou seja, o menor relativamente incapaz não se pode beneficiar de sua malícia para as obrigações em geral. Porém, se se tratar de mútuo, ele não se beneficiará mesmo que seja menor de dezesseis anos, destarte absolutamente incapaz.

A explicação comum de que a malícia supre a idade (*malitia supplet aetatem*) apenas em relação aos relativamente incapazes está em que os atos praticados pelos menores impúberes são nulos, não somente anuláveis[87]. Todavia, vem de se examinar, nos anteriores incisos do art. 589 do Código Civil, que a menoridade absoluta ou relativa, e portanto a consequência de anulabilidade ou nulidade, desimporta à solução da existência de restituição ou não ao menos do mútuo a menor; antes, examinou-se o art. 181, que também não distinguiu incapazes e o grau de invalidade dos atos por ele praticados; e, mais, em item logo atrás referiu-se a regra do art. 928, que, ao contrário do art. 156 do Código Civil de 1916, não mais diferenciou a causa da incapacidade e, em relação ao menor, sua idade para fins de estabelecimento de sua capacidade delitual.

Pois nesse sentido, justamente, Nancy Andrighi, Sidnei Beneti e Vera Andrighi defendem a inaplicabilidade da limitação do art. 180 ao caso de mútuo a menor, destarte se permitindo a restituição do que mutuado, havendo malícia do mutuário, qualquer que seja sua menoridade, absoluta ou relativa, sempre ao pretexto de se cuidar de regra especial[88]. Já Caio Mário, ao revés, sustentava e manteve a sustentação de que o mútuo a menor que agiu com malícia apenas pode ser reavido se a incapacidade for relativa, assim se o menor contar entre dezesseis e dezoito anos[89].

---

86   Nesse sentido, mantendo contrato de locação subscrito por relativamente incapaz que omitiu sua idade: TJSP, Ap. Cív. 725.794-0/8, 35ª Câm., rel. Des. Melo Bueno, j. 27.06.2005.
87   Por todos: VELOSO, Zeno. *Invalidade do negócio jurídico*, cit., p. 301; THEODORO JÚNIOR, Humberto. *Comentários ao Código Civil*, cit., v. III, t. II, p. 602.
88   ANDRIGHI, Nancy; BENETI, Sidnei; ANDRIGHI, Vera. *Comentários ao novo Código Civil*, cit., p. 153.
89   PEREIRA, Caio Mário da Silva. *Instituições de direito civil*, cit., v. III, p. 350.

Segundo se acredita, impende é atualizar a compreensão e mesmo a redação do art. 180 do Código Civil de 2002, porque a malícia que supre a idade, afinal, é a denotação do suficiente discernimento que tinha o menor, causa bastante para tratá-lo como maior. É melhor que no caso se aquilate o exato nível de compreensão e atuação do menor, ademais diante do destinatário de sua declaração e do cuidado e diligência com que deve agir, gravada a exigência de boa-fé do declaratário para a incidência da norma, mas bem a diferenciar situações de uma criança de tenra idade que a omita ou sobre ela minta, ou de alguém, com igual conduta, mas que já esteja perto dos dezesseis anos.

Já sob a égide do art. 155 do Código Bevilaqua, Carvalho Santos, malgrado recusando a extensão da regra aos menores impúberes, socorrendo-se da jurisprudência francesa, ao menos, defendia sua extensão aos demais incapazes[90]. E claro que isso não a propósito da idade, ou de sua ocultação, mas da malícia com que tivesse agido, denotando maturidade e discernimento indicativos da desnecessidade da regra de proteção.

De qualquer maneira, ao objetivo deste trabalho impende acentuar que os preceitos citados são, todos, bons exemplos de que, mesmo já na concepção tradicional da disciplina dos incapazes, não estranhava, como ainda hoje não estranha, uma respectiva modulação da extensão e também uma modelagem da sua conformação, que afeiçoam o instituto aos exatos fins que o inspiram.

A CONDIÇÃO DE TESTEMUNHA

Evidentemente, o propósito do presente item não é o de examinar de modo vertical todos os aspectos, particularmente de ordem processual, que dizem com os requisitos e a forma de produção da prova testemunhal. O intento é dela retirar específica alusão à condição do incapaz que se admite venha a testemunhar. E isto, a rigor, desde a previsão do anterior Código Civil, reproduzida no atual e, em meio a ambos, bem como do Código de Processo Civil, de 1973 e de 2015, ademais da edição do Estatuto da Pessoa com Deficiência.

Com efeito, previa o Código Civil de 1916, em seu art. 142, e no quanto aqui interessa, que não podiam depor os menores de dezesseis anos, o louco de todo o gênero, bem como os cegos e surdos, mas estes apenas naquelas si-

---

90 CARVALHO SANTOS, J. M. de. *Código Civil brasileiro interpretado*, cit., v. III, p. 297.

tuações em que se pretendesse demonstrar fato cuja ciência dependesse do sentido que lhes faltava.

Quer dizer, acerca da capacidade para ser testemunha, apenas se excluíam os absolutamente incapazes, e nem todos, porquanto os surdos – e não surdos-mudos, como estava no art. 5º, III –, ademais dos cegos, tão somente não depunham sobre fato cujo conhecimento se subordinasse ao sentido que lhes faltasse. Eram, como ainda são, e na lembrança de Carlos Alberto Dabus Maluf, inaptidões ao testemunho que se reconduzem, como sói acontecer nas hipóteses de incapacidade, a uma causa etária ou afecção que compromete o discernimento da pessoa[91].

Note-se, porém, que aos relativamente incapazes não se vedou a condição possível de testemunha no processo. O que, de resto, se levou à previsão do art. 405 do Código de Processo Civil de 1973, porém o qual, ao disciplinar as proibições ao testemunho, identificou, separadamente, os incapazes, os impedidos e os suspeitos à incumbência de depor. Dentre os primeiros, e além dos menores impúberes e dos cegos e surdos, nas condições já aludidas, referiu não só aqueles interditados por demência como, também, os que, ainda que não interditados, estivessem acometidos de enfermidade ou debilidade mental quer ao tempo dos fatos, de maneira a prejudicar sua compreensão, quer ao momento do depoimento, igualmente a inabilitá-los à transmissão de suas impressões e percepções. Portanto, verdadeiramente uma incapacidade acidental revelada em dois momentos distintos, do conhecimento do fato litigioso ou do depoimento que sobre eles caiba prestar.

Sobrevindo o Código Civil de 2002, o art. 228 – em sua redação originária – estabeleceu, no que pertine a questões de capacidade, que não podiam ser admitidos como testemunha o menor de dezesseis anos, os que, por enfermidade ou retardamento mental, se vissem despidos de discernimento, bem assim os cegos e surdos, quando a ciência do fato dependesse do sentido que lhes faltava. Porém, no parágrafo único, admitiu o Código Civil que, "para a prova dos fatos que só elas conheçam, pode o juiz admitir o depoimento das pessoas a que se refere este artigo".

Em 2015, porém, editou-se o novo Código de Processo Civil, cujo art. 447, § 1º, manteve em boa medida o rol dos incapazes de testemunhar, com pequenas alterações. Acrescentou a deficiência mental no inciso I, ao lado dos inter-

---

91   MALUF, Carlos Alberto Dabus. *Código Civil comentado*, 2009, v. III, p. 221.

ditos, e no inciso II substituiu a referência à "debilidade mental" pelo "retardamento mental". Preservou a incapacidade do menor de dezesseis anos e do cego e do surdo, quando a ciência do fato depender do sentido que lhes falta.

Ocorre que também o art. 228 do Código Civil de 2002 foi alterado, pela edição da Lei Brasileira de Inclusão, a Lei n. 13.146/2015. E assim o foi para revogação dos incisos II e III, que tratavam da inadmissão do testemunho de pessoas com enfermidade ou retardamento mental, bem como do surdo e cego, tanto quanto para acréscimo de parágrafo, o 2º (passando o anterior parágrafo único a ser o § 1º), segundo o qual "a pessoa com deficiência poderá depor em igualdade de condições com as demais pessoas, sendo-lhe assegurados todos os recursos de tecnologia assistiva".

Claramente, a modificação ditada pelo Estatuto da Pessoa com Deficiência, no campo da disciplina sobre quem se admite a testemunhar, vem *pari passu* com o reconhecimento da capacidade das pessoas com deficiência, cuja autonomia se deve preservar nos limites das suas possibilidades, bem assim com a sua inclusão e não discriminação, aliás, discriminação esta de que a surdo-mudez se recolhe como um exemplo evidente, conforme salienta Vitor Almeida, mesmo à luz do atual Código de Processo Civil, de 2015[92].

A questão básica que aqui se coloca está na análise sobre se incidente o Estatuto da Pessoa com Deficiência ou o Código de Processo Civil na matéria, em face da data da edição e da vigência de cada qual, problema porém já enfrentado no item Direito intertemporal. O Código de Processo Civil de 2015 do Capítulo 4, a que ora se remete, e ainda aqui se renove o entendimento – não infenso a críticas e à solidez da posição contrária, como então se ressalvou – de que prevalece o primeiro, insistindo-se inclusive na quebra que significa restringir o testemunho a pessoa capaz e cuja vulnerabilidade em concreto se há de apurar ao depoimento e mediante a disponibilização de meios de apoio a que possa prestá-lo, nos limites particulares de suas possibilidades. E, mesmo se e quando havida sujeição da pessoa ao preceito do art. 4º, III, do Código Civil, e independentemente da causa, relembre-se o quanto acima já se disse sobre o depoimento do relativamente incapaz.

De qualquer modo, saliente-se que em geral sempre houve resistência a que, aprioristicamente, se impedisse o depoimento de pessoas inclusive absolutamente incapazes, mas que, de algum modo, pudessem revelar lembranças

---

92 ALMEIDA, Vitor. *A capacidade civil das pessoas com deficiência e os perfis da curatela*, cit., p. 50-51.

ou impressões que, sob a avaliação particularizada do juiz, interessassem ao deslinde do processo. Especialmente quanto aos menores impúberes, Humberto Theodoro Júnior não só critica a vedação como menciona, ainda, exemplo do Código de Quebec, que admite o seu testemunho, subordinado ao exame, pelo juiz, da particular condição de discernimento do depoente infante[93]. Gustavo Tepedino, Heloisa Helena Barboza e Maria Celina Bodin de Moraes lembram, ademais, da oitiva do menor em processos de seu interesse, remetendo ao Estatuto da Criança e do Adolescente[94] – sobretudo cujo art. 28, em sua nova redação, dada pela Lei n. 12.010/2009, será objeto de especial menção em capítulo adiante. Porém, mesmo no tocante aos deficientes e, portanto, ainda muito antes do Estatuto da Pessoa com Deficiência, vetusta ponderação de Moacyr Amaral Santos ia no sentido de que, por vezes, a deficiência intelectual não afasta a possibilidade de recordações seguras e exatas, pelo que melhor não excluir, de antemão, a possibilidade desses depoimentos, mercê de uma fórmula geral apriorística, reservando-se ao juiz a apreciação do valor que os testemunhos possam oferecer[95].

Depois, mesmo na redação original do art. 228 do Código Civil, articulada com a redação também original dos arts. 3º e 4º, já havida a circunstância de que o inciso II do art. 228 previa uma incapacidade ao depoimento testemunhal de quem privado de discernimento em razão de enfermidade ou, frise-se, retardamento, circunstância, porém, que o art. 4º, III, tomava para identificar causa de incapacidade relativa. Por lógica e coerência, o preceito deveria remeter ao então inciso II do art. 3º, que referia aqueles privados de discernimento por enfermidade ou deficiência mental. De todo modo, tudo o quanto superado pela redação dada ao preceito pelo Estatuto da Pessoa com Deficiência.

---

93 THEODORO JÚNIOR, Humberto. *Comentários ao novo Código Civil,* cit., v. III, t. II, p. 541. Nesta mesma linha, o Relatório final dos trabalhos da Comissão de Juristas responsável pela revisão e atualização do Código Civil, nomeada por ato do Presidente do Senado (04.09.2023) – apresentado o anteprojeto em 17.04.2024 (https://www12.senado.leg.br/assessoria-de-imprensa/arquivos/anteprojeto-codigo-civil-comissao-de-juristas-2023_2024.pdf) e já convertido no PL n. 4/2025, de autoria do Sen. Rodrigo Pacheco –, propõe a revogação do inciso I do art. 228 do CC e o acréscimo de um § 3º, dispondo que o depoimento de crianças e adolescentes observará o disposto nos arts. 699 e 699-A da Lei n. 13.105, de 16 de março de 2015 (Código de Processo Civil), e na Lei n. 13.431, de 4 de abril de 2017 (Escuta Especializada e Depoimento Especial), no que couber.
94 TEPEDINO, Gustavo; BARBOZA, Heloisa Helena; MORAES, Maria Celina Bodin de. *Código Civil interpretado,* cit., v. I, p. 477.
95 SANTOS, Moacyr Amaral. *Prova judiciária no cível e comercial,* 1953, v. III, p. 105.

Por fim, o então parágrafo único (hoje § 1º, renumerado pela Lei n. 13.146) do art. 228 do Código Civil previu que o juiz admitisse, para a prova de fatos somente por ela conhecidos, que qualquer das pessoas enumeradas no dispositivo, assim incluindo até os absolutamente incapazes, preste depoimento. Foi além, portanto, da previsão semelhante do § 4º do art. 405 do Código de Processo Civil de 1973 e, agora, da previsão do art. 447, §§ 4º e 5º, que já concedem ao juiz, sendo estritamente necessário, ouvir, sem compromisso, testemunhas, todavia, impedidas e suspeitas, assim não as incapazes. Pois já se aderia, com Renan Lotufo[96], à prevalência, ao menos no quanto aqui releva, que é o testemunho do absolutamente incapaz, da normatização civil, não apenas porquanto voltada a regrar, afinal, questão que diz de modo mais amplo inclusive com a prova dos negócios jurídicos, mas especialmente porque já obedecia a importantíssima tendência de respeitar as particulares condições de discernimento da pessoa, o que tem sido a tônica do presente estudo, o que recrudescido com a superveniência do Estatuto da Pessoa com Deficiência e prevalente a despeito da posterior vigência, malgrado não edição, do Código de Processo Civil de 2015, de novo conforme examinado no item Direito intertemporal. O Código de Processo Civil de 2015 do Capítulo 4.

Mas, seja como for, em geral tem-se quadro em que avulta mais um exemplo, dentre vários, que disso se encontra na legislação, de real escape a uma disciplina genérica e abstrata do regime das incapacidades.

Uma última ressalva se faz ao fato de que, alterado o art. 228 pelo Estatuto da Pessoa com Deficiência, com a revogação dos incisos II e III, deverá a tanto se conformar a interpretação sobre disposições especiais acerca da condição de testemunha instrumentária da pessoa com deficiência, que não foram objeto de expressa previsão pela Lei de Inclusão, como, por exemplo, na habilitação do casamento (art. 1.525, III), na sua celebração (art. 1.534) ou no testamento (arts. 1.864, II, 1.868, I, 1.876, III), ademais da alusão genérica do art. 215, § 5º[97]. É dizer, impõe-se seguir a regra da consideração apriorística da

---

96 LOTUFO, Renan. *Código Civil comentado*, 2003, v. 1, p. 589.
97 Entendendo que o art. 228 do Código Civil – e já na sua nova redação – tem aplicação também às testemunhas instrumentárias, inclusive porque podem ao mesmo tempo ser chamadas a depor em juízo sobre o ato ou negócio, e remetendo ainda a outros precedentes, conferir: STJ, REsp 1.453.949/SP, rel. Min. Luis Felipe Salomão, 4ª T., j. 13.06.2017, DJe 15.08.2017. E isso tanto mais no testamento, uma vez não reproduzida no atual Código Civil a regra do art. 1.650 do Código de 1916. *Vide*, nesse sentido: TJSP, Ap. Cív. 1026411-23.2015.8.26.0007, rel. Des. Christine Santini, 1ª Câm. de Dir. Priv., j. 30.11.2018.

capacidade dessas pessoas, nos limites de suas possibilidades e medidas de apoio ao ato.

RECONHECIMENTO DE FILHO

Se é verdade que por motivos nem sempre reconduzidos a uma mesma situação jurídica, certo que, desde o Código Civil anterior, admite-se que ao relativamente incapaz seja dado reconhecer filho havido fora do casamento (e visto que para essa hipótese de matrimônio não há a presunção *pater is*), frise--se, sem a concorrência da vontade de seu assistente. É, pois, mais um campo próprio em que se concede a um incapaz a possibilidade da prática pessoal de um ato, e dos demais relevantes, da vida civil.

Carvalho Santos, procurando sintetizar as diversificadas causas de admissão do reconhecimento de filho pelo relativamente incapaz, sustentava ser a tanto necessária mera vontade, que chamou de moral, ao cumprimento do que, a seu ver, era mesmo um dever, malgrado não deslembrasse da consideração de se tratar, não de um negócio jurídico, propriamente, mas, ainda na sua acepção, de mera declaração. De toda sorte, ressalvava que, a despeito da inexistência de regra específica, à hipótese não se poderiam aplicar as regras comuns sobre a incapacidade, aplicáveis aos demais atos comuns da vida civil do indivíduo, ressalvados, tão somente, os absolutamente incapazes, impedidos de reconhecer, senão judicialmente, por lhes faltar qualquer possibilidade de pessoal atuação jurídica, em qualquer seara[98].

Comum foi sempre a alusão ao entendimento de Pontes de Miranda, segundo o qual a capacidade para reconhecer filho, própria e singular, assim não perfeitamente identificável com o regramento geral acerca da matéria, deveria ser admitida a qualquer um que não fosse absolutamente incapaz, inclusive ao menor púbere, nas suas palavras, ainda que sem *venia aetatis* e sem assentimento do pai ou tutor, tudo por se cuidar, de novo *in verbis*, de declaração unilateral de vontade, com conteúdo tão somente de comunicação de fato[99]. Nessa mesma esteira, e já à luz da atual normatização civil, defende por exemplo Carlos Roberto Gonçalves que o reconhecimento de filho por manifestação de vontade do pai ou mãe, mesmo relativamente incapaz e sem assistência,

---

98 CARVALHO SANTOS, J. M. de. *Código Civil brasileiro interpretado,* cit., v. V, p. 403-404.
99 PONTES DE MIRANDA. *Tratado de direito privado,* cit., t. IX, p. 78-79.

encerre ato jurídico em sentido estrito[100], a respeito cabendo remeter a item abaixo, no qual se examinará a questão da capacidade em relação a essa espécie do gênero fatos jurídicos.

Igualmente Sílvio de Salvo Venosa recolhe o que reputa ser a posição majoritária da doutrina para assentar, afinal, que o reconhecimento de filho pode se dar pelo relativamente incapaz, e sem a assistência dos pais ou do tutor, lembrando de argumento comum, e sistemático, que está no fato de o reconhecimento em tela poder se dar por testamento e de o testamento poder ser elaborado por relativamente incapaz[101], agora valendo remissão a item precedente acerca da capacidade testamentária ativa e da extensão interpretativa que se defende suscitar a previsão do art. 1.860, parágrafo único, do Código Civil de 2002.

Essa referência ao reconhecimento por testamento já se encontrava em Caio Mário[102]. Todavia, vai-se além em edição mais recente, atualizada, de sua obra ao fim de, argumentando-se analogicamente com as previsões do art. 45, § 2º – podendo-se acrescentar ainda o art. 28, § 2º, ambos do Estatuto da Criança e do Adolescente, que impõem a concordância do adolescente, portanto a partir dos doze anos, para adoção e, em geral, colocação em família substituta –, sugerir a possibilidade de se vir a admitir o reconhecimento de filho mesmo por esse menor impúbere, a exemplo do § 1596 do BGB (v. item O sistema alemão do Capítulo 3), embora por meio de seu representante e aprovação judicial, em procedimento análogo ao da averiguação de paternidade[103] – logo a seguir mencionado.

Mas, seja como for, em relação ao relativamente incapaz, sem dúvida, o ato de perfilhação, que em doutrina se costuma denominar *reconhecimento voluntário* – preferindo-se, porém, a expressão *reconhecimento espontâneo*, para diferenciar da chamada averiguação oficiosa da paternidade, estabelecida desde a Lei n. 8.560/92 (art. 2º), cabível para quando ao registro de nascimento do filho havido fora do casamento compareça apenas a mãe, indicando quem seja o pai, por isso chamado à presença do juiz, em que pode então reconhecer

---

100 GONÇALVES, Carlos Roberto. *Direito civil brasileiro*, 2010. v. 6. p. 327. Igualmente entendendo tratar-se de ato jurídico em sentido estrito: PEREIRA, Caio Mário da Silva. *Instituições de direito civil*, 2004, v. V: Direito de família, p. 349.
101 VENOSA, Sílvio de Salvo. *Direito civil*: direito da família, 2010, v. VI, p. 252.
102 PEREIRA, Caio Mário da Silva. *Reconhecimento de paternidade e seus efeitos*, 1991, p. 69-70.
103 PEREIRA, Caio Mário da Silva. *Reconhecimento de paternidade e seus efeitos*, 2015, p. 102.

a paternidade, convenha-se, de modo voluntário, mas não espontâneo –, pode mesmo ser praticado por meio do testamento, como também no assento de nascimento, por escritura pública ou documento particular ou por manifestação direta perante o juiz, tal como da lei especial logo antes citada se levou ao texto do art. 1.609 do Código Civil de 2002[104].

É dizer, já haveria, por interpretação sistemática, a admissão do reconhecimento desassistido ao relativamente incapaz, posto se admitisse, conforme o caso, a natureza de real negócio jurídico a se lhe atribuir, por vezes, como se verá no item seguinte, recorrendo-se à figura geral do ato jurídico lícito ou em sentido estrito exatamente para contornar discussão que parece se pôr, justamente, mais no campo da capacidade.

Porém, e acima de tudo, seja qual for a hipótese, compreende-se hoje um sistema voltado a facilitar a atribuição de paternidade (persistindo o atual Código a pressupor que a mãe seja sempre certa, olvidando-se, todavia, dos casos de reprodução assistida heteróloga[105]), ocupando-se – conforme já se disse antes, e lá com a remissão respectiva (item O Código Civil de 1916. Causas de incapacidade do Capítulo 4) –, antes que de proteger a unidade formal e econômica da família, que inspirou o tratamento da matéria no Código Civil anterior, de, ao contrário, assegurar meios e modos, dotados de maior ampli-

---

104 O Relatório final dos trabalhos da Comissão de Juristas responsável pela revisão e atualização do Código Civil, nomeada por ato do Presidente do Senado (04.09.2023) – apresentado o anteprojeto em 17.04.2024 (https://www12.senado.leg.br/assessoria-de-imprensa/arquivos/anteprojeto-codigo-civil-comissao-de-juristas-2023_2024.pdf) e já convertido no PL n. 4/2025, de autoria do Sen. Rodrigo Pacheco –, pretende ampliar as hipóteses do art. 1.609 para incluir a manifestação direta perante o Registro Civil, assim não apenas quando do assento do nascimento, propondo-se nova redação ao inciso I, como ainda por manifestação em veículos de comunicação, redes sociais ou outras espécies de mídia, inequivocamente documentada, aqui propondo-se o acréscimo do inciso V.

105 Sobre o tema da reprodução assistida heteróloga, ver, por todos: GAMA, Guilherme Calmon Nogueira da. *A nova filiação*: o biodireito e as relações parentais. O estabelecimento da parentalidade-filiação e os efeitos da reprodução assistida heteróloga. Rio de Janeiro: Renovar, 2003. *passim*. O Relatório final dos trabalhos da Comissão de Juristas responsável pela revisão e atualização do Código Civil, nomeada por ato do Presidente do Senado (04.09.2023) – apresentado o anteprojeto em 17.04.2024 (https://www12.senado.leg.br/assessoria-de-imprensa/arquivos/anteprojeto-codigo-civil-comissao-de-juristas-2023_2024.pdf) e já convertido no PL n. 4/2025, de autoria do Sen. Rodrigo Pacheco –, propõe dispositivo, o 1.598-A, expressando a presunção de que são *dos cônjuges* e *dos conviventes* os filhos havidos, a qualquer tempo, pela utilização de técnicas de reprodução humana assistida, desde que por eles expressamente autorizadas.

tude, voltados ao estabelecimento da relação parental de criança nascida fora do matrimônio. E mesmo a presunção *pater is* (art. 1.597), outrora concebida muito mais como uma forma de proteção à unidade do casamento, afinal se lembrando que somente admitida legítima e merecedora de tutela a família originária das relações dele derivadas, hoje serve, antes, a favorecer a identificação da paternidade dos filhos havidos do casamento. São filhos, portanto, que já nascem com um pai atribuído por lei, isto à consideração do dever de fidelidade havido entre os cônjuges, cujo vínculo, ademais, é marcado por formalidade e publicidade próprias, a permitir identificar o tempo pelo qual se mantém aquele dever e a permitir, por conseguinte, presumir, posto que de modo relativo, quem seja o pai da criança então concebida[106].

É claro que toda essa disciplina relativa ao reconhecimento de filhos, havidos ou não do casamento, reclama longa digressão, que perpassa, de um lado, e no primeiro caso, a análise das hipóteses dilargadas em que se infirma a presunção de que pai é quem demonstra justas núpcias, particularmente no que toca à legitimidade para propositura da ação negatória de paternidade, tanto quanto, de outro, e na segunda hipótese, a análise dos inúmeros problemas envolvidos no reconhecimento espontâneo (perfilhação), voluntário (averiguação oficiosa) e judicial (ação investigatória) da paternidade. Todavia, é certo que toda essa problemática não se haja de conter nos limites mais estreitos do presente item, afinal conformado ao propósito do trabalho, destarte mais não cabendo senão a menção a outra hipótese, dentre as várias que se vêm examinando, em que o regramento da capacidade se ostenta particularizado e não completamente amoldado ao regime geral.

Por fim, lembre-se, de novo aqui, da consideração pelo art. 6º do EPD de que a pessoa com deficiência é considerada capaz, de que quando houver comprometimento da expressão da vontade ela pode ser submetida a curatela, mas na condição de relativamente incapaz, bem como de que, em concreto, sempre possível controle funcional da higidez da vontade declarada para o ato específico, no caso o de reconhecimento.

---

106 Sobre o assunto, ver, também: GODOY, Claudio Luiz Bueno de. Atualidades sobre a parentalidade socioafetiva e a multiparentalidade, 2017, p. 616.

ATO JURÍDICO EM SENTIDO ESTRITO (ATO JURÍDICO LÍCITO, ART. 185 DO CÓDIGO CIVIL)

De novo aqui, impõe-se a ressalva de que não se pretende no item detalhar toda a longa trajetória e mesmo a celeuma que envolve, na tipologia dos fatos jurídicos, a identificação dos chamados atos jurídicos em sentido estrito, terminologia já em si equívoca[107]. Não se intenta senão tomar a figura para o fim específico de apontar mais um campo de atuação jurídica do indivíduo em que o regramento da capacidade, moldado em termos rígidos, todavia historicamente se mitiga, e de resto tal como hoje, entende-se, se contempla no texto expresso do Código Civil brasileiro (art. 185 do Civil).

Força convir que, em meio aos fatos jurídicos voluntários, alguns há que não se conformam à moldura do negócio jurídico. Para parte da doutrina[108], são situações em que, na conduta do agente, malgrado voluntária, falta intenção ou consciência acerca das consequências jurídicas que, de todo modo previstas no ordenamento, efetivamente incidem, assim se reconhecendo, nesses casos, apenas uma vontade natural voltada a alterações no plano físico das coisas. São os chamados atos-fatos, atos exteriores, atos materiais ou atos reais, de que seriam exemplo o tesouro, a posse ou a ocupação.

Ou, ainda, haveria outras situações em que até uma vontade dirigida à obtenção de efeitos jurídicos se manifestaria, porém cuja incidência decorreria direta e completamente da lei, sem espaço para a sua autorregulamentação e sem que ao ordenamento importasse a intenção do agente para o fim de atribuir-lhe eficácia, nessas hipóteses colocando-se a interpelação, a notificação ou a revogação, chamados atos quase negociais[109].

Claro que, como se disse, a divergência que grassa a respeito é grande. Por exemplo Antônio Junqueira de Azevedo considera que, tomado o exemplo da ocupação, pela caça ou pela pesa, bem possível a específica intenção ou vontade dirigida à obtenção da propriedade da coisa caçada ou pescada sem que, por isso, aí se entreveja negócio jurídico, afinal a seu ver marcado por uma declaração de vontade socialmente entrevista como voltada à produção de um efei-

---

107 Tratei antes do tema em: Dos fatos jurídicos e do negócio jurídico, 2008, p. 384-408.
108 Por todos: MOREIRA ALVES, José Carlos. *A parte geral do projeto de Código Civil brasileiro*, 2003, p. 102-103; MIRANDA, Custodio da Piedade Ubaldino. *Teoria geral do negócio jurídico*, 2009, p. 6.
109 Por todos: MOTA PINTO, Carlos Alberto. *Cessão de contrato*, 1995, p. 354-355.

to jurídico. Mais, na sua concepção, os casos da interpelação ou da notificação são, pelo mesmo exato motivo, negociais, porque assim tomados do ponto de vista social, da perspectiva de como são percebidos pelo grupo em que se manifestam, pouco importando o espaço existente para a autorregulamentação de seus efeitos[110].

Pontes de Miranda, de seu turno, nega a distinção dos atos jurídicos não negociais em função, propriamente, de sua eficácia *ex-voluntate* ou *ex-lege*, separando o que, de um lado, com base na doutrina alemã, chama de ato-fato (também atos externos ou reais), aqueles "humanos que produzem fato sem que seja preciso que o fato jurídico tenha sido querido", ou que entram no mundo jurídico por se ligarem, não à vontade, pois podem ou não ter sido queridos, mas à lei, que os toma como suporte fático de acordo com a descrição a que procede (a especificação ou a descoberta); de outro lado, chama de ato jurídico em sentido estrito aquelas manifestações que são um *posterius* de "comunicações de conhecimentos ou sentimentos", tal qual a interpelação, notificação e, ainda, a procuração, a caução de rato e a constituição de domicílio[111].

Já para Santos Cifuentes, os atos materiais e o que denomina atos semelhantes a negócios formam o gênero ato jurídico em sentido estrito, de toda maneira não negociais porque a intenção, mesmo que presente nos segundos, não é tomada pelo ordenamento como fator de atribuição dos respectivos efeitos jurídicos, ao que considerada apenas a voluntariedade da conduta[112].

Antes que, porém, a divergência dessas classificações, mais importa a consideração de que, a uma, o atual Código Civil, superando o tratamento unitário do fato jurídico voluntário que se estampava no Código anterior, e seguindo a linha do Código Civil português – que, nos arts. 217.º a 294.º e no art. 295.º, laborou semelhante separação –, distinguiu o negócio jurídico de outros atos não negociais aos quais, em segundo lugar, reservou o tratamento àquele dispensado apenas *no que coubesse* (art. 185), ressalvando-se, nessa senda, e na justa lembrança de Moreira Alves, afinal o autor do anteprojeto na

---

110 AZEVEDO, Antônio Junqueira de. *Negócio jurídico*: existência, validade e eficácia, 2007, p. 7-9.
111 PONTES DE MIRANDA, Francisco Cavalcanti. *Tratado de direito privado*, 1954, t. IV, p. 106-108.
112 SANTOS CIFUENTES. *Negocio jurídico*: estructura. Vícios. Nulidades, 1986, p. 117 e 120-121. No mesmo sentido, e acrescentando o ato ilícito à classificação: FLUME, Werner. *El negocio jurídico*, 1998, p. 139.

parte geral, precisamente as regras de capacidade[113], portanto não aplicáveis tal como se de negócio jurídico se cuidasse. O que, a bem dizer, conforma-se ao pressuposto, lembrado por Emilio Betti, de que a ordem jurídica pode dar maior ou menor relevância para a vontade conscientemente voltada à produção de um resultado jurídico ou pode valorizar, não o comportamento humano em si, mas a modificação objetiva que ele provoca em uma situação anterior[114].

Referida a doutrina italiana, por exemplo Massimo Bianca sustenta que, no campo dos atos jurídicos em sentido estrito, se deve admitir descabida a incidência das regras de capacidade, aceitando-se a prática ao menos daqueles que sejam favoráveis aos incapazes, como os que vão da ocupação até a constituição em mora ou interrupção da prescrição[115].

Ou, então, agora laborando remissão à doutrina alemã, importa ao item presente a própria ideia lá especialmente desenvolvida sobre os chamados *comportamentos sociais típicos* ou, se se preferir, os denominados *negócios de atuação*.

Já em 1956, tomando o exemplo de quem apanha o bonde mas se recusa a pagar a passagem ao término do percurso, sem antes ter-se apresentado ao cobrador, dizendo enfim não querer contratar, sustentava Karl Larenz o estabelecimento, no caso, não de um contrato, mesmo que haurido de uma aceitação tácita, mas um comportamento social típico, decorrente de atos de autonomia e que cria vínculo obrigacional porque encerra uma *resposta ou uma reação* a uma oferta e tem, por isso, o significado socialmente típico de uma fonte de obrigação. É uma consequência jurídica que o usuário não pode afastar de si se age tomando o transporte, assim recebendo de fato a prestação ofertada. Segundo o autor, "essa consequência provém da avaliação social do ato, que é a manifestação de uma convicção jurídica geral"[116].

Pois no que toca à capacidade para esses atos, ao pressuposto de que não encerram negócio jurídico, e remetendo a Haupt e Betti, salienta Larenz que o respectivo regramento não tem direta aplicação, ainda que não se deva olvidar a proteção do incapaz, todavia conforme a concreta condição que ostente, ou

---

113 MOREIRA ALVES, José Carlos Moreira. *A parte geral do projeto de Código Civil brasileiro*, cit., p. 102-103.
114 BETTI, Emilio. *Teoria generale del negozio giuridico*, 1994. p. 14.
115 BIANCA, Massimo. *Diritto civile,* 2002, v. 1: La norma giuridica. I soggetti, p. 240.
116 LARENZ, Karl. O estabelecimento de relações obrigacionais por meio de comportamento socialmente típico, 2006, p. 60.

não, de reconhecer o significado social típico de seu ato[117]. E vale, além do transporte, igualmente relembrar das aquisições em máquinas automáticas ou lojas de autoatendimento.

Portanto, ainda um campo próprio em que a disciplina da capacidade não atua de maneira indistinta, como se moldada de maneira asséptica, desconforme à realidade diversificada em que se situa a relação da vida sobre a qual irá incidir.

INTERVALOS LÚCIDOS

Ao contrário de representar mais uma concessão da própria lei ao rigor do sistema com que disciplinou as incapacidades, o item presente se volta ao exame de uma tendência construída, ou ao menos defendida por parte da doutrina, de mitigação da regra de invalidade dos atos praticados por quem submetido a curatela. Ou seja, não é uma flexibilização pela lei do regime das incapacidades, todavia antes uma flexibilização à lei preconizada pelo trabalho evolutivo da doutrina, ainda que não de modo unânime.

---

117 LARENZ, Karl. O estabelecimento de relações obrigacionais por meio de comportamento socialmente típico, cit., p. 61. Nas suas palavras, tomando o caso do transporte coletivo: "o reconhecimento de que não se trata de um negócio jurídico, mas ainda assim um ato no campo da autonomia privada, resolve várias dificuldades dogmáticas. Já que não há uma 'declaração de vontade' no comportamento social típico, 'vícios de vontade' não têm qualquer importância. Os dispositivos sobre 'capacidade de fato' não são imediatamente aplicáveis, mas a proteção do incapaz precisa ser também aqui observada. Haupt, com quem Betti concorda nesse ponto, entende que deveria ser 'em cada caso duvidoso, de acordo com as circunstâncias, se e em que medida devem ser consideradas relevantes as características pessoais dos envolvidos, especialmente a capacidade, atribuída pelo ordenamento jurídico, de estruturar suas próprias relações de modo vinculante'. No transporte por bonde, a resposta deve ser negativa, porque seria 'incompatível com o desenvolvimento hábil da circulação em massa determinar a capacidade de fato de cada um que subir no bonde'. No entanto, já que a capacidade de fato é irrelevante, é necessário que o agente tenha a capacidade de reconhecer o significado social típico do seu ato. Onde falte tal capacidade, o interesse no 'desenvolvimento hábil da circulação de bens' precisa ser colocado abaixo da necessidade de proteção do incapaz, que não pode ser responsabilizado de nenhuma forma pelos seus atos. Normalmente, uma criança pequena já sabe que precisa pagar algo para andar de bonde. No entanto, se a criança não tiver ainda tal conhecimento e viajar por brincadeira, sem pensar nas consequências, um cobrador razoável não exigirá o valor da passagem".

A respeito, tal como se anunciou no item Estado de incapacidade do Capítulo 2, o propósito é o de trazer a lume, como mais uma revelação do espaço reservado à modulação possível do regime das incapacidades, a histórica crítica e problematização que envolveu e envolve os atos praticados por alguém curatelado durante estados de lucidez, os chamados intervalos lúcidos ("*lucida intervalla*"). O objetivo é o de demonstrar posição erigida no sentido de defender a admissão da validade de atos praticados por quem, mesmo sujeito a curatela, então estivesse gozando de plena aptidão à expressão livre e consciente da vontade.

Bem verdade que a opção legislativa, conforme positivada, não parece ter sido essa, desde o Código Civil de 1916. Era, a bem dizer, nas Ordenações (Livro 4, Título 108, § 3º)[118], mas deixou de ser já no Esboço de Teixeira de Freitas (art. 79)[119]. Em prestígio à segurança jurídica[120], bem como pretextando afastar discussão que, antes de jurídica, se tomava do ponto de vista médico[121], o Código Bevilaqua não ressalvou a validade de atos praticados durante intervalos de lucidez, de resto na esteira do quanto originariamente levado ao texto do art. 489 do Código Civil francês (já alterado, como se viu no Capítulo 3), mas o que, segundo Sandrine Godelain, remonta mesmo a Demogue, impondo-se a plena eficácia da curatela ainda que diante da contingência de intervalos lúcidos[122].

Porém, a crítica ao próprio projeto do Código anterior já se fazia. Nina Rodrigues, a respeito, em primeiro lugar procurou distinguir o exato conceito de intervalo lúcido. Na sua classificação: (a) remissão ou remitência: simples

---

118 Ord., Tit. 108, parágrafo 3º: "E sendo furioso por intervallos e interposição de tempo, não deixará se pae ou sua mulher de ser seu curador no tempo em que assim parecer sizudo e tornado a seu entendimento. Porém, emquanto elle estiver em seu sizo e entendimento, poderá governar sua fazenda, como se fosse de perfeito sizo. E tanto que tornar á sandice, logo seu pae ou sua mulher usará da Curadoria e regerá e administrará a pessoa e fazenda delle como dantes". De lembrar ainda do Código Criminal do Império, que ressalvava, no art. 10, parágrafo 2º, para fins de punibilidade do agente, o ato praticado, mesmo por quem considerado "louco de todo gênero", mas em momentos de "lúcidos intervalos".
119 Esboço, art. 79: "Declarar-se-á como alienado os indivíduos de um ou outro sexo, que se acharem em estado habitual de mania, demência ou imbecilidade; ainda mesmo que tenham lúcidos intervallos, ou a mania pareça parcial".
120 Por todos: PONTES DE MIRANDA, Francisco Cavalcanti. *Tratado de direito privado*, cit., t. IV, p. 114.
121 Por todos: PEREIRA, Caio Mário da Silva. *Instituições de direito civil*, 2004. v. I: Introdução ao direito civil. Teoria geral de direito civil, p. 278-279.
122 GODELAIN, Sandrine. *La capacité dans les contrats*, 2007, p. 91.

atenuação dos sintomas da loucura; (b) intervalo lúcido propriamente dito: supressão completa, porém momentânea, dos sintomas da loucura ("momentos lúcidos"); (c) intermissão ou intermitência: volta completa ao estado de normalidade compreendida entre dois acessos de loucura[123]. O último é o denominado *falso intervalo lúcido*, como já o apontara, antes, na doutrina francesa, René Fusier, porquanto na intermissão entrevendo surtos passageiros de inteligência que, a rigor, integram o próprio sintoma da doença[124].

Pois, ainda para Nina Rodrigues, inadequado o tratamento rígido dispensado à questão dos intervalos lúcidos, tanto mais pela indevida distinção que se deu a legislação – então ainda um projeto – a fazer entre esses surtos afinal identificáveis em quem fosse ou não fosse interditado[125]. Mesmo Pontes de Miranda, que, como se viu, reconhecia a ausência de ressalva aos intervalos lúcidos no Código Civil de 1916, não se furtou a observar que a solução legal, nas suas palavras, era "até certo ponto radical" ao negar validade aos atos praticados pelo interdito, mas durante o intervalo de lucidez[126].

Sobrevindo a decisão de editar novo Código Civil, já ao projeto respectivo, que manteve a mesma inflexibilidade relativamente à questão dos intervalos lúcidos, diversa não foi a crítica que se lhe endereçou. Tais as palavras de João Batista Villela:

> [...] o Projeto não distinguiu, para fins de tratamento jurídico diferenciado, os chamados intervalos lúcidos dos enfermos mentais, os "*lucida intervalla*", que tanta controvérsia têm gerado ao longo da história do Direito Privado. Portanto, é de se concluir que o Projeto adotou a posição simplificadora de submeter os enfermos mentais com remissões intermitentes à curatela permanente. Essa orientação tornou-se modernamente malvista, sobretudo depois que a Alemanha eliminou por completo o instituto da curatela, a partir de 1º de janeiro de 1992, fazendo-o substituir pela orientação (*Betreuung*), uma reação muito menos radical à situação da pessoa incapaz de agir, e ao mesmo

---

123 RODRIGUES, Raimundo Nina. *O alienado no direito civil brasileiro*, 1939, p. 120-121.
124 FUSIER, René. *Les aliénés*: capacité juridique et liberté individuelle, 1886, p. 136.
125 RODRIGUES, Raimundo Nina. *O alienado no direito civil brasileiro*, cit., p. 119.
126 PONTES DE MIRANDA, Francisco Cavalcanti. *Tratado de direito privado*, 1954, t. I, p. 208.

tempo muito mais plástica e adaptável a acompanhar os seus movimentos e sem eliminar intervenções pessoais sempre que isso for possível[127].

Peremptória a asserção de Jan Schapp. Para ele, "um doente mental permanente tem capacidade mental durante os intervalos lúcidos (*lucida intervalla*), já que neles não fica excluído o livre-arbítrio"[128]. Já o defendia doutrina tedesca anterior[129].

Todavia, insista-se, na elaboração legislativa brasileira prevaleceu a ideia de se impor uma presunção absoluta de incapacidade a quem se veja sujeito a curatela, por isso que, nessa lógica, a rigor não estaria infirmada nem mesmo durante os intervalos lúcidos. Na síntese de Simone Eberle, tem-se nessa escolha atenção a um imperativo de segurança, pacificação e estabilização do tráfico negocial[130]. Ainda na jurisprudência se encontram precedentes resistindo à concessão de eficácia aos atos praticados em meio a intervalos de lucidez, por exemplo já se tendo assentado que inaproveitável a alegação de intervalos lúcidos, "sabido que a lucidez transitória não deixa de estar inserida em estado permanente de morbidez"[131].

De qualquer maneira, gravada, então, a orientação que, desde há muito, procura mitigar essa solução – mais uma demonstração de que a rigidez da disciplina jurídica das incapacidades guarda histórico espaço à flexibilização, e que aqui se refletirá nas sugestões lançadas no capítulo seguinte –, tem-se precisa a observação que já fazia Claire Geffroy, na década de setenta do século passado, de que o próprio regime interdicional, no seu todo, parecia muito pesado e precisava rejuvenescer, nas suas palavras, para se adequar à real incapacidade natural do indivíduo, de resto como se viu vem sendo a tendência da legislação, mesmo no direito francês, e tal qual, repita-se, se examinou no Capítulo 3.

---

127 VILLELA, João Baptista. *Capacidade civil e capacidade empresarial: poderes de exercício no Projeto*, p. 21-26.
128 SCHAPP, Jan. *Introdução ao direito civil*, 2006, p. 289.
129 Por todos: ENNECCERUS, Ludwig; KIPP, Theodor; WOLFF, Martin. *Tratado de derecho civil*, 1934, t. I.
130 EBERLE, Simone. *A capacidade entre o fato e o direito*, 2006, p. 145. No mesmo sentido: VIANA, Marco Aurélio S. *Curso de direito civil: parte geral*, 2004, p. 148.
131 1º TAC-SP, Ap. Cív. 919.264-1, 9ª Câm., rel. Juiz João Carlos Garcia, j. 07.10.2003. No mesmo sentido: TJRS, Ap. Cív. 70035750116, 17ª Câm., rel. Des. Liège Pires, j. 27.05.2010.

Capítulo **6**

Propostas para um ainda renovado regime jurídico das incapacidades

Desde o início se tem procurado formular uma análise crítica do regime jurídico das incapacidades; e desde o seu formato original no Código Civil de 1916 até como hoje se apresenta, inclusive depois da edição do Estatuto da Pessoa com Deficiência, igualmente referidos projetos de lei apresentados sobre a matéria. Após se definirem postulados conceituais correlatos no capítulo primeiro, no segundo tencionou-se explicitar o fundamento que historicamente animou o instituto da incapacidade, assim o de tutelar pessoas de algum modo privadas de condições a, pessoalmente, se envolver em relações jurídicas, mas ao mesmo tempo que se referiram novos valores caros ao sistema, no tratamento da matéria, como o do respeito à máxima potencialidade de expressão da vontade desses indivíduos, de sua autonomia e de sua funcionalidade, sem discriminação e favorecendo-se a sua inclusão.

Noticiaram-se, no capítulo terceiro, experiências mais recentes do direito estrangeiro, de sistemas próximos, que bem podem servir de parâmetro, em alguma medida, ao redesenho ainda reputado necessário para a disciplina do ordenamento brasileiro sobre o tema. Firmou-se então, no capítulo quarto, justamente o desenho desse regime no ordenamento civil pátrio, anterior e atual, e já de modo crítico, tanto quanto, no capítulo quinto, se examinou o que se chamou de válvulas de escape à rigidez das medidas de representação e assistência aos incapazes, de modo a demonstrar alguma maleabilidade que já se reconhecia, embora de modo mais limitado, à disciplina.

Em todas e cada qual dessas passagens problemas foram enfrentados, intepretações foram sugeridas e observações mesmo de ordem propositivas já se expressaram, assim quer em relação à própria compreensão de pessoa, da organização da disciplina de sua capacidade de fato no sistema positivo, confrontada com a de outros ordenamentos e com as mais recentes alterações da legislação brasileira, em especial o Estatuto da Pessoa com Deficiência, quer ainda em relação à interpretação renovada de previsões ou construções jurídicas pontuais que, elencadas, de algum modo flexibilizam o arranjo geral historicamente mais estanque da matéria no Código Civil.

Agora, o propósito deste último capítulo que se principia, no estágio em que se encontra o estudo, já conclusivo, é o de condensar essas considerações críticas de forma a sugerir uma ainda renovada moldura geral ao regime jurídico das incapacidades, mais afeiçoado ao propósito de respeitar a autonomia possível de quem de qualquer maneira necessite de mecanismo de apoio à manifestação de sua vontade.

Para tanto, antes serão assentados (ou reassentados) postulados básicos que suportam as sugestões gerais a fazer. São, em última análise, as bases que se reputam fundantes da reconstrução de um regime mais conformado ao objetivo de possibilitar às pessoas a máxima expressão de seu querer, do ponto de vista jurídico, atentando às suas particulares condições, de maneira a assegurar a afirmação de sua autonomia, com o apoio de que necessitem, mas simultaneamente sem as desproteger ou desconsiderar a confiança de quem com elas se relacione.

Tudo de modo a que afinal se procure alcançar ainda o que se supõe ser um aperfeiçoamento do sistema no trato das pessoas com qualquer maior vulnerabilidade no processo de expressão de sua vontade, atentando-se à sua particular condição, embora e ao mesmo tempo sem perda de previsibilidade de soluções que se pudessem fundamentar, única e exclusivamente, na análise tópica de cada caso.

Trata-se então da tentativa de encontrar um ponto de equilíbrio do sistema, que de um lado não abandone uma regra genérica[1], todavia reconfigurada, sobre a capacidade de fato, tomando por critério a ausência de plena aptidão à

---

[1] Remete-se aqui ao item Pessoa, sujeito de direito e personalidade jurídica do Capítulo 1, em sua ressalva final, e mesmo à referência de Stefano Rodotà, ali contida, sobre a necessidade, ainda, e para a própria categorização jurídica de pessoa, ao mesmo tempo de uma regra genérica e objetiva, abstrata, mas convivendo com disposições de caráter mais subjetivo, que sirvam à concretização da realidade do indivíduo concreto; é, na visão do autor, "uma artificialidade necessária e uma realidade incancelável" (RODOTÁ, Stefano. *Il diritto di avere diritti*, 2015, p. 165).

livre e consciente expressão da vontade, independentemente da causa e mediante dado objetivo a todos conhecível, tanto quanto, de outro, não se afaste da ideia de que sua incidência possa ocasionalmente variar em função do campo de atuação, do tipo de ato praticado e da especial condição daquela pessoa em particular. É, a um só tempo, a ordenação de uma previsão geral sobre a capacidade de fato, mas não já de modo sempre estanque, abrindo-se espaço, e não mais apenas a escapes pontuais, mas a disposições comuns de calibração das soluções genéricas aprioristicamente dispostas.

A DIGNIDADE E AUTONOMIA DO INCAPAZ

A tônica que se vem intentando imprimir ao desenvolvimento do estudo do regime das incapacidades está tanto na identificação de sua histórica vocação protetiva – ainda que não raro tomada como pretexto para movimento de real exclusão, como se viu já logo no Capítulo 2, como também no Capítulo 4 – quanto, ao mesmo tempo, na constatação de que, mesmo sob esse viés, não é possível que se acabe por tolher espaço devido de autonomia de quem se quer proteger, findando-se mesmo por se estabelecerem, de novo, mecanismos excludentes, quando não ainda discriminatórios, da pessoa. Da conformação da disciplina das incapacidades depende a garantia de que não se construa solução de desrespeito a uma autonomia que à pessoa se deve garantir como imperativo, afinal, da própria preservação de sua dignidade, desde que, a rigor, é uma sua direta expressão[2].

Mas a tanto, justamente, concorre um sistema demasiadamente rígido e inflexível, de indistinta privação ou restrição à expressão de sua própria vontade pelo incapaz, ainda categorizados a partir de hipóteses descritivas que tomem em conta não a sua condição de expressão da vontade, mas causas específicas, acaso aleatórias mesmo, que a afetam. Seja dado repetir o que já se acentuou no Capítulo 2, particularmente no item Fundamento do regime das

---

2   A respeito: NERY, Rosa Maria de Andrade; NERY JUNIOR, Nelson. *Introdução à ciência do direito privado*, 2019, p. 562. Para os autores, a autonomia da pessoa, no sentido de que da vontade, traduz "o exercício pleno da liberdade própria de sua dignidade de sua dignidade humana, que é a liberdade de agir, ou seja, a raiz ou a causa de efeitos jurídicos. Respeita, portanto, à relação entre vontade e declaração e é um desdobramento do princípio da dignidade da pessoa humana, porque destaca a liberdade de agir da pessoa, sujeito de direitos".

incapacidades: o regramento das incapacidades não se pode erigir de modo excessivamente fechado, com a pretensão de compreender e uniformizar a disciplina dos atos e negócios de diversa natureza e praticados por pessoas dotadas de diferente grau de compreensão e aptidão à expressão da própria vontade. O imperativo de segurança jurídica – e já não fosse a lembrança aqui da lição de Pontes acerca do princípio da preponderância do interesse do incapaz mesmo sobre as conveniências do tráfego negocial[3], ainda não se as abandonem, propriamente –, embora não se afaste, não pode ser fundamento bastante, por si, a que o ordenamento, no quanto concerne à matéria, seja de todo impermeável à diferenciação das mais diversas situações em que se envolva o incapaz.

Com efeito, antes que indistintamente restringir a atuação jurídica autônoma do indivíduo, mediante categorias descritivas fechadas, ainda ao intento de tutelá-lo, impende conceber espaços diferenciados a que ele se possa expressar livremente, posto que com o apoio adequado, pondo-se o que sejam eventuais limites na exata extensão do necessário, na justa medida em que o exija a sua condição pessoal, e organizados de modo a que se imponha critério não adstrito a deficiências, ou a condições pessoais descritas de modo casuístico, como se relevasse o motivo e não o resultado de comprometimento, total ou parcial, da aptidão à livre e consciente expressão do querer.

Forte na lição de Bruno Stancioli, bem adverte Simone Eberle que parâmetros históricos excessivamente arbitrários e estáticos de estabelecimento das incapacidades se divorciam de modo indevido do efetivo patamar de evolução de autodeterminação do indivíduo na ordem civil. Nas suas textuais palavras, esses marcadores clássicos "podem, no máximo, refletir toscamente aquele estágio evolutivo", importando porém atentar a uma autonomia que, por sua vez, se traduz em "uma noção essencialmente dinâmica, encontra-se em permanente edificação, não podendo ser atrelada a parâmetros tão inamovíveis quanto os legais"[4]. Por isso que, a seu ver – e ao que se acede –, o regime das incapacidades, posto recortado de acordo com a escolha do legislador, e ainda que se assuma deva também voltar-se a resguardar a segurança das relações jurídicas, não se há de compor em moldes tão indistintos, devendo-se reconhecer e preservar domínios em que a autonomia da pessoa seja respeitada, asse-

---

3   PONTES DE MIRANDA, Francisco Cavalcanti. *Tratado de direito privado*, cit., t. IV, p. 110.
4   EBERLE, Simone. *A capacidade entre o fato e o direito*, 2006, p. 153.

gurando-se a liberdade possível de suas escolhas, inclusive de sorte a expandir essa sua virtualidade[5].

Vem em idêntica esteira a ponderação de Sandrine Godelain, para quem a demarcação rígida dos confins entre a capacidade e a incapacidade é por demais artificial quando se aceita a ideia básica de que cada indivíduo goza de uma concreta e particular condição de se determinar, e em momentos distintos da prática dos atos e negócios de seu interesse, assim não se havendo de refutar o que a autora chama de uma *temperança* à disciplina, e que não considera incompatível com o imperativo de segurança jurídica a que também se funcionaliza o regime[6]. Ainda no seu dizer, a compreensão do ordenamento das incapacidades se deve assentar sobre os princípios fulcrais de promoção das liberdades individuais e, destarte, de estrita imposição de medidas que a restrinjam apenas na exata medida do que seja justificável e necessário para benefício do incapaz[7]. Antes, até, medidas que sirvam de apoio a que a pessoa se expresse juridicamente de modo o mais amplo possível, em função de suas pessoais condições.

Massimo Bianca, no direito italiano, ainda anteriormente à Lei n. 6, de 2004 (v. item O sistema italiano do Capítulo 3), da mesma forma já sustentava, de um lado, referindo-se ao menor de idade, que as regras de incapacidade representam uma redução de sua autonomia e, por isso, devem ser redimensionadas à luz da consideração de que, se é verdade que devem protegê-lo, não menos verdade que devem favorecer o seu desenvolvimento; mas, ainda quanto aos maiores sujeitos a medidas tutelares – hoje de apoio –, defendia um regime jurídico adequado às exigências também de sua dignidade, evitando-se exclusivas soluções apriorísticas e genéricas de perda de capacidade, firmando-se assim a noção de que o indivíduo deve poder participar da vida de relações na medida exata em que o permitam suas condições particulares de compreensão[8] – e de livre manifestação da vontade, acrescenta-se. O autor se socorria da ponderação de que um sistema demasiadamente rígido acaba retirando do incapaz vantagens legais e contratuais que o podem beneficiar, tudo já não fossem expressões de ordem existencial a se lhe assegurarem[9].

---

5   EBERLE, Simone. *A capacidade entre o fato e o direito*, cit., p. 190-191.
6   GODELAIN, Sandrine. *La capacité dans les contrats*, cit., p. 77-78.
7   GODELAIN, Sandrine. *La capacité dans les contrats*, cit., p. 230-232.
8   BIANCA, Massimo. *Diritto civile*, cit., p. 237 e 251.
9   BIANCA, Massimo. *Diritto civile*, cit., p. 252-253.

Na mesma esteira também já propugnava Pietro Perlingieri por uma heterogeneidade no tratamento e uma graduação da insuficiência do discernimento, inclusive na situação de menoridade. Ou seja, uma intervenção positiva e protetiva, mas qualitativamente diversificada, tudo diante dos diferentes níveis de compreensão e discernimento que os incapazes podem ter. No seu dizer,

> a falta de aptidão para entender não se configura sempre como absoluta, apresentando-se, no mais das vezes, por setores ou por esferas de interesses; de maneira que a incapacidade natural construída, de um ponto de vista jurídico, como uma noção permanente, geral e abstrata, se pode traduzir em uma ficção e, de qualquer modo, em uma noção que não corresponde à efetiva inidoneidade psíquica para realizar determinados atos e não outros, para orientar-se em alguns setores e não em outros. Dessa situação deriva, por um lado, a necessidade de recusar preconceitos jurídicos nos quais pretender armazenar a variedade do fenômeno do *déficit* psíquico; por outro, a oportunidade que o próprio legislador evite regulamentar a situação do deficiente de maneira abstrata e, portanto, rígida, propondo-se estabelecer taxativamente o que lhe é proibido e o que lhe é permitido fazer[10].

Igualmente lembrava o autor que a excessiva proteção pode acabar se traduzindo em uma real tirania, uma verdadeira morte civil da pessoa, por isso que se impondo reconhecer faculdades intelectivas e vontade, aferidas em concreto, para com isso garantir o exercício, no limite do quanto possível, das expressões da vida que encontram fundamento no estado pessoal do indivíduo[11]. Conclui que tal orientação favorece inclusive a igualdade substancial, material, entre as pessoas, respeitadas – de novo – as suas próprias condições, sua situação concreta[12].

Ainda no tocante à idade, na doutrina portuguesa Rosa Martins chega a propor o que sugere ser um real giro copernicano ou, nas suas textuais palavras, uma *quase revolução copernicana*, isto é, a inversão do princípio, da incapacidade para a capacidade de agir do menor, conforme um escalonamento de idade, até os sete anos – aqui na linha do BGB, como se viu no item O sistema

---

10 PERLINGIERI, Pietro. *Perfis do direito civil*: introdução ao direito civil constitucional, 1999, p. 163.
11 PERLINGIERI, Pietro. *Perfis do direito civil*, cit., p. 165.
12 PERLINGIERI, Pietro. *Perfis do direito civil*, cit., p. 166.

alemão do Capítulo 3 –, depois dos sete aos quatorze e, por fim, dos quatorze aos dezoito anos, bem como de acordo com o tipo de ato a ser praticado, existencial ou pessoal, de um lado, aos quais inclusive descaberia a representação, e patrimonial, de outro, ademais avaliado o que socialmente se considere ao alcance da capacidade de discernimento de um menor daquela idade, sempre ressalvados os atos de que lhe decorram apenas vantagens e imposta a anulabilidade, tão somente, para o caso de descumprimento das regras[13]. E isso já com a ressalva inicial de que,

> [...] com efeito, a fixação expressa pela lei de fases ou escalões de menoridade, por forma a acompanhar dentro do possível a evolução gradual das aptidões físicas, intelectuais, morais e emocionais do ser humano, não afectaria de forma clamorosa o valor da segurança jurídica e o valor da justiça, por sua vez, sairia mais confortado[14].

De toda sorte, para o regime das incapacidades em geral, Guido Alpa também de há muito já salientava ser preciso considerar novos fatores, como as múltiplas e diversificadas dificuldades das pessoas, a maior exposição ao risco, os diferentes níveis de formação, que afetam mesmo a sua identidade, para construção de um conceito de capacidade que melhor atenda à igualdade material e não desconsidere a redução das características distintivas cada vez maiores e mais complexas entre as pessoas na sociedade moderna[15].

Pois, conforme se viu no capítulo terceiro, boa parte das reformas legislativas recentes na Europa continental tendeu a seguir, no campo do ordenamento da incapacidade, esse movimento. Cabe recordar o apanhado genérico recolhido por Menezes Cordeiro, e que se cuidou de citar no item Síntese do capítulo do Capítulo 3, acerca do que ele chamou de *reformas modernas* de leis que seguem essa tendência de abandonar modelos excessivamente genéricos e de construí-los de modo mais harmonizado com o respeito às potencialidades particulares de quem se haja de proteger[16].

---

13 MARTINS, Rosa. *Menoridade, (in)capacidade e cuidado parental*, 2008, p. 109-152, em especial, p. 151-152.
14 MARTINS, Rosa. *Menoridade, (in)capacidade e cuidado parental*, cit., p. 32-33.
15 ALPA, Guido. *Status e capacità*: la costruzione giuridica delle differenze individuali, 1993, p. VI.
16 MENEZES CORDEIRO, António. *Tratado de direito civil português*, 2004, v. I, t. III, p. 413-414.

No Brasil, como desde o Capítulo 2 realçado, a doutrina se tem dado conta há muito da necessidade de um modelo renovado para a disciplina das incapacidades, proclamando um desenho mais maleável e permeável à consideração de espaços possíveis de maior autonomia ao incapaz. Insista-se, mais uma vez: o que não encerra um alerta recente. Não se olvide das críticas, mencionadas agora no item O Código Civil de 1916. Causas de incapacidade do Capítulo 4, que Nina Rodrigues, já em 1901, endereçava ao que então era ainda o projeto de Código de 1916, fundadas na recusa a um sistema caracterizado por raias rígidas de incapacidade. Nas palavras do autor:

> o absolutismo das disposições do Projecto sobre a incapacidade por insanidade mental nem se compadece com os rigorosos princípios da equidade jurídica, nem satisfaz aos "desiderata" da psychiatria moderna. É na instituição da interdição que mais sensível se torna esta falha. O erro fundamental de doutrina reside aqui na equiparação absoluta, para os effeitos de interdicção, de todos os estados mentaes que podem modificar a capacidade civil[17].

Acrescentava, ainda, crítica à equiparação de todo e qualquer negócio no universo colhido pela invalidade, não se ressalvando, por exemplo, atos de simples governo da própria pessoa ou dos objetos de seu uso pessoal[18].

Já sob a égide do atual Código Civil, e mesmo ainda antes da edição da Lei n. 13.146/2015, as ponderações nem cessaram e tampouco se colocaram em sentido diverso. Ana Carolina Brochado Teixeira observava ser

> necessária uma flexibilização das categorias jurídicas instituídas pelo regime das incapacidades, com o escopo de dar concretude aos espaços de autonomia que podem se efetivar através do discernimento e da maturidade do incapaz. Aprisionar a pessoa humana – sem considerar suas vicissitudes – em categorias estanques coloca dificuldades e empecilhos ao livre desenvolvimento da personalidade, tolhe sua personalidade, além de limitar sua potencialidade, o que contraria toda a principiologia constitucional, tornando-se prisão institucionalizada[19].

---

17   RODRIGUES, Raimundo Nina. *O alienado no direito civil brasileiro*, cit., p. 146.
18   RODRIGUES, Raimundo Nina. *O alienado no direito civil brasileiro*, cit., p. 148.
19   TEIXEIRA, Ana Carolina Brochado. Integridade psíquica e capacidade de exercício, 2008, p. 36.

Destarte, já uma posição de releitura do regime da incapacidade, de modo que não se marginalizasse e não se marginalize o indivíduo, antes se prestigiando qualquer grau de faculdade intelectiva e de expressão de vontade, assim permitindo à pessoa se desenvolver enquanto tal. De análogo teor a proposição de Luciano Campos de Albuquerque, para quem já se impunha um

> [...] engajamento do regime jurídico das incapacidades com o desenvolvimento real da pessoa humana; o abandono da ideia de que se protege um incapaz restringindo indiscriminadamente sua participação nos atos da vida civil, sem considerar seu específico grau de discernimento[20].

Bem verdade que, no Brasil, a superveniente edição do Estatuto da Pessoa com Deficiência representou importante avanço nesse sentido, invertendo-se a lógica da apriorística incapacitação e procurando-se estabelecer medidas de apoio à manifestação da pessoa com deficiência, na máxima consideração de sua funcionalidade, de maneira adequada à sua particular condição e sem descurar de sua vulnerabilidade e mesmo de sua ocasional impossibilidade de qualquer expressão de vontade. Mais, e isto posto que com questões suscitadas, e apreciadas, no item A superveniência da Lei n. 13.146/2015 – o Estatuto da Pessoa com Deficiência do Capítulo 4, atinentes à reorganização que o Estatuto da Pessoa com Deficiência determinou às regras gerais dos arts. 3º e 4º do Código Civil.

Mas, seja como for, mesmo assim identificável ainda um atual reclamo, ao que se considera, voltado à remodelação mais ampla do regime das incapacidades, alcançando todos quantos a ele se sujeitem, e no sentido de que se deve também ocupar da inserção estendida do incapaz no tráfego jurídico, afinal assim se privilegiando a máxima expansão de suas virtualidades. Na oportuna lembrança de Renan Lotufo, o regime de incapacidade há de desafiar meios legais e extralegais que busquem a inserção ou a reinserção da pessoa na sociedade[21]. E decerto que isso muito dificilmente se dará com o estabelecimento de parâmetros absolutos, genéricos e apriorísticos de vedação ou limitação à pessoal atuação jurídica do incapaz em geral, como se uma só fosse a sua in-

---

20   ALBUQUERQUE, Luciano Campos de. A capacidade da pessoa física no direito civil, 2004, p. 100.
21   LOTUFO, Renan. *Código Civil comentado*, 2003, v. 1, p. 18.

capacidade, graduada de modo binário, e como se fossem uniformes as situações jurídicas em que se envolvesse.

E tudo isso malgrado não se abandone, por completo, tal qual já na introdução do capítulo se salientou, uma previsão genérica de configuração da incapacidade de fato, total ou parcial, por critério etário e de verificação da aptidão à livre expressão da vontade, sempre conforme dado assentado em registro público e revelador do estado da pessoa. Não se trata, portanto, na busca de um rearranjo para o sistema das incapacidades, de correr de um polo a outro oposto, isto é, de reconstruir um modelo que seja exclusivo de verificação tópica, então sempre *a posteriori*, da vulnerabilidade particular de quem, consoante advertido antes, em especial no item Reflexão crítica sobre a capacidade da pessoa com deficiência e alguns de seus efeitos: domicílio, invalidade e prescrição do Capítulo 4, não se deve afinal simplesmente desproteger. A rigor, um sistema apenas fundado em soluções de casos concretos, desprendidas de qualquer previsão apriorística sobre a sua hipótese geral de incidência, além do mais representaria, aí sim, custo desproporcional à segurança e estabilidade das relações jurídicas.

Por isso a necessidade de um ponto de equilíbrio, tal qual já se acentuou e que, conforme defendem Ana Luiza Maia Nevares e Anderson Schreiber, envolve, de um lado,

> [...] a rejeição a esquemas abstratos e formais que, calcados em um sujeito de direito unitário, simplesmente ignoram os dados da realidade. De outro lado, é evidente que normas jurídicas exigem algum grau de abstração, como condição da segurança e da previsibilidade que oferecem às relações sociais, não se podendo cogitar de uma solução que remeta à definição de regras aplicáveis no momento do futuro conflito – solução que, por definição, afrontaria as garantias constitucionais de isonomia e legalidade[22].

Na visão dos autores, é

> [...] preciso identificar, à luz dos valores fundamentais de cada ordem jurídica, a medida adequada de proteção das vulnerabilidades concretas, que seja, a um só tempo, capaz de escapar à abstração e generalidade de uma proteção

---

22 NEVARES, Ana Luiza Maia; SCHREIBER, Anderson. Do sujeito à pessoa: uma análise da incapacidade civil, 2016, p. 40-41.

jurídica que carece de efetividade, sem recair em um casuísmo anárquico, guiado exclusivamente pela percepção pessoal que cada magistrado possa deter acerca da solução "mais justa" no caso concreto[23].

Conforme, ainda uma vez, já se adiantou na abertura do capítulo, fórmula de organização da disciplina que se supõe equilibre o propósito – maior – de incluir o incapaz, de prestigiar sua máxima autonomia e determinação, embora sem desprotegê-lo, sem discriminá-lo e, ao mesmo tempo, assegurando a confiança de quem com ele se relacione juridicamente, portanto preservando a segurança e estabilidade desses vínculos jurídicos formados – e ainda que de modo a que não se os evitem ou desestimulem –, é manter, mas reorganizada, a previsão geral das incapacidades, no entanto em conjunto com o estabelecimento, mais do que escapes pontuais, se bem que igualmente preservados, e reinterpretados, como se fez no Capítulo 5, porém ainda do que se pode dizer sejam reais cláusulas genéricas de abertura, isto é, previsões que ressalvam e calibram a incidência das soluções derivadas daquele esquema apriorístico de categorização mais ampla.

E assim o propósito do item seguinte.

A RELEVÂNCIA DAS SITUAÇÕES EXISTENCIAIS EM QUE ENVOLVIDO O INCAPAZ, DO BENEFÍCIO QUE SE LHE DEVE PRESERVAR E DO ESPAÇO DE LIBERDADE PARA GESTÃO DA SUA VIDA COTIDIANA

Aqui se colocam, destarte na linha do quanto desenvolvido no item anterior, dados de modulação relevantes a considerar quando se repensa o regime jurídico das incapacidades. E que, a rigor, se vêm referindo desde o início, inclusive já na fundamentação do regime (item Fundamento do regime das incapacidades do Capítulo 2), tanto quanto na análise de sistemas do direito estrangeiro (Capítulo 3).

Trata-se, em primeiro lugar, de diferenciar os mais variados campos da atuação jurídica da pessoa, em que se dá a incidência do regramento das incapacidades. Ou, mais particularmente, trata-se de distinguir a prática de atos ou manifestações de vontade que, antes de mais nada, digam com a própria

---

23 NEVARES, Ana Luiza Maia; SCHREIBER, Anderson. Do sujeito à pessoa, cit., p. 40-41.

essência das virtualidades humanas, que sejam afetas às escolhas pessoais do indivíduo. São as situações existenciais em que ele se envolve.

Ademais do quanto já se acentuou antes (remeta-se ainda aqui ao item Fundamento do regime das incapacidades do Capítulo 2), na lição de Rosa Martins as situações existenciais são aquelas em que se manifestam direitos personalíssimos, não patrimoniais, estritamente ligados à pessoa do titular, por isso que intransmissíveis. Esses direitos são por ela reputados existenciais porque essenciais à própria qualidade de ser pessoa, assim sem os quais "a pessoa, pelo simples facto de o ser, não pode ser concebida, no estado actual da nossa civilização"[24]. Exemplifica com a liberdade de decisão para o casamento, reconhecimento de paternidade, escolha da religião e exercício do culto[25].

No mesmo sentido, Sandrine Godelain lembra dos atos atinentes à própria integridade física, à própria orientação sexual e até à adoção de métodos contraceptivos como um elenco de situações existenciais em que se deve garantir, na extensão de seu discernimento e compreensão, um espaço especial de autonomia ao incapaz[26].

Na doutrina italiana, Massimo Bianca já defendia, igualmente, uma particular e modulável capacidade para o exercício de direitos que chamou de fundamentais, de liberdade, de solidariedade, enfim, garantindo-se ao indivíduo a direta participação na vida de relações[27]. Pietro Perlingieri, na mesma senda, salienta que qualquer renovado regime das incapacidades não pode tratar do mesmo modo, não pode confundir a idoneidade para exercer atividades patrimoniais com o que considera sejam escolhas existenciais significativas, como o casamento, o reconhecimento de filho, a manifestação do pensamento e o direito à saúde[28]. São, a seu ver, faculdades existenciais que, de um lado, prescindem de algumas formas de inteligência costumeiramente exigida para os atos negociais e, de outro, representam a própria afirmação da pessoa humana enquanto tal, portanto a que um sistema não flexibilizado significa, nas suas palavras, uma camisa de força desproporcional e contrastante com o pleno desenvolvimento do ser humano[29].

---

24 MARTINS, Rosa. *Menoridade, (in)capacidade e cuidado parental*, cit., p. 157, nota 126.
25 MARTINS, Rosa. *Menoridade, (in)capacidade e cuidado parental*, cit., p. 104, nota 226.
26 GODELAIN, Sandrine. *La capacité dans les contrats*, cit., p. 222-223.
27 BIANCA, Massimo. *Diritto civile*, cit., p. 259.
28 PERLINGIERI, Pietro. *Perfis do direito civil*, cit., p. 164.
29 PERLINGIERI, Pietro. *Perfis do direito civil*, cit., p. 164.

No Brasil, a preocupação com um ordenamento das incapacidades que preserve escolhas pessoais do indivíduo também é assente. Rafael Garcia Rodrigues traz à colação, como situações que considera de cunho existencial, os atos de disposição do próprio corpo e de deliberação sobre métodos educacionais, acrescentando que privar a pessoa de autonomia, neste campo, mesmo a pretexto de protegê-la, é mesmo suprimir a sua subjetividade, na exata medida em que se lhe suprimem decisões sobre o desenvolvimento da própria personalidade[30].

Seguindo a mesma trilha, Ana Carolina Brochado Teixeira preconiza a especial valorização das situações existenciais para ordenar o sistema das incapacidades, exemplificando – e recorrendo a Sílvia Carbonera – com as intervenções médico-cirúrgicas e as pesquisas biomédicas, campos atuais em que a autonomia do indivíduo se há de assegurar, tal qual de resto em tudo quanto diga com escolhas fundamentais do ser humano, como imperativo de garantia do livre desenvolvimento da pessoa, no seu dizer sem que aprisionada em categorias estanques previamente estabelecidas[31]. E assim se erigiu o Enunciado n. 138 pelo Centro de Estudos Jurídicos do Conselho da Justiça Federal, na III Jornada de Direito Civil, prevendo que "a vontade dos absolutamente incapazes, na hipótese do art. 3º, I, é juridicamente relevante na concretização de situações existenciais a eles concernentes, desde que demonstrem discernimento bastante para tanto".

Do mesmo modo, editado o Estatuto da Pessoa com Deficiência, consoante examinado no item A superveniência da Lei n. 13.146/2015 – o Estatuto da Pessoa com Deficiência do Capítulo 4, ressaltou-se no art. 6º a capacidade em geral e, note-se, em especial para a pessoa se casar e constituir união estável, exercer direitos sexuais, reprodutivos, ao planejamento familiar, à convivência familiar e comunitária, bem como à guarda, tutela, curatela e adoção, tanto quanto, agora no art. 85, se limitou a sua curatela aos atos de natureza patrimonial e negocial (com as ressalvas igualmente já antes efetuados, no item Reflexão crítica sobre a capacidade da pessoa com deficiência e alguns de seus efeitos: domicílio, invalidade e prescrição do Capítulo 4).

Nessa mesma linha, Joyceane Bezerra de Menezes e Renata Vilela Multedo salientam que afirmar a titularidade de direitos existenciais "implica a

---

30   RODRIGUES, Rafael Garcia. A pessoa e o ser humano no Código Civil, 2007, p. 25-26.
31   TEIXEIRA, Ana Carolina Brochado. Integridade psíquica e capacidade de exercício, cit., p. 11 e 36.

possibilidade de seu exercício pelo próprio titular", balizando-se a regularidade dessa atuação pelo discernimento que se reconheça à pessoa[32]; e, particularmente com relação à prática de atos de disposição sobre o próprio corpo, exemplificando com as cirurgias plásticas estéticas, doação de órgãos ou tecidos em vida, redesignação sexual e hormonoterapia, bem como ainda tatuagens, ressalvam, remetendo a Thais Sêco, a verificação também da reversibilidade ou não e do caráter adiável ou não da intervenção, assim para concluir sobre a possibilidade de pessoal deliberação, especificamente, pelo adolescente[33]. A rigor, algo que vai bem no sentido de análoga previsão do art. 26 do Código Civil argentino, tal qual examinado no item O sistema argentino do Capítulo 3, e que determina sejam ponderados, para tratamentos decididos pelo adolescente, entre treze e dezesseis anos, se não são invasivos, nem comprometem seu estado de saúde ou provocam risco grave à vida ou integridade física.

Com efeito, crê-se, regrar as incapacidades de alguma maneira a garantir, na exata medida do grau de compreensão de cada indivíduo, escolhas existenciais é não só e acima de tudo prestigiar dado valorativo básico do sistema como, também, dissociar a disciplina de um enfoque excessivamente patrimonialista, como historicamente ordenada a matéria. É forte componente de fomento mesmo ao desenvolvimento de todas as possíveis virtualidades e potencialidades do ser humano, sem que dele se retire a possibilidade de exercitar a liberdade fundamental de guiar sua própria existência, sempre na exata extensão de suas faculdades intelectivas e volitivas.

Em segundo lugar, e aqui mesmo que do ponto de vista das situações econômico-patrimoniais, igualmente não se entende que o regime de incapacidades deva permanecer infenso a uma necessária calibragem conforme o tipo de ato ou negócio a praticar. De novo, portanto, uma flexibilização das regras de disciplina protetiva do indivíduo, e exatamente para que, além de protegê-lo, não se acabe prejudicando quem se quer proteger, antes assegurando espaço para que manifeste de modo mais amplo a sua autonomia.

---

32   MENEZES, Joyceane Bezerra de; MULTEDO, Renata Vilela. A autonomia ético-existencial do adolescente nas decisões sobre o próprio corpo e a heteronomia dos pais e do Estado no Brasil, 2016, p. 327-328.
33   MENEZES, Joyceane Bezerra de; MULTEDO, Renata Vilela. A autonomia ético-existencial do adolescente nas decisões sobre o próprio corpo e a heteronomia dos pais e do Estado no Brasil, cit., p. 328.

Pense-se, a propósito, nos pequenos negócios, nos chamados atos da vida corrente do incapaz, referência tão comum na legislação estrangeira, como se viu no capítulo terceiro, a que ora se remete. Mesmo no Brasil, a despeito da omissão legislativa, era o que, já na década de cinquenta do século passado, Bulhões Carvalho chamava de *contratos claudicantes*, pequenos contratos cuja efetivação sustentava que se deveria garantir ao incapaz, ao menos evitando-se que a esses negócios se reconhecesse uma invalidade automática[34]. Na mesma linha, e ainda antes até, Nina Rodrigues também defendia a inconveniência de se equipararem, para fins de incidência das regras de incapacidade, todos os atos negociais praticáveis pelos incapazes, na sua visão havendo de se diferenciar atos que dizia serem de simples governo da própria pessoa e dos objetos de seu uso pessoal[35].

Mas especialmente releva considerar que, na justa advertência de Claire Geffroy, a possibilidade de prática de atos por ela chamados usuais ao incapaz significa assegurar certa liberdade que a vida cotidiana exige[36]. Mais uma vez, como já se viu no Capítulo 3, em análise dos sistemas que o contemplam (por exemplo, em relação ao menor de idade, o francês, o português e o argentino). Cuida-se, antes de mais nada, e mesmo que no campo de atos que são patrimoniais, ainda aí de garantir uma autonomia básica que serve a permitir ao indivíduo incapaz o governo de sua própria existência, na medida em que o permitam suas pessoais condições.

Bem verdade que, a despeito das definições que se vêm de colacionar, nem sempre se apresentam tão claros os exatos critérios de definição do que sejam atos da vida corrente ou atos da vida cotidiana do incapaz. Não raro o recurso é à gravidade do ato, mas tomado do ponto de vista jurídico, assim se distinguindo, por exemplo, os atos conservatórios e de administração, de um lado, e os de gravação ou alienação, de outro. Todavia, a gravidade se pode discutir, ainda, do ponto de vista econômico, quando então se diferenciam, por exemplo, pequenas ou grandes alienações[37].

---

34   BULHÕES CARVALHO, Francisco Pereira de. *Incapacidade civil e restrição de direito*, cit., t. II, p. 875-876.
35   RODRIGUES, Raimundo Nina. *O alienado no direito civil brasileiro*, cit., p. 148.
36   GEFFROY, Claire. *La condition civile du malade mental e de l'inadapté*, 1974, p. 185.
37   A respeito: GODELAIN, Sandrine. *La capacité dans les contrats*, cit., p. 217-219; RAMOS, Rafael. *Capacidad de los menores para contratar y obligarse*, 1907, p. 369; BOGGIO, Giuseppe. *Persone fisiche incapaci agli atti civili e di commercio*, 1888, v. I, p. 341. Lembre-se ainda da referência do art. 684 do Código Civil argentino, que se faz a negócios de "escassa quantia".

De toda sorte, quer parecer que a abertura e a vagueza da expressão se conformem justamente à necessidade de criar espaço a que, por uma cláusula de abertura, consoante ao fim do item anterior mencionado, no caso concreto se afira a exata e particular condição do incapaz à prática do que, a rigor, é um ato de decisão, de integração e de participação em uma sociedade que é fundamentalmente de consumo. Dito de outro modo, os atos da vida corrente devem mesmo encerrar um conceito essencialmente variável em função da situação concreta a analisar, sempre atentando ao pressuposto de resguardo ao incapaz, assim, inclusive, de verificação sobre se a situação patrimonial mais simples em que se envolve quando pratica ato necessário e usual de governo de sua vida diária não lhe traz considerável risco, pessoal ou econômico[38].

Por fim, ainda no campo dos negócios jurídicos de índole econômico-patrimonial, há, segundo entende, outra referência a fazer e que se deve traduzir em mais uma modulação ou flexibilização na incidência do ordenamento das incapacidades. Tal como se dá no direito alemão por regra positiva expressa, consoante se examinou no capítulo terceiro, e como mesmo no direito brasileiro se pretendeu animar a regra do art. 543 do Código Civil (v. item Doação a incapaz. O benefício a ele proporcionado do Capítulo 5, a respeito), insta de algum modo ressalvar, genericamente, os atos praticados pelo incapaz que apenas lhe tragam benefício. Afinal, não faz sentido, posto que sob o pálio da segurança jurídica, privar o incapaz de um benefício que sua pessoal conduta lhe pode propiciar, a pretexto de que ele deve ser protegido. Não se o protege se se invalida ato que o beneficia.

Não só na Alemanha, mas também na Itália, e de há muito, Pietro Rescigno, mencionando projeto de reforma legislativa, note-se, já de 1931, defendia que os atos praticados pelo incapaz, mesmo interdito, pudessem ser aproveitados desde que não lhe trouxessem prejuízo ou, antes, que lhe carreassem real benefício, deferindo-se ao juiz, então, certa discricionariedade nessa avaliação e da consequente resultante anulatória que se estivesse a discutir[39]. Igualmente a ponderação de Massimo Bianca no sentido de excluir da consequência anulatória para a prática de ato que propicie vantagem ao incapaz[40].

Recorrendo ao que Tercio Sampaio Ferraz Jr. chama – e que se vem referindo – de *regras de calibração*, bem assim à sua função de, no sistema, rom-

---

38 SCHAPP, Jan. *Introdução ao direito civil*, cit., p. 290-291.
39 RESCIGNO, Pietro. *Incapacità naturale e adempimento*, 1950, p. 72-75.
40 BIANCA, Massimo. *Diritto civile*, cit., p. 251.

pendo seu funcionamento normal, evitar disfunções, incoerência e desequilíbrio[41], Torquato Castro Jr. lembra que tal se pode dar, justamente, com o reconhecimento de excepcionais efeitos ao que é inválido, mesmo que nulo[42]. Nesse exato sentido se põe, então, a defesa – e a faz, por exemplo, Hamid Charaf Bdine Júnior[43] – da relativização da consequência anulatória dos negócios praticados pelos incapazes sempre que deles lhes advenha um benefício que, destarte, haja de ser preservado em seu favor. É, de algum modo, dar vazão ao aforismo comum do *pas de nullité sans grief*[44]. Daí a observação de Antônio Junqueira de Azevedo: "[S]endo as incapacidades de fato instituídas para proteção aos incapazes, nem todos os atos por esses praticados deveriam ser anulados, e sim, somente os que lhes fossem *prejudiciais*"[45].

Tem-se, a rigor, uma calibração da própria disciplina das invalidades atentando, no caso dos incapazes, ao princípio que historicamente a inspira, de proteção e, portanto, ao revés, não de prejuízo a quem se quer proteger, nunca sendo demais lembrar a ressalva já antes feita de que a operacionalização

---

41   FERRAZ JR., Tercio Sampaio. *Introdução ao estudo do direito*, 2003, p. 191-192. Para o autor, que toma a expressão da cibernética e em sua função genérica de regulagem ou ajustamento de um sistema, as regras de calibração atuam para regular as relações de validade que as normas que compõem o ordenamento guardam entre si, de modo a garantir que continue funcionando sem desintegrar-se, embora mudando o seu padrão. Nas suas palavras: "nossa hipótese é de que os ordenamentos ou sistemas normativos jurídicos são constituídos primariamente por normas (repertório do sistema) que guardam entre si relações de validade reguladas por regras de calibração (estrutura do sistema)" (p. 192).
42   CASTRO JR., Torquato. *A pragmática das nulidades e a teoria do ato jurídico inexistente*, 2009, p. 140-142.
43   BDINE JÚNIOR, Hamid Charaf. *Efeitos do negócio jurídico nulo*, 2010, p. 195-196.
44   Tem-se, no campo do processo civil, um exemplo pragmático de ressalva à incidência de regra de nulidade justamente para preservar benefício que ao incapaz se reconheça. É o caso da ausência de intervenção do Ministério Público em demandas nas quais seja parte o incapaz que, porém, ao final se sai vencedor, experimentando então, antes que um prejuízo, um benefício decorrente de tramitação mesmo que irregular, a despeito de que nula. De toda sorte, por isso já se relativizava a aplicação da disposição nulificante do art. 246 do Código de Processo Civil anterior. A esse respeito, de conferir: STJ, ED no REsp 26.898-2, 3ª T., rel. Min. Dias Trindade, j. 10.11.1992; AgRg no AI 423.153, 4ª T., rel. Min. Aldir Passarinho Jr., j. 06.08.2002; REsp 91.502-PE, 5ª T., rel. Min. Gilson Dipp, *DJU* 11.10.1999; Ag. no REsp 915.539-RJ, 6ª T., rel. Min. Maria Thereza de Assis Moura, j. 11.09.2007. Sobrevindo o atual Código de Processo Civil de 2015, a situação ficou ainda mais clara, e pela regra expressa do § 2º do art. 279, segundo o qual "[A] nulidade só pode ser decretada após a intimação do Ministério Público, que se manifestará sobre a existência ou a inexistência de prejuízo".
45   AZEVEDO, Antônio Junqueira de. *Negócio jurídico e declaração negocial*: noções gerais e formação da declaração negocial, 1986, p. 150.

das normas jurídicas contidas no sistema deve evitar incoerências internas, deve preservar resultado que assegure a unidade do ordenamento[46]. Mais, alcança-se objetivo hoje também caro ao sistema das incapacidades que é o de assegurar a máxima autonomia ao incapaz, na medida de suas possibilidades.

UM SISTEMA MAIS FLEXÍVEL E PERMEÁVEL À MODULAÇÃO NAS SOLUÇÕES QUE APRESENTA

A ideia no item presente é a de demonstrar que a construção de um sistema de incapacidades moldado em bases que comportam o que se chamou de cláusulas de abertura, portanto que o tornam mais flexível e conformado a soluções moduladas da incidência do regime geral, não repugna à ciência do direito, reforçando ainda que nem malfere, em extensão inadmissível, imperativo de segurança jurídica. Dito de outro modo, quer-se é fazer ver que, ademais das aberturas pontuais que, erigidas nessa direção, o sistema já concebe, tal como se viu no Capítulo 5, a alternativa de ir mais adiante e construir o próprio regime jurídico geral das incapacidades já em si com maior grau de abertura e flexibilidade não significa quebra sistemática ou, ainda, trilhar rumo do indevido subjetivismo.

É bem verdade que, como observa Menezes Cordeiro, tem sido imposto, mais amplamente, desafio à ciência jurídica que é o de evitar o que o autor chama de um *irrealismo metodológico*, marcado por um metadiscurso, desde que não recursivo a bases que levem a uma decisão científica[47]. A ponderação é especialmente relevante em tempos ditos pós-modernos, marcados pela hipercomplexidade. Todavia em que, por isso mesmo, se abrem espaços a soluções mais setorizadas, mais individualizadas. Se é verdade que, na denominada pós-modernidade, fragmentam-se e prodigalizam-se relações cada vez mais diferenciadas, particularizadas, especializadas, fruto das novas formas de poder, de risco, de comunicação, da evolução tecnológica e da reorganização dos modelos econômicos, por isso mesmo no campo do direito se erige sistema

---

46 Cf. MAXIMILIANO, Carlos. *Hermenêutica e aplicação do direito*, 1997, p. 134; ENGISCH, Karl. *Introdução ao pensamento sistemático*, 1996, p. 123.
47 MENEZES CORDEIRO, António. Os dilemas da ciência do direito no final do século XX. Introdução à edição portuguesa de *Pensamento sistemático e conceito de sistema na ciência do direito*, 1996, p. XLV, LXIII e LXX.

menos generalizante, mais sensível ao pluralismo de uma sociedade hipercomplexa e à diversidade dos vínculos nela forjados. Para António Manuel Hespanha, o pós-modernismo, no campo do direito, naturalmente corresponde à superação de sistemas exclusivamente abstratos e universais de normatização, mercê da necessidade de alternativas tópicas e de um discurso jurídico mais pluralista[48].

Não é diferente, no Brasil, a observação de Francisco Amaral. Para o autor, na sociedade pós-moderna, pluralista, complexa, marcada pela revolução da técnica, pela mundialização da economia, pela massificação dos meios de comunicação, vive-se uma época que, no seu dizer, "já não é própria para a sistematização e as grandes sínteses, mas sim para a análise crítica e a desconstrução dos sistemas vigentes, sob a égide dos princípios jurídicos que dão maior eficácia, garantia e legitimidade à matéria privada"[49]. Ou, ainda como salienta, o direito pós-moderno, em si, há de envolver "a possibilidade e o reconhecimento da individualização- e concretude das normas jurídicas que levam em consideração os aspectos particulares dos casos concretos"[50]. É a própria alteração do paradigma jurídico que, segundo Antônio Junqueira de Azevedo, na pós-modernidade passa a ter como eixo básico a "centralidade do caso"[51], por isso mesmo a impor respostas particularizadas.

A bem dizer, amplia-se a racionalidade no sistema. O pensamento jurídico se passa a dar não mais apenas por síntese, mas por uma análise problematizada[52]; passa a ser pragmático – de novo se socorra da lição de Francisco Amaral –, ditado pela razão prática[53]. É a exata oposição lembrada por Gustavo Zagrebelsky entre a racionalidade formal (a *epísteme*, em termos aristotélicos; a *razão especulativa*, em termos escolásticos) e a racionalidade material (a *phronesis* ou a *razão prática*), orientada a conteúdos axiológicos, portanto, nas suas palavras, em que os critérios respectivos deixam de ser presididos por escolhas entre o verdadeiro e o falso, o tudo ou o nada – observação especial-

---

48   HESPANHA, António Manuel. *Panorama histórico da cultura jurídica europeia*, 1998, p. 249-259. No mesmo sentido, ver, ainda: MACEDO, Ronaldo Porto. A globalização e o direito do consumidor, 2000, p. 46-50.
49   AMARAL, Francisco. O direito civil na pós-modernidade, 2003, p. 63-65.
50   AMARAL, Francisco. O direito civil na pós-modernidade, cit., p. 74.
51   AZEVEDO, Antônio Junqueira de. O direito pós-moderno e a codificação, 2004, p. 55-66.
52   LOSANO, Mario. Prefácio à edição brasileira. *In*: BOBBIO, Norberto. *Da estrutura à função*: novos estudos de teoria do direito, 2007, p. XXVIII.
53   AMARAL, Francisco. Racionalidade e sistema no direito civil brasileiro, 1993, p. 49.

mente importante à remodelagem do regime jurídico das incapacidades –, e passam a ser ditados por uma progressão quantitativa que vai do menos ao mais apropriado, ao mais adequado do ponto de vista valorativo[54].

Cabe, contudo, mesmo assim a ressalva: tem-se e trata-se ainda de um sistema, ainda então de um corpo ordenado e unitário, com intrínsecas conexões, como é da sua essência[55], posto que marcado por uma adequação valorativa[56], em que se impõem alternativas menos universais ou generalizantes e mais setorizadas, dotadas de maior concretude.

Retrato dessa realidade, na matéria de que se vem tratando, é a recente edição de normatizações específicas cuidando da particular situação de pessoas de qualquer modo vulneráveis, mas considerada a concreta característica do grupo tomado e disciplinadas suas particulares relações nas mais diversas áreas que o afetam. São por isso reputados *estatutos*, assim sobre os direitos da criança e do adolescente (Lei n. 8.069/90), do jovem (Lei n. 12.852/2013), da pessoa com deficiência (Lei n. 13.146/2015) e da pessoa idosa (Lei n. 10.741/2010).

Sobre a perda de segurança que se pode objetar, de um lado cabem já as ressalvas que se fizeram na abertura deste capítulo e especialmente no seu item A dignidade e autonomia do incapaz. E insiste-se a propósito em que, de qualquer maneira, se preserva, na proposta que se faz, uma regra genérica e de apriorística indicação de pessoas que, por dado público assentado, necessitam de apoio à declaração de sua vontade. Depois, e mesmo abstraída a ressalva do que, para Mario Losano, é mesmo uma aporia, ou seja, a clássica oposição do positivismo jurídico como exigência de austeridade científica e o jusnaturalismo como de liberdade moral[57], considera-se que afinal a certeza e segurança jurídicas, evidentemente postulados referenciais do sistema jurídico, não se concebem como sua finalidade exclusiva, última ou primordial[58], e mormente quando se cuida de ordenar e acaso restringir a expansão máxima possível da

---

54   ZAGREBELSKY, Gustavo. *El derecho dúctil*, 2003, p. 123.
55   LARENZ, Karl. *Metodologia da ciência do direito*, 1997, p. 234.
56   CANARIS, Claus-Wilhelm. *Pensamento sistemático e conceito de sistema na ciência do direito*, 1996, p. 10 e 66-102.
57   LOSANO, Mario. Prefácio à edição brasileira, cit., p. XXXIV.
58   Por todos, e inclusive reconhecendo mais um papel funcional da segurança jurídica, predisposto à atuação máxima da igualdade e solidariedade social: FLÓREZ-VALDÉS, Joaquin Arce y. *Los principios generales del derecho y su formulación constitucional*, 1990, p. 101; RECASÉNS SICHES, Luis. *Unicidad en el método de interpretación del derecho*, 1960 (Col. Estudios Jurídico-sociales, v. 1), p. 239.

atuação jurídica pessoal do indivíduo[59]. E, mesmo que assim se as admitisse, de toda sorte não se considera possam certeza e segurança jurídica se alcançar sempre de modo pleno, como se não houvesse qualquer mediação entre a norma e sua incidência concreta[60]. Por isso, não se vê exata ou primariamente na forma de elaboração legislativa a chave para a certeza e segurança jurídicas, como se fossem assim dadas *a priori*. Na verdade, e a rigor, a segurança e a certeza, crê-se, estão mais na previsibilidade das soluções jurídicas para as questões diárias surgidas na vida cotidiana[61]. Ocorre, todavia, que essa previsibilidade, antes da lei descritiva própria de um sistema mais rígido, deriva da imposição constitucional de fundamentação das decisões sobre a incidência da norma e da possibilidade de sua revisão[62]. Como salienta Antônio Junqueira de Azevedo, forte na lição de Larenz, "a exigência de motivação nas decisões assegura que a ponderação de interesses em jogo foi feita e representa uma garantia de objetividade, evitando o puro subjetivismo"[63].

Mas, seja como for, não se entrevê incompatibilidade, com a segurança e certeza jurídicas, em modelo, para o regime das incapacidades, mais flexível, porém ao mesmo tempo tomado, tal como proposto, a partir de uma categorização geral – ela própria reorganizada e mais estratificada – que, em conjunto, afeta soluções moduladas por cláusulas de abertura previamente estabelecidas. Tal o que não se reputa confundível com quadro de subjetivismo, de incerteza jurídica, antes se pretendendo se desincumba de alcançar um ponto de equilíbrio entre a preservação e a máxima inclusão do incapaz em meio às

---

[59] De lembrar aqui da referência de Pontes ao que considera ser princípio da preponderância do interesse do incapaz mesmo sobre as conveniências do tráfego negocial, conforme se vem de referir na abertura do item A dignidade e autonomia do incapaz deste capítulo.

[60] A respeito, lembra Luigi Mengoni da inafastável valoração judicial dos dados recolhidos do caso concreto e, ainda, da insuperável dúvida ao destinatário da norma, qualquer que seja o paradigma de elaboração, acerca da exata extensão de seus direitos (MENGONI, Luigi. Spunti per una teoria delle clausole generali. *Quaderni della Scuola Superiore di Studi Universitari e di Perfezionamento*, v. 3, 1985, p. 15-16).

[61] Por todos: PREDIGER, Carin. A noção de sistema no direito privado e o Código Civil como eixo central, 2002, p. 150.

[62] Sobre a defesa anterior dessa mesma ideia: GODOY, Claudio Luiz Bueno de. *Função social do contrato*, 2012, p. 205.

[63] AZEVEDO, Antônio Junqueira de. Ciência do direito, negócio jurídico e ideologia, 2004, p. 41.

relações jurídicas, sem maior perda de confiança e segurança a quem assim com ele se relacione.

Nessa perspectiva se põe um regime não exclusivamente generalista, antes dotado de previsões mais diversificadas aplicáveis a casos diferenciados e particulares de incapacidade. São hipóteses de incidência do regime calcadas em descrições menos estanques e não tarifadas da maneira casuística. Calibra-se a incidência das normas desse mesmo regime conforme o sentido de sua previsão, portanto se estabelecendo parâmetros valorativos para sua incidência, ocasionalmente inclusive se preservando, em função do princípio a inspirar a ordenação, ato ou negócio praticado pessoalmente pelo incapaz, sem a concorrência do assistente ou representante, que em tese seria inválido. Tudo, ao que se considera, sem antinomia com a segurança que o ordenamento deve conferir e, ainda, sem qualquer maltrato a um conteúdo científico que ao direito se haja de reconhecer. Mais, na forma não apenas do exemplo das legislações estrangeiras examinadas no Capítulo 3, como ainda do quanto se reputa ser tendência da própria legislação brasileira mais recente editada sobre o tema, conforme item que vem a seguir.

TENDÊNCIA DE REFORMAS LEGISLATIVAS RECENTES NO BRASIL

O que no item logo acima se procurou expressar, do ponto de vista teórico da doutrina do direito, à construção de um renovado sistema atinente às incapacidades, no presente item se quer demonstrar que também não repugna, mas antes se conforma a um movimento da própria legislação brasileira (afora projetos de lei que foram apresentados sobre o tema e já referidos ao longo do presente trabalho). Nessa linha, se no capítulo terceiro se tencionou revelar uma tendência de algumas legislações estrangeiras sobre a matéria, agora o intento é o de apontar que, mesmo no sistema positivo pátrio, igualmente se reconhece um igual pendor por previsões normativas menos rígidas e de maior consideração ao específico grau de autonomia e discernimento daquele a quem a lei quer proteger, portanto preservando espaços à sua pessoal atuação, posto que acaso apoiada, com isso a permitir o mais amplo desenvolvimento de todas as suas virtualidades.

Em relação aos maiores de idade, e já não fosse o histórico tratamento diferenciado da curatela do pródigo (v. Capítulo 4), sempre de efeitos mais limitados, e desde o Código Civil de 1916, logo depois, em 3 de julho de 1935, foi editado o Decreto n. 24.559, prevendo medidas tutelares que o juiz deveria estabelecer tendo em conta o específico estado mental da pessoa, determinando os limites da ação do administrador provisório ou do curador, conforme a decisão fosse ou não já definitiva[64]. Ademais, acerca da situação da drogadição, a propósito do que editado em 25 de novembro de 1938 o Decreto n. 891, chamado "lei de fiscalização dos entorpecentes"[65], estatuindo a interdição do toxicômano, mas plena ou limitada segundo o estado mental da pessoa, até sem perda de cargo público, conforme o caso, e sempre facultado a ela própria reclamar renovação de sua avaliação médica[66]. De resto, viu-se no item A superveniência da Lei n. 13.146/2015 – o Estatuto da Pessoa com Deficiência do Capítulo 4 que, mais recentemente, editada em 2001, a Lei n. 10.216 revelou especial preocupação em garantir tratamento conformado às necessidades próprias da pessoa com afecção psíquica, a ela se assegurando acesso aos meios de comunicação e informação específica a respeito de sua situação[67]. Bem uma atenção, destarte, à especial condição de compreensão do indivíduo.

De 1973, o assim denominado Estatuto do Índio, consubstanciado na Lei n. 6.001 – a que se fez alusão no Capítulo 4 –, ao submeter os indígenas não aculturados a regime tutelar pela FUNAI (Fundação Nacional dos Povos Indígenas), em seu art. 8º previu a nulidade dos atos praticados sem a assistência do órgão tutelar, mas ressalvou que "não se aplica a regra deste artigo no caso

---

64 Art. 28, § 3º: "No despacho que nomear o administrador provisório ou na sentença que decretar a interdição, o juiz, tendo em conta o estado mental do psicopata, em face das conclusões da perícia médica, determinará os limites da ação do administrador provisório ou do curador, fixando, assim, a incapacidade absoluta ou relativa do doente mental".
65 Atualmente, a lei de tóxicos ou a disciplina das chamadas políticas públicas sobre drogas está na Lei n. 11.343/2006, que revogou a Lei n. 6.368/76 e a Lei n. 10.409/2002.
66 Art. 29, § 13: "O toxicômano que se julgar curado e não houver obtido alta, poderá, por si ou por intermédio de terceira pessoa, reclamar da autoridade judiciária competente a realização de exame médico por profissionais especializados". Art. 30: "A simples internação para tratamento, bem como interdição plena ou limitada, serão decretadas por decisão judicial, pelo tempo que os peritos julgarem conveniente, segundo o estado mental do internado". Art. 31: "A interdição limitada não acarretará a perda de cargo público, mas, obrigatoriamente, o licenciamento temporário, para tratamento de saúde, de acordo com as leis em vigor".
67 Art. 2º, parágrafo único: "São direitos básicos da pessoa portadora de transtorno mental: I – ter acesso ao melhor tratamento do sistema de saúde, consentâneo às suas necessidades [...] VI – ter livre acesso aos meios de comunicação disponíveis; VII – receber o maior número de informações a respeito de sua doença e de seu tratamento".

em que o índio revele consciência e conhecimento do ato praticado, desde que não lhe seja prejudicial, e da extensão dos efeitos" (parágrafo único).

Sobrevindo o atual Código Civil, sintomáticas duas inovações que já davam o tom da tendência, que se vem expondo, de recompreensão do sistema das incapacidades. A primeira delas – que a rigor ampliava o que já se continha, para o surdo-mudo, na disposição do art. 451 do Código Civil de 1916 – estendeu a possibilidade de uma interdição parcial, mais limitada, tal como desde antes concebida para os pródigos, aos deficientes mentais, ébrios habituais, viciados em tóxicos e aos excepcionais sem completo desenvolvimento mental. De acordo com a redação originária do art. 1.772, "pronunciada a interdição das pessoas a que se referem os incisos III e IV do art. 1.767, o juiz assinará, segundo o estado ou o desenvolvimento mental do interdito, os limites da curatela que poderá circunscrever-se às restrições constantes do art. 1.782". Foi já uma regra de calibração que permitiu amoldar-se a medida protetiva à extensão da necessidade do incapaz. E, ao avaliar a pessoal condição do interdito, nas hipóteses então previstas do art. 1.767, III e IV, verificando que mais limitada devia ser a sua interdição, o juiz já não estava circunscrito às ressalvas do art. 1.782 e podia determinar restrições ou medidas próprias para aquele específico incapaz, reitere-se, em função e de acordo com as suas próprias necessidades.

Em segundo lugar, seguindo movimento voltado a atender, orientar, acompanhar qualquer pessoa que, mesmo por causa física, precisasse de proteção e auxílio, o art. 1.780 do Código Civil de 2002 havia estabelecido a possibilidade de curatela do enfermo ou portador de doença física. Na redação original do preceito, "a requerimento do enfermo ou portador de doença física, ou, na impossibilidade de fazê-lo, de qualquer das pessoas a que se refere o art. 1.768, dar-se-lhe-á curador para cuidar de todos ou alguns de seus negócios ou bens". Consoante a observação de Rodrigo da Cunha Pereira, a exemplo da orientação para o deficiente corporal que se havia levado ao sistema alemão, erigiu-se medida de socorro a quem, posto dotado de discernimento, dela precisava para cuidar de seus interesses[68]. Zeno Veloso, assentando a utilidade do preceito, lembrava da ocorrência comum de pessoas internadas, não raro em unidades de terapia intensiva, necessitando movimentar contas, ultimar negócios inadiáveis, porém a tanto impedidas, tanto quanto os familiares, que passaram a poder recorrer à providência em questão, a viso do autor extensível inclusive

---

68 PEREIRA, Rodrigo da Cunha. *Comentários ao novo Código Civil*, 2003, v. XX, p. 503.

para beneficiar a pessoa idosa, conforme a dificuldade ostentada para a prática dos atos da vida civil[69].

Pois tudo isso, é certo, se amplificou e avançou com a edição da Lei n. 13.146/2015, o Estatuto da Pessoa com Deficiência, que, tal qual se examinou no item A superveniência da Lei n. 13.146/2015 – o Estatuto da Pessoa com Deficiência do Capítulo 4, deu nova dinâmica ao regime das incapacidades, dele dissociando a deficiência, de qualquer espécie e, nesse ponto, dando exata vazão à previsão do art. 12, n. 3, da Convenção sobre o Direito das Pessoas com Deficiência, como visto ratificada e recebida no Brasil com *status* constitucional. No quanto agora releva, adotou-se previsão geral de incapacidade relativa (art. 4º, III, do CC/2002), já por si e bem porque mais maleável – ainda conforme se analisou no item A superveniência da Lei n. 13.146/2015 – o Estatuto da Pessoa com Deficiência do Capítulo 4 – do que a absoluta, reservada apenas aos menores impúberes, ademais estabelecendo sobre a curatela já a disposição genérica da adequação à exata situação particular da pessoa a ser apoiada para pleno acesso e exercício a seus direitos. De se lembrar aqui do preceito dos arts. 84 e 85 do Estatuto da Pessoa com Deficiência, sobre os limites e a conformação da curatela à condição particular do indivíduo curatelado, mediante o estabelecimento de medidas proporcionais à necessidade e circunstâncias de cada caso. Sempre uma aferição particularizada e em concreto, de novo, consoante o quanto já examinado (v., em especial, itens Fundamento do regime das incapacidades do Capítulo 2 e A superveniência da Lei n. 13.146/2015 – o Estatuto da Pessoa com Deficiência do Capítulo 4).

Mas também no tocante aos incapazes por idade, a mesma tendência de respeito à sua particular condição de intelecção e compreensão se vem reconhecendo na legislação brasileira mais recente. E a começar pela própria Constituição Federal, que lhes garantiu prioritária observância da dignidade e liberdade, acesso à cultura, educação, lazer (art. 227), na esteira do que se editou, depois, a Lei n. 8.069/90, o chamado Estatuto da Criança e do Adolescente – já erigindo um recorte etário diferenciado, até e depois dos doze anos –, cujos preceitos, especialmente dos arts. 7º a 18 e 53, fizeram do menor de idade alguém, como salienta Gustavo Tepedino, partícipe de seu próprio processo formativo, com opinião e expressão as quais se hão de respeitar e valorizar[70].

---

69   VELOSO, Zeno. *Comentários ao Código Civil*, 2003, v. 21, p. 227.
70   TEPEDINO, Gustavo. A disciplina jurídica da filiação na perspectiva civil constitucional, 2008, p. 511-512.

Na mesma linha a lição de Tânia da Silva Pereira, para quem a criança e o adolescente devem sempre ser ouvidos, em especial nos assuntos que lhes digam respeito, compreendidos inclusive os processos judiciais que envolvam seus interesses[71]. Trata-se, aliás, de imperativo dimanado da própria previsão do art. 12, n. 2, da Convenção sobre os Direitos da Criança, promulgada no Brasil pelo Decreto n. 99.710, de 21 de novembro de 1990, quando assegurou a liberdade e o respeito à opinião do menor de idade[72]. Não por outro motivo, o Estatuto da Criança e do Adolescente – aqui em sua redação originária, por isso que agora alterada, como adiante se verá, embora sem supressão, senão com acréscimo às mesmas previsões – estabeleceu a oitiva do menor, sempre que possível (ressalva afetada pela Lei n. 12.010, como se verá a seguir), em relação à sua colocação em família substituta (art. 28), exigiu o seu consentimento, se maior de doze anos, à adoção (art. 45, § 2º)[73] e previu sua ouvida em processos que importam modificação de guarda (art. 161, § 2º).

E note-se que, sobrevindo o Código Civil de 2002, manteve-se, por exemplo, a necessidade de consentimento do adolescente à sua adoção, como se levou ao texto do art. 1.621, de resto já revogado pela Lei n. 12.010/2009, porém sem alteração da exigência que já se continha no art. 45 do Estatuto da Criança e do Adolescente. Aliás, pelo contrário, a lei referida, que alterou a Lei n. 8.069/90 (ECA), inclusive ampliou as hipóteses de oitiva do menor.

Com efeito, a Lei n. 12.010/2009, em mais de uma oportunidade, estatuiu a obrigatória consideração e oitiva do menor, conforme seu grau de compreensão. Assim, previu: (a) consentimento do maior de doze anos não só à adoção, mas a qualquer forma de colocação em família substituta – portanto não apenas procedida a sua ouvida *sempre que possível*, como estava na redação original –, e oitiva do menor de doze anos, aos mesmos fins, conforme seu desenvolvimen-

---

71 PEREIRA, Tânia da Silva. *Da criança e do adolescente*: uma proposta interdisciplinar, 2008, p. 159-161.
72 Art. 12, n. 2: "Com tal propósito, se proporcionará à criança, em particular, a oportunidade de ser ouvida em todo processo judicial ou administrativo que afete a mesma, quer diretamente quer por intermédio de um representante ou órgão apropriado, em conformidade com as regras processuais da legislação nacional".
73 Isso ainda que defenda Gustavo Tepedino que esse consentimento do adolescente, dada a sua incapacidade, se deva entender não do ponto de vista estritamente técnico, mas como revelação e consideração à sua vontade, tendo em mira o desenvolvimento de sua personalidade (TEPEDINO, Gustavo. A disciplina jurídica da filiação na perspectiva civil constitucional, cit., p. 514-515).

to e grau de compreensão (art. 28); (b) ouvida do menor adotado quando haja pedido de alteração de seu prenome pelo adotante e possibilidade de o próprio adotado (inclusive menor, afinal tratando o ECA, em que se previu essa prerrogativa, da adoção de menores) postular a alteração de prenome; (c) a possibilidade de o menor adotado, mediante orientação jurídica e psicológica, pleitear acesso ao processo de sua adoção; (d) quanto às medidas de proteção ao menor, a devida informação e colheita de sua opinião, conforme seu grau de compreensão, como um dos princípios explicitados no art. 100 (em especial incisos XI e XII). Preservou, ainda, sempre que o pedido de destituição ou suspensão do poder familiar implicar alteração de guarda, a necessidade de o menor ser ouvido, agora se acrescentando que respeitado o estágio de desenvolvimento e o grau de compreensão sobre as implicações da medida (art. 161, § 3º).

Tudo isso já não fosse o quanto levado ao texto do art. 228 do Código Civil e expendido no Capítulo 5 sobre a oitiva judicial do menor, mas na condição de testemunha.

Bem se vê, destarte, que, de igual maneira aos exemplos hauridos da legislação estrangeira, examinados no Capítulo 3, no próprio sistema positivo brasileiro não se desconhecem e mesmo se afirmam iniciativas legais de claro prestígio e valorização da particular condição de compreensão e intelecção do incapaz, sendo identificável o que se assume portanto ser uma tendência de tratamento da matéria, na exata senda do quanto se vem defendendo neste trabalho e, agora, em especial, nos itens logo precedentes.

PROPOSTAS PARA A DISCIPLINA DAS INCAPACIDADES

Ao cabo do presente estudo, conforme os pressupostos que se vêm desenvolvendo, impende condensar as propostas que, a rigor, de algum modo já se foram adiantando ao longo dos capítulos passados e mesmo dos itens antecedentes deste mesmo capítulo, voltadas a um redesenho geral do regime das incapacidades.

A ideia, antes que já uma redação projetada do que seriam preceitos de lei – e embora não se furte a alguma remissão específica nesse sentido –, é a de sugerir bases sobre as quais se reorganize o sistema jurídico das incapacidades, e mesmo o impacto que acaso possam ter inclusive sobre alguns dos itens examinados no Capítulo 5, tal qual na questão, por exemplo, do reconhecimento de filho ou da capacidade matrimonial.

Isso ademais de outras propostas que, como dito, já se foram lançando no curso do trabalho sobre a própria compreensão de previsões positivas atuais do ordenamento, tal qual nele se encontram, como se fez em relação, por exemplo, ao elastério devido ao dispositivo do art. 4º, III, do Código Civil (item O inciso III do art. 4º do Código Civil de 2002 do Capítulo 4). Ou ainda além da intepretação que as alterações impostas pelo Estatuto da Pessoa com Deficiência determinam a institutos como o da prescrição, invalidade ou fixação do domicílio (item Direito intertemporal. O Código de Processo Civil de 2015 do Capítulo 4), tanto quanto de seus reflexos diante de preceitos sobre o tema em análise ditados pelo Código de Processo Civil (item Direito intertemporal. O Código de Processo Civil de 2015 do Capítulo 4). Da mesma forma a menção à releitura alvitrada para os escapes tradicionais à maior rigidez do regime jurídico das incapacidades, identicamente ditada pela Lei de Inclusão, como também a própria cogitação do que em si possa ser uma melhor interpretação para normas que traduzem esses escapes, tudo conforme o desenvolvimento do Capítulo 5, e de que se podem citar (a) a extensão da capacidade testamentária ativa aos relativamente incapazes em geral e, especialmente, ao pródigo; (b) a possibilidade de doação pura a relativamente incapaz, sendo bastante a sua aceitação, dispensada a assistência; (c) a faculdade de aceitação de mandato por qualquer relativamente incapaz, assim não apenas o menor púbere; (d) a atualização da disposição do art. 180 do Código Civil, para abarcar qualquer situação de incapacidade e compatibilização com os arts. 588 e 589, V, para abranger, também aí, o mútuo feito a qualquer incapaz e aquele maliciosamente por ele obtido, senão ocultando apenas a idade mas, de qualquer modo, agindo com malícia, escondendo a condição que ostenta, assim se avaliando em concreto seu particular grau de discernimento, ocasionalmente tornando desnecessária a norma de proteção.

Pois, feitas então essas observações, **(I)** a primeira das bases gerais de reorganização do regime jurídico das incapacidades, ao que se considera – e no que se retomam já as considerações que se fizeram nos itens O quadro geral das incapacidades no Código Civil de 2002 e A superveniência da Lei n. 13.146/2015 – o Estatuto da Pessoa com Deficiência do Capítulo 4 (em especial o item Reflexão crítica sobre a capacidade da pessoa com deficiência e alguns de seus efeitos: domicílio, invalidade e prescrição do Capítulo 4, inclusive ali descritas propostas legislativas e ainda outras contidas em projeto mais recente, igualmente apresentados sobre a matéria) –, implica recuperar a noção básica de que a falta total ou parcial de capacidade de fato traduza um estado da pessoa, inclusive assentado de modo público, conhecível por terceiros. Ou seja, é ter em conta que a pessoa excepcionalmente possa "ser" incapaz, de modo absoluto ou relativo, portanto diferentemente de "estar" incapaz, bem a incapacidade acidental de que se tratou antes (item Incapacidade natural e incapacidade acidental do Capítulo 2).

Tal o que envolve, necessariamente, a distinção, da mesma forma já efetuada (em particular no item O inciso III do art. 4º do Código Civil de 2002 do Capítulo 4), entre causas que sejam duradouras e outras que sejam passageiras de privação de discernimento e impossibilidade de expressão da vontade. O que determina o estado de incapacidade do indivíduo à prática pessoal de atos da vida civil é uma condição duradoura – não transitória, no sentido de que passageira, e ainda sem que precise ser permanente – de inaptidão à livre e consciente manifestação da vontade. No caso de causa não etária, mediante constatação em ação própria e cuja sentença se leva ao registro civil. É a incapacidade natural que se "juridiciza" com o reconhecimento por sentença registrada.

Algo diverso é admitir que alguém pratique determinado ato jurídico privado, naquele momento, de condições suficientes a que expressasse livremente o seu querer. E o que induz a possibilidade de discussão da validade do específico ato praticado.

Nesse contexto, e tal como em vários outros sistemas se faz (*vide* a referência a respeito dos ordenamentos examinados no Capítulo 3), impende separar as hipóteses de incapacidade jurídica daquelas de incapacidade natural ou acidental, com suas próprias consequências. Como corolário necessário, no texto do Código Civil, quando se elenca causa não etária de falta de capacidade de fato – atualmente no art. 4º, III –, tanto quanto ao se referir a respectiva curatela (art. 1.767, I), reputa-se devido aludir apenas a causa duradoura de impossibilidade da expressão da vontade. E ainda que ela seja reversível (não permanente), conforme, mais uma vez, se detalhou no item A superveniência da Lei n. 13.146/2015 – o Estatuto da Pessoa com Deficiência do Capítulo 4. É então escoimar do texto a referência à causa "transitória", foco das dúvidas, no mesmo item citado analisadas, envolvendo a consideração da incapacidade e da curatela de alguém acaso apenas acometido de impossibilidade momentânea (passageira) da manifestação de seu querer.

Mas isso, ao mesmo tempo **(II)**, abstraindo-se qual seja precisamente a causa, posto que duradoura, e não etária, de comprometimento da livre e consciente expressão da vontade. Insistiu-se, em especial no Capítulo 4, em que não releva à atuação do regime qual seja exatamente a causa de impossibilidade de livre e consciente expressão da vontade, senão essa constatação objetiva. Referência a causas não etárias específicas, casuisticamente escolhidas, somente trazem incertezas sobre o que elas precisamente significam, conforme se historiou em relação aos dois Códigos Civis brasileiros, de 1916 e 2002. Era discutir, como no Código anterior, o que se compreendia por doença ou enfermidade; ou, no Código atual, discutir o que é a ebriedade ou a toxicomania que acarretam incapacidade relativa, e como se a só presença dessa condição pessoal levasse necessariamente à concepção da incapacidade, ditada, ao revés, pela constatação, isso sim, da consequência de impossibilidade da livre e consciente expressão da vontade, de novo, pouco importando a causa.

Daí se ter alvitrado anteriormente (Capítulo 4 e, de novo, então já referidas propostas de alteração legislativa a respeito, em especial no item Reflexão crítica sobre a capacidade da pessoa com deficiência e alguns de seus efeitos: domicílio, invalidade e prescrição), e o que se supõe devido à reorganização do regime, a reunião em um só inciso das hipóteses de incapacidade não etária (hoje relativa, mas também absoluta, como a seguir se verá), sem menção separada a causas que a determinem, porquanto na verdade determinada pelo resultado de inviabilidade da livre e consciente manifestação do querer jurígeno da pessoa. Ainda noutros termos, basta à lei dizer que não têm capacidade de fato (parcial, ou também total, reitere-se, o que se analisará na sequência) aqueles que, por causa, note-se, duradoura, não puderem exprimir sua vontade. E, convém insistir, gravada sempre a possibilidade de discussão particularizada de atos praticados por quem no momento acometido da chamada incapacidade acidental, isto é, privado de discernimento que lhe permitisse exprimir conscientemente a sua vontade.

Poder-se-ia argumentar com ressalva particular à situação da prodigalidade, como foi sempre comum ocorrer no sistema, à consideração de que já naturalmente mais limitado o apoio que se lhe assegura quando decretada sua curatela. Porém, parece que a questão hoje se supere já pela necessária conformação, em geral, da extensão ou limites da curatela, assim sempre à específica e concreta situação da pessoa a ser apoiada, segundo a própria previsão do art. 84, § 3º, do Estatuto da Pessoa com Deficiência. De resto, relevante inovação realçada desde o Capítulo 4. Destarte, não se vê motivo bastante a que mesmo a situação da prodigalidade deva constituir causa autônoma e discriminada de incapacidade, que bem se poderia conter em uma única previsão de hipótese não etária de incapacidade.

De outro lado (III), compreende-se e mesmo se examinou a razão a amparar o propósito do Estatuto da Pessoa com Deficiência de excluir do elenco das incapacidades absolutas qualquer hipótese não etária. No item A superveniência da Lei n. 13.146/2015 – o Estatuto da Pessoa com Deficiência do Capítulo 4 (em especial nos subitens A reorganização pelo Estatuto da Pessoa com Deficiência da disciplina geral da capacidade e da curatela no Código Civil de 2002. A tomada de decisão apoiada e Reflexão crítica sobre a capacidade da pessoa com deficiência e alguns de seus efeitos: domicílio, invalidade e prescrição) a questão se enfrentou. Deliberou-se excluir qualquer hipótese de maior de idade absolutamente incapaz por se predicar que, no campo da incapacidade relativa, se permite um juízo funcional mais refinado da condição do indivíduo, que preserva com maior eficácia as suas potencialidades, sem uma apriorística e completa supressão da atuação pessoal pela imposição do mecanismo de substituição de sua vontade (item Reflexão crítica sobre a capacidade da pessoa com deficiência e alguns de seus efeitos: domicílio, invalidade e prescrição do Capítulo 4).

Todavia, como se também ponderou no mesmo item que se vem de referir, é preciso não olvidar casos em que, posto excepcionais, o indivíduo não reúna nenhuma condição de pessoal expressão de vontade, mesmo que apoiado. E viu-se o quanto lhe pode ser prejudicial a ausência de representação, como próprio à incapacidade relativa, por exemplo nas situações em que eventualmente precise de alguma intervenção de saúde. Daí se vir admitindo, nesses casos – tal qual acentuado no item Reflexão crítica sobre a capacidade da pessoa com deficiência e alguns de seus efeitos: domicílio, invalidade e prescrição do Capítulo 4, e mesmo que havida incapacidade apenas relativa –, a excepcional concessão de poderes de representação ao curador, em lugar da assistência, providência típica da relativa incapacitação.

Sucede que melhor se conformaria, segundo se entende, à lógica própria do sistema das incapacidades a preservação, nessas hipóteses, da incapacidade absoluta, assim mesmo a maiores de idade, mas que por causa duradoura não tenham qualquer condição de pessoal expressão de vontade. De um lado, na questão de evitar a incapacitação por deficiência – o que não se permite, desde a Convenção sobre os Direitos da Pessoa com Deficiência (art. 12, n. 3), como se viu –, o quadro não seria diverso da eventual submissão dessas pessoas à hipótese de incapacidade relativa, do art. 4º, III, do Código Civil, tal qual se vem aceitando (v., ainda aqui, o item A superveniência da Lei n. 13.146/2015 – o Estatuto da Pessoa com Deficiência do Capítulo 4). Todo o problema na verdade está, num caso ou noutro, em não vincular qualquer dessas sujeições, portanto previsões de incapacidade absoluta ou relativa, à causa que em si seja a deficiência. Consoante se defendeu no item Reflexão crítica sobre a capacidade da pessoa com deficiência e alguns de seus efeitos: domicílio, invalidade e prescrição do Capítulo 4, não haverá qualquer eiva na incapacitação legal, mesmo absoluta, que se dê – genericamente – em função da objetiva e total inviabilidade de manifestação pessoal da vontade, qualquer que seja a causa, portanto que afete qualquer pessoa em qualquer circunstância (duradoura), e não apenas a pessoa com deficiência.

Ademais, fortalece-se a proteção dessas pessoas completamente privadas de aptidão à livre e consciente manifestação de vontade a própria consequência de nulidade derivada do desrespeito à regra da representação, ao contrário da anulabilidade decorrente da vulneração à regra da assistência. Amplia-se a possibilidade de quem pode alegar a irregularidade, permite-se o seu conhecimento de ofício, e tudo a qualquer tempo.

Certo se poder obtemperar, ao revés, que bem aí reside a inconveniência da solução, porque, com a nulidade, não haveria espaço ao aproveitamento do ato ou negócio, mesmo por confirmação. Mas tal o que se pode resolver – e a sugestão vai adiante – com a modulação da consequência nulificante. Vale lembrar que a disciplina da invalidade é de discricionária opção legislativa. O legislador escolhe os requisitos de validade do negócio e as consequências para seu desrespeito. Gradua a invalidade e determina a disciplina da nulidade e da anulabilidade. Todavia, o que não o impede de, às vezes, impor limites a quem pode alegar mesmo uma nulidade (v. g., art. 1.691, parágrafo único, do CC/2002), ou mesmo assegurar a produção de efeitos diretos resultantes de negócios nulos (como no caso do casamento putativo).

A rigor, viu-se logo acima, no item A relevância das situações existenciais em que envolvido o incapaz, do benefício que se lhe deve preservar e do espaço de liberdade para gestão da sua vida cotidiana deste capítulo, a possibilidade de aproveitamento de atos praticados por incapazes que lhe sejam favoráveis, o que bem se pode legalmente ressalvar e beneficiar absoluta ou relativamente incapazes, indistintamente, conforme a previsão da lei. De novo, conforme sugestão a fazer. Desse modo, não haveria, também no ponto, qualquer óbice a que se conformasse a necessidade de representação à incapacitação absoluta, com isso se assegurando maior coerência sistemática, sem prejuízo à pessoa, ocasionalmente modulando os efeitos invalidantes de atos por ele praticados e, ao mesmo tempo, tutelando sua situação de modo mais amplo, diante da total inviabilidade de pessoal expressão da vontade, com a sanção da nulidade.

Também em relação à causa etária de incapacidade (**IV**), portanto à incapacitação dos menores de idade, algum rearranjo se reputa devido. Desde o Capítulo 4 se anota a estratificação muito rígida de sua capacidade de fato, contida em faixas binárias fixas, portanto à luz de um critério exclusivamente biológico.

E, mesmo desse ponto de vista, ou à luz desse critério objetivo, haveria espaço a alguma maior extensão das faixas etárias. Quando menos, ao que se crê, não se deve olvidar da própria distinção que fez o Estatuto da Criança e do Adolescente, conforme se referiu no item anterior, à faixa de passagem à adolescência, a qual se considera deveria ser levada ao Código Civil, com efeitos ampliados. Mesmo hipóteses outras de consentimento a partir dessa idade, tal como se dá no Estatuto da Criança e do Adolescente, se deveriam explicitar no Código Civil. Pense-se, portanto ademais das hipóteses já previstas na lei especial acerca da colocação em família substituta, em intervenções ou tratamentos médicos, posto a tanto adotados critérios como, por exemplo, do art. 26 do Código Civil argentino, examinado no item O sistema argentino do Capítulo 3, assim da natureza não invasiva ou de risco à saúde, vida ou integridade do adolescente; ou, tal qual acentuado no item A relevância das situações existenciais em que envolvido o incapaz, do benefício que se lhe deve preservar e do espaço de liberdade para gestão da sua vida cotidiana deste capítulo, da reversibilidade ou não e do caráter adiável ou não da intervenção. Seja como for, situações em que ainda outra idade, além dos dezesseis anos, se estabeleça como marco.

Depois, e ainda para além do consentimento, casos propriamente de declaração de vontade em si à prática negocial se poderiam definir a partir dessa faixa etária, da adolescência. Aí acode, por exemplo, a questão da prática de atos da vida corrente, ou de negócios de menor monta, compreendidos tanto do ponto de vista de seu relevo econômico quanto jurídico, consoante examinado no item A relevância das situações existenciais em que envolvido o incapaz, do benefício que se lhe deve preservar e do espaço de liberdade para gestão da sua vida cotidiana deste capítulo, logo acima, e remissivo ainda ao Capítulo 3, em relação aos sistemas de direito estrangeiro que os contemplam, e o que se viu ser previsão inclusive comum (*v. g.*, CC francês, português, argentino). Com efeito, seria de ressalvar aos adolescentes já a prática autônoma dos negócios cotidianos, de resto com impacto no arrefecimento da expansão do que se compreende como ato jurídico em sentido estrito, consoante se mencionou no item Ato jurídico em sentido estrito (ato jurídico lícito, art. 185 do Código Civil) do Capítulo 5, o que se dá muito em função desse problema exato que é, como lá se disse, próprio da disciplina da capacidade. Mais, favorece-se, o que também foi baliza fundamental mencionada no item A dignidade e autonomia do incapaz deste capítulo, a autonomia da pessoa menor de idade.

Entretanto, e ainda mais, ao lado do critério objetivo etário de definição da menoridade, ao mesmo fim de prestígio à maior autonomia do menor de idade, de se abrir espaço ao critério psicológico de verificação concreta do grau de maturidade de quem não completou dezoito anos. É o que se levou ao texto do art. 12, n. 1, da Convenção sobre os Direitos da Criança[74]. Aliás, e tal qual visto no item anterior, foi por exemplo o que já fez o Estatuto da Criança e do Adolescente quando, no art. 28, § 1º, dispôs sobre a oitiva do menor em casos de colocação em família substituta, conforme o seu estágio de desenvolvimento e grau de compreensão; ou, no art. 161, § 3º, ao impor a ouvida do menor sempre que pedido de destituição ou suspensão do poder familiar implicar alteração da guarda, igualmente conforme o seu estágio de desenvolvimento e o grau de compreensão sobre as implicações da medida. Da mesma forma a menção constante dos sistemas de direito estrangeiro examinados no Capítulo 3[75].

Porém, seria também de considerar, a esse propósito, não apenas a extensão da sua ouvida em qualquer processo que lhe diga respeito, e não somente aqueles referidos no Estatuto da Criança e do Adolescente (pense-se, exemplificativamente, nos casos de dissensos judicializados entre os pais, com pleito de suprimento de outorga ou consentimento, ou ainda reclamo judicial à solução de divergência sobre as mais diversas questões envolvendo o filho ou a filha), mas, segundo seu grau de maturidade, ainda tomar esse critério subjetivo à própria aferição da prática regular de atos existenciais pelo menor de idade, e posto se pudessem ressalvar previsões especiais, como hoje ocorre, *verbi gratia*, para o casamento ou para a doação de órgãos; e mesmo o que se poderia repensar, na hipótese do matrimônio, a exemplo do art. 84 do Código Civil ita-

---

74 Art. 12, n. 1: "Os Estados Partes assegurarão à criança que estiver capacitada a formular seus próprios juízos o direito de expressar suas opiniões livremente sobre todos os assuntos relacionados com a criança, levando-se devidamente em consideração essas opiniões, em função da idade e maturidade da criança".
75 V., no Capítulo 3, art. 374-1 do Código Civil francês; art. 84 do Código Civil italiano; § 828 do BGB; art. 127.º do Código Civil português e arts. 26, parágrafo 1º, e 690 do Código Civil argentino.

liano (v. item O sistema italiano do Capítulo 3) ou, no caso da Lei n. 9.434/97, revendo-se seu art. 9º.

Bem a propósito, (V) calha, pois, a dicotomia a que se vem aludindo constantemente no curso do estudo e, agora, logo acima, no item A relevância das situações existenciais em que envolvido o incapaz, do benefício que se lhe deve preservar e do espaço de liberdade para gestão da sua vida cotidiana deste capítulo, assim aquela que, para fins de disciplina da incapacidade, preconiza distinguir atos existenciais de outros de natureza econômico-patrimonial. Veja-se que, em relação às pessoas com deficiência, mais uma vez essa diferenciação está feita de modo expresso na legislação, dada a disposição do art. 85 e § 1º do Estatuto da Pessoa com Deficiência. Sem contar a própria enumeração dos atos do art. 6º da mesma normatização. Tudo quanto examinado em especial no item Reflexão crítica sobre a capacidade da pessoa com deficiência e alguns de seus efeitos: domicílio, invalidade e prescrição do Capítulo 4, inclusive no tocante até a eventual representação que, ao revés, nesses casos eventualmente seja necessária. Pois ter-se-ia então, nessa mesma linha, de estender para as pessoas em geral, embora com restrição à capacidade de fato, a mesma previsão de pessoal atuação no campo dos direitos existenciais, ainda que em concreto verificado o grau de compreensão e aptidão à expressão da vontade para a prática do ato. De resto, a mesma observação que se fez em relação aos menores, logo atrás, e com a mesma ressalva acerca de alguma preceituação específica, inclusive nos exemplos citados, dentre tantos, como ainda da eventual necessidade de sua revisão.

Mais, isso igualmente sem contar os reflexos que a orientação teria sobre algumas das discussões atuais, ditadas pelo como se encontra o estado da arte. De se lembrar, a título exemplificativo, do item Reconhecimento de filho do Capítulo 5, que tratou do reconhecimento de filho e que já se defendeu ao menos concessível pessoalmente ao relativamente incapaz em geral, posto que tomado, reitere-se, o ordenamento tal qual atualmente se erige. Mas o que se estenderia, na forma predicada, a qualquer incapaz.

Por último (VI), entende-se imperioso identicamente modular, como já se adiantou no item anterior, os efeitos invalidantes dos atos praticados pelos incapazes, em geral, diante do benefício que deles lhes possa ter advindo. No item A relevância das situações existenciais em que envolvido o incapaz, do benefício que se lhe deve preservar e do espaço de liberdade para gestão da sua vida cotidiana deste capítulo – com a remissão que lá se efetuou ao exemplo dos sistemas de direito estrangeiro que contemplam regras análogas –, acentuou-se a necessária calibragem que no ponto a própria disciplina das invalidades deve sofrer, de sorte a manter a coerência, a unidade do sistema quando se pensa, ao mesmo tempo, nas finalidades que ele pretende alcançar em relação aos incapazes. E não parece com isso condizente impedir efeitos benéficos decorrentes de negócios praticados mesmo em dissonância com as regras de capacidade, conforme em concreto se verifique, portanto sopesando nas circunstâncias do caso o que concretamente representa real proveito ao incapaz. E ainda que se possa discutir, como por exemplo no direito alemão (cf. item O sistema alemão do Capítulo 3) – e embora lá autorizada em si a própria prática do ato (§ 107 do BGB) –, se a vantagem a aferir é jurídica, antes que econômica, ou se negócios neutros a tanto também se poderiam sujeitar, assim aqueles que ao menos não trazem prejuízo ao incapaz.

Enfim, são, como se disse, balizas que se considera devam amparar uma remodelagem do regime jurídico das incapacidades.

Conclusão

Natural que, cuidando-se de regime jurídico voltado a regrar o que é a própria capacidade de a pessoa praticar, em geral, atos e negócios da vida civil, a disciplina das incapacidades espraie efeitos para a totalidade dos ramos do direito privado. E bem no que se revela sua inerente complexidade, todavia não exatamente refletida no ordenamento, ao menos de maneira mais ampla, conforme o que se procurou demonstrar ao longo do trabalho.

No perpassar do regramento da matéria no sistema positivo brasileiro, viu-se revelada tendência clássica de encaixe, quase um aprisionamento, das incapacidades em categorias binárias estanques, ligadas a um critério objetivo etário ou outro psíquico, aqui ao revés de tomar a inaptidão à livre e consciente expressão da vontade, independentemente da causa, e posto não fossem incomuns já escapes pontuais, o que também se procurou examinar. Contudo, a própria configuração geral do regime de incapacitação pouco ou menor espaço abria e, em certa medida, ainda abre a soluções que melhor se conformem à realidade sempre mais nuançada da pessoa concreta – antes que apenas em face da figura técnica do sujeito de direito – e de sua condição a se envolver, por si, em relações jurídicas.

A experiência do direito estrangeiro, tomadas ordenações mais próximas, de origem comum e de influência para a nossa, denota um tratamento atual mais flexível do tema das incapacidades. Isso malgrado igualmente se tenha colacionado legislação pátria mais recente, do mesmo modo indicativa de análoga tendência. E, nessa linha, muito especialmente a edição do Estatuto da Pessoa com Deficiência, no Brasil, serviu a reforçar movimento de reordenação do regramento geral das incapacidades, de forma menos rígida e com soluções mais amoldadas à situação pessoal de quem necessite de apoio para o exercício de sua autonomia, para a livre e consciente expressão de sua vontade. Ademais, é claro, do propósito especial da norma, de inclusão da pessoa com deficiência, que deixou de ser causa de incapacitação, na esteira de norma convencional internacional recebida no País com *status* constitucional.

Porém, o fato relevante é o que se assumiu ser a necessidade de ainda caminhar além e levar a disciplina com mesma moldura e propósito aos indivíduos em geral considerados incapazes, de maneira absoluta ou relativa. Trata-se do que se supõe ser reclamo e desafio que persistem, como da mesma forma o de fazê-lo sem perda de coerência sistemática e de segurança, erigindo-se ao mesmo tempo cláusulas de abertura que permitam soluções mais tópicas, mas sem abandonar uma configuração geral apriorística das incapacidades, malgrado ela própria redefinida, e assim à luz de um persistente critério etário, contudo mais estratificado, ademais convivente com alternativas ditadas já por critério psicológico; tanto quanto, no concernente aos maiores de idade, um critério ditado, de seu turno, pela aptidão à livre manifestação do querer, antes que por qualquer deficiência ou causa específica. É, para essas pessoas, assentar que, independentemente da causa, releva a objetiva constatação, em ação própria e com sentença registrada – constitutiva de um estado, de incapacidade jurídica, diferente e de efeitos diversos da incapacidade natural ou acidental –, do resultado de comprometimento, total ou parcial, da sua condição de declarar vontade, a que então funcionalizados mecanismos de apoio mais ou menos extensos, que viabilizem a máxima expressão da autonomia do indivíduo.

Depois, ainda nesse caminho se impõe diferenciar com marcadores mais claros a natureza exata do campo de atuação da pessoa, de sorte também a definir a incidência, assim com maior especificidade, do regime das incapacidades, distinguindo-se o que sejam interesses existenciais em jogo e em que mais fortemente as escolhas possíveis do indivíduo se devem assegurar.

Nada obstante, mesmo em relação aos interesses e negócios econômico-patrimoniais, o imperativo de garantir a máxima autonomia da pessoa protegida, sem tolhê-la nas suas virtualidades próprias, conduz identicamente a se separarem os atos correntes, cuja prática se deve facultar, no maior grau possível, de modo autônomo, para que a pessoa se possa determinar e, assim, guiar sua vida cotidiana. Da mesma maneira, e ao propósito do instituto alinhado, cumpre preservar, também, modulando-se a incidência da invalidade, a eficácia de atos ou negócios que, em geral, já sejam benéficos ao incapaz.

Trata-se, enfim, de uma sintonia fina ou de um ponto de equilíbrio que não é fácil de alcançar. Mesmo assim, o que não se deve aceitar como e enquanto fator dissuasório da tentativa ao menos de provocar e contribuir para o que se reputa ser ainda a exigência de aperfeiçoar um modelo jurídico renovado para o regime das incapacidades, do qual resulte ambiente de maior garantia e de mais amplo espaço à pessoal atuação e autonomia do indivíduo, sobretudo existencial, destarte mesmo a quem para tanto precise de apoio, conformado à sua particular situação.

Referências

ALBUQUERQUE, Luciano Campos de. A capacidade da pessoa física no direito civil. *Revista de Direito Privado* (coord. Nelson Nery Jr. e Rosa Maria de Andrade Nery), n. 18, p. 84-104, abr./jul. 2004.

ALMEIDA, José Luiz Gavião de. *Direito civil*: família. Rio de Janeiro: Elsevier, 2008.

ALMEIDA, Vitor. A capacidade civil da pessoa com deficiência em perspectiva emancipatória. *In*: SALLES, Raquel Bellini; PASSOS, Aline Araújo; LAGE, Juliana Gomes (coord.). *Direito, vulnerabilidade e pessoa com deficiência*. Rio de Janeiro: Processo, 2019. p. 93-132.

ALMEIDA, Vitor. *A capacidade civil das pessoas com deficiência e os perfis da curatela*. 2. ed. Belo Horizonte: Fórum, 2021.

ALPA, Guido. *Status e capacità*: la costruzione giuridica delle differenze individuali. Bari: Laterza, 1993.

ALVIM, Agostinho. *Da doação*. 2. ed. São Paulo: Saraiva, 1972.

AMARAL, Francisco. *Direito civil*: introdução. 10. ed. Rio de Janeiro: Renovar, 2018.

AMARAL, Francisco. O direito civil na pós-modernidade. *In*: FIUZA, Cesar; FREIRE DE SÁ, Maria de Fátima; NAVES, Bruno Torquato de Oliveira (coord.). *Direito civil*: atualidades. Belo Horizonte: Del Rey, 2003. p. 61-77.

AMARAL, Francisco. Racionalidade e sistema no direito civil brasileiro. *Revista de Direito Civil*, ano 17, n. 63, p. 45-56, jan./mar. 1993.

ANDRADE, Manuel A. Domingues de. *Teoria geral da relação jurídica*. Coimbra: Almedina, 1983. v. I: Sujeito e objecto.

ANDRIGHI, Nancy; BENETI, Sidnei; ANDRIGHI, Vera. *In*: TEIXEIRA, Sálvio de Figueiredo (coord.). *Comentários ao novo Código Civil*. Rio de Janeiro: Forense, 2008. v. IX.

ANTONINI, Mauro. *In*: PELUSO, Cezar (coord.). *Código Civil comentado*. 17. ed. Barueri: Manole, 2023. p. 2175-2420.

ARAUJO, Luiz Alberto David. Painel sobre os direitos das pessoas com deficiência no sistema constitucional brasileiro. *In*: CAVALCANTI, Ana Elizabeth Lapa Wanderley; LEITE, Flávia Piva Almeida; LISBOA, Roberto Senise (coord.). *Direito da infância, juventude, idoso e pessoas com deficiência*. São Paulo: Atlas, 2014. p. 284-291.

AUBRY & RAU. *Droit civil français*. 7. ed. Paris: Techniques, 1964. t. I.

AZEVEDO, Álvaro Villaça. *Comentários ao Código Civil*. Coordenação de Antônio Junqueira de Azevedo. São Paulo: Saraiva, 2003. v. 19.

AZEVEDO, Álvaro Villaça. *Curso de direito civil*: teoria geral do direito civil. Parte geral. 2. ed. São Paulo: Saraiva, 2019.

AZEVEDO, Álvaro Villaça; NICOLAU, Gustavo Rene. *Código Civil comentado*. São Paulo: Atlas, 2007. v. 1.

AZEVEDO, Antônio Junqueira de. Caracterização jurídica da dignidade da pessoa humana. *In: Estudos e pareceres de direito privado*. São Paulo: Saraiva, 2004. p. 3-24.

AZEVEDO, Antônio Junqueira de. Ciência do direito, negócio jurídico e ideologia. *In*: AZEVEDO, Antônio Junqueira de. *Estudos e pareceres de direito privado*. São Paulo: Saraiva. 2004. p. 38-54.

AZEVEDO, Antônio Junqueira de. Crítica ao personalismo ético na Constituição da República e no Código Civil: em favor de uma ética biocêntrica. *In*: AZEVEDO, Antônio Junqueira de; CARBONE, Paolo; TORRES, Heleno Taveira (coord.). *Princípios do novo Código Civil e outros temas*: homenagem a Tullio Ascarelli. São Paulo: Quartier Latin, 2008. p. 20-31.

AZEVEDO, Antônio Junqueira de. *Negócio jurídico*: existência, validade e eficácia. 4. ed. 5. tir. São Paulo: Saraiva, 2007.

AZEVEDO, Antônio Junqueira de. *Negócio jurídico e declaração negocial*: noções gerais e formação da declaração negocial. Tese (Titularidade) – Faculdade de Direito, Universidade de São Paulo, São Paulo, 1986.

AZEVEDO, Antônio Junqueira de. O direito pós-moderno e a codificação. *In*: AZEVEDO, Antônio Junqueira de. *Estudos e pareceres de direito privado*. São Paulo: Saraiva. 2004. p. 55-66.

BARBOZA, Heloisa Helena; ALMEIDA, Vitor. A capacidade à luz do Estatuto da Pessoa com Deficiência. *In*: MENEZES, Joyceane Bezerra de (coord.). *Direito das pessoas com deficiência psíquica e intelectual nas relações privadas*. 2. ed. Rio de Janeiro: Processo, 2020. p. 315-342.

BARBOZA, Heloisa Helena; ALMEIDA, Vitor (coord.). *Comentários ao Estatuto da Pessoa com Deficiência à luz da Constituição da República*. Belo Horizonte: Fórum, 2018.

BARIFFI, Francisco J. El derecho a decidir de las personas con discapacidad: dignidad, igualdad y capacidad. *In*: MENEZES, Joyceane Bezerra de (coord.). *Direito das pessoas com deficiência*. 2. ed. Rio de Janeiro: Processo, 2020. p. 47-112.

BARIFFI, Francisco J. El modelo de toma de decisiones con apoyos en la legislación civil argentina y su incidencia en la validez del acto jurídico. *In*: MENEZES, Joyceane Bezerra de; CAYCHO, Renato Antonio Constantino; BARIFFI, Francisco José (coord.). *Capacidade jurídica, deficiência e direito civil na América Latina*. Indaiatuba: Foco, 2021. p. 81-104.

BARBOZA, Heloisa Helena; ALMEIDA JUNIOR, Vitor de Azevedo. A (in)capacidade da pessoa com deficiência mental ou intelectual e o regime das invalidades: primeiras reflexões. *In*: EHRHARDT JR., Marcos (coord.). *Impactos do novo CPC e do EPD no direito civil brasileiro*. Belo Horizonte: Fórum, 2016. p. 205-240.

BAUDRY-LACANTINERIE, G. *Précis de droit civil*. 14. ed. Paris: Sirey, 1926.

BDINE JÚNIOR, Hamid Charaf. *Efeitos do negócio jurídico nulo*. São Paulo: Saraiva, 2010.

BENJAMIN, Antônio Herman. A natureza no direito brasileiro: coisa, sujeito ou nada disso. *In: Bioética e Biodireito – Caderno Jurídico da Escola Paulista do Ministério Público*, ano 1, n. 2, p. 149-172, jul. 2001.

BETTI, Emilio. *Teoria generale del negozio giuridico*. Napoli: Ed. Scientifiche Italiane, 1994.

BEUDANT, Charles. *Cours de droit civil français*. 2. ed. Paris: Rousseau & Cia Ed., 1936. t. II e III *bis*.

BEVILAQUA, Clóvis. *Código Civil dos Estados Unidos do Brasil comentado*. 5. ed. Rio de Janeiro: Livraria Francisco Alves, 1936. v. I; 4. ed. 1934. v. IV; 4. ed. 1939. v. V e VI.

BEVILAQUA, Clóvis. *Código Civil dos Estados Unidos do Brasil comentado*. 5. ed. Rio de Janeiro: Livraria Francisco Alves, 1936. v. I.

BEVILAQUA, Clóvis. *Código Civil dos Estados Unidos do Brasil comentado*. 4. ed. Rio de Janeiro: Livraria Francisco Alves, 1934. v. IV.

BEVILAQUA, Clóvis. *Código Civil dos Estados Unidos do Brasil comentado*. 4. ed. Rio de Janeiro: Livraria Francisco Alves, 1939. v. V e VI.

BIANCA, Massimo. *Diritto civile*. 2. ed. Milano: Giuffrè, 2002. v. 1: La norma giuridica. I soggetti.

BOGGIO, Giuseppe. *Persone fisiche incapaci agli atti civili e di commercio*. Torino: UTET, 1988. v. I.

BUCHHALTER-MONTERO, Brian. La nueva legislación alemana de apoyo a las personas con discapacidad intelectual: aspectos sustantivos, procesales y administrativos. *Actualidad Jurídica Iberoamericana*, n. 17, p. 150-171, 2022. Disponível em: https://revista-aji.com/wp-content/uploads/2022/09/05.-Brian-Buchhalter-Montero-pp.-150-171.pdf. Acesso em: 30 set. 2023.

BULHÕES CARVALHO, Francisco Pereira de. *Incapacidade civil e restrições de direito*. Rio de Janeiro: Borsoi, 1957. t. I e II.

CANARIS, Claus-Wilhelm. *Pensamento sistemático e conceito de sistema na ciência do direito*. Tradução António Manuel da Rocha e Menezes Cordeiro. 2. ed. Lisboa: Fundação Calouste Gulbenkian, 1996.

CAPELO DE SOUSA, Rabindranath. *Teoria geral do direito civil*. Coimbra: Ed. Coimbra, 2003. v. 1.

CARVALHO, Orlando de. *Para uma teoria da relação jurídica civil*. I. A teoria da relação jurídica. Seu sentido e limites. 2. ed. Coimbra: Centelha, 1981.

CARVALHO FILHO, Milton Paulo de. *Indenização por equidade no novo Código Civil*. São Paulo: Atlas, 2003.

CARVALHO SANTOS, J. M. de. *Código Civil brasileiro interpretado*. 5. ed. Rio de Janeiro: Freitas Bastos, 1953. v. I, III, V, XVI e XVII.

CASTELNAU, H. de. *De l'interdiction des aliens*. Paris: Durant, 1860.

CASTRO JR., Torquato. *A pragmática das nulidades e a teoria do ato jurídico inexistente*. São Paulo: Noeses, 2009.

CHINELLATO, Silmara Juny. *Tutela civil do nascituro*. São Paulo: Saraiva, 2000.

COELHO, Camila Aguileira. O impacto do Estatuto da Pessoa com Deficiência no Direito das Sucessões. *In*: BARBOZA, Heloisa Helena; MENDONÇA, Bruna Lima de; ALMEIDA JUNIOR, Vitor de Azevedo (coord.). *O Código Civil e o Estatuto da Pessoa com Deficiência*. Rio de Janeiro: Processo, 2017. p. 317-340.

COELHO, Vicente de Faria. *Nulidade e anulação do casamento*. 2. ed. Rio de Janeiro: Freitas Bastos, 1962.

COLOMBO, Maici Barboza dos Santos. Limitação da curatela aos atos patrimoniais: reflexões sobre a pessoa com deficiência intelectual e a pessoa que não pode se exprimir. *In*: BARBOZA, Heloisa Helena; MENDONÇA, Bruna Lima de; ALMEIDA JUNIOR, Vitor de Azevedo (coord.). *O Código Civil e o Estatuto da Pessoa com Deficiência*. Rio de Janeiro: Processo, 2017. p. 243-270.

CORRÊA, Luís Fernando Nigro. *A Convenção sobre os Direitos da Pessoa com Deficiência*. Belo Horizonte: Del Rey, 2021.

CRUZ, Elisa Costa. A Parte Geral do Código Civil e a Lei Brasileira de Inclusão. *In*: BARBOZA, Heloisa Helena; MENDONÇA, Bruna Lima de; ALMEIDA JUNIOR, Vitor de Azevedo (coord.). *O Código Civil e o Estatuto da Pessoa com Deficiência*. Rio de Janeiro: Processo, 2017. p. 67-98.

DANTAS, San Tiago. *Programa de direito civil*. Rio de Janeiro: Rio Editora, 1979.

DE CUPIS, Adriano. *Os direitos da personalidade*. Tradução Adriano Vera Jardim e António Miguel Caeiro. Lisboa: Morais, 1961.

DE PLÁCIDO E SILVA. *Tratado do mandato e prática das procurações*. Rio de Janeiro: Forense, 1989. v. I.

DINIZ, Maria Helena. *Curso de direito civil brasileiro*. 24. ed. São Paulo: Saraiva, 2007. v. 1: Teoria geral do direito civil.

EBERLE, Simone. *A capacidade entre o fato e o direito*. Porto Alegre: Sergio Antonio Fabris Ed., 2006.

EBERLE, Simone. Mais capacidade, menos autonomia: o estatuto da menoridade no Novo Código Civil. *Revista Brasileira de Direito de Família*, IBDFAM, ano 6, n. 24, p. 24-35, jan./jul. 2004.

ENGISCH, Karl. *Introdução ao pensamento sistemático*. Tradução J. Baptista Machado. 7. ed. Lisboa: Fundação Calouste Gulbenkian, 1996.

ENNECCERUS, Ludwig; KIPP, Theodor; WOLFF, Martin. *Tratado de derecho civil*. Tradução Blas Perez Gonzales e Jose Alquer. Barcelona: Bosch, 1934. t. I.

FACHIN, Luiz Edson. *Questões de direito civil contemporâneo*. Rio de Janeiro: Renovar, 2008.

FACHIN, Luiz Edson. *Teoria crítica do direito civil*. 3. ed. Rio de Janeiro: Renovar, 2012.

FERRAZ JR., Tercio Sampaio. *Introdução ao estudo do direito*. 4. ed. São Paulo: Atlas, 2003.

FLÓREZ-VALDÉS, Joaquin Arce y. *Los principios generales del derecho y su formulación constitucional*. Madrid: Cuadernos Civitas, 1990.

FLUME, Werner. *El negocio jurídico*. Tradução Jose Maria Miguel Gonzáles e Esther Gómez Calle. Madrid: Fundación Cultural del Notariado, 1998.

FOUCAULT, Michel. *História da loucura na Idade Clássica*. Tradução José Teixeira Coelho Netto. São Paulo: Perspectiva, 2020.

FUSIER, René. *Les aliénés*: capacité juridique et liberté individuelle. Paris: L. Larosse & Forcel, 1886.

GAMA, Guilherme Calmon Nogueira da. *A nova filiação*: o biodireito e as relações parentais. O estabelecimento da parentalidade-filiação e os efeitos da reprodução assistida heteróloga. Rio de Janeiro: Renovar, 2003.

GEFFROY, Claire. *La condition civile du malade mental et de l'inadapté*. Paris: Librairies Techniques, 1974.

GODELAIN, Sandrine. *La capacité dans les contrats*. Paris: LGDJ, 2007.

GODOY, Claudio Luiz Bueno de. Atualidades sobre a parentalidade socioafetiva e a multiparentalidade. *In*: SALOMÃO, Luis Felipe; TARTUCE, Flávio (coord.). *Direito civil*: diálogos entre a doutrina e a jurisprudência. São Paulo: Gen/Atlas, 2017. p. 611-627.

GODOY, Claudio Luiz Bueno de. Dos fatos jurídicos e do negócio jurídico. *In*: LOTUFO, Renan; NANNI, Giovanni Ettore (coord.). *Teoria geral do direito civil*. São Paulo: Atlas, 2008. p. 384-408.

GODOY, Claudio Luiz Bueno de. Efeitos pessoais da união estável. *In*: CHINELLATO, Silmara Juny de Abreu; SIMÃO, José Fernando; FUGITA, Jorge Shiguemitsu; ZUCCHI, Maria Cristina (coord.). *Direito de família no novo milênio*: estudos em homenagem ao Professor Álvaro Villaça Azevedo. São Paulo: Atlas, 2010. p. 327-342.

GODOY, Claudio Luiz Bueno de. *Função social do contrato*. 4. ed. São Paulo: Saraiva, 2012.

GODOY, Claudio Luiz Bueno de. O direito à privacidade nas relações familiares. *In*: MARTINS, Ives Gandra da Silva; PEREIRA JR., Antônio Jorge (coord.). *Direito à privacidade*. São Paulo: Ideias & Letras, 2005. p. 119-148.

GODOY, Claudio Luiz Bueno de. *Responsabilidade civil pelo risco da atividade*. 2. ed. São Paulo: Saraiva, 2010.

GODOY, Claudio Luiz Bueno de. *In*: PELUSO, Cezar (coord.). *Código Civil comentado*. 17. ed. Barueri: Manole, 2023.

GOMES, Orlando. *Contratos*. 26. ed. Rio de Janeiro: Forense, 2007.

GONÇALVES, Camila de Jesus Mello. O art. 1.072 do novo CPC e o Estatuto da Pessoa com Deficiência: revogação do inciso IV do art. 1.768 do CC? *IBDFAM*, 21 out. 2016. Disponível em: http://www.ibdfam.org.br/artigos/1165/O+art.+1.072+-

do+novo+C%C3%B3digo+de+Processo+Civil+e+o+Estatuto+da+Pessoa+com+-Defici%C3%AAncia%3A+revoga%C3%A7%C3%A3o+do+inciso+IV+-do+art.+1.768+do+C%C3%B3digo+Civil%3F+++. Acesso em: 27 mar. 2025.

GONÇALVES, Carlos Roberto. *Direito civil brasileiro*. 7. ed. São Paulo: Saraiva, 2010. v. 6.

GONÇALVES, Diogo Costa. Personalidade *vs.* capacidade jurídica: um regresso ao monismo conceptual? *In*: *Studia*: direito civil. Teoria geral. Cascais: Principia, 2020.

GONÇALVES, Luiz da Cunha. *Tratado de direito civil em comentário ao Código Civil português*. 2. ed. e 1. ed. brasileira. São Paulo: Max Limonad, 1955. v. I. t. I.

ISERN-RÉAL, M-H. La protection juridique des majeurs: la nouvelle protection issue de la loi de programmation 2019-2020. Disponível em: https://www.avocatparis.org/system/files/worksandcommissions/2019_la_protection_juridique_des_majeurs_efb_1_.pdf. Acesso em: 24 set. 2023.

JEAN-ARNAUD, André. Direito natural e direitos humanos. *In*: TEPEDINO, Gustavo; FACHIN, Luiz Edson (coord.). *O direito e o tempo*: embates jurídicos e utopias contemporâneas. Estudos em homenagem ao Professor Ricardo Pereira Lira. Rio de Janeiro: Renovar, 2008. p. 37-52.

HESPANHA, António Manuel. *Panorama histórico da cultura jurídica europeia*. 2. ed. Lisboa: Publicações Europa-América, 1998.

KELSEN, Hans. *La teoría pura del derecho*: introducción a la problemática científica del derecho. Tradução Jorge Tejerina. 2. ed. Buenos Aires: Losada, 1941.

KONDER, Carlos Nelson. Vulnerabilidade patrimonial e vulnerabilidade existencial: por um sistema diferenciador. *Revista do Direito do Consumidor*. v. 99, p. 101-123, maio/jun. 2015.

LARENZ, Karl. *Metodologia da ciência do direito*. Tradução José Lamego. 3. ed. Lisboa: Fundação Calouste Gulbenkian, 1997.

LARENZ, Karl. O estabelecimento de relações obrigacionais por meio de comportamento socialmente típico. Tradução Alessandro Hirata. *Revista Direito GV3*, v. 2, n. 1, p. 55-60, jan./jul. 2006.

LASTRA, Antonio Montarcé. *La capacidad civil de los alienados*. Buenos Aires: Lib. e Ed. La Facultad, 1929.

LEHMANN, Heinrich. *Tratado de derecho civil*. Tradução José M. Navas. Madrid: Revista de Derecho Privado, 1956. v. 1: Parte general.

LINS E SILVA, Paulo. Da nulidade e da anulação do casamento. *In*: DIAS, Maria Berenice; PEREIRA, Rodrigo da Cunha (coord.). *Direito de família e o novo Código Civil*. Belo Horizonte: Del Rey, 2001. p. 35-64.

LÔBO, Paulo. *Comentários ao Código Civil*. Coordenação de Antônio Junqueira de Azevedo. São Paulo: Saraiva, 2003. v. 6.

LÔBO, Paulo. *Direito civil*: famílias. 4. ed. São Paulo: Saraiva, 2011.

LOPEZ, Teresa Ancona. *Comentários ao Código Civil*. Coordenação de Antônio Junqueira de Azevedo. São Paulo: Saraiva, 2003. v. 7.

LORENZETTI, Ricardo Luis. *Fundamentos do direito privado*. Tradução Vera Maria Jacob de Fradera. São Paulo: Revista dos Tribunais, 1998.

LORENZETTI, Ricardo Luis. *Teoria da decisão judicial*: fundamentos de direito. Tradução Bruno Miragem. São Paulo: Revista dos Tribunais, 2008.

LORENZETTI, Ricardo Luis. *In*: LORENZETTI, Ricardo Luis (dir.); DE LORENZO, Miguel Frederico (coord.); LORENZETTI, Pablo (coord.). *Código Civil y Comercial de la Nación comentado*. Buenos Aires: Rubinzal-Culzoni, 2014. t. I.

LOSANO, Mario. Prefácio à edição brasileira. *In*: BOBBIO, Norberto. *Da estrutura à função*: novos estudos de teoria do direito. Tradução Daniela Versiani. Barueri: Manole, 2007.

LOTUFO, Renan. *Código Civil comentado*. São Paulo: Saraiva, 2003. v. 1.

MACEDO, Ronaldo Porto. A globalização e o direito do consumidor. *Revista Diálogos e Debates*, São Paulo: Escola Paulista da Magistratura, v. 1, n. 1, p. 46-56, set. 2000.

MALAURIE, Philippe; AYNÈS, Laurent. *Les personnes*: la protection des mineurs et des majeurs. 7. ed. Issy-les-Moulineaux: LGDJ, 2014.

MALUF, Carlos Alberto Dabus. *Código Civil comentado*. Coordenação de Álvaro Villaça Azevedo. São Paulo: Atlas, 2009. v. III.

MARCATO, Antônio Carlos. *Procedimentos especiais*. 16. ed. São Paulo: Atlas, 2016.

MARMITT, Arnaldo. *Mandato*. Rio de Janeiro: Aide, 1992.

MARTINS, Rosa. *Menoridade, (in)capacidade e cuidado parental*. Centro de Direito de Família da Faculdade de Direito da Universidade de Coimbra, v. 13, set. 2008. Coimbra: Ed. Coimbra, 2008.

MARTINS-COSTA, Judith. Capacidade para consentir e esterilização de mulheres tornadas incapazes pelo uso de drogas: notas para uma aproximação entre a técnica jurídica e a reflexão bioética. *In*: MARTINS-COSTA, Judith; MÖLLER, Letícia Ludwig (org.). *Bioética e responsabilidade*. Rio de Janeiro: Forense, 2009. p. 299-346.

MAXIMILIANO, Carlos. *Direito das sucessões*. Rio de Janeiro: Freitas Bastos, 1958. v. I.

MAXIMILIANO, Carlos. *Hermenêutica e aplicação do direito*. 16. ed. Rio de Janeiro: Forense, 1997.

MAZZONI, Cosimo Marco. I soggetti: persona fisica. Diritti della personalità. *In*: BESSONE, Mario (org.). *Lineamenti di diritto privato*. 5. ed. Torino: Giappichelli, 2004. p. 55-73.

MEIRELLES, Jussara Maria Leal de. Economia, patrimônio e dignidade do pródigo: mais um distanciamento entre o ser e o ter? *In*: TEPEDINO, Gustavo; FACHIN, Luiz Edson (coord.). *O direito e o tempo*: embates jurídicos e utopias contemporâneas. Rio de Janeiro: Renovar, 2008. p. 179-186.

MEIRELLES, Jussara Maria Leal de. O transtorno bipolar de humor e o ambiente socioeconômico que o propicia: uma leitura do regime das incapacidades. *In*: TEPEDINO, Gustavo; FACHIN, Luiz Edson (org.). *Diálogos sobre direito civil*. Rio de Janeiro: Renovar, 2008. v. II. p. 599-617.

MELLO, Marcos Bernardes de. *Teoria do fato jurídico*: plano da eficácia. 1ª parte. 4. ed. São Paulo: Saraiva, 2008.

MELLO, Marcos Bernardes de. *Teoria do fato jurídico*: plano da validade. 7. ed. São Paulo: Saraiva, 2006.

MENDONÇA, Bruna Lima de. Proteção, liberdade e responsabilidade: uma interpretação axiológico-sistemática da (in)capacidade de agir e da instituição da curatela. *In*: BARBOZA, Heloisa Helena; MENDONÇA, Bruna Lima de; ALMEIDA JUNIOR, Vitor de Azevedo (coord.). *O Código Civil e o Estatuto da Pessoa com Deficiência*. Rio de Janeiro: Processo, 2017. p. 31-66.

MENEZES, Joyceane Bezerra de. O direito protetivo após a Convenção sobre a Proteção da Pessoa com Deficiência, o novo CPC e o Estatuto da Pessoa com Deficiência: da substituição da vontade ao modelo de apoios. *In:* MENEZES, Joyceane Bezerra de (coord.). *Direito das pessoas com deficiência psíquica e intelectual nas relações privadas*. 2. ed. Rio de Janeiro: Processo, 2020. p. 573-610.

MENEZES, Joyceane Bezerra de. O novo instituto da tomada de decisão apoiada: instrumento de apoio ao exercício da capacidade civil da pessoa com deficiência instituído pelo Estatuto da Pessoa com Deficiência – Lei Brasileira de Inclusão (Lei n. 13.146/2016). *In:* MENEZES, Joyceane Bezerra de (coord.). *Direito das pessoas com deficiência psíquica e intelectual nas relações privadas*. 2. ed. Rio de Janeiro: Processo, 2020. p. 669-702.

MENEZES, Joyceane Bezerra de; MULTEDO, Renata Vilela. A autonomia ético-existencial do adolescente nas decisões sobre o próprio corpo e a heteronomia dos pais e do Estado no Brasil. *In*: TEPEDINO, Gustavo; TEIXEIRA, Ana Carolina Brochado; ALMEIDA, Vitor (coord.). *O direito civil entre o sujeito e a pessoa*: estudos em homenagem ao Professor Stefano Rodotà. Belo Horizonte: Fórum, 2016. p. 305-331.

MENEZES, Joyceane Bezerra de; TEIXEIRA, Ana Carolina Brochado. Desvendando o conteúdo da capacidade civil a partir do Estatuto da Pessoa com Deficiência. *In*: EHRHARDT JR., Marcos (coord.). *Impactos do novo CPC e do EPD no direito civil brasileiro*. Belo Horizonte: Forum, 2016. p. 177-204.

MENEZES CORDEIRO, António. Os dilemas da ciência do direito no final do século XX. Introdução à edição portuguesa de *Pensamento sistemático e conceito de sistema na ciência do direito*. Claus-Wilhelm Canaris. 2. ed. Lisboa: Fundação Calouste Gulbenkian, 1996.

MENEZES CORDEIRO, António. *Tratado de direito civil*. 5. ed. Coimbra: Almedina, 2019. t. IV: Parte Geral. Pessoas.

MENEZES CORDEIRO, António. *Tratado de direito civil português*. Coimbra: Almedina, 2004. v. I. t. III.

MENEZES DIREITO, Carlos Alberto; CAVALIERI FILHO, Sérgio. *Comentários ao novo Código Civil*. Coordenação de Sálvio de Figueiredo Teixeira. Rio de Janeiro: Forense, 2004. v. XIII.

MENGONI, Luigi. Spunti per una teoria delle clausole generali. *Quaderni della Scuola Superiore di Studi Universitari e di Perfezionamento*, Milano: Giuffrè, v. 3, p. 5-18, giug. 1985.

MIRANDA, Custodio da Piedade Ubaldino. *Teoria geral do negócio jurídico*. 2. ed. São Paulo: Atlas, 2009.

MONTEIRO, Washington de Barros. *Curso de direito civil*: direito das obrigações. 2ª parte. 34. ed. rev. e atual. por Carlos Alberto Dabus Maluf e Regina Beatriz Tavares da Silva. São Paulo: Saraiva, 2003. v. 5.

MONTEIRO, Washington de Barros. *Curso de direito civil*: direito de família. 26. ed. São Paulo: Saraiva, 1988.

MONTEIRO, Washington de Barros. *Curso de direito civil*: parte geral. 39. ed. rev. e atual. por Ana Cristina de Barros Monteiro França Pinto. São Paulo: Saraiva, 2003.

MOREIRA ALVES, José Carlos. *A parte geral do projeto de Código Civil brasileiro*. 2. ed. São Paulo: Saraiva, 2003.

MOREIRA ALVES, José Carlos. *Direito romano*. 14. ed. Rio de Janeiro: Forense, 2007.

MOTA PINTO, Carlos Alberto da. *Cessão de contrato*. São Paulo: Saraiva, 1995.

MOTA PINTO, Carlos Alberto da. *Teoria geral do direito civil*. 4. ed. Coimbra: Ed. Coimbra, 2005.

MOTA PINTO, Paulo. *Direito civil*: estudos. Coimbra: Gestlegal, 2018.

MOTES, Carlos Maluquer de. *Derecho de la persona y negocio jurídico*. Barcelona: Bosch, 1993.

MULHOLLAND, Caitlin. A responsabilidade civil da pessoa com deficiência psíquica e/ou intelectual. *In*: MENEZES, Joyceane Bezerra de (coord.). *Direito das pessoas com deficiência psíquica e intelectual nas relações privadas*. 2. ed. Rio de Janeiro: Processo, 2020. p. 703-729.

NAPOLI, Emilio Vito. *L'inabilitazione*. Milano: Giuffrè, 1985.

NERY, Rosa Maria de Andrade; NERY JUNIOR, Nelson. *Introdução à ciência do direito privado*. 2. ed. São Paulo: Revista dos Tribunais, 2019.

NEVARES, Ana Luiza Maia; SCHREIBER, Anderson. Do sujeito à pessoa: uma análise da incapacidade civil. *In*: TEPEDINO, Gustavo; TEIXEIRA, Ana Carolina Brochado; ALMEIDA, Vitor (coord.). *O direito civil entre o sujeito e a pessoa*: estudos em homenagem ao Professor Stefano Rodotà. Belo Horizonte: Fórum, 2016. p. 39-56.

NOGUEIRA, Luíza Souto. Casamento da pessoa com deficiência. *In*: LARA, Mariana Alves; PAIANO, Daniela Braga; TOMASEVICIUS FILHO, Eduardo (coord.). *Estatuto da Pessoa com Deficiência*. São Paulo: Almedina, 2022. p. 135-160.

NÚÑEZ ZORRILLA, M. del Carmen. *La asistencia*: la medida de protección de la persona con discapacidad psíquica alternativa al procedimiento judicial de incapacitación. Madrid: Dykinson, 2014.

OLIVEIRA ASCENSÃO, José de. *Direito civil*: teoria geral. 2. ed. Coimbra: Ed. Coimbra, 2000. v. I.

OLMO, Juan Pablo. Impacto de la Convención sobre los Derechos de las Personas con Discapacidad en el derecho civil argentino. *In*: MENEZES, Joyceane Bezerra de; CAYCHO, Renato Antonio Constantino; BARIFFI, Francisco José (coord.). *Capacidade jurídica, deficiência e direito civil na América Latina*. Indaiatuba: Foco, 2021. p. 3-17.

PENTEADO, Luciano de Camargo. *Doação com encargo e causa contratual*. 2. ed. São Paulo: Revista dos Tribunais, 2013.

PEREIRA, Caio Mário da Silva. *Instituições de direito civil*. 12. ed. rev. e atual. por Régis Fichtner. Rio de Janeiro: Forense, 2007. v. III: Contratos.

PEREIRA, Caio Mário da Silva. *Instituições de direito civil*. 14. ed. rev. e atual. por Tânia Silva Pereira. Rio de Janeiro: Forense, 2004. v. V: Direito de família.

PEREIRA, Caio Mário da Silva. *Instituições de direito civil*. 20. ed. rev. e atual. por Maria Celina Bodin de Moraes. Rio de Janeiro: Forense, 2004. v. I: Introdução ao direito civil. Teoria geral de direito civil.

PEREIRA, Caio Mário da Silva. *Reconhecimento de paternidade e seus efeitos*. 3. ed. Rio de Janeiro: Forense, 1991.

PEREIRA, Caio Mário da Silva. *Reconhecimento de paternidade e seus efeitos*. Atualização de Heloisa Helena Barboza e Lucia Maria Teixeira Ferreira. 7. ed. Rio de Janeiro: Gen/Forense, 2015.

PEREIRA, Rodrigo da Cunha. *Comentários ao novo Código Civil*. Coordenação de Sálvio de Figueiredo Teixeira. Rio de Janeiro: Forense, 2003. v. XX.

PEREIRA, Tânia da Silva. *Da criança e do adolescente*: uma proposta interdisciplinar. 2. ed. Rio de Janeiro: Renovar, 2008.

PERLINGIERI, Pietro. *Il diritto civile nella legalità costituzionale*. Napoli: Ed. Scientifiche Italiana, 1984.

PERLINGIERI, Pietro. *Perfis do direito civil*: introdução ao direito civil constitucional. Tradução Maria Cristina De Cicco. Rio de Janeiro: Renovar, 1999.

PONTES DE MIRANDA, Francisco Cavalcanti. *Tratado de direito privado*. 2. ed. Rio de Janeiro: Borsoi, 1954. t. I, IV e IX.

PONTES DE MIRANDA, Francisco Cavalcanti. *Tratado de direito privado*. 2. ed. Rio de Janeiro: Borsoi, 1956. t. VII.

PONTES DE MIRANDA, Francisco Cavalcanti. *Tratado de direito privado*. 3. ed. São Paulo: Revista dos Tribunais, 1984. t. XLVI e LIII.

PRADEL, Jean. *La condition civile du malade*. Paris: LGDJ, 1963.

PREDIGER, Carin. A noção de sistema no direito privado e o Código Civil como eixo central. *In*: MARTINS-COSTA, Judith (org.). *A reconstrução do direito privado*. São Paulo: Revista dos Tribunais. 2002. p. 145-173.

RAMOS, Rafael. *Capacidad de los menores para contratar y obligarse*. Madrid: Hijos de Reus Ed., 1907.

RAMOS CHAPARRO, Enrique. *La persona y su capacidad civil*. Madrid: Tecnos, 1995.

RECASÉNS SICHES, Luis. *Unicidad en el método de interpretación del derecho*. Santiago de Compostela: Universidad de Santiago de Compostela, 1960 (Col. Estudios Jurídico-sociales, v. 1).

REIS JUNIOR, Antonio dos. O Estatuto da Pessoa com Deficiência: questões de direito intertemporal. *In*: MENEZES, Joyceane Bezerra de (coord.). *Direito das pessoas com deficiência psíquica e intelectual nas relações privadas*. 2. ed. Rio de Janeiro: Processo, 2020. p. 249-287.

REQUIÃO, Maurício. *Estatuto da Pessoa com Deficiência, incapacidades e interdição*. 2. ed. Florianópolis: Tirant Lo Blanch, 2018.

RESCIGNO, Pietro. *Incapacità naturale e adempimento*. Napoli: Jovene, 1950.

RIZZARDO, Arnaldo. *Parte geral do Código Civil*. 6. ed. Rio de Janeiro: Forense, 2008.

RODOTÀ, Stefano. Dal soggetto alla persona: trasformazioni di una categoria giuridica. *Filosofia Politica*, anno XXI, n. 3, p. 365-377, Dicembre 2007.

RODOTÀ, Stefano. *Il diritto di avere diritti*. Bari: Economica Laterza, 2015.

RODRIGUES, Rafael Garcia. A pessoa e o ser humano no Código Civil. *In*: TEPEDINO, Gustavo (coord.). *A parte geral do novo Código Civil*: estudos na perspectiva civil-constitucional. 3. ed. Rio de Janeiro: Renovar, 2007. p. 1-34.

RODRIGUES, Raimundo Nina. *O alienado no direito civil brasileiro*. 3. ed. São Paulo: Cia. Ed. Nacional, 1939.

RODRIGUES, Silvio. *Direito civil*. 32. ed. São Paulo: Saraiva, 2002. v. 1: Parte geral.

RODRIGUES, Silvio. *Direito civil*. 28. ed. São Paulo: Saraiva, 2002. v. 3: Dos contratos e das declarações unilaterais de vontade.

ROSENVALD, Nelson. A responsabilidade da pessoa adulta incapaz não incapacitada e a de seu guardião de fato por danos causados a terceiros. *In*: SALLES, Raquel Bellini; PASSOS, Aline Araújo; LAGE, Juliana Gomes (coord.). *Direito, vulnerabilidade e pessoa com deficiência*. Rio de Janeiro: Processo, 2019. p. 195-244.

ROSENVALD, Nelson. *O direito civil em movimento*: desafios contemporâneos. Salvador: Juspodivm, 2017.

ROSENVALD, Nelson. Tomada de decisão apoiada: primeiras linhas sobre um modelo jurídico promocional da pessoa com deficiência. *Revista IBDFAM – Família e Sucessões,* [20-]. Disponível em: https://ibdfam.org.br/assets/upload/anais/253.pdf. Acesso em: 27 mar. 2025.

SAHYOUN, Najla Pinterich. A tomada de decisão apoiada. *In*: RODRIGUES, Oswaldo Peregrina; NANNI, Giovanni Ettore (coord.). *A capacidade da pessoa natural*. São Paulo: IASP, 2020. p. 289-333.

SAIZ ARNAIZ, Alejandro. *Estado federal e estatuto particular*: la posición constitucional de la Provincia de Quebec en la Federación Canadiense. Madrid: Marcial Pons, 1997.

SALLES, Raquel Bellini de Oliveira; ZAGHETTO, Nina Bara. Novos contornos da responsabilidade civil da pessoa com deficiência após a Lei Brasileira de Inclusão. *In*: SALLES, Raquel Bellini; PASSOS, Aline Araújo; LAGE, Juliana Gomes (coord.) *Direito, vulnerabilidade e pessoa com deficiência*. Rio de Janeiro: Processo, 2019. p. 133-193.

SANTOS, Moacyr Amaral. *Prova judiciária no cível e comercial*. 2. ed. São Paulo: Max Limonad, 1953. v. III.

SANTOS CIFUENTES. *Negocio jurídico*: estructura. Vícios. Nulidades. Buenos Aires: Astrea, 1986.

SCHAPP, Jan. *Introdução ao direito civil*. Tradução Maria da Glória Lacerda Rurack e Klaus-Peter Rurack. Porto Alegre: Sergio Antonio Fabris Ed., 2006.

SCHREIBER, Anderson. Tomada de decisão apoiada: o que é e qual sua utilidade? *Blog Gen Jurídico,* 3 out. 2017. Disponível em: https://blog.grupogen.com.br/juridico/areas-de-interesse/civil/tomada-de-decisao-apoiada-o-que-e-e-qual-sua-utilidade/. Acesso em: 27 mar. 2025.

SERPA LOPES, Miguel Maria de. *Curso de direito civil*. 9. ed. Rio de Janeiro: Freitas Bastos, 2000. v. I.

SILVA, Alexandre Barbosa da. O Estatuto da Pessoa com Deficiência e o regime das incapacidades; breve ensaio sobre algumas possibilidades. *In*: EHRHARDT JR., Marcos (coord.). *Impactos do novo CPC e do EPD no direito civil brasileiro*. Belo Horizonte: Fórum, 2016. p. 241-256.

SILVA, Rodrigo da Guia; SOUZA, Eduardo Nunes de. Discernimento da pessoa humana e sua relevância para o regime jurídico da prescrição e da decadência. In: BARBOZA, Heloisa Helena; MENDONÇA, Bruna Lima de; ALMEIDA JUNIOR, Vitor de Azevedo (coord.). *O Código Civil e o Estatuto da Pessoa com Deficiência*. Rio de Janeiro: Processo, 2017. p. 99-166.

SILVA, Rodrigo da Guia; SOUZA, Eduardo Nunes de. Dos negócios jurídicos celebrados por pessoa com deficiência psíquica e/ou intelectual: entre a validade e a necessária proteção da pessoa vulnerável. *In*: MENEZES, Joyceane Bezerra de (coord.). *Direito das pessoas com deficiência psíquica e intelectual nas relações privadas*. 2. ed. Rio de Janeiro: Processo, 2020. p. 343-385.

SIMÃO, José Fernando. *In*: SCHREIBER, Anderson (coord.). *Código Civil comentado*. 4. ed. Rio de Janeiro: Gen/Forense, 2022. p. 171-296.

SIMÃO, José Fernando. Estatuto da Pessoa com Deficiência causa perplexidade: parte I. *Conjur*, 6 ago. 2015. Disponível em: https://www.conjur.com.br/2015-ago-06/jose-simao-estatuto-pessoa-deficiencia-causa-perplexidade. Acesso em: 27 mar. 2025.

SIMÃO, José Fernando. Estatuto da Pessoa com Deficiência causa perplexidade: parte II. *Conjur*, 7 ago. 2015. Disponível em: https://www.conjur.com.br/2015-ago-07/jose-simao-estatuto-pessoa-deficiencia-traz-mudancas. Acesso em: 27 mar. 2025.

SIMÃO, José Fernando. *Responsabilidade civil do incapaz*. São Paulo: Atlas, 2008.

SIMÃO, José Fernando. *In*: SCHREIBER, Anderson; TARTUCE, Flávio; SIMÃO, José Fernando; MELO, Marco Aurélio Bezerra de Melo; DELGADO, Mario Luiz (coord.). *Código Civil comentado*. 4. ed. Rio de Janeiro: Gen/Forense, 2022.

SOUZA, Eduardo Nunes de. *Teoria geral das invalidades do negócio jurídico*: nulidade e anulabilidade no direito civil contemporâneo. São Paulo: Almedina Brasil, 2017.

SOUZA, Sylvio Capanema de. *Comentários ao novo Código Civil*. Coordenação de Sálvio de Figueiredo Teixeira. Rio de Janeiro: Forense, 2004. v. VIII.

TEIXEIRA, Ana Carolina Brochado. Integridade psíquica e capacidade de exercício. *Revista Trimestral de Direito Civil – RTDC*, ano 9, v. 33, p. 3-36, jan./mar. 2008.

TEIXEIRA, Ana Carolina Brochado; CONCEIÇÃO, Andreza Cássia da Silva. A proteção da pessoa com deficiência: entre a curatela e a tomada de decisão apoiada. *In*: SALLES, Raquel Bellini; PASSOS, Aline Araújo; LAGE, Juliana Gomes (coord.). *Direito, vulnerabilidade e pessoa com deficiência*. Rio de Janeiro: Processo, 2019. p. 245-266.

TEIXEIRA, Ana Carolina Brochado; MENEZES, Joyceane Bezerra de. Casamento da pessoa com deficiência intelectual e psíquica. *In*: TEPEDINO, Gustavo; MENEZES, Joyceane Bezerra de (coord.). *Autonomia privada, liberdade existencial e direitos fundamentais*. Belo Horizonte: Fórum, 2019. p. 383-404.

TEPEDINO, Gustavo. A disciplina civil-constitucional das relações familiares. *In*: *Temas de direito civil*. 4. ed. Rio de Janeiro: Renovar, 2008.

TEPEDINO, Gustavo. A disciplina jurídica da filiação na perspectiva civil constitucional. *In*: *Temas de direito civil*. 4. ed. Rio de Janeiro: Renovar, 2008. p. 473-518.

TEPEDINO, Gustavo. A tutela da personalidade no ordenamento civil-constitucional brasileiro. *In*: *Temas de direito civil*. 4. ed. Rio de Janeiro: Renovar, 2008. p. 25-62.

TEPEDINO, Gustavo. *Comentários ao novo Código Civil*. Coordenação de Sálvio de Figueiredo Teixeira. Rio de Janeiro: Forense, 2008. v. X.

TEPEDINO, Gustavo; BARBOZA, Heloisa Helena; MORAES, Maria Celina Bodin de. *Código Civil interpretado*. 2. ed. Rio de Janeiro: Renovar, 2007. v. I. TEPEDINO, Gustavo; BARBOZA, Heloisa Helena; MORAES, Maria Celina Bodin de. *Código Civil interpretado*. Rio de Janeiro: Renovar, 2006. v. II.

TEPEDINO, Gustavo; OLIVA, Milena Donato. Personalidade e capacidade na legalidade constitucional. *In*: MENEZES, Joyceane Bezerra de (coord.). *Direito das pessoas com deficiência psíquica e intelectual nas relações privadas*. 2. ed. Rio de Janeiro: Processo, 2020. p. 291-314.

TERRÉ, François; FENOUILLET, Dominique. *Droit civil*: les personnes. Personnalité – incapacité – protection. 8. ed. Paris: Dalloz, 2012.

THEODORO JÚNIOR, Humberto. *Comentários ao novo Código Civil*. Coordenação de Sálvio de Figueiredo Teixeira. Rio de Janeiro: Forense, 2003. v. III. t. I e II.

TEIXEIRA, Sálvio de Figueiredo. *Curso de direito processual civil*. 47. ed. Rio de Janeiro: Forense, 2015. v. III.

TRIMARCHI, Pietro. *Istituzioni di diritto privato*. 17. ed. Milano: Giuffrè, 2007.

VASCONCELOS, Pedro Pais de. Teoria geral do direito civil. Relatório apresentado no Concurso para Professor Associado da Universidade de Lisboa. *Revista da Faculdade de Direito da Universidade de Lisboa*, Coimbra: Ed. Coimbra, dez. 2000. Suplemento.

VASCONCELOS, Pedro Pais de; VASCONCELOS, Pedro Leitão Pais de. *Teoria geral do direito civil*. 9. ed. Coimbra: Almedina, 2022.

VELOSO, Zeno. *Código Civil comentado*. Coordenação de Álvaro Villaça Azevedo. São Paulo: Atlas, 2003. v. XVII.

VELOSO, Zeno. *Comentários ao Código Civil*. Coordenação de Antônio Junqueira de Azevedo. São Paulo: Saraiva, 2003. v. 21.

VELOSO, Zeno. Estatuto da Pessoa com Deficiência: uma nota crítica. *IBDFAM*, 12 maio 2016. Disponível em: https://ibdfam.org.br/artigos/1111/Estatuto+da+Pessoa+Com+Defici%C3%AAncia-+uma+nota+cr%C3%ADtica. Acesso em: 27 mar. 2025.

VELOSO, Zeno. *Invalidade do negócio jurídico*. 2. ed. Belo Horizonte: Del Rey, 2005.

VELOSO, Zeno. *Testamentos*. Belém: CEJUP, 1993.

VENOSA, Sílvio de Salvo. *Direito civil*: direito da família. 10. ed. São Paulo: Atlas, 2010. v. VI.

VIANA, Marco Aurélio S. *Curso de direito civil*: parte geral. Rio de Janeiro: Forense, 2004.

VILLELA, João Baptista. Incapacidade transitória de expressão. *In*: AZEVEDO, Antônio Junqueira de; TORRES, Heleno Taveira; CARBONE, Paolo (coord.). *Prin-*

cípios do novo Código Civil brasileiro e outros temas: homenagem a Tullio Ascarelli. São Paulo: Quartier Latin, 2008. p. 350-361.

VILLELA, João Baptista. Capacidade civil e capacidade empresarial. *Revista CEJ*, Brasília, v. 3, n. 9, artigo 4, p. 21-26, set./dez. 1999. Disponível em: http://www.cjf.jus.br/revista/numero9/artigo4.htm.

VOIRIN, Pierre; GOUBEAUX, Gilles. *Droit civil*: manuel. 28. ed. Paris: LGDJ, 2001.

VOLPINI, Sílvia Pires. A vulnerabilidade da pessoa com deficiência como fundamento para uma tutela jurídica diferenciada: análise de dispositivos da Lei Brasileira de Inclusão. *In*: LARA, Mariana Alves; PAIANO, Daniela Braga; TOMASEVICIUS FILHO, Eduardo (coord.). *Estatuto da Pessoa com Deficiência*. São Paulo: Almedina, 2022. p. 87-103.

XAVIER, Marília Pedroso; PUGLIESE, William Soares. O Estatuto da Pessoa com Deficiência e a união estável: primeiras reflexões. *In:* MENEZES, Joyceane Bezerra de (coord.). *Direito das pessoas com deficiência psíquica e intelectual nas relações privadas*. 2. ed. Rio de Janeiro: Processo, 2020. p. 429-452.

ZAGREBELSKY, Gustavo. *El derecho dúctil*. Tradução Marina Gascón. 5. ed. Madrid: Trotta, 2003.

ZANITELLI, Leandro Martins. Tópica e pensamento sistemático: convergência ou ruptura? *In*: MARTINS-COSTA, Judith (org.). *A reconstrução do direito privado*. São Paulo: Revista dos Tribunais, 2002. p. 121-144.

Índice remissivo

A
Absolutamente incapazes 99, 110
Aceitação de mandato 200
Adolescentes 86
Alienação mental 108
    permanente ou prolongada 171
Antropocentrismo 10
Anulabilidade do negócio 151
Apoiador 137
Assistência 92
Ato jurídico lícito 218
Atos de alienação gratuita 61
Atos existenciais 29
Atos jurídicos determinados 85
Atos patrimoniais e negociais 143
Ato válido 62
Ausentes declarados 103

B
Biocentrismo 9, 10

C
Capacidade 1, 15, 126
    conceitos conexos 1
Capacidade da pessoa com deficiência 123, 137
Capacidade de consentir 27
Capacidade de direito 18
Capacidade de fato 18
Capacidade delitual 71, 187
Capacidade jurídica 12
Capacidade matrimonial 179, 251
Capacidade testamentária ativa 175
Casamento 236
Causa transitória 111, 170
Células-tronco embrionárias 6
Centralidade do caso 243
Coação física 155
Código Civil alemão 70
Código Civil de 1916 98
    causas de incapacidade 98
Código Civil de 2002 165
Código de Processo Civil de 2015 159
Comportamentos sociais típicos 220
Condição jurídica dos menores 79
Contratos claudicantes 239
Convenção de Nova York 164
Convenção sobre os Direitos da Pessoa com Deficiência 24, 54, 64, 91
Curatela 58, 68, 126

D
Declaração negocial 82
Deficiência mental 41, 110, 114
Demência 41
Dependência 28
Dever-ser 11
Direito à saúde 236
Direito brasileiro 47
Direito civil positivo francês 49
Direito estrangeiro 261
Direito intertemporal 159
Direitos humanos 120, 121
Discernimento reduzido 114
Disciplina das incapacidades 251
Doação a incapaz 195
Doença mental 78
Dolo 71
    passivo e ativo 208
Dolosa ocultação de sua idade 202
Domicílio 137, 150
    necessário 150

E
Ébrios habituais 114
Enfermidade 41, 110
Entes despersonalizados 8
Estado de fato 39
Estado de incapacidade 30
Estado passageiro 170
Estatuto da Criança e do Adolescente 257
Estatuto da Pessoa com Deficiência 26, 47, 119, 165, 183
Estatuto do Índio 112
Ética biocêntrica 9
Excepcionais 115

F
Falso intervalo lúcido 223
FUNAI 247

Funcionalidade 28

H
Habitual enfermidade mental 67
Hipótese não etária 255

I
Idade infantil 70
Ilegitimidade 44
Impedimento 45
Inabilitação 65
Inabilitado 68
Inaptidão 45
Incapacidade 21, 97, 173
Incapacidade absoluta 110
Incapacidade acidental 38, 44, 82
Incapacidade natural 33, 38, 42
Incapacidades especiais 44
Incapaz 227
    autonomia 227
    dignidade 227
    espaço de liberdade 235
Inclusão 122, 123
    social e jurídica 25
Inconsciência mórbida 42
Infante 70
Institucionalização 25
Integração 122
Interdição 34, 36, 65, 78, 103, 164
    do pródigo 115
Interditando 162
Interdito 68, 81
Intervalos lúcidos 221
Invalidade 137
Invalidade dos negócios jurídicos 151, 206
Irrealismo metodológico 242

L
Legitimação 45

Legitimidade 45
Lei Brasileira de Inclusão 120, 183
Limitação 45
Livre determinação da vontade 79
Louco(s) de todo o gênero 101, 122

M
Maiores de dezesseis e os menores de vinte e um anos 104
Maioridade diferenciada 50
Maioridade global 50
Mandato de proteção futura 56
Manifestação do pensamento 236
Medida de acompanhamento judicial 55
Menores de dezesseis anos 110
Menores de idade 86
Menores impúberes 99
Mitigações 173
Modelo de incapacidade relativa 144
Modelo jurídico antropocentrista 9
Modelo médico 121
Modelo social 121, 123
Mulheres casadas 105
Mútuo a menor 202

N
Nascituro 8
Negócios de atuação 220
Normalidade 28
Nulidade 78

P
Pagamento a incapaz 202
Perfilhação 215
Personalidade 6, 12, 14, 15
Personalidade jurídica 1, 2
Perturbação mental 62
Pessoa 1, 7

apoiada 137
natural 11
Prescrição 137, 156
Prodigalidade 115
Pródigos 67, 107, 115

R
Reconhecimento de filho 71, 236, 214, 251
Reconhecimento espontâneo 215
Reconhecimento voluntário 215
Reformas legislativas recentes 246
Refração 4, 5
Regime das incapacidades 22
  fundamento 22
Regime de bens da união 187
Regime interdicional 34
Regime jurídico das incapacidades 225, 252
  reorganização 252
Regras de calibração 240
Representação 92
Representantes legais 86
Responsabilidade patrimonial 24
Restrição(ões) 44, 45

S
Salvaguarda da justiça 57, 95
Sanção da nulidade 257
Ser 11
Silvícolas 106
Simples atos 85
Sistema alemão 70
Sistema argentino 85
Sistema francês 49
Sistema italiano 62
Sistema português 79
Sociedade conjugal 105
Sujeito de direito 1, 2
Surdos-mudos 102

T
Testemunha 209
Tomada de decisão apoiada 124, 126
Transitoriedade de impedimento 168
Tutela 58, 68

V
Viciados em tóxicos 114
Vícios da vontade 82
Vocação curativa 44
Vontade livre 77
Vontade natural da pessoa apoiada 78